# 常陸真壁氏

清水亮 編著

シリーズ・中世関東武士の研究

第一九巻

戎光祥出版

# 序にかえて

常陸真壁氏は、常陸平氏嫡流から分出した平長幹が、一二世紀後半に常陸国真壁郡域に権益を形成して以来、四〇〇年以上、同郡を所領・支配領域とした武家領主である。真壁氏については、本宗家の家伝文書「真壁文書」・「真壁博家文書」、庶子長岡古宇田氏の家伝文書「真壁長岡古宇田文書」が残されるとともに、現地に関係史跡が多く存在している。そのため、真壁氏やその所領である真壁郡・真壁荘は、上野新田氏・新田荘とならび、東国在地領主・荘園・村落研究の代表的検討素材として、あるいは鎌倉幕府直轄領研究の具体例として、多くの研究成果が積み重ねられてきた。

また、『真壁町史料　中世編』Ⅰ～Ⅳ、真壁町歴史民俗資料館（現・真壁伝承館歴史資料館）による企画展示と展示図録、真壁城跡が国指定史跡（一九九四年）となって以降、さらに進展した真壁城の発掘調査成果の刊行などによって、近年、真壁氏研究の条件は大きく整ったといえる。

本書は、このような状況をふまえ、今後、真壁氏の研究を深化・発展させていく上で重要と思われる論考一一編を3部に分けて集成し、巻頭には総論二編を付した。総論Ⅰでは、真壁氏研究の流れが把握できるように、研究の推移を概括・整理した。また、総論Ⅱでは、鎌倉期における真壁氏の動向について、これまでの研究蓄積や鎌倉幕府研究の進展を踏まえてあらためて検討を加えた。

さきにふれたとおり、真壁氏に関する研究は重厚であり、すでに単著等の論文集に収載されている成果が多い。本書ではそれらの収録を見送ったこともあり、重要な成果すべてを網羅できたわけではない。総論Ⅰでは、本書未収録の成果についても可能な限りその内容を紹介し、研究史上の意義を示すことに努めた。

さらに、第4部「常陸国真壁氏関係資料」では、「常陸真壁氏関係史料」・「常陸真壁氏関係年表」・「常陸真壁氏関連論文・著作等目録」を収載し、今後の研究に資することを目指した。

本書の刊行が、真壁氏研究をはじめとして、東国在地領主・東国村落や中世武家政権・中世城館など、さまざまなテーマの研究の進展に寄与することができたならば、本当に嬉しいことである。

末筆になりますが、本書への論考収録をご快諾下さった執筆者各位、さきの拙編著『畠山重忠』に続いて本書作成の機会を下さった黒田基樹氏ならびに戎光祥出版社社長伊藤光祥氏、本書の編集に多大なご尽力をいただいた同社編集部の石田出氏・丸山裕之氏に、心よりの感謝を申し上げます。

二〇一五年一二月

清水　亮

目次

# 常陸真壁氏

# 総論Ⅰ　常陸真壁氏研究の軌跡と課題

清水　亮

## はじめに

常陸真壁氏は、一二世紀末に成立してから、関ヶ原合戦後の佐竹氏移封にともない秋田に移住するまでの約四〇〇年間、常陸国真壁郡域を支配しつづけた武家領主である。これから述べるように、現地には真壁城をはじめとした史跡群が残り、家伝文書「真壁文書」・「真壁長岡古宇田文書」を中心とした豊富な関連史料が把握されている。真壁氏は、おそらく新田氏とならび、質・量ともに豊かな関連史跡・史料と研究史を有する東国武士であろう。

以下、管見に入った真壁氏研究の軌跡を時系列に整理し、本書の導入としたい。

## 一、第一期　一九六〇年代末～一九八〇年代初頭

常陸真壁氏研究の嚆矢となったのは、一九六八年に発表された小山靖憲氏の著名な論文「鎌倉時代の東国農村と在地領主制―常陸国真壁郡を中心に―」[1]である。この論文では、「真壁文書」・「真壁長岡文書」（「真壁長岡古宇田文書」）

の読解と中世真壁郡域の歴史地理学的調査・分析によって、院政期から南北朝初期における真壁本宗家と庶子長岡氏の領主支配のあり方をはじめて具体化した。

この論文で小山氏が提示した論点は実に多いが、その後の真壁氏研究を規定する論点ばかりであるから、煩をいとわずその主要なものを以下の四つに整理した。

①真壁郡の地理的環境は、郡の中央を流れる桜川の東西で大きく異なり、筑波山から加波山の麓の開析谷・小扇状地と桜川低地からなる桜川左岸では、小河川を水源とした開発が行われ、条里的水田の痕跡が見いだされる一方、河岸段丘と狭い開析谷からなる桜川西岸では、天水を水源とした小規模な谷田開発がなされた。おそらく、桜川左岸の開発が右岸よりも先行して行われたと考えられる。

②常陸大掾氏（常陸平氏）本宗家から一二世紀末に分かれた真壁長幹が真壁氏の始祖であり、おそらく郡司職を基盤とし、郡全体を「相伝之私領」と認識するような「上からの領主制」を形成したと考えられる。

③一四世紀に入ると、真壁本宗家の分割相続が収束し（一四世紀初頭）、譲状から「地頭職」の文言が消える（一三七七年）、真壁郡を南北に分割していた「庄領」・「公領」の区分が消滅する（一三四四年以降）など、相続形態、所領の形態に大きな変化がみられる。

④長岡氏は、一三世紀前半、真壁長幹の庶子貞幹から分かれて成立したとみられる。長岡氏は、地字「堀ノ内」（居館）の堀に郷内の用水を還流させ、その周囲の生産力の高い水田を直営田化する一方、「堀ノ内」から桜川低地に流れる用水を介して、桜川低地の条里制耕地に系譜を引く水田を持つ在家農民（百姓・小百姓）らに対する勧農を実施し、彼らに対する階級的支配（領主支配）を実現した。

以上、四つの論点は、小山氏が一九六六年に発表した「東国における領主制と村落」[2]の問題関心・分析手法と軌を一にしている。すなわち、小山氏は、鎌倉幕府体制成立の基本的背景として東国における領主制の成立・展開があったという基本認識のもと、東国において領主制を成立・展開させる現地のあり方を、上野国新田荘を題材に追究した。そして、新田荘を開発・支配した新田氏についても、（おそらく）国衙公権を背景にして入部して開発を進める「上からの領主制」と、武士居館の堀に用水を導入し、水利の安定化によって勧農を実現する領主支配を見いだしたのである。小山氏が新田荘・真壁郡長岡郷の現地調査を通して提示した、武士居館の堀による用水統制を媒介にした領主支配の構図は、「堀の内体制」と称され、長く学界の通説を占めた。

また、小山氏は、高田（内田）実氏と共同で進めた真壁地方の調査のあらましとともに、真壁氏・真壁地方にかかわる史料の所在を紹介した[3]。この成果と、次にふれる高田実氏の論文によって、真壁氏・真壁地方に関わる史料（群）の基本情報が学界に提供されたといえるであろう。

小山氏とともに真壁地方の現地調査に取り組んだ高田実氏は、在地領主制の展開にともなう古代郡郷の解体、中世的郡郷の形成という流れから、常陸国などを題材として古代社会から中世社会への変質過程を追究していた[4]。高田氏は、その成果をふまえつつ、在地領主制が成立する歴史的条件について、常陸国という地域の特質と日本史上における普遍性とを関連づけて論じた。その題材が一〇世紀から一二世紀末における常陸平氏であった。そして、この論文で、一二世紀末における在地領主制の成立について具体例として提示されたのが真壁氏であった[5]。

小山氏・高田氏らによって先鞭がつけられた真壁氏研究は、一九七〇年の『茨城県史料　中世編Ⅰ』刊行を契機として、さらに深化・発展した。山崎勇氏は、『茨城県史料　中世編Ⅰ』に収載された「鹿島神宮文書」（鹿島大禰宜家文書）正和元年（一三一二）七月二三日付関東下知状写（同書「鹿島神宮文書」四一八号、『真Ⅲ』一五六～一六〇頁）[6]を詳細に分析して、真壁郡の北部にまとまって存在する「庄領」が鎌倉幕府領（関東御領）であることを明らかにし、同荘での領主支配のあり方、鎌倉幕府の関東御領支配政策について、新知見を提示した。すなわち、①文治二年（一一八六）に有力御家人（文官）の三善氏が預所に就任して地頭真壁氏をけん制する役割を担ったこと、②文治二年の預所設置は関東御領陸奥国好島荘でもみられること、③預所・地頭ともに新田開発によって所領を拡大して競合するとともに、固定された公田（定田）そのものの支配権も争っていたことなどである[7]。これらの知見は、一九八〇年代以降、急速に深化した関東御領研究の重要な前提となった[8]。

また、吉澤（徳田）秀子氏は、山崎氏らとの共同現地調査を通じて、「庄領」に属する真壁郡竹来郷の平民名「大井戸・泉・各来・竹来村等」の現地比定を行った。そして、これらの村が、基本的には湧水・谷田・集落によって形成されていることを明らかにした[9]。この成果は、東国農村の具体像を明らかにしたことにとどまらず、定田（公田）が所在する平民名が実体をもっているケースを明示した点に大きな成果がある。

山崎勇氏は、自身や吉澤氏の成果を踏まえて、①鎌倉時代の東国において、公田（荘園の定田あるいは一国平均役などの基準となる大田文記載田数）が現地に実在したケースがあったこと、②これらの公田（とくに竹来郷と好島荘）が、預所・地頭・百姓の関係を規制する媒介として現実に機能していたことを、常陸国真壁郡竹来郷・陸奥国好島荘・陸奥国岩崎郡金成村の事例から明らかにした[10]。また、この論文では、「庄領」（以下「真壁荘」と呼ぶ）[11]の預所職が、婚姻関係を介して三善氏から二階堂氏に継承されたこと、真壁荘が鹿島社を本家とする関東御領であったことなどが論じられた。

近藤成一氏は、中世真壁郡塙世郷・同郡亀熊郷・真壁城の踏査概要とともに、亀熊郷の水利や城郭のプランを含む図を提示した[12]。さらに、湯澤（久留島）典子氏は、正和元年（一三一二）七月二三日付の関東下知状写（『真Ⅲ』一五六～一六〇頁）を題材として、真壁荘における地頭と預所の関係、真壁荘と国衙領の関係について論点を提示した[13]。そのなかでも注目されるのが、「庄領」（真壁荘）が、弘安二年（一二七九）・嘉元四年（一三〇六）の常陸国大田文（『真Ⅲ』一九六頁～二〇五頁、二八五～二九三頁）において真壁郡内の公領（国衙領）と区別されなかった理由について提示した二つの可能性である。すなわち、一つは常陸国大田文が古い支配関係をもとにして作成されたため、「庄領」に相当する所領が記載されなかった、というものであり、もう一つは鎌倉幕府が常陸国をふくむ東国において国衙・本所の上に立つ高権を行使していたため、関東御領と国衙領とを厳密に区別する必要がなかったというものである。これらのうち、東国国衙領と東国関東御領の質的共通性を見いだす発想は、筧雅博氏によって発展継承された[14]。

以上の成果は、主に『茨城県史料　中世編Ⅰ』で正和元年（一三一二）七月二三日付関東下知状写（『真Ⅲ』一五六～一六〇頁）が紹介されたことを契機とした研究の展開・深化とみなすことができる。

それに対して、竹来郷の対岸（桜川左岸）地域について、長岡郷故地を中心とした現地調査をふまえた新たな成果が、榎原雅治氏・服部英雄氏・藤原良章氏・山田邦明氏の共同研究である[15]。この論文は、真壁地方での圃場整備事業に対応して、右記四氏が進めていた長岡郷・白井郷・小幡郷故地の現地調査に基づく中世地名・景観復元の成果を示したものである[16]。不正確な要約になることを恐れるが、それらの成果をあえて整理すると、おおむね以下のとおりになるであろう。

①長岡郷の字「堀ノ内」（長岡氏居館跡）の四方を用水管理機能を持つ堀で区画していたとは考えにくい。

②一方、「堀ノ内」近辺で用水が水田に導入されており、取水点近辺には寺社が存在している。これらの寺社の祭祀機能に立脚した用水支配が行われていたと考えられる。
③桜川低地の水田には、一四世紀段階で長岡郷と小幡郷の境を流れる二神川から取水した用水による灌漑がなされていたと考えられ、「堀ノ内」を介した勧農機能には限界があったとみられる。
④長岡氏やその他の真壁一族は、鎌倉末期に北条氏に従属していたと思われる。
⑤南北朝期に活動した長岡妙幹から、長岡氏の庶子家が分出し、「こうたのほりの内」を拠点とする古宇田氏が一四世紀末までに成立しており、「真壁長岡文書」は、この古宇田氏の家伝文書と考えられる。

以上、五つの論点のうち、①から③は、「堀ノ内」の周囲に用水管理機能を持つ堀を設定し、勧農を実現していたという意味での「堀ノ内体制論」や、在地領主拠点の景観認識に修正を迫るものであった。この論文で示された、「堀ノ内」の周囲に必ずしも用水を管理する堀が設定されなかったこと、にもかかわらず「堀ノ内」を中核とした領主支配は存在した、という図式は、武家居館の発掘調査や、史料用語としての「堀ノ内」の精緻な分析などによる「堀ノ内」・武士居館研究の先駆けといえる[16]。また、④・⑤の論点は、真壁一族の政治的動向、「真壁長岡文書」(「真壁長岡古宇田文書」)の伝来過程についての本格的な検討の嚆矢となったといえるであろう。

服部英雄氏は、榎原氏・藤原氏・山田氏と重ねた現地調査の成果をまとめ、長岡郷に加えて、下小幡郷・上小幡郷・白井郷の故地について、近世文書の分析と聞き取り調査をふまえて、近世村の地名と耕地・水利状況を復元した。その上で、①近世村を単位として各村毎に地名が命名されたこと、②長岡郷の中世地名などが近世長岡村に連続し、「竹の下」のような中世的地名が近世村を単位として分布していることから、中世郷と近世村には一定の連続性を見出せること、③中世文書にみえる長岡郷の水田を灌漑する給水施設は、中世段階で存在したことなどを明らかにした。これらの調査で見出された「みそざく」地名について、服部氏は東日本で広く事例を収集し、①「みそざく（みそさく）」は中世の御正作（領主直営田）であり、その多くは湿田であったこと、②乾田の御正作は灌漑用水が安定し、生産力が高い領主直営田の典型といえること、③御正作周辺は開発が古く、御正作自体も古田であったことを明らかにした(17)。

この時期には、真壁氏の本拠であった真壁城および城下町の構成についての復元的研究も発表された。この分野について先駆的な業績を発表した阿久津久氏は、城下町地割りやその軸などに着目しつつ、真壁城・真壁城下町の復元案を提示した。また、真壁城やその近傍の開発と関連して、真壁城の測量・発掘調査が進められ、大塚初重・星龍象両氏、真壁城跡発掘調査会によって、それらの成果が公にされた(18)。この時期に先鞭がつけられた、真壁城跡の発掘調査等に立脚した真壁城・真壁城下町の研究は、同城跡が国指定史跡となった一九九四年頃から急速に進められることになる。

## 二、第二期　一九八〇年代～一九九五年

一九八〇年代には、常陸国中世史研究に関わる研究成果や史料集の刊行が大きく進んだ。『茨城県史　中世編』（一九八六年）が刊行され、この段階における常陸国中世史研究の水準が示された。そして、『真壁町史料　中世編Ⅰ』（一九八三年）、『真壁町史料　中世編Ⅱ』（一九八六年）、『真壁町史料　中世編Ⅲ』（一九九四年）が刊行されたことに

よって、後述するように真壁氏研究の基礎が固められた。また、芥川龍男編著『お茶の水図書館蔵　成簣堂文庫　武家文書の研究と目録（上）』（（財）石川文化事業財団　お茶の水図書館、一九八八年）によって、「真壁文書」全点の写真版と文書一点ごとの調査所見が提示され、真壁氏研究の条件はさらに整った。

『真壁町史料　中世編』の特色は、史料の釈文・読み下しに加えて写真を掲載する編集スタイルである。この手法による史料集刊行によって、精度の高い史料分析が可能になった。『真壁町史料　中世編Ⅰ』では「真壁文書」全点を収載している。また、『真壁町史料　中世編Ⅱ』では、さきにふれた榎原氏・服部氏・藤原氏・山田氏の成果を踏まえ、「真壁長岡文書」を「真壁長岡古宇田文書」と命名した。そして、「解説」ではこの文書群の諸写本の紹介・分析を行うとともに、発見された「真壁長岡古宇田文書」原本全点を紹介した。さらに、写本についても写真を掲載し、真壁長岡氏研究の精度を上げる基礎をつくった。また、同書の後半には「町内所在史料」を収載した。さらに『真壁町史料　中世編Ⅲ』では、町外の真壁氏・真壁郡関係史料を網羅的に収集・紹介した。小山靖憲氏・高田実氏以来、現地調査をともなって地道に進められた研究と自治体史編纂の融合した成果が、『真壁町史料　中世編』Ⅰ～Ⅲであったと評価できる。

『真壁町史料　中世編』Ⅰ～Ⅲの刊行によって「真壁文書」・「真壁長岡古宇田文書」の検討を深化させる環境が整ったただけでなく、それら以外の真壁氏関係史料を分析・検討する環境も整ったといえるであろう。

このような状況をふまえて、新たな真壁氏研究の動向が生み出された。すなわち、（A）鎌倉期における真壁氏の政治的動向、（B）中世真壁郡域の村落景観研究の進展、（C）南北朝・室町期における真壁氏の動向と所領支配、（D）南北朝期～戦国期における真壁本宗家の本拠、（E）真壁氏と宗教との関係という、おおむね五つの流れに整理される。以下、これら（A）～（E）の研究動向を概観していきたい。

（A）鎌倉期における真壁氏の政治的動向

第一期においては、鎌倉期の真壁氏・真壁長岡氏の研究は、主に真壁郡・長岡郷やその周辺の景観復元を中心に進められてきた。第二期に入ると、真壁氏の政治的動向を、遠隔地所領や鎌倉幕府と関連づけて検討する成果が登場する。

糸賀茂男氏は、常陸平氏馬場氏・真壁氏、小田氏の在地基盤（本領と遠隔地所領）を鎌倉幕府政治史と関連づけて追究した。糸賀氏は、文治五年（一一八九）の奥州合戦を契機として、真壁氏が陸奥国になんらかの活動基盤を確保した可能性を提示した。具体例としてあげられたのは、一四世紀初頭に陸奥国宮城郡松島五大堂に鰐口を寄進した「真壁助安」（『真Ⅲ』三二六頁）や、北条時頼の外護のもとで松島寺（瑞巌寺）を天台寺院から禅院に転生させた性西法身（真壁平四郎）である。そして、これらの事例をふまえて、南北朝内乱期に真壁政幹が陸奥国会津郡蜷川荘内勝方村地頭職を獲得する以前から、真壁氏が陸奥に進出していた可能性を示唆した。さらに、真壁氏が保持した遠隔地所領として美濃国小木曾荘・丹後国五箇保を提示し、これらの所領や真壁氏一族の可能性がある備中真壁氏について、検討の必要性を提起した[19]。

大月（寺﨑）理香氏は、鎌倉幕府による御家人統制が行われた東国関東御領の具体例として、常陸国真壁荘を分析した。大月氏は、常陸国大田文における真壁郡内の所領田数のなかで「庄領」（関東御領真壁荘）が「公領」を大きく上回っていることに着目し、真壁氏の所領開発が真壁郡北部を中心に進められ、幕府が当該地域を直轄領化したことを明らかにした。また、真壁荘成立の背景に、八条院・平頼盛と強く結びついた常陸平氏嫡流（多気義幹・下妻広幹）の動向との関連を見出し、真壁荘が西国の平家没官領に近い成立過程をたどったことを指摘した。このような来歴を持つ真壁荘では地頭真壁氏の統制が試みられ、鎌倉幕府が所領没収や庶子所領の別納化によって、真壁氏一族の内部分裂を狙った可能性を指摘した[20]。

清水亮も、真壁氏による所領開発が北部（真壁荘域）から進められ、古代大苑郷域に真壁長幹の大規模な領主名（光行・松久）が形成されたと思われること、常陸平氏嫡流や中郡氏など近隣領主相互の競合状況に対応して、真壁長幹が平家一門と結んで真壁荘を成立させたことを指摘した。そして、真壁荘の現地支配をめぐって預所と地頭の紛争が慢性化する状況に対応して、真壁本宗家が「公領」（真壁郡南部）に支配の比重を移していったことを論じた[21]。

### （B）中世真壁郡域の村落景観研究の進展

この分野の研究を展開したのは、武者詩久美氏・原田信男氏・服部英雄氏である。武者詩久美氏は、網野善彦氏による常陸国の荘園公領研究や山崎勇氏の成果をふまえつつ、竹来郷における真壁氏の支配のあり方を分析し、百姓の自立性と地頭真壁氏の支配の限界を指摘した。そして、室町期の真壁氏家人「竹来左衛門入道」に着目し、真壁氏の在地支配を補完する代官であった可能性を指摘した[22]。この「竹来左衛門入道」に関する指摘は、後述する山田邦明氏の真壁氏家臣団研究の先駆けともいえる。

また、原田信男氏は、武蔵国中部から常陸国西南部（筑波山・加波山麓）をフィールドとして関東平野東部における中世村落の復元と類型化にとりくんだ。そして、①筑波山・加波山麓に展開した、微高地に集落が形成され小河川を水源として水田を開発する村落（常陸国真壁郡長岡郷など）は古代から存在したが、関東平野における中世村落の主流とはいえないこと、②関東平野における中世村落の主流の一つが、湧水・谷田・台地上の集落と畠地によって構成される村落（浅い谷田…常陸国真壁郡竹来郷・同郡押樋郷宮山村／深い谷田…下総国八木郷など）であったこと、③関東平野における中世村落の主流のもう一つが、大河川沿いの自然堤防上の集落と畠地（人口堤防をともなうケースが複数確認される）、後背湿地に開かれた水田で構成される村落（下総国下河辺荘・武蔵国河越荘など）であったことなどを論じた(23)。

服部英雄氏は、一九八二年に発表した長岡郷一帯故地の現地景観復元を発展させ、「真壁長岡古宇田文書」の読解作業と現地調査をふまえて、①「くづれ（くどり）」が崩壊地に語源を持つ用語であること、②「くづれ（くどり）」が長岡郷と（下）小幡郷の境界であり、中世以後の山・水の権利配分に大きな影響を与えたこと、③地頭長岡氏は、館の前の生産力の高い前田と、旱魃に強い強湿田の「御正作《みそざく》」を掌握することで勧農権を行使し得たことを明らかにした(24)。

## （C）南北朝・室町期における真壁氏の動向と所領支配

山田邦明氏は、真壁氏の系図「当家大系図」の記載と南北朝時代の同時代史料を照合し、真壁長幹以来の真壁本宗家の家系が真壁高幹（活動徴証は一三五〇年代まで）の時期で途絶えること、かわって美濃国小木曽荘・常陸国真壁郡山田郷を所領とする庶流出身の真壁広幹が、一四世紀後半に真壁氏本宗家を継承したことを明らかにした。また、山田氏の成果によって、南北朝期の真壁氏惣領幹重が南朝方に、その子息と思われる高幹が北朝方に属したこと、小木曾荘の真壁氏では真壁政幹とその孫広幹が北朝方に、政幹子息（広幹の父）は南朝方に属したことなどが明らかにされ、当該期における真壁氏の政治的動向の解明が進んだ。(25)

海津一朗氏も、山田氏とは異なる真壁氏の系譜関係（真壁本宗家嫡流…真壁幹重・光幹／真壁本宗家傍流…真壁高幹／美濃真壁家…真壁広幹）を構想しつつ、南北朝内乱期に美濃真壁氏（小木曾荘地頭）が本宗家の地位を奪取する過程を論じた。海津氏の成果は、南北朝期における真壁氏本宗家の交代劇を、鎌倉期における荘園公領制に立脚した領主制から、地域に立脚した国人領主制への展開と関連づけて把握した点に特色がある。(26)

また、網野善彦氏は、「加藤遠山系図」の記載から、加藤景廉の所領であった美濃国小木曾荘が、婚姻関係を介して真壁氏に継承されたことを明らかにした。(27)

小森正明氏は、一四世紀～一五世紀における真壁氏の動向を跡づけた。小森氏は、それまで研究がなされていなかった中世後期の真壁氏について、その政治動向を鎌倉府体制と関連づけて明確にした。さらに、一五世紀前半段階の真壁郡では貫高での年貢高把握がなされていたこと、現地では土地を集積する土豪層と零細農民が併存していたこと、永享一一年（一四三九）に勃発した真壁朝幹と氏幹の家督相論において、一族・被官も分裂して彼らを支えたこと、家督相論や享徳の乱を通じて、相論の勝者真壁朝幹のイエに一族・被官が組み込まれ、新たな家臣団編成が生み出されたことを明らかにした。(28)この成果は、真壁氏研究の段階を画するのみならず、研究蓄積の少ない室町期東国領主について、その具体的なあり方を示したことに大きな意義がある。

さらに、山田邦明氏は、永享一一年の真壁朝幹と氏幹の家督相論に関わる史料を分析し、当該期の真壁氏の親類（一族）と家人（被官）が本宗家の家督相論に大きく関わっていたが、永享一一年の段階では、親類は家人より明らかに立場が上であったこと、家人のなかに「竹来左衛門入道」など郷・村の有力者や出身者が含まれていた可能性があったことなど、当該期の真壁氏の家臣団構成を具体化した(29)。

（D）南北朝期～戦国期における真壁本宗家の本拠

真壁本宗家の本拠については、一二世紀末に真壁長幹が真壁郡に入部して以来、戦国期に至るまで真壁城（もしくはその近傍）を本拠としたと理解されていた。

このような見解を相対化したのが、齋藤慎一氏の一連の研究である。齋藤氏は、南北朝内乱初期から一五世紀における武家領主の拠点を分析し、一五世紀前半までは通常の居館を臨時に防御拠点化した「城郭」が築かれたが、一五世紀中葉以降、領主が恒常的に維持する「要害」が構築される、という流れを提示し、このような本拠の変化の背景に、所領支配の在地性深化や「家中」の形成といった領主の存在形態の変化を見出した。そして、真壁氏も一五世紀後半に、本拠を「城郭」から「要害」に変化させていったことを示した(30)。

さらに、齋藤氏は、南北朝期（あるいは鎌倉末期）から一五世紀中葉において、真壁本宗家の本拠が桜川右岸の亀熊にあったことを指摘した。すなわち、当該期における亀熊の景観は台地上を堀・土塁で囲んだ空間（「堀内」）のなかに屋敷地を構えたものであったこと、境界には宗教的施設があった可能性があり、近傍には商業的な場である「宿」が存在していたこと、亀熊の中心には亀熊八幡神社があり、鎌倉を模した本拠プランが構想されていた可能性があることなど、多岐にわたる知見を提示した。そして、真壁朝幹から子息尚幹への代替わりの過程（一五世紀中頃）で、真壁氏の本拠が亀熊から真壁城に移ったことを論じたのである(31)。

（E）真壁氏と宗教との関係

真壁氏と宗教との関係、とくに信仰のあり方については、この時期に研究の基礎が築かれたといえる。さきにふれた海津一朗氏の論文で、鎌倉末期の真壁一族が熊野信仰を受容していたことが示された[32]。そして、糸賀茂男氏は、真壁氏が熊野信仰を受容していただけでなく、郡内山田郷に拠点を持つ修験者山田慶城坊を保護していたこと、文明一八年（一四八六）九月に常陸国筑波山に入った聖護院道興（園城寺長吏・聖護院門跡・熊野三山検校・新熊野検校）が山田慶城坊と交流を持ったことを明らかにした[33]。

さらに、真壁町歴史民俗資料館編『筑波山麓の仏教―その中世的世界―』（一九九三年）では、筑波山麓における古代・中世の仏教の展開を包括的に提示し、真壁氏と仏教との関係についても多岐にわたる解説がなされている。小森正明「真壁氏と仏教」では、真壁本宗家・長岡氏の氏寺とその運営の様相、戦国時代の真壁氏が雨引山を保護して家臣団の分担によって造営を遂行したこと、真壁氏と熊野信仰・領内の修験との関わり、文芸（連歌会）を介して遊行上人と真壁氏が交流をもったことなどが示された。野村哲也「椎尾氏と仏教」では、真壁郡内の領主椎尾氏と真宗教団（下野国高田専修寺）との関わり、椎尾氏による在地寺院の外護の様相を述べている。堤禎子「僧侶と仏教」では、筑波山・真壁郡周辺に関わる僧侶たちの動向や松島寺（円福寺）の中興法身性西の活動がまとめられるとともに、おそらく入間田宣夫氏や糸賀茂男氏の研究をふまえ、法身の活動の背景に、真壁郡・陸奥国双方での真壁氏・北条氏の関わりという政治的動きが示唆されている[34]。

以上、（A）～（E）の研究が進められるとともに、社会における真壁氏・真壁城の認知度も大きく高まった。真壁城跡が平成六年（一九九四年）に国指定史跡に指定されたのである。真壁城跡の国指定にともなって、真壁町歴史民俗資料館（現真壁伝承館歴史資料館）で「真壁城跡国指定記念特別展　真壁氏と真壁城―中世武家の拠点―」が開催され、「真壁文書」・「真壁長岡古宇田文書」・「真壁博家文書」をはじめとした文書が展示された。また、同名の特別展展示図録（一九九四年一〇月）が刊行され、一二世紀から一七世紀にいたる真壁氏の動向が平易に記述された。同図録では、真壁城跡についても、縄張りの特徴・出土遺物の特徴・桜川流域の城館調査の成果が平易に記述され、真壁氏・真壁城についての一九九四年段階の研究水準を容易に把握することができるようになった。

さらに、平成六年（一九九四年）一〇月二九・三〇日には、真壁城跡の国指定を記念してシンポジウムも開催された。このシンポジウムの内容は、平成八年（一九九六年）に一書にまとめられ、刊行された。その研究史的意義については、章をあらためて述べよう。

## 三、第三期　一九九六年前後～現在（二〇一五年）

真壁城跡国指定にともなって開催された記念シンポジウムの成果は、石井進監修『真壁氏と真壁城　中世武家の拠点』（河出書房新社、一九九六年）として刊行された。同書第二部では、六つの基調講演が収録されており、これまでの研究を総括するにとどまらず、新たな論点を提示している。そのなかでも、以後の研究動向を規定したと思われるのが、橋口定志氏・山田邦明氏・市村高男氏の講演である。

橋口定志「中世武家の居館」では、土塁・水堀を有し、その水堀が用水・灌漑機能をもつ方形居館は中世の前半にはなかったという自身の所説に立脚しつつ、長岡の「堀ノ内」の景観を検討し、「堀ノ内」に接するルートが加波山神社（および里宮三枝祇神社）の参道でもあったことから、長岡の研究と加波山信仰とを関連づける必要性を提唱した。

山田邦明「真壁氏の系図」では、「当家大系図」などを活用して、享徳の乱期に真壁氏の惣領になった朝幹以降、真壁氏の一族が新たなかたちで展開したことを明らかにした。すなわち、一五世紀末から一六世紀初頭にかけて、真壁氏（主に尚幹）は、永享の家督相論後に滅亡させた庶子家長岡氏・白井氏の名跡を自らの庶子に継承させ、さらに東・西・南・北の四家を分立させたこと、西家が「西館」とも名乗り、東家が「東館」が居住したことから、新たに創設された一族と城館の形態に関係がありうること、金敷氏・光明寺などの一族もやはり一五世紀後半に分出したことを示したのである。

市村高男「戦国期城下町論」では、真壁朝幹の本拠が亀熊にあり、彼の後継者である尚幹・治幹の代に、当主を補佐する新たな一族の分出、真壁城への本拠移転が領域権力化と連動して進行したことを指摘した。また、高野山清浄光院の過去帳を題材として、真壁名字を名乗りつつ西館・東館などの呼称を持つ人物や「真壁実城」（城郭の本体部分）の記載を見いだし、真壁城の中心部に一族が配置されたことを指摘した。また、自身の研究成果[35]をふまえて、真壁城下町の「内宿」が家臣団屋敷地、その西に展開する「大宿」（「本宿」）が町人の集住地であり、今日の真壁市街地に連続することを論じた。さらに、戦国期真壁城下町が常陸有数の規模を有した背景に、古代真壁郡衙と関わる都市的な場が存在した可能性を指摘し、当該地における中世前期真壁氏の拠点との関連についても検討の必要性を提起した。

これらの成果は、（a）「中世前期真壁氏の拠点と所領支配」、（b）「中世における真壁氏の一族結合とその推移」、（c）「戦国期の真壁氏権力と真壁城および周辺地域の関係」、という研究の流れにつながったと考えられる。

（a）「中世前期真壁氏の拠点と所領支配」に関わる研究動向として、まず、真壁荘の成立過程を解明した大石直正氏の成果があげられる。[36]大石氏は、ともに関東御領である常陸国真壁荘・陸奥国好島荘が、それぞれ真壁郡・岩城郡の約半分を領域的に占めていたことに着目した。そして、院権力と平家一門が設定した郡単位の半不輸領が、鎌倉幕府による没官・介入の過程で、「片寄」（上級領主の取得得分等に対応した領域的な荘園・公領への再編）がなされたとする工藤敬一氏・筧雅博氏の成果をふまえ、[37]真壁荘・好島荘の関東御領化の経緯を整理した。

すなわち、①平重盛の所領であった陸奥国「白河領」（のちの白河荘）のようなかたちで、平家一門が真壁郡・岩城郡全体を半不輸領化し、現地支配は郡レベルの支配権を有する真壁氏や岩城氏が担った、②そして、真壁郡・岩城郡などの東国平家領を鎌倉幕府が没官し、「片寄」を実施した結果、従来の郡の半分程度の規模を持つ関東御領真壁荘・好島荘が成立し、ともに文治二年（一一八六）に預所が補任された、という流れである。

清水亮は、中世前期（院政期・鎌倉期）における真壁氏の拠点空間の復元にとりくんだ。[38]その際、中世真壁郡が桜川によって東西に、関東御領真壁荘と公領によって南北に分割されることに着目し、それぞれの政治的・地勢的な条件に即して真壁本宗家が複数の拠点を設定したことを想定した。そして、真壁郡本木郷（真壁長幹の領主名であったと思われる光行・松久に属するか）の「堀之内」、大国玉郷の「堀之内」、亀熊郷の「堀内」の現地調査によって、中世前期における真壁氏の拠点（とくに本木の「堀之内」）には、居館の周囲に導入された堀（溝）による用水管理、地域の宗教拠点の外護、宿や交通路の掌握など、多様な支配機能・社会的機能が備わっていたことを論じた。

（b）「中世における真壁氏の一族結合とその推移」にかかわっては、まず、糸賀茂男氏の成果があげられる。糸賀氏は、真壁本宗家の家系交代と「真壁文書」の伝来状況の関わり、真壁氏に関わる各史料の検討の必要性を論じた[39]。

清水亮は、小森正明氏・山田邦明氏の成果をふまえ、南北朝期から享徳の乱にかけての真壁氏の一族結合とその推移を鎌倉府体制と関連づけて跡づけた。すなわち、一四世紀段階で分立傾向にあった真壁氏一族は、鎌倉府の圧力に直面した結果、物領家を中心として、かつ領域的なまとまりをもった結合形態をとるようになったという流れである。また、この流れを提示するなかで、真壁顕幹が応永の乱直後に室町幕府から当知行地安堵を受け、真壁氏が京都御扶持衆化する前提が一四世紀末にはあったこと、応永三〇年（一四二三）の鎌倉公方足利持氏による京都御扶持衆追討の後、真壁朝幹が鎌倉府の奉公衆となったと考えられること、この朝幹の動きに反発した真壁氏の一族・被官が、永享の家督相論に際して真壁氏幹を支持したことなどを指摘した[40]。

また、清水は、鎌倉末から南北朝期の真壁長岡氏の物領交代劇とその背景を検討し、真壁長岡氏の庶子で僧侶でもあった了珍房妙幹が鹿島社近辺で宗教活動・経済活動を行い、長岡氏（ひいては真壁氏一族）と都市鹿島をつなぐ役割を持っていたこと、妙幹は経済的能力を買われて長岡氏物領の座を得たことを指摘した[41]。この試みは、先述した中世前期における真壁氏本宗家の拠点空間の復元研究とともに、在地領主研究の新しい流れをふまえてなされたものである。すなわち、在地領主の多様な社会的機能を発掘し、それらをふまえて在地領主イメージの再構成をめざすという課題意識に基づく研究においても、真壁氏やその関係地域が重要な検討素材・フィールドであることを示したことになる。

（c）「戦国期の真壁氏権力と真壁城および周辺地域の関係」にかかわる研究は、寺﨑大貴氏・宇留野主税氏によって牽引された。寺崎氏は、真壁城が築かれた山宇（山尾）郷故地に残された中世的要素を整理し、真壁城に先行する拠点施設の存在を想定した。そして、真壁城下町に接する飯塚の町場と水運との密接な連関を指摘するとともに、飯塚に先行して存在した窪郷の位置・立地状況を明確にした。さらに、市村高男氏の成果を批判的に継承し、一五世紀中頃から一七世紀初頭に至る真壁城下町の形成過程と景観を再整理した。(43)

宇留野氏は、寺崎氏の成果や発掘調査などをふまえて、真壁城・真壁城下町・周辺の防衛施設群などの景観を年代順に整理した。(44)宇留野氏が提示した論点は多岐にわたるが、とくに重要なことは、真壁城の構造とその推移、真壁城で使用されたかわらけの種類・規格の年代変化が、真壁氏の政治体制や土器生産体制の変化と密接にかかわっていたことを明らかにしたことである。不正確な整理になることを危惧するが、宇留野氏による城郭・城下町・土器生産の推移を私なりに要約すると以下のとおりになる。

①一五世紀後半の真壁城は、中心となる方形居館とそれ以外の階層性が不明確な方形居館が併存する「群郭構造」であったが、真壁氏が佐竹氏に接近した一六世紀後葉以降、本丸を中心とした求心的構造に大きく設計変更された。

②城下町の整備も、城の構築・改修と連動して進められた可能性がある。

③真壁城から出土したかわらけは、「群郭構造」の時期には多様な形態を有していたが、求心的構造の城郭形成と連動してかわらけの形態・規格が整理された形跡があり、土器消費のあり方と真壁氏の権力構造の関連性、真壁氏による土器生産の統制を想定できる。

④桜川右岸の交通・流通の要衝にあたる塙世城には家臣江木戸氏が配置され、城下町西方の防衛を担った。また、

塙世城の周辺には土器生産集団が居住し、真壁城とその城下町への土器供給を担ったと考えられる。

これらの論点は、いずれも、戦国期における真壁氏の本拠・家臣団構成・領国支配の実態に迫る重要な知見であり、戦国期真壁氏研究の水準を示すものといえるであろう。

さらに、宇留野氏は、古代・中世を通じて主要交通路であった小栗道[45]が亀熊城・真壁城下をつないでいる事実から出発して、真壁氏が小栗道や諸河川など真壁郡内の交通全体と亀熊城とを結びつける構想をもっていたことを指摘し、この構想の延長線上に真壁城・真壁城下の形成を見通した[46]。この成果は、古代から戦国期に至る長いタイムスパンのなかに亀熊城・真壁城・真壁城下町を位置づけようとする試みであり、今後の展開が期待される。

## むすびにかえて

以上、真壁氏研究の軌跡を三期に時期区分し、その流れを跡づけてきた。真壁氏の研究史は、在地領主研究・武家居館研究・武家政権研究・中世東国史研究・中世東国村落研究など多様な研究分野に関わっており、それぞれの研究テーマにおいて重要なフィールドであり続けていることが明らかになったことと思う。

なお、喫緊の研究課題として、戦国期真壁氏の権力形態・領国支配・政治的動向の解明をあげておきたい[47]。戦国期真壁氏の家臣団構成・領国範囲の変遷・領国支配の構造について、文献史学の方法論から知見を提示し、真壁城やその周辺の景観復元の成果との関連を追究していくことが必要であろう。

また、鎌倉期における真壁氏の政治的動向について、あらためて検討を進めることも必要であろう。鎌倉期の真壁氏に関する研究は、現地調査による景観復元をふまえた領主支配・村落の追究が多くを占めてきた観がある。これらの研究は、真壁地方・東国の地域的特質のみならず、中世領主支配・中世村落の研究全般と関わる重要な成果である。一方、真壁氏の系譜や政治的動向がもっとも詳細に検討されたのは、真壁氏の領主組織に大きな変動があった南北朝・室町期についてであり、鎌倉期と戦国期については今後のさらなる検討がまたれる。総論Ⅱ「鎌倉期における常陸真壁氏の動向」は、このような課題認識に立脚して執筆した論考である。

幸い、二〇〇三年に刊行された『真壁町史料　中世編Ⅳ』には、「当家大系図」や「真壁由緒記」、高野山清浄光院所蔵「常陸日月牌過去帳」など、戦国期の真壁氏研究に資する重要な史料が収載され、研究の条件はさらに整った観がある。今後も真壁氏研究、真壁氏を題材とした諸研究がさらに発展することを願い、擱筆する。

## 註

（1）『日本史研究』九九号。小山『中世村落と荘園絵図』（東京大学出版会、一九八七年）に補訂を加えて収録。なお、石井進氏は、小山論文の成果をふまえて、長岡郷の様相を簡潔・的確に紹介している（石井『中世武士団』一八三～一九〇頁、講談社学術文庫、二〇一一年、初出一九七四年）。

（2）『史潮』九四号。のち、註（1）小山著書に収録。

（3）小山「ワタリアルク庄園（12）常陸国真壁郡の巻」（『月刊歴史』一二号、一九六八年）。

（4）内田（高田）実「東国における在地領主制の成立」（東京教育大学昭史会編『日本歴史論究』二宮書店、一九六三年）。

（5）高田「在地領主制の成立過程と歴史的条件」（古島敏雄・和歌森太郎・木村礎編『古代郷土史研究法』朝倉書店、一九七〇年、本書収録）。

（6）『真壁町史料　中世編』所収史料は、史料出典略号を定めて引用する。『真壁町史料　中世編Ⅰ（改訂版）』（二〇〇五年、初出一九八三年）は、すべて「真壁文書」であるため、『真Ⅰ』＋番号で表記する。『真壁町史料　中世編Ⅱ』（一九八六年）のうち、「真壁長岡古宇田文書」は『古』＋番号で表記する。同書所収の「町内諸家文書」は『真Ⅱ』＋頁で表記する。『真壁町史料　中世編Ⅲ』（一九九四年）・『真壁町史料　中世編Ⅳ』（二〇〇三年）所収史料は、それぞれ『真Ⅲ』＋頁、『真Ⅳ』＋頁で表記する。

（7）山崎「常陸国真壁郡竹来郷における領主制について」（慶應歴史科学研究会『歴史學ノート』四号、一九七一年、本書収録）。

（8）石井進「関東御領研究ノート」（同『石井進著作集第四巻　鎌倉幕府と北条氏』岩波書店、二〇〇四年、初出一九八一年）、筧雅博「関東御領考」（『史学雑誌』九三編四号、一九八四年）など。

（9）吉澤「真壁郡竹来郷調査記」（慶應歴史科学研究会『歴史學ノート』四号、一九七一年、本書収録）。同論文は『月刊歴史』三三号（一九七一年）に転載されている。

（10）山崎「鎌倉時代の東国における公田」（『慶應義塾志木高等学校研究紀要』四輯、一九七四年、本書収録）。

（11）真壁郡の「庄領」の名称が真壁荘であったことは、「鴨大神御子神主玉神社文書」所収の大般若経巻第四四一の本奥書（元応三年〈一三二一〉正月十二日付か）に「真壁御庄本木郷聖（祥）光寺書写」と記されていること（『真Ⅲ』一八五頁）から確定できる。なお、同史料の解説（『真壁町史料　中世編Ⅲ』二七頁）も参照。

（12）近藤「真壁調査記」（『遙かなる中世』一号、一九七七年）。

（13）湯澤「常陸国竹来郷に関する一史料について」（『遙かなる中世』一号、一九七七年）。

（14）註（8）筧論文。

（15）榎原・服部・藤原・山田「消えゆく中世の常陸―真壁郡（庄）長岡郷故地を歩く―」（『茨城県史研究』四一号、一九七九年、本書収録）。

（16）橋口定志「中世方形館を巡る諸問題」（『歴史評論』四五四号、一九八八年）、同「中世東国の居館とその周辺」（『日本史研究』三三〇号、一九九〇年）、「東国の武士居館」（藤木久志監修・埼玉県立歴史資料館編『戦国の城』高志書院、二〇〇五年）、竹内千早「堀の内論の再検討」（『歴史学研究月報』三五〇号、一九八九年）、海津一朗「東国・九州の郷と村」（『日本村落史講座２　景

観Ⅰ　原始・古代・中世』（雄山閣、一九九〇年）、蔭山兼治「『堀内』の再検討―その実態と論理―」（『琵琶湖博物館研究調査報告書』二一号、二〇〇四年）、齋藤慎一『歴史文化ライブラリー218　中世武士の城』（吉川弘文館、二〇〇六年）など。なお、中世武家居館と用水をめぐる問題については、橋口定志・広瀬和雄・峰岸純夫「鼎談　中世居館」（『季刊自然と文化』三〇号、一九九〇年）、山本隆志「書評　小山靖憲著『中世村落と荘園絵図』」（『日本史研究』三三五号、一九九〇年）なども参照。

(17) 服部英雄「続消えゆく常陸の中世」（『茨城県史研究』四八号、一九八二年。後、同『景観にさぐる中世』〈新人物往来社、一九九五年〉に補訂の上、「地名による中世常陸国長岡郷一帯の景観復原―みそざくと叶（かのう）―」として再録）、同「みそさく考」（前掲書所収、原形初出一九八六年）。

(18) 阿久津「真壁城の地割り」（『日本城郭大系　第四巻』新人物往来社、一九七九年）、同「真壁城とその町割り」（『歴史手帳』一〇巻三号、一九八三年）、大塚・星「真壁城趾測量調査報告」（『茨城県史研究』四八号、一九八二年）、真壁城跡発掘調査会編『真壁城跡―中世真壁の生活を探る―』（真壁町教育委員会、一九八三年）。

(19) 糸賀「常陸中世武士団の在地基盤」（『茨城県史研究』六一号、一九八八年）。

(20) 大月「関東御領真壁庄に関する一考察―鎌倉幕府の常陸支配をめぐって―」（茨城県高等学校教育研究会歴史部『茨城史学』三〇号、一九九五年）。

(21) 拙稿「関東御領における地頭領主制の展開―鎌倉期常陸国真壁荘を中心に―」（『年報三田中世史研究』二号、一九九五年、本書収録）。

(22) 武者「中世における真壁氏の村落支配」（木村礎編『村落景観の史的研究』八木書店、一九八八年）。

(23) 原田「中世の村落景観」（註（22）木村編著所収。のち、原田『中世村落の景観と生活』思文閣出版、一九九九年に補訂して再録）。なお、原田氏は、真壁郡域の村落景観復元にとりくむ過程で、先行研究で提示された個々の論点の少なくとも一部について、異論を提起している。長岡郷については、註（15）榎原・服部・藤原・山田論文で提示された、寺社の祭祀機能に依拠した真壁長岡氏の用水統制という図式に疑問を呈している。また、中世竹来郷の形成過程については、註（9）吉澤論文で提示された、原方（竹来郷南部）が同郷の中心地・先進地域であったとする見解に疑問を提示し、近世高久村（中世竹来郷北部）が、中世竹来郷の中心であったと論じている。
(24) 註(17)服部「地名による中世常陸国長岡郷一帯の景観復原―みそざくと叶(かのう)―」。
(25) 山田「常陸真壁氏の系図に関する一考察」(同『鎌倉府と地域社会』同成社、二〇一四年、初出一九八八年)。
(26) 海津「南北朝内乱と美濃真壁氏の本宗家放逐―「観応三年真壁光幹相博状(置文)」の再検討―」(『生活と文化』四号、一九九〇年、本書収録)。
(27) 網野「加藤遠山系図」(同『日本中世史料学の課題』弘文堂、一九九六年、初出一九九一年)。
(28) 小森「中世後期東国における国人領主の一考察―常陸国真壁氏を中心として―」(『茨城県史研究』六二号、一九八九年)。
(29) 山田「真壁氏の家臣団について」(同『鎌倉府と地域社会』同成社、二〇一四年、初出一九九四年)。
(30) 齋藤「本拠の展開―居館と「城墎」・「要害」―」(同『中世東国の領域と城館』吉川弘文館、二〇〇二年、初出一九九一年)。
(31) 齋藤「常陸国真壁氏と亀熊郷」(同『中世東国の領域と城館』吉川弘文館、二〇〇二年、初出一九九四年)。
(32) 註(26)海津論文。
(33) 糸賀「聖護院道興筆天神名号と史的背景」(『茨城県史研究』七〇号、一九九三年)。
(34) 堤氏が前提としたのは、入間田「中世の松島寺」(大石直正・柳原敏昭編『展望日本の歴史9　中世社会の成立』東京堂出版、二〇〇一年、初出一九八三年)、註(19)糸賀論文と考えられる。その後、真壁氏が外護した雨引山の歴史と所蔵文化財に関する詳細な研究成果として、雨引山楽法寺『雨引山の絵画　楽法寺絵画資料調査報告書』(二〇〇七年)が刊行されている。
(35) 市村「中世東国における宿の風景」(網野善彦・石井進編『中世の風景を読む　第2巻　都市鎌倉と坂東の海に暮らす』新人物往来社、一九九四年)など。
(36) 大石「治承・寿永内乱期南奥の政治的情勢」(同『奥州藤原氏の時代』吉川弘文館、二〇〇一年、原形初出一九八〇年)。なお、本文で言及した大石氏の所説は、同書刊行時に追加されたものである。
(37) 工藤『荘園公領制の成立と内乱』(思文閣出版、一九九二年)、註(8)覧論文。
(38) 拙稿「院政期・鎌倉期の常陸国真壁氏とその拠点」(『茨城大学中世史研究』六号、二〇〇九年、本書収録)。

(39) 糸賀「『真壁文書』の周縁」(『関東地域史研究』第一輯、一九九八年)。
(40) 拙稿「南北朝・室町期常陸国真壁氏の惣領と一族」(『地方史研究』二七七号、一九九九年、本書収録)。
(41) 拙稿「了珍房妙幹と鎌倉末・南北朝期の常陸国長岡氏」(『茨城県史研究』八九号、二〇〇五年、本書収録)。
(42) 菊池浩幸・清水亮・田中大喜・長谷川裕子・守田逸人「中世在地領主研究の成果と課題」(『歴史評論』六七四号、二〇〇六年)。
(43) 寺﨑「中世真壁城下町の復元」(『真壁の町並み―伝統的建造物保存対策調査報告書―』桜川市教育委員会、二〇〇六年)。
(44) 宇留野「戦国期における真壁城と周辺の景観」(市村高男監修・茨城県立歴史館編『霞ヶ浦・筑波山・利根川 中世東国の内海世界』高志書院、二〇〇七年)、同「戦国期真壁城と城下町の景観」(『茨城県史研究』九二号、二〇〇八年、本書収録)など。
(45) 宇留野「中世在地土器生産と城館・都市研究―関東地方における研究課題と視点―」(『中近世土器の基礎研究』二四号、二〇一二年)。なお、宇留野「中世都市の開発と塚」(『Archaeo-Clio』一一号、二〇一四年)、同「『廻国雑記』の道―小栗道―」(『茨城県歴史の道調査事業報告書中世編「鎌倉街道と中世の道」』茨城県教育委員会、二〇一五年)も参照。
(46) 宇留野「古代道と中世城館と都市―常陸国亀熊城とその周辺―」(『婆良岐考古』三六号、二〇一四年)。
(47) 寺﨑理香氏は、永正~天文期に活動した足利基頼・古河公方足利晴氏と常陸国の諸勢力との関係を分析し、足利基頼が大掾氏・真壁氏・小田氏らの動向に影響を与えていたこと、足利晴氏が真壁氏を介して小田氏を味方につけていたことを指摘している(同「関東足利氏発給文書にみる戦国期常陸の動向―基頼・晴氏文書を中心に―」〈『茨城県立歴史館報』四一号、二〇一四年〉)。

# 総論Ⅱ　鎌倉期における常陸真壁氏の動向

清水　亮

## はじめに

常陸真壁氏の系譜と動向については、真壁町歴史民俗資料館・真壁町史編さん委員会編『開館十周年記念特別展図録　中世の真壁地方―伝来文書を中心に―』（一九八八年）、小森正明「真壁氏について」（石井進監修『真壁氏と真壁城　中世武家の拠点』河出書房新社、一九九六年）、真壁町歴史民俗資料館編『真壁城跡国指定五周年記念特別展　真壁家の歴代当主―史実と伝説―』（一九九八年）、同編『中世の真壁氏　ふるさと真壁文庫№1』（一九九八年）等によって歴代当主の事績が概観できる状況になっている。しかし、これらの書籍・図録が平易な叙述を基調としていること、また紙幅の制約などもあって、真壁氏歴代当主の動向について論じる余地は残されていると思われる。

また、鎌倉期における真壁本宗家当主の系譜は、「真壁文書」・「当家大系図」などによって、一三世紀後期～末に活動した真壁盛時までは、ほぼ確実に復元できる。そのためか、当該期における真壁本宗家当主の動向と政治的・社会的状況との関連は課題として残されている。むしろ、真壁氏歴代の動向とその背景にある政治的・社会的状況を関連づける試みは、真壁氏のイエに大きな変動が少なくとも二度あった南北朝期から享徳の乱期の研究で進められてき

たのである。(1)

本稿では、近年の真壁氏研究・鎌倉幕府研究の成果をふまえ、鎌倉期における真壁氏歴代当主の系譜と動向を整理したい。真壁氏については、得宗政権との強い結びつきがこれまでにも指摘されてきたが、(2)その具体相については必ずしも明確にはなっていない。そこで本稿では、北条氏をはじめとした鎌倉幕府の「特権的支配層」(3)と真壁氏の関係について、時系列的な変化を視野に入れつつ論じていきたい。個々の事実についての指摘は先行研究と重複する部分もあるが、煩をいとわずにできるだけ詳細な記述をこころがけたい。

## 一、真壁氏の成立と平家・鎌倉幕府〜真壁長幹の時代〜

### (1) 真壁氏の成立と真壁郡の平家一門領化

真壁長幹は、常陸平氏本宗の多気直幹の庶子であり、常陸真壁氏の始祖である。真壁郡には一二世紀末に、真壁郡司職を帯びて入部したと考えられる（承安二年説と建久年間説が出されている）(4)。そして真壁長幹は、平家一門と結びつき、真壁郡を半不輸の平家一門領としたと考えられる。(5)

また、真壁長幹が真壁郡に入部する前から、同郡には先行する領主的勢力が存在したことが指摘されている。(6)長幹が真壁郡に入部し、所領形成を進める上で、彼らとの連合（競合）が不可避であったことは間違いないであろう。

真壁長幹が連携した先行勢力の詳細については不明とせざるを得ないが、異姓の武士と連携して真壁郡内での所領形成を進めた形跡はある。『吾妻鏡』正治二年（一二〇〇）二月六日条(7)によると、失脚した梶原景時の追討後、景時方の勝木則宗を捕縛した鎌倉幕府方の武士が波多野盛通であるか否かが問題になったとき、真壁紀内という人物が「則宗を生け虜るの事、さらに盛通の高名にあらず。重忠虜る」と主張して、かえって畠山重忠に叱責されている。真壁紀内は、長岡ゆう氏蔵本「真壁長岡氏系図」（『真Ⅱ』二〇九〜二一六頁）では真壁長幹の子息とされている。しかし、彼は平姓である真壁長幹とは異なり、紀姓である。また、「紀内」という通称から、真壁紀内は内舎人などの職掌を務め、在京経験を有した武士であったと考えられる。真壁紀内の基盤が真壁長幹と同じ常陸国真壁郡であったとすれば、真壁長幹と真壁紀内は養子関係・婚姻関係などで結びつき、連携して真壁郡支配を進めたと考えられる。しかも、紀内が幕府に出仕していることからみて、彼もまた鎌倉幕府御家人であったと考えられる(8)。

真壁長幹の真壁郡開発は、郡の北部に比重を置いて進められた(9)。長幹は、古代大苑郷域を中心とした地域を、領主名光行・松久で構成される「大曽祢」に再編して中核的私領としたと考えられる。常陸平氏の内部は一枚岩ではなかったが、長い間、平家知行国であったため、彼らと平家政権との関係は深かった。一方、一二世紀中葉から後半の真壁郡周辺では、常陸平氏嫡流や中郡荘下司中郡氏らの競合状況が生まれていた。真壁長幹は、常陸平氏一門と平家一門との深い関係を基礎としつつ、同族を含む現地の領主間の競合を乗り切るために、真壁郡の平家領化を実現したと考えられる(10)。

### （2）鎌倉幕府の成立と真壁長幹

治承四年（一一八〇）に挙兵した源頼朝の東国支配が進展する過程で、常陸平氏一門の多くは頼朝に敵対するか、日和見的行動をとったと考えられる。常陸平氏一門のなかで頼朝に積極的に従属したことがわかるのは、小栗重成・

〈真壁氏略系図〉

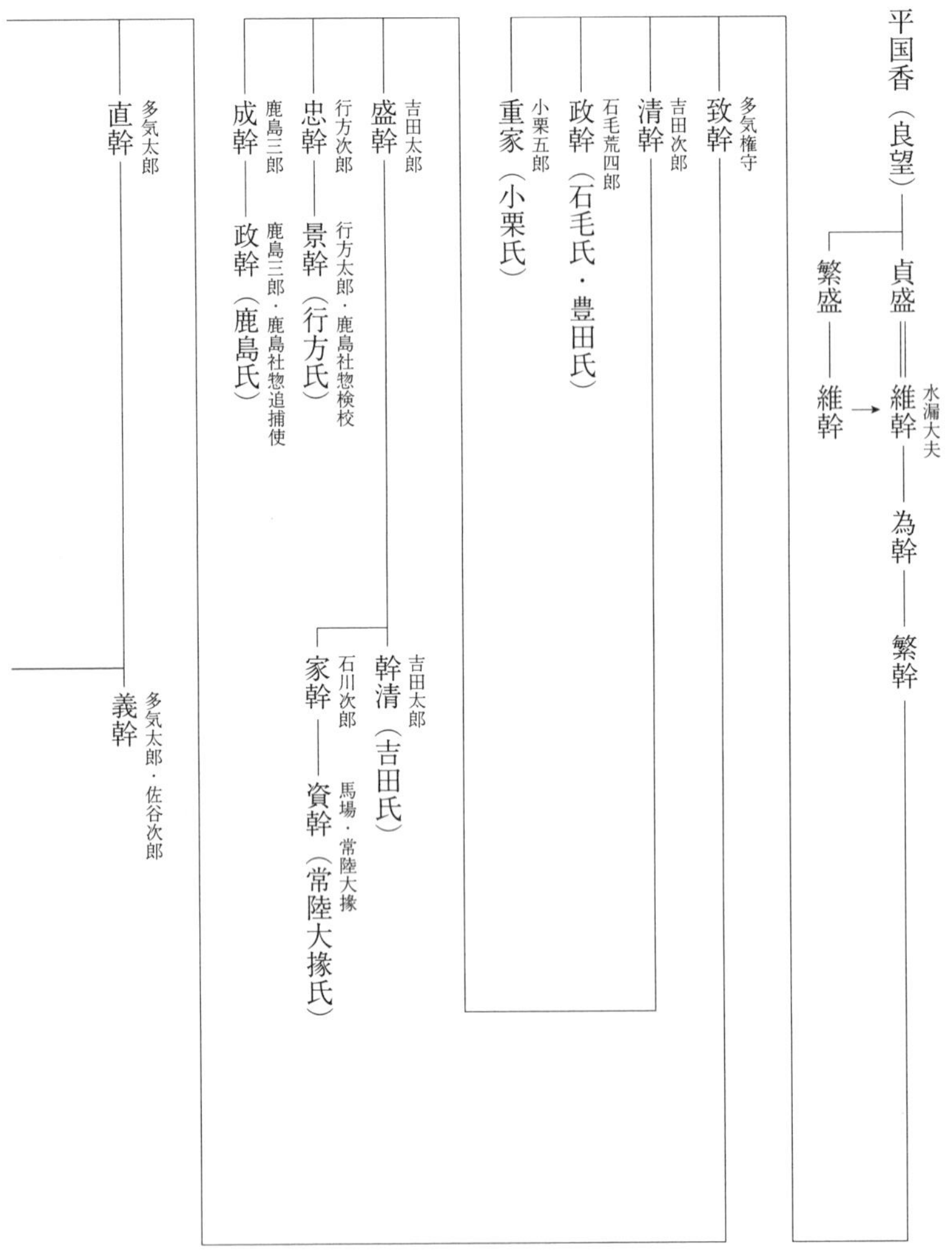
平国香（良望）
貞盛
繁盛
維幹
水漏大夫
維幹
為幹
繁幹
多気権守
致幹
吉田次郎
清幹
石毛荒四郎
政幹（石毛氏・豊田氏）
小栗五郎
重家（小栗氏）
吉田太郎
盛幹
吉田太郎
幹清（吉田氏）
石川次郎
家幹
馬場・常陸大掾
資幹（常陸大掾氏）
行方次郎
忠幹
行方太郎・鹿島社物検校
景幹（行方氏）
鹿島三郎
成幹
鹿島三郎・鹿島社物追捕使
政幹（鹿島氏）
多気太郎
直幹
多気太郎・佐谷次郎
義幹

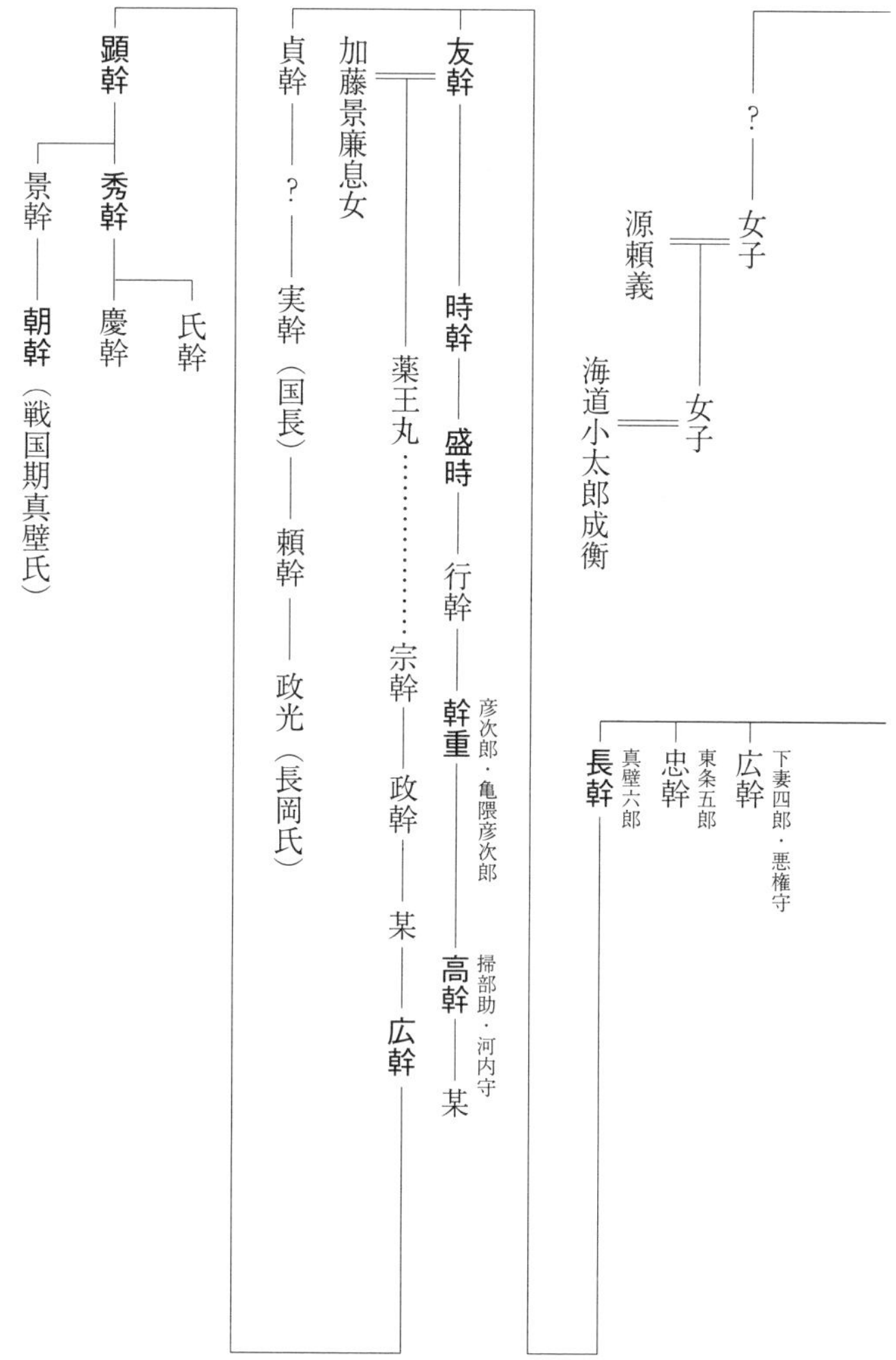


＊本系図は、「真壁文書」・「真壁長岡古宇田文書」・「常陸大掾系図」・「当家大系図」・「真壁長岡氏系図」・「冷泉家文書」・「奥州後三年記」・「吾妻鏡」・東持寺所蔵「山川氏系図」・『源平闘諍録』などによって作成。なお、太字ゴチックの人名は、真壁氏惣領継承者を意味する。

鹿島政幹のみである。とくに常陸平氏嫡流は、反頼朝方としての行動を明確にしていた。多気義幹は、治承四年（一一八〇）一〇月の富士川合戦では平家方の「先陣の押領使」を務めていた形跡があり（『源平闘諍録』）、下妻広幹（もしくは同族の清氏）は寿永二年（一一八三）に起こった信太義広の乱で、頼朝に敵対する義広に属したと考えられる[11]。

富士川合戦の後、頼朝軍の追討にあった佐竹氏も含めて、常陸国の武士の多くは頼朝と距離をとっていた。常陸国の武士が御家人化したのは、「常陸国住人等、御家人としてその旨を存ずべき」と頼朝が命じた元暦元年（一一八四）一一月一二日のことであった（『鏡』同日条）。この時、すでに源範頼・義経に率いられた東国武士たちが、西国の平家追討に従事していた。すなわち、真壁長幹をふくめた常陸武士（あるいはそのほとんど）は、鎌倉方の平家追討軍には参加せず、彼らが西国に恩賞を得る機会もほとんどなかったと思われる。

平家滅亡前後、真壁郡は、同じく平家一門領であった陸奥国岩城郡などとともに鎌倉幕府に接収された。そして、文治二年（一一八六）頃に「片寄」がなされ、真壁郡北部の諸郷が関東御領真壁荘として成立した[12]。同荘の本家は鹿島社、領家が鎌倉幕府であったと考えられる。文治二年（一一八六）には真壁荘の預所に幕府の高官三善康清が補任され、預所名得永名の支配権と年貢徴収権を掌握した。一方、地頭真壁長幹は下地支配権を確保したと考えられる。以後、預所三善氏と地頭真壁氏は、それぞれ新田開発を進め、在地支配をめぐって競合することになる[13]。

真壁長幹の初見史料は、「鹿島神宮文書」正和元年（一三一二）七月二三日付関東下知状写（『真Ⅲ』一五六〜一六〇頁）である。真壁荘竹来郷地頭江馬光政代貞致と同荘預所二階堂行定の相論において、行定が述べた「文治のころ、当庄下地においては預所善清その意に任するにより、名主給三町・鹿島神田五段・定田四町七段小の地本をもって、地頭に付しおわんぬ。…」という経緯に登場する「地頭」が、真壁長幹その人であろう。

また、文治五年（一一八九）の奥州合戦にあたって、鎌倉軍の海道大将軍千葉常胤・八田知家に率いられた「真壁六郎」（『鏡』文治五年八月一二日条）が真壁長幹である。奥州合戦への参加を契機として、真壁氏が陸奥国になんらかの拠り所を獲得した可能性が指摘されている。(14)さらに、真壁長幹は、建久元年（一一九〇）の頼朝上洛にあたって、頼朝入洛の随兵に「真壁六郎」として名を連ねている（『鏡』建久元年十一月七日条）。この事例が、真壁長幹の活動を示す終見と一応考えられる。

## 二、北条氏・安達氏との連携〜真壁友幹・時幹の時代〜

### （1）真壁友幹の動向

建久六年（一一九五）三月一〇日、二度目の上洛を果たした頼朝は東大寺再建供養式に出席した。この時の随兵に、中郡太郎・片穂五郎・常陸四郎（伊佐為家）ら常陸国御家人とともに、「真壁小六」の姿を確認できる（『鏡』同日条）。真壁六郎の仮名は「六郎」であるから、「小六」はその子息である可能性が高い。そして、頼朝上洛随兵に選抜されたことから、「真壁小六」は真壁氏の族長（惣領）の可能性が高い。したがって、「真壁小六」は（真壁長幹の可能性もあるが）、真壁友幹に一応比定できる。この『吾妻鏡』の記事を、真壁友幹の初見史料と考えたい。

なお、真壁本宗家の所領の内容が明確にわかるのは、この友幹の代からである。出家していた真壁友幹は、寛喜元年（一二二九）七月一四日付で妻藤原氏と嫡子真壁時幹に宛てて譲状を作成した。友幹妻藤原氏と時幹は、同年七月一九日付で鎌倉幕府第四代将軍藤原頼経の下文によって譲与安堵を受けた（『真Ⅰ』一・二）。なお、真壁本宗家の所領伝領状況については、表1を参照されたい。

友幹の妻藤原氏が譲与された所領は常陸国真壁郡内山田郷であり、彼女の死後は山田郷に丹後国五箇保を加えて、子息と思われる薬王丸が知行することになった（『真Ⅰ』一）。「加藤遠山系図」によると、幕府の有力御家人加藤景廉の息女の一人が「真壁妻」であり、美濃国小木曾荘地頭職を譲与されていた[15]。加藤氏は利仁流藤原氏の一流とされ（『尊卑分脈』）、真壁友幹の妻藤原氏は、加藤景廉の息女と考えるのが自然であろう。なぜなら、彼女の子息と思われる薬王丸の流れが、常陸国真壁郡内山田郷地頭職・美濃国小木曾荘地頭職を相承し、南北朝期に真壁本宗家を継承した有力庶子家小木曾真壁氏[16]になったからである。

一方、嫡子時幹には、真壁郡内本木・安部田・大曽祢[17]・伊々田・北小幡・南小幡・大国玉・竹来の「庄領」（真壁荘）八ヶ郷、山乃宇・田村・伊佐々・窪・源法寺・亀隈の「公領」六ヶ郷が譲与された（『真』二）。友幹の嫡子時幹の名乗りに北条氏一門の通字「時」が付されていることから、真壁友幹の時代に、真壁氏は北条氏との関係を強化する指向を明確にしたと考えられる[18]。友幹が寛喜元年七月一四日付で作成した譲状にもとづき、わずか五日後の七月一九日付で幕府が友幹妻藤原氏・嫡子時幹に譲与安堵を行った事実をふまえると、この時期、真壁友幹（・妻藤原氏・嫡子時幹）が鎌倉に出仕していた可能性は高い。

真壁友幹が北条氏との結びつきを強めた背景には、常陸平氏、とくに馬場氏（大掾氏）に対する八田知重の圧迫[19]や、真壁荘における預所三善氏との競合関係に対応し、自身の所領・地位の保全を図ろうとする指向があったものと推測される。

なお、真壁友幹の活動時期に、西国所領である丹後国五箇保が加わっている。確証はないが、承久の乱での恩賞であった可能性が高い[20]。

（2）真壁時幹と北条氏・安達氏

真壁時幹が活動した一三世紀第二・第三四半期は、真壁荘の現地支配をめぐる預所との競合がもっとも激しくなった時期と考えられる。さきに引用した竹来郷地頭江馬光政と預所二階堂行定の相論（『真Ⅲ』一五六～一六〇頁）において、地頭代貞致は「次、当庄内北小幡・本木・安部田郷等は、地頭訴訟に及ぶの時、預所太略下地を去り渡す」という先例を持ち出している。先例となった相論の訴人は「地頭」と単数で呼ばれており、北小幡・本木・安部田の諸郷地頭職を兼帯する人物と考えられる。この条件に該当する人物は真壁長幹・友幹・時幹の三代の誰かである。

注目したいのは、真壁時幹（敬念）が嫡子盛時に宛てて文永六年（一二六九）二月一六日付で譲状を作成した際、この三つの郷が除かれていることである（『真』三・四）。真壁時幹は、真壁荘支配をめぐる預所との紛争激化に対応して、北小幡郷・本木郷・安部田郷を庶子に譲与し、本宗家の支配の比重を「公領」に移した可能性が高い。とくに、真壁荘成立期の真壁氏本拠とみられる本木郷[21]を庶子に譲与した事実は、真壁時幹が真壁荘支配の限界を意識していたことを示唆している。なお、小幡・本木・安部田の諸郷のうち、本木郷・安部田郷には真壁庶子家の分立が確認される（表2）。

真壁荘支配をめぐる預所三善氏（もしくは二階堂氏）との対立状況を打開するため、時幹は、鎌倉幕府の有力者たちとの関係を強化したと思われる。

まず、真壁時幹の嫡子盛時の名乗りについて考えてみよう。「時」が北条氏の通字であることは間違いないが、問

| 所領名 | | | | | | | | 典拠 |
|---|---|---|---|---|---|---|---|---|
| 安部田 | 大曽祢 | 伊々田 | 北小幡 | 南小幡 | 大国玉 | 竹来 | | 『真Ⅰ』二 |
| 田村 | 伊佐々 | 窪 | 源法寺 | 亀隈 | | | | |
| 伊々田 | 南小幡 | 竹来 | | | | | | 『真Ⅰ』三・四 |
| 田村 | 伊佐々 | 窪 | 源法寺 | 亀隈 | | | | |
| 伊々田 | 南小幡 | 竹来 | | | | | | 『真Ⅰ』五 |
| 田村 | 亀隈 | 窪 | | | | | | |
| 田村 | 窪 | 亀隈 | 大曽祢 | 小幡 | 飯田 | 伊佐々 | 竹来 | 『真Ⅰ』九・一〇 |
| 山宇 | 田村 | 小幡 | 大曽祢 | 飯田 | 伊佐々 | 竹来 | 窪 | 『真Ⅰ』一九 |
| 山宇 | 田村 | 小幡 | 大曽祢 | 飯田 | 伊佐々 | 竹来 | 窪 | 『真Ⅰ』二〇 |
| 山宇 | 田村 | 南小幡 | 大曽祢 | 飯田 | 竹来 | 窪 | | 『真Ⅰ』二一 |
| 安部田 | 大曽祢 | 伊々田 | 北小幡 | 南小幡 | 大国玉 | 竹来 | | 『真Ⅰ』二四 |
| 桜井 | 田村 | 山宇 | 山田 | 下小幡 | 押樋 | 上谷貝 | | 『真Ⅰ』二六 |

| 所領名 | 典拠 | 備考 |
|---|---|---|
| 長岡郷 | 『古』二一・二四 | 真壁長幹から分出か。 |
| 白井郷 | 『真Ⅳ』五〇頁 | 真壁長幹もしくは友幹から分出か。 |
| 福田郷 | 『真Ⅳ』五一頁 | 真壁長幹もしくは友幹から分出か。 |
| 椎尾郷 | 『真Ⅳ』五五・五六頁 | 真壁長幹もしくは友幹から分出か。 |
| 推火（推尾）郷 | 『真Ⅲ』一三五・一四一頁 | 真壁長幹もしくは友幹から分出か。推火氏を名乗ったかどうか不明。 |
| 推火（推尾）郷内宮山村 | 『真Ⅲ』一三六～一三九頁 | 推火氏の庶子か。 |
| 長岡郷内 | 『古』三二・三三 | 長岡氏の庶子か。 |
| 安部田郷 | 『古』二八・二九 | 真壁時幹から分出か。 |
| 本木郷 | 『真Ⅰ』一一八 | 真壁時幹から分出か。 |
| 山田郷 | 『真Ⅰ』一・『真Ⅳ』五五頁 | 真壁友幹から分出。美濃国小木曾荘を伝領。南北朝期に陸奥国蜷川荘内勝方村地頭職を獲得か。南北朝期以降、真壁本宗家を継承。 |
| 源法寺郷 | 『真Ⅲ』三〇二～三〇七頁 | 真壁盛時から分出か。源法寺氏を名乗ったかどうか不明。 |
| 飯塚村 | 『真Ⅰ』一一八 | 室町期に分出か。 |

**表1　真壁本宗家の所領一覧**

| 年月日 | 西暦 | 発給者 | 受給者 | 文書様式 | | |
|---|---|---|---|---|---|---|
| 寛喜元・7・19 | 1229 | 藤原頼経 | 真壁時幹 | 袖判下文 | 庄領 | 本木 |
| | | | | | 公領 | 山乃宇 |
| 文永6・2・16 | 1269 | 敬念(真壁時幹) | 真壁盛時 | 譲状 | 庄領 | 大曽祢 |
| | | | | | 公領 | 山乃宇 |
| 正安元・11・23 | 1299 | 浄敬(真壁盛時) | 真壁幹重 | 譲状 | 庄領 | 大曽祢 |
| | | | | | 公領 | 山宇 |
| 康永3・7・2 | 1344 | 足利尊氏 | 真壁高幹 | 袖判下文 | | 山宇 |
| 永和3・2・5 | 1377 | 法高(真壁広幹) | 聖賢(真壁顕幹) | 譲状 | | 亀隈 |
| 応永11・12・15 | 1404 | 聖賢(真壁顕幹) | 真壁秀幹 | 譲状 | | 亀熊 |
| | | 聖賢(真壁顕幹) | 真壁秀幹 | 譲状 | | 亀隈 |
| 応永30・2・16 | 1423 | 足利義持 | 真壁秀幹 | 袖判御教書 | 「御庄郷々」 | 本木 |
| 享徳5・6・3 | 1456 | 古河公方家奉行人 | 真壁朝幹 | 連署打渡状 | | 亀熊 |

＊齋藤慎一「常陸国真壁氏と亀熊郷」(同『中世東国の領域と城館』吉川弘文館、2002年、初出1994年)所載の表をもとに作成。

**表2　真壁氏庶子一覧**

| 庶子名 | 初見年代 | 人物名 |
|---|---|---|
| 長岡氏 | 仁治3年(1242)・12・14 | 真壁弥六実幹(国長・大円) |
| 白井氏 | 弘長元年(1261) | 真壁白井 |
| 福田氏 | 文永5年(1268) | 真壁福田 |
| 椎尾氏 | 延慶3年(1310) | 真壁椎尾・山田 |
| 推火氏か | 元亨4年(1324)・11・10 | 平光泰／真壁女子平氏 |
| 宮山氏 | 建武元年(1334)・11・16 | 宮山孫次郎幹氏 |
| 古宇田氏 | 応永24年(1417)・1 | 真壁長岡古宇田大炊助幹秀 |
| 安部田氏 | 明徳2年(1391)・9 | 安部田千代松丸 |
| 本木氏 | (永享11年〈1439〉ヵ)・6・14 | 本木前駿河守家幹 |
| 山田氏 | 延慶3年(1310) | 真壁椎尾・山田 |
| 源法寺氏か | 永徳3年(1383)・5・12 | 真壁近江次郎 |
| 飯塚氏 | (永享11年〈1439〉ヵ)・6・14 | 飯塚前近江守重幹 |

＊小森正明「真壁氏について」(石井進監修『真壁氏と真壁城　中世武家の拠点』河出書房新社、1996年)所載の表をもとに作成。

題になるのは「盛」字である。私は、真壁盛時の「盛」字は、安達泰盛の偏諱を得たものと推測している。網野善彦氏が詳細に検討したとおり、中郡荘の本領主中郡氏が貞永年間に同荘の地頭職を失い、安達義景（泰盛の父）がとってかわったこと、安達泰盛が中郡荘地頭職を継承したことが明らかになっている。[22]真壁時幹は、真壁郡に隣接する中郡荘地頭であり、鎌倉幕府政治において大きな力をもっていた安達泰盛の庇護をも受けるようになったのではないだろうか。

右の理解を傍証するのが、当該期の鎌倉幕府における真壁氏の活動である。建長六年（一二五四）六月一六日、「鎌倉中物忩」に応じて御所に参入し、着到のチェックを受けた「諸人」のなかに、「真壁平六」（「当家大系図」〈『真Ⅳ』一一〇頁〉では時幹と関連づけている）が見いだされる（『鏡』同日条）。また、正嘉二年（一二五八）三月一日の将軍宗尊親王の「二所御進発」に随行した御家人のなかに、「真壁孫四郎」が見いだされる（『鏡』同日条）。真壁時幹をはじめとした真壁一族は、北条氏・安達氏との関係を強化するため、鎌倉での奉公を重視するようになったと考えておきたい。

また、法身性西（真壁平四郎か）が北条時頼の外護をうけて松島円福寺を禅院化したのも、やはり真壁時幹の活動時期である。さらに、真壁氏の庶子家長岡氏は、その居館に近接する氏寺安楽寺の開基に北条時頼を迎えた形跡がある。[23]当該期の真壁氏一族は、北条氏への従属を強めつつも、安達氏との関係も深めることによって、幕府有力者の庇護を獲得する複数のルートを形成していたのではないだろうか。

なお、ここで真壁氏の一族を単位とした御家人役賦課のユニットについて述べておきたい。[24]鎌倉幕府は、焼失した閑院内裏の造営を朝廷から請け負い、その負担を御家人役として各御家人に転嫁するために、建長二年（一二五〇）

三月に注文を作成した。この注文には「裏築地百九十二本」のうち、「押小路面二十本」が計上され、そのうち二本が「真堅（壁）太郎跡」に賦課されている（『鏡』建長二年三月一日条）。この造閑院内裏造営注文で賦課対象となった御家人の多くを東国御家人が占めているので、「真壁太郎跡」は常陸真壁氏の可能性が高い。この場合の「跡」はある人物の遺領（具体的には御家人役賦課の対象となる所領）を指すので、「真壁太郎跡」を継承した真壁一族がおそらく惣領のもとで御家人役を賦課されたことになる。

歴代真壁氏当主のなかで、建長二年時点で死去していたと考えられるのは、真壁六郎長幹とその嫡子友幹である。「真壁太郎」を友幹に比定するならば、彼の仮名は（「小六」→）「太郎」であったと考えられる。また、「六」と「太」は字体が似ているので、「六」を「太」と書き間違えた可能性もある。このように考えた場合、「真壁太郎」は真壁長幹に比定される。この問題について確定することは難しい。今後の検討課題としたい。

## 三、鎌倉中後期の政治史と真壁氏～真壁盛時・行幹の時代～

真壁時幹（敬念）は、文永六年（一二六九）二月一六日付で嫡子盛時に宛てて譲状を作成した（『真Ⅰ』三）。譲与された所領は、「庄領」のうち大曽祢郷・伊々田郷・南小幡郷・竹来郷の四ヶ郷、「公領」のうち山乃宇郷・田村郷・伊佐々郷・窪郷・源法寺郷・亀隈郷の六ヶ郷であった。時幹が保持していた所領のうち、「公領」六ヶ郷はそのまま盛時に譲与されたが、「庄領」八ヶ郷のうち、本木・安部田・北小幡・大国玉の四ヶ郷が譲与対象から除かれている。前章で述べたとおり、時幹から盛時への代替わりの過程で、真壁本宗家が「公領」に支配の比重を移そうとしていたことが読み取れる[25]。

正応三年（一二九〇）、鹿島社領大窪郷の領有をめぐる名主尼妙心と中臣実則の相論について、実則が幕府から勝訴の判決を得た。この時、妙心が判決に応じなかったため、真壁入道（盛時）は那珂三郎左衛門尉とともに両使として大窪郷に赴き、実則に同郷を打ち渡している（『真Ⅲ』一五二～一五五頁、『茨城県立歴史館史料叢書12　鹿島神宮文書Ⅱ』六二～六五頁）。したがって、正応三年頃、真壁盛時が常陸国御家人として活動していたことは間違いない。

しかし、当該期の真壁氏が安定した立場にあったわけではない。北条時宗の死後、安達泰盛が推し進めた弘安徳政が幕府内部の分裂を顕在化させ、弘安八年（一二八五）に霜月騒動が勃発する。得宗北条貞時を擁した内管領平頼綱との合戦で安達泰盛が敗死し、幕府政治を平頼綱が掌握しようとする状況下で[26]、泰盛シンパの所領没収が進められた。真壁庶子家の所領本木郷も、霜月騒動の恩賞として佐々木頼綱に与えられた（『真Ⅲ』一八七頁）。

なお、真壁盛時（真壁小次郎入道浄敬）は、年貢未進の咎によって正安元年（一二九九）一一月に竹来郷の地頭職を没収されている（『真Ⅲ』一五六～一六〇頁）。ただ、この事例から、真壁盛時の政治的立場を評価することは難しい。弘安徳政の初段階で鎌倉幕府が発布した「新御式目」（弘安七年五月二〇日、『鎌倉遺文』一五一九九号）には、関東御領について「御年貢、日限を定めて徴納すべし。もし期日を過ぎらば、所領を召さるべき事」という規定がある[27]。真壁盛時の竹来郷地頭職没収は、この規定を通常通り運用したに過ぎないともいえる。ただし、幕府の処置に対して、真壁盛時側が反発心や圧迫感をおぼえた可能性は否定できない。

真壁盛時は、竹来郷の所領没収処分を受ける前後の正安元年一一月二三日付で、孫の彦次郎幹重に「庄領」のうち大曽祢郷・伊々田郷・南小幡郷・竹来郷の四ヶ郷、「公領」のうち山宇郷・田村郷・亀隈郷・窪郷の四ヶ郷を譲与する旨の譲状を作成した（『真Ⅰ』五）。この譲状が作成された段階では、まだ竹来郷の新地頭は決まっていなかったか、あるいは盛時から竹来郷を没収する幕府の処分自体が出されていなかった可能性がある。後に、竹来郷地頭江馬光政の代官貞致と真壁荘預所四郎左衛門行定が同郷の所務をめぐって相論を起こした時、貞致は幕府法廷で「前の地頭真壁小次郎（盛時）入道浄敬、百姓名を上げ取り、年貢を対捍するの咎により、正安元年十一月、地頭職を召し上げ、同二年八月光政拝領しおわんぬ」と主張している（『真Ⅲ』一五六～一六〇頁）。すなわち、真壁盛時が竹来郷地頭職を没収された時期については、「正安元年十一月」中としか言い切れない。

　いずれにせよ、右に示したとおり、盛時から竹来郷地頭職は没収され、正安二年（一三〇〇）八月に北条氏一門（名越流か）の江馬光政[28]が竹来郷地頭職を獲得した。今までにも指摘されてきたことだが、霜月騒動以降の真壁氏が厳しい立場にあったことは確かであろう[29]。

　さて、真壁盛時の後継者が孫の彦次郎幹重であり、子息が早世したことは間違いない。盛時の子息についての一次史料は管見の限り見いだせず、「当家大系図」（『真Ⅳ』一一二頁）では「行幹」とされている。「当家大系図」によると、行幹は建長四年（一二五二）八月一八日生まれで、弘安六年（一二八三）七月二六日に三十二歳で没したとされる。当該期における「当家大系図」の記述を全面的に信用することは難しいが、盛時の嫡子の実名が行幹であったこと自体は認めてよいと思われる。山崎勇氏は、二階堂（懐島）元行と真壁荘預所職を継承した三善氏の女性との間に生まれた四郎左衛門行定が弘安五年（一二八二）に同荘預所職を譲られ、正和元年（一三一二）にいたるまで同職を保持していたと推定している。この推測をふまえるならば、二階堂行定は、安達泰盛の有力なシンパであった二階堂行景の伯父（もしくは叔父）にあたる[30]。

さきに私は、真壁盛時が安達泰盛の偏諱を受けたことを想定した。そして、真壁荘預所二階堂行定は安達泰盛のシンパを一族にもっていた可能性が高い。真壁荘預所が三善氏から二階堂氏（懐島氏）に継承された結果、地頭真壁氏と預所の対立は、安達泰盛を媒介として緩和に向かったのではないだろうか(31)。そして、盛時の嫡子の実名が「行幹」であったとすると、彼の実名の「行」字は二階堂氏からの偏諱授与によるものと考えられる。

そして、霜月騒動後、安達泰盛（もしくはそのシンパ）と近い関係にあったであろう真壁盛時・二階堂行定は、ともに厳しい立場に置かれたのではないだろうか。

以上、きわめて少ない情報からの推測であるが、真壁盛時の活動時期には真壁荘預所との対立は緩和され、むしろ両者の間で協調に向けての努力がなされたと考えたい。

## 四、鎌倉末・南北朝初期の政治史と真壁氏〜真壁幹重・高幹の時代〜

真壁盛幹の死後、その遺領をめぐって、平氏・祢々（平氏妹）・六郎定幹が、真壁盛幹（浄敬）の遺領相続をめぐって真壁彦次郎幹重を鎌倉幕府に訴えた。この訴訟は、真壁盛幹の遺領を幹重が継承する旨の和与で決着がつき、乾元二年（一三〇三）一月五日付で両者の和与を認める関東下知状が出されている（『真Ⅰ』六）。

この相論の訴人である平氏・祢々（平氏妹）・六郎定幹の系譜的位置は不明だが、真壁盛時の遺領相続を主張していたらしいから、盛時の子・孫であった可能性がある。真壁幹重の活動は、当初から一族内部の対立をはらんだ状態で始まったのである。

さらに、真壁本宗家所領のうち、元亨三年（一三二三）一一月以前に田村が得宗家の所領に編入され、工藤氏が地頭代官に任じられている（『真Ⅲ』二九六頁、『青森県史　資料編　中世1　南部家関係資料』一六頁）。真壁氏は本宗家・庶子家ともに北条氏に従属的であったが、それでも北条氏の所領拡張政策から完全に逃れることはできなかったのである(32)。

元弘三年（一三三三）五月に鎌倉幕府が亡んだ後、建武二年（一三三五）に最後の得宗北条高時の遺児時行が、建武政権に対する軍事行動を起こし、一時、鎌倉を占拠した（中先代の乱）。鎌倉を拠点として建武政権の関東支配を担っていた成良親王・足利直義は、鎌倉から撤退した。足利尊氏は直義を救援するため、後醍醐天皇の制止を無視して北条時行追討軍を起こし、七月には時行軍を破って鎌倉に入った。そして、同年九月二十七日、配下の武士に袖判下文形式で所領給与を実施した。〈史料1〉は、その実例の一つである。

〈史料1〉「佐々木文書」建武二年（一三三五）九月二七日付足利尊氏袖判下文写（『真Ⅳ』三二三頁）

等持院（足利尊氏）殿様

御判

下　佐渡大夫判官（佐々木高氏）　法師法名道誉

可令早領知上総国畔蒜庄并真壁彦次郎（幹重）跡、伊豆国土肥・戸田事

右人、為勲功之賞、所充行也者、守先例可致沙汰之状如件、

建武二年九月廿七日

〈史料1〉は、足利尊氏が中先代の乱の恩賞を佐々木導誉に与えたことを示す袖判下文である。注目されるのは、

恩賞の対象となった所領に「真壁彦次郎跡」が含まれていることである。すでに指摘されているように、この「真壁彦次郎」は真壁氏惣領の真壁幹重と考えてよいであろう。すなわち真壁幹重は、北条時行軍に加わっていたか、もしくはそのようにみなされていたのである。[33]真壁幹重も、父祖と同じく北条氏（おそらく得宗）に従属しており、そのため、建武政権下で冷遇されていたのであろう。そして、中先代の乱に参加して足利氏から所領没収を受けた結果、幹重は足利氏に対する不満を蓄積させたとみられる。

関東で独自の武士結集を進めた足利氏は、建武二年一一月に建武政権から朝敵に認定される。足利氏は、建武三年（一三三六）八月に北朝を擁立し、南北朝内乱が勃発した。東国では、暦応二年（一三三九）から康永三年（一三四四）の約四年半の長きにわたり、南朝方が拠点とした常陸南部を主な舞台として戦いが続いた（「常陸合戦」）。[34]「常陸合戦」において、真壁幹重（法超）は南朝方の一員として真壁城（亀熊城）に籠城したが、一族・家人をまとめきれなかった。幹重が一族をまとめきれなかった原因は、南朝方が徐々に不利になっていく状況もあったであろうが、鎌倉時代から続いていた一族間の争いが大きな要因になっていたと考えるべきであろう。[35]

結局、幹重が白河結城親朝に救援を要請した康永元年（一三四二）四月（「白河集古苑所蔵白河結城文書」〈『真三』二三九・二四〇頁〉）からほどなく真壁城も落城したとみられ、康永二年末には常陸南朝方の最後の拠点である関・大宝城が陥落して「常陸合戦」は北朝方の勝利に終わる。そして、康永三年（一三四四）七月二日付で足利尊氏は、真壁掃部助高幹に対して「御方に参り、軍忠抜群」と賞し、「真壁郡内山宇・田村・窪・亀隈・大曽祢・小幡・飯田・伊佐々・竹来等地頭職」を与えた（『真Ⅰ』九・一〇）。

真壁高幹が幹重の嫡子であった明証は見いだせないため、高幹が幹重の嫡子であったか、別系の真壁一族出身であったか見解が分かれている。[36]私は、高幹が別系出身者であることの明証もまた見いだせないことから、現状では高幹を幹重の嫡子と考えている。高幹の「高」字は、最後の得宗である北条高時からの偏諱授与であろう。[37]

さて、この真壁高幹の所領回復については、①以後、真壁本宗家の所領がこの九箇郷に限定される、②「庄領」と「公領」の区別が消滅している、③北条氏所領となった田村などが回復されている、などの特徴が指摘されている。[38]

一般に、高権力による権利文書の付与は、申請者の主張を起点としている。さきに触れた真壁高幹の所領回復の特徴①〜③のなかで、足利尊氏に所領の給与（安堵）を求めた真壁高幹の主張は②・③に現れていると考えられる。すなわち、真壁高幹は所領給与（安堵）申請時に、「庄領」と「公領」の区別をあえて明記しないことで、預所による真壁荘支配を否定し、[39]北条氏所領化などによって真壁本宗家から離れた所領の知行も主張し、それらの回復を狙ったと評価できるであろう。

この真壁高幹の選択は、関東御領真壁荘における預所の支配が真壁氏にとってやはり桎梏であったこと、北条氏との密接な関係と北条氏の圧力の双方を真壁氏が認識していたことを示唆している。

## むすびにかえて

以上、四章にわたり、真壁本宗家の動向を、鎌倉期を中心として時系列的に跡づけてきた。関東御領真壁荘の預所支配と北条氏の勢力伸長が、真壁氏にとって圧迫的であったこと、一方で真壁氏が北条氏と密接な関係にあったことは、これまでにも個別的には指摘されてきたことであった。本稿では、鎌倉幕府研究・真壁氏研究の進展をふまえ、真壁本宗家の政治的動向を、真壁荘預所や鎌倉幕府特権的支配層と関連づけて整理しなおしたに過ぎない。だが、この試みが真壁氏研究、ひいては東国在地領主・鎌倉幕府研究の一助となれば、執筆の目的は果たされたことになる。大方のご批判・ご叱正をお願いしたいと思う。

## 註

（1）山田邦明「常陸真壁氏の系図に関する一考察」（同『鎌倉府と地域社会』同成社、二〇一四年、初出一九八八年）、同「真壁氏の家臣団について」（同『鎌倉府と地域社会』同成社、二〇一四年、初出一九九四年）、海津一朗「南北朝内乱と美濃真壁氏の本宗家放逐―『観応三年真壁光幹相博状（置文）』の再検討―」（『生活と文化』四号、一九九〇年、本書収録）、小森正明「中世後期東国における国人領主の一考察―常陸国真壁氏を中心として―」（『茨城県史研究』六二号、一九八九年）、齋藤慎一「常陸国真壁氏と亀熊郷」（同『中世東国の領域と城館』吉川弘文館、二〇〇二年、初出一九九四年）、糸賀茂男「『真壁文書』の周縁」（『関東地域史研究』第一輯、一九九八年）、拙稿「南北朝・室町期常陸国真壁氏の惣領と一族」（『地方史研究』二七七号、一九九九年、本書収録）。

（2）拙稿「常陸国真壁氏と得宗政権に関する研究の現状」（『南北朝遺文　関東編第一巻』付録月報1、二〇〇七年）。

（3）鎌倉幕府の「特権的支配層」については、細川重男『鎌倉政権得宗専制論』（吉川弘文館、二〇〇〇年）、同『歴史文化ライブラリー316　鎌倉幕府の滅亡』（吉川弘文館、二〇一一年）を参照。

（4）小山靖憲「鎌倉時代の東国農村と在地領主制―常陸国真壁郡を中心に―」（同『中世村落と荘園絵図』東京大学出版会、一九八七年、初出一九六八年）、高田実「在地領主制の成立過程と歴史的条件」（古島敏雄・和歌森太郎・木村礎編『古代郷土史研究法』朝倉書店、一九七〇年、本書収録）など。

（5）大石直正「治承・寿永内乱期南奥の政治的情勢」（同『奥州藤原氏の時代』吉川弘文館、二〇〇一年）。

（6）網野善彦『日本中世土地制度史の研究』第二部第四章（塙書房、一九九一年、初出は一九六九年・一九七一年）。

（7）本稿では、史料出典略号を以下のように定める。『吾妻鏡』の記事は、『鏡』＋年月日条、『真壁町史料　中世編Ⅳ』所収史料のうち、記録・系図・帳簿の全体を収録したものについては、史料名＋（『真Ⅳ』）で表記する。『真壁町史料　中世編Ⅳ』に収録された他の史料については『真Ⅳ』＋頁数で表記する。そのほかの『真壁町史料　中世編』所収史料の表記方法については、「総論Ⅰ　常陸真壁氏研究の軌跡と課題」註（6）を参照されたい。

（8）さまざまな出自を持つ者たちで構成された東国武士の例として、宇都宮氏が挙げられる。宇都宮氏については、山本隆志「宇都宮朝綱の在地領主化」（同『東国における武士勢力の成立と展開』思文閣出版、二〇一二年、原形初出二〇〇二年）、野口実「下野宇都宮氏の成立と、その平家政権下における存在形態」（『京都女子大学宗教・文化研究所研究紀要』二六号、二〇一三年）、高橋修「『常陸守護』八田氏再考」（地方史研究協議会編『茨城の歴史的環境と地域形成』雄山閣、二〇〇九年）、市村高男「中世宇都宮氏の成立と展開」（同編著『中世宇都宮氏の世界』彩流社、二〇一三年）などを参照。

（9）大月（寺﨑）理香「関東御領真壁庄に関する一考察―鎌倉幕府の常陸支配をめぐって―」（茨城県高等学校教育研究会歴史部『茨城史学』三〇号、一九九五年）、拙稿「関東御領における地頭領主制の展開―鎌倉期常陸国真壁荘を中心に―」（『年報三田中世史研究』二号、一九九五年、本書収録）。

（10）註（9）拙稿、同「院政期・鎌倉期の常陸国真壁氏とその拠点」（『茨城大学中世史研究』六号、二〇〇九年、本書収録）。

（11）この段落の記述は、野口実「平氏政権下における坂東武士団」（同『坂東武士団の成立と発展』弘生書林、一九八二年）、註（6）網野著書、清水亮「養和元年の常陸国鹿島社惣追捕使職補任に関する一考察」（高橋修編著『シリーズ・中世関東武士の研究第16巻　常陸平氏』〈戎光祥出版、二〇一五年、初出二〇〇〇年〉）によっている。

（12）註（5）大石論文。

（13）鎌倉初期における真壁荘の権益配分については、山崎勇「常陸国真壁郡竹来郷における領主制について」（慶應歴史科学研究会『歴史學ノート』四号、一九七一年、本書収録）、同「鎌倉時代の東国における公田」（『慶應義塾志木高等学校研究紀要』四輯、一九七四年、本書収録）を参照。

（14）糸賀茂男「常陸中世武士団の在地基盤」（『茨城県史研究』六一号、一九八八年）。

(15) 網野善彦「加藤遠山系図」(同『日本中世史料学の課題』弘文堂、一九九六年、初出一九九一年)。
(16) 註(1)山田邦明「常陸真壁氏の系図に関する一考察」・海津論文・糸賀論文。
(17) 真壁友幹が保持していた本木・安部田・大曽祢・伊々田の諸郷は、以下のような経緯によって成立したと考えられる。すなわち、真壁長幹(もしくはその父多気直幹)による古代大苑郷域と中世伊々田郷域の囲い込み・私領化→弘安二年の常陸国作田惣勘文案(『真Ⅲ』一九六〜二〇五頁)にみえる「大曽祢」(領主名光行・松久によって構成)→寛喜元年以前に「大曽祢」が分解し、本木・安部田・大曽祢・伊々田の四ヶ郷が成立したという流れである(註(10)参照)。
(18) 註(2)拙稿では、「時幹が活動した十三世紀中葉には、真壁氏は北条氏一門と密接な関係を持ちつつあったとみられる」と論じたが、このような真壁氏の指向は、本文で述べたとおり、友幹の活動期である一三世紀第二四半期には認めるべきであろう。
(19) 註(14)糸賀論文、註(8)高橋論文などを参照。
(20) 網野善彦『里の国の中世―常陸・北下総の歴史世界―』一五〇頁(平凡社ライブラリー、二〇〇四年、初出一九八六年)。
(21) 註(10)拙稿。
(22) 網野善彦「中郡荘の新史料」(註(15)網野著書所収、初出一九八八年)。
(23) 松島寺と法身性西については、入間田宣夫「中世の松島寺」(大石直正・柳原敏昭編『展望日本歴史9 中世社会の成立』東京堂出版、二〇〇一年、初出一九八三年)、註(14)糸賀論文、真壁町歴史民俗資料館編『真壁城跡国指定五周年記念特別展 真壁家の歴代当主―史実と伝説―』五・六頁(一九九八年)、堤禎子「法身性西」(真壁町歴史民俗資料館編『筑波山麓の仏教―その中世的世界―』七六・七七頁〈一九九三年〉)などを参照。真壁長岡氏と安楽寺については、榎原雅治・服部英雄・藤原良章・山田邦明「消えゆく中世の常陸―真壁郡(庄)長岡郷故地を歩く―」の榎原氏執筆部分(『茨城県史研究』四一号、一九七九年、本書収録)を参照。
(24) ある御家人の「跡」を基準とした御家人役賦課のあり方については、石田祐一「惣領制度と武士団」(『中世の窓』一九六〇年一〇月号)、福田豊彦「『六条八幡宮造営注文』と鎌倉幕府の御家人制」(同『中世成立期の軍制と内乱』吉川弘文館、一九九五年、原形初出一九九二年)、高橋典幸「御家人役『某跡』賦課方式に関する一考察」(同『鎌倉幕府軍制と御家人制』吉川弘文館、二〇〇八年、初出二〇〇一年）などを参照。
(25) 註（9）拙稿。
(26) 弘安徳政実施過程で顕在化した鎌倉幕府内部の対立、霜月騒動後の平頼綱の政策については、細川重男「右近衛大将源惟康―得宗専制政治の論理―」、同「飯沼大夫判官資宗―『平頼綱政権』の再検討―」（いずれも細川『鎌倉北条氏の神話と歴史―権威と権力―』日本史史料研究会、二〇〇七年、初出は二論文ともに二〇〇二年）を参照。
(27) この「新御式目」の史料的性格については、細川重男「『弘安新御式目』と得宗専制の成立」（註（3）細川『鎌倉政権得宗専制論』所収、原形初出一九九二・一九九三年）を参照。
(28) 江馬光政が名越一門関係者であった可能性については、筧雅博『日本の歴史10　蒙古襲来と徳政令』（講談社、二〇〇一年）四八・四九頁を参照。
(29) この点については、註（20）網野著書一八八～一九三頁も参照。また、糸賀茂男氏は、「十三世紀末から十四世紀初頭の真壁氏嫡系をめぐる相続問題と幕府による真壁氏への保護と圧力（「竹来郷」への北条氏族江馬氏の進出）」を見いだしている（註（1）糸賀論文）。私も、竹来郷没収の後、北条氏一族の江馬氏が同郷の地頭職を得たことについて、真壁氏が幕府の「圧力」を感じた可能性は高いと考える。
(30) 註（13）山崎「鎌倉時代の東国における公田」。なお、行定の甥である二階堂行景については、鈴木宏美「安達泰盛の支持勢力―高野山町石を中心に―」（『埼玉地方史』一〇号、一九八一年）、細川重男「鎌倉政権上級職員表（基礎表）」（註（3）細川『鎌倉政権得宗専制論』所収）などを参照。なお、私は、真壁荘預所四郎左衛門尉行定を二階堂氏（懐島氏）に比定する山崎氏の見解に基本的に賛同している。ただし、山崎氏が論拠とした『尊卑分脈』の記事については、検討の余地を感じている。『尊卑分脈』によると、二階堂行景は弘安八年一一月一七日に四四歳（もしくは三四歳）で誅殺され、その父行氏は文永八年（一二七一）六月七日に五一歳で死去したと記されている。二階堂四郎左衛門尉行定を行氏の兄にあてる『尊卑分脈』の記述にしたがい、かつ真壁荘預所に比定した場合、行定は正和元年（一三一二）の時点で九〇歳を越える高齢である。あり得ないことではないが、不自然ではある。行定は行氏の弟であったか、あるいは『尊卑分脈』の系譜関係に脱漏があり、行定は二階堂行景の従兄弟の世代にあたるのかもしれない。

(31) 湯澤(久留島)典子氏は、真壁荘竹来郷における預所と地頭の対立関係が、地頭真壁氏時代には顕著ではなかったことを示唆している(湯澤「常陸国竹来郷に関する一史料について」〈『遙かなる中世』一号、一九七七年〉)。この指摘は、真壁盛時期には該当するのではないだろうか。

(32) 註(20)網野著書一九一~一九三・二三三・二三四・二四九・二五〇頁では、常陸の真壁氏が北条氏の圧迫をうける一方、西国に展開した真壁庶子家の人々は北条氏との結びつきを強めたことが指摘されている。網野氏と私の見解の相違は、常陸の真壁氏についても北条氏と結びついていた点を重視するか否か、西国に展開した真壁庶子家の例に備中真壁氏をあげることが妥当かどうか(私はこの点について判断を保留している)というおおむね二点に整理される。

(33) 湯山学「近江佐々木氏と東国」(千葉歴史学会編『中世東国の地域権力と社会』岩田書院、一九九六年)など。なお、佐々木導誉が得た「真壁彦次郎跡」は真壁郡内の本領部分を含んでいたと考えられる。真壁長岡宣政は、建武二年一〇月一三日付で足利氏麾下の人物と思われる沙弥某から「常陸国真壁郡正税ならびに闕所分〈亀隈彦次郎入道跡所務を除く〉の事」について、入部した「国方使者」への「狼藉人」を鎮めるよう命じられている(『古』一六)。真壁郡の正税徴収と(おそらく)闕所地調査のために入部した「国方使者」は、「亀隈彦次郎入道跡所務」への介入を禁じられていたのである。「亀隈彦次郎入道」とは真壁幹重のことであり(註(1)齋藤論文)、導誉がさきに幹重の跡所領を給与されていたため、「国方使者」の介入が禁じられたのではないだろうか。

(34) 磯崎達朗「常陸合戦と関東」(『日野市史史料集　高幡不動胎内文書編』一九九三年)を参照。

(35) この段落の記述は、註(1)山田論文、小森正明「真壁氏について」(石井進監修『真壁氏と真壁城　中世武家の拠点』河出書房新社、一九九六年)二七~三三頁に学んだ。なお、当該期の真壁本宗家の本拠が亀熊にあったことについては、註(1)齋藤論文を参照。

(36) 真壁高幹を別系出身者とみるのは註(1)海津論文、註(1)糸賀論文、幹重の嫡子とみるのは註(1)山田「常陸真壁氏の系図に関する一考察」、註(1)拙稿である。

(37) 註(1)山田「常陸真壁氏の系図に関する一考察」。
(38) ①・②の特徴については註(4)小山論文、③の特徴については、註(1)小森論文を参照。なお、真壁郡田村・同郡(真壁荘)竹来郷の北条氏所領化については、石井進「鎌倉時代の常陸国における北条氏所領の研究」(同『石井進著作集第四巻　鎌倉幕府と北条氏』岩波書店、二〇〇四年、初出一九六九年)を参照。
(39) この後、真壁氏が真壁荘域の安堵を高権力に申請した事例は、鎌倉公方足利持氏の京都御扶持衆追討に直面した真壁秀幹が室町殿足利義持の保護を求めた時まで下る(『真Ⅰ』二四)。この安堵の評価については、註(1)小森論文、註(1)拙稿を参照。

# 第1部　真壁氏の成立と展開

# Ⅰ　在地領主制の成立過程と歴史的条件

高田　実

## はじめに

封建制社会の成立の画期を具体的にどの時期に求めるかについては周知のごとくいろいろな考え方があり、今日までのところ定説として他の立場を完全に排除できるほどの確固不動の学説が存在するわけではない。しかしそのなかで、鎌倉幕府の成立をもって封建制社会の成立とする立場は比較的広い支持を受け、歴史教育の分野でも通説的地位を与えられている。

それを支える根拠にはいろいろあるが、第一に考えられることは次のことである。平安中期とくに十一世紀以降展開してくる在地領主制が封建領主―農奴という封建制の基本的階級関係を体現した社会的存在であり、かかる歴史的本質規定を与えうるところの在地領主層が、具体的存在形態としては在庁官人・荘官などの位置にあり、貴族政権の地方行政組織の末端や中央権門勢家の荘園の現地下級荘官としての機能を果たしつつも、他面では武家の棟梁といわれる源平二氏の軍事的主従制の枠内に編成されつつあるという二重の性格を持っており、とくに十二世紀後半の保元・平治、治承・寿永の内乱過程のなかでその階級的本質を明らかにしながら、最終的には源頼朝を頂点とする武士階級の政治的編成に成功し、鎌倉幕府という武士階級的利害を代表する権力を誕生させたところにその根拠を求めようとするものである。もちろん在地領主制の歴史的本質規定をめぐっては対立する他の見解もあり、今後の研究にまつべき問題は多いといわねばならない。しかし、古代社会から中世社会への移行が武士階級の本質である在地領主制の展開を基軸として体現されたことは動かすことのできない歴史事実である。本稿では、もちろん武士＝在地領主階級の歴史的本質についても考えるべきであるが、むしろ古代郷土史研究という観点からすれば、それぞれの郷土・地方における古代社会の解体を武士階級の成立・発展を基軸においてとらえるための方法論を吟味することが主要な課題とならねばならないであろう。

資料のごく限られた平安時代において地方郷土を場として古代～中世への変化・発展を研究し、叙述することはきわめて困難な仕事である。そのためには第一義的に個別地方の文献その他の歴史史料の探索から始めねばならない。第二には当時の歴史が個別地方独自の問題と、日本歴史の全体の流れのなかでの共通する問題とを両者統一的に認識するための仕事が必要となってくる。両者ともに困難な条件が前途にひかえていることは否定できない。

ここでは一例として常陸国に例をとって、具体的に研究の手順・方法を考えていきたいと思う。

## 一、常陸国における武士階級の成立

### (1) 九世紀末～十世紀前期の研究方法

一般的にいって中世史料が豊富になる鎌倉時代以降は地方郷土の地域的ワクのなかでも多様な史料が残存し、研究も比較的進めやすい面がある。たとえば、保元物語・平治物語・平家物語、さらには源平盛衰記・吾妻鏡といった軍記物・記録などによって古代末期〜中世初期の内乱過程で活躍する地方武士を検出することができる。またいわゆる中世武家文書も鎌倉期の史料になると散見できるものが多く、その他荘園文書・記録類も援用することによって研究は比較的入りやすい。それに対して、通例武士階級の成立期といわれる十世紀段階は全国的立場に立つ研究においても史料的制約があり研究を充分に進めることはきわめて困難といわねばならず、まして一定地域を個別研究の対象とする本稿の立場に立つとき、ほとんど絶望的といってよい困難性を感ぜざるをえないのである。それは前近代史研究—なかんずく古代史の宿命ともいうべき性格であり、近・現代史研究との基本的相違をここにみることができる。しかしながら、史料の有無を問わず、歴史の存在したことは否定することのできない真理であり、それを発掘するところに古代史の喜びと悲しみがあるということができる。

常陸国の場合は、たまたま個別地域を問題とした場合、比較的に条件がよく、絶望の度は軽いと思われる。使用する材料は代表的なものを列記すると左のようになるであろう。

(1) 将門記
(2) 常陸大掾伝記
(3) 常陸大掾系図
(4) 類聚三代格
(5) 三代実録
(6) 日本紀略

初心者のためにはじめに若干史料解説を行なっておくことにしよう。（1）『将門記』は九三五年（承平五）～九四〇年（天慶三）東国で発生した古代末の政治的反乱＝将門の乱をその主人公平将門に焦点をあわせて叙述したもので、やや記録的性格を持つ将門叛乱追悼記である。常陸・下総・上総を中心として武蔵・下野・上野にも及ぶ十世紀前期東国社会の実態が将門の乱という変革期の歴史叙述を通じてみごとに浮きぼりにされており、激動の様がいきいきと叙述されており、重要な史料的価値を有している。古典遺産の会刊行のものが、校訂・研究を含めてきわめて便利である（昭和三十八年新読書社発行）。（2）常陸大掾伝記は『続群書類従』（第六輯上系図部）に収められ、平高望に始まりその後常陸国南部に勢を張るに至った常陸大掾一族の系譜ならびに分布形態を略述したものである。成立年代・著作者は不明であるが、貴重な文献である。（3）の常陸大掾系図は（2）と同じく『続群書類従』（第六輯上系図部）に収められ、常陸国における在地領主の発展を全体として眺める場合、きわめて高い価値を持つ史料である。以上の三者が常陸国そのものに関連した基本史料である。これに対して（4）（5）（6）はいまさら説明するまでもなく九・十世紀史研究の根本史料として著名なものである。いずれも国史大系に収められているので簡単にみることができる。このほか研究に便利なものとしては、『大日本史料』『平安遺文』などの編年史料・古文書類がある。昭和四十三年に刊行された『茨城県史料』古代編も古代の常陸国編年史料を収め、そのうえ、ていねいな史料解説と年表を加えているので初心者には便利である。研究のための材料の説明はほぼ以上で充分であろう。つづいて考えるべきことは、右の基礎史料をどう駆使して、常陸国における九・十世紀史、とくに武士階級成立史を研究するかである。その具体的なものは次節にゆずる以外にないが、ここでは原則的な方法論を述べることにしよう。

常陸国に関する具体的史料のうち信頼に足る基礎史料は（1）『将門記』および（4）（5）などに部分的に出てく

る記述のみである。（２）および（３）については史料の成立年代その他の吟味を充分に行なわずしてはどの程度信頼に足るものか確信が持てない。ただ、たとえば（２）の伝記についていえば、後節で紹介するように、その記述内容はきわめて簡略であり、そこに述べられている問題そのものは一字一句吟味する必要のない内容と解せられる傾向があるので、ほかに拠るべき史料によって反論が可能でない限り、利用することはまちがいではない。（３）の系図についてもほぼ同様のことがいえると思う。

これら常陸国関係史料をフルに使って、歴史叙述することを試みるとき、どこまで可能性があるだろうか、予測しうることを大胆に述べるならば、九世紀末における平高望の常陸大掾補任、その子平国香の常陸大掾補任、そしてその子維幹が水漏の大夫と称し、はじめて筑波郡水守に居住し土着領主化したこと。さらには国香の兄弟一族が常陸・下総・上総一帯にこの時期「領地」といいうるような私的土地所有を展開し始め、それを物質的基礎として土着豪族化しつつあったことは明らかとなる。かかる変質・発展をとげつつあった桓武平氏の一族は間もなく一族内部に対立抗争がおこり、十世紀前半一族間の私闘が展開し、将門の乱へとつながっていく。将門の敗北後も、これら一族は当地方において発展し、後の坂東八平氏に代表されるようないわゆる典型的東国武士をうみ出す歴史的過程をたどる。維幹に始まる一統は常陸大掾職を代々世襲し、常陸最大の豪族として発展し、のち維幹の孫重幹より吉田・行方・鹿島・東条・真壁らの各郡に分解発展し、それぞれ郡名を苗字とする豪族領主が輩出した。要約というか、予見というか、いずれにしても当国に限定した史料の分析からは右のような結論が出てくるのである。九世紀末から中世全時期を通じての桓武平氏一族の発展を概説しうる史料が、まがりなりにも残存しているところに常陸国のめぐまれた研究条件を指摘することができる。対象とする国によっては右のような程度の事実すら認識することが不可能であろう。

郷土史といわれまたは地方史といわれる特定個別地域の研究が、残された地域内史料のみによって構成されるものであるとするならば、古代郷土史はほとんど成立しないといってよいであろう。郷土の歴史を明らかにすることは、郷土の歴史的特質を正しく認識し、そこから明日の郷土を構築するエネルギーを培うための知的生産を行なうことであると理解するならば、その郷土的個性なり特質が、隣接地域や、さらには広く日本全体のなかで相互に有機的に存在する関連性や異質性をどのようなものとして評価しうるかが検討されねばならない。さきに予測的に述べた常陸国古代解体期において検証されうる歴史事実もまた、その意味で全日本的規模の問題との歴史的関係、歴史的個性が問われねばならない。当面する問題との関係でやや具体的にいえば、桓武平氏の十世紀初頭段階の常陸国土着化の問題や、大土地所有者への発展、武力闘争等々の意味を、そして歴史的特質が掘りさげられることが要求されるのである。このような問題の所在を具体的郷土史研究に生かしていくことはむずかしいといわねばならないが、ぜひともそれへの指向性だけは忘れてはならない。またそれによって、個性が単なる個性ではなく普遍を構成する個性として位置づけられうる可能性を持ってくるのである。

（2）桓武平氏の東国定着化

『日本紀略』八八九年（寛平元）五月十三日条によるとこの日平朝臣姓を賜う者五人ありと述べられている。その五人が誰々であるかは知ることができないが、尊卑分脈脱漏によると高望王の割注に「寛平元年叙爵、賜平朝臣姓」と記されている。また『平家勘文録』によれば、八九〇年（寛平二）五月十二日に高望王が「上総守になり、朝敵をたひらくる故に平の姓を給はる」と記されている。年で一年、日で一日の相違はあるが、寛平元年あるいは二年に高

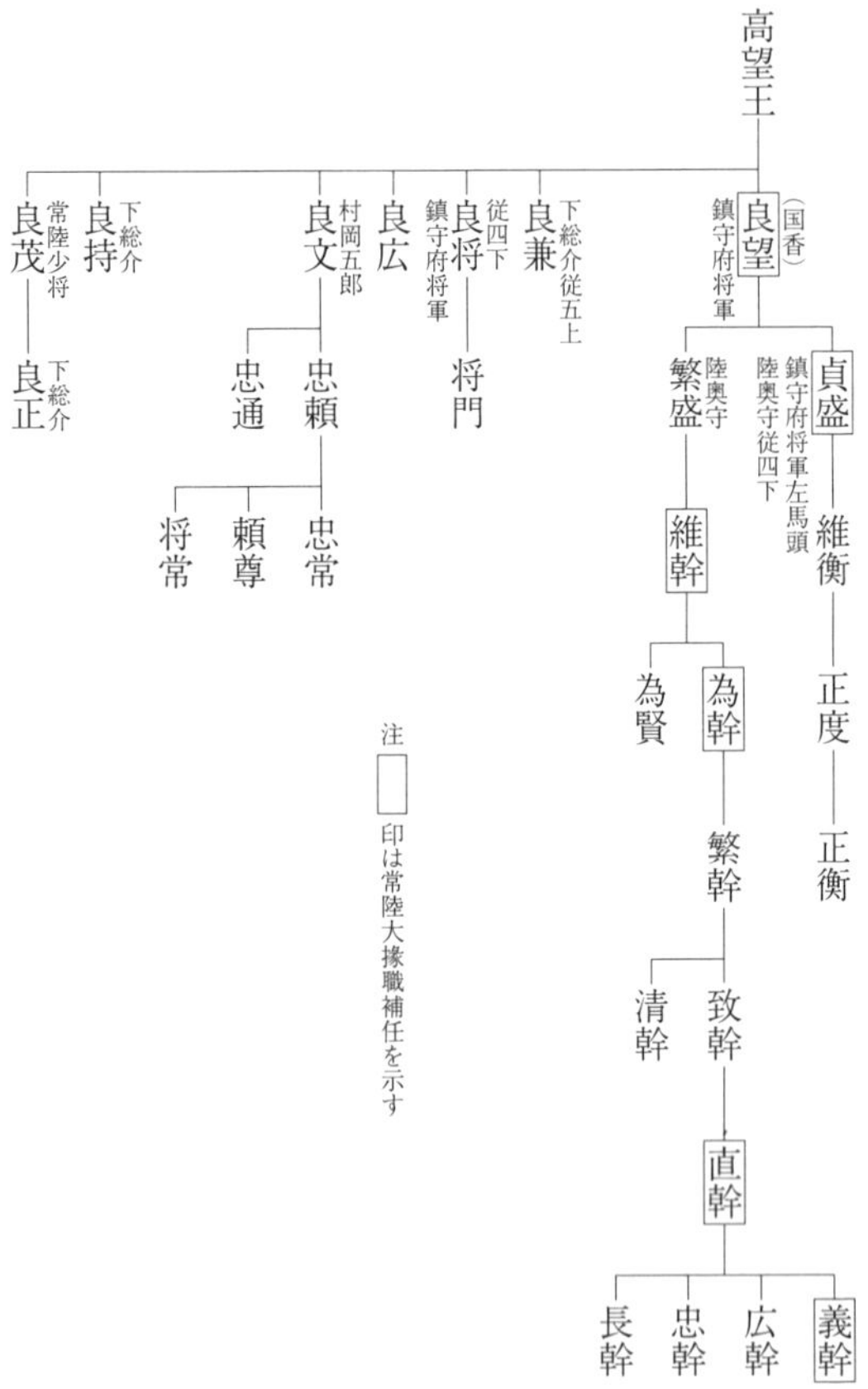

図１　桓武平氏略系図

望王が平姓を賜わって臣に下ったことは事実である。

尊卑分脈、常陸大掾系図などによって高望王以下の略系図を示せば図１のようになる。

高望王自身は常陸大掾・上総介を歴任し、また嫡子良望（国香）は常陸大掾・鎮守府将軍、次子良兼は下総介、三男良将は鎮守府将軍、また良望の子貞盛・繁盛らも陸奥守・常陸大将に任ぜられるというごとく、高望王およびその子孫は東国国司・鎮守府将軍に任ぜられた。賜姓皇族の地方官化の代表的実例であるといえよう。

九世紀も最末期に東国に下った高望王およびその子孫は東国にそのままとどまり、任期完了後もむしろ土着豪族化の道を歩んだようである。その間の事情を明らかにする史料はないが、十世紀の三十年代を詳細に伝える『将門記』を読むことによって、確証を得ることができる。『将門記』からこの問題を論証することは複雑な手段を必要とするが、とりあえず国香・貞盛父子の記述からそれを明らかにしてみよう。『将門記』冒頭の一節は、九三五年（承平五）二月はじめに行なわれた平将門と伯父国香と前常陸大掾源護一族との合戦の叙述である。将門は緒戦に勝利を収め、つづいて四日には次の行動に出た。

（1）野本・石田・大串・取木等の宅より始めて与力の人々の小宅に至るまで焼き巡り
（2）筑波・真壁・新治三箇郡の伴類の舎宅五百余家を焼き掃う

将門の（1）および（2）の行動は何を意味しているか。敵対者源護および国香一族の本拠を襲撃したことはまちがいない。まず（1）の野本以下の地名を調べてみよう。古代地名を調べるには①吉田東伍の『大日本地名辞書』を利用するか、常陸国関係の地誌類を参考にするのがよい。②宮本元球『常陸誌料』や③中山信名『新編常陸国誌』などである。これらの地誌類の記述を参照すると野本は真壁郡明野町（旧上野村）、石田は真壁郡明野町（旧石田村）、大串は結城郡大宝村、取木は真壁郡大和町本木と考えられる。これに誤りがないとすれば野本・石田・大串・取木は真壁郡と結城郡の東部に存在することが推定できる。（1）の叙述部分は野本・石田・大串・取木等の「宅」より始めて、与力の人々の「小宅」に至るまで焼きまわったという意味である。ここにいう「宅」「小宅」とは何であるか、当時の史料によれば、宅とは「舎宅」とも表現されるように屋敷を意味すると解しうる。「小宅」は、宅の規模が小さい場合にかく表現されたのであろう。これらの「宅」が源護のものか国香のものかははっきりしないが、両者の舎宅が含まれていたことはまちがいない。つまり、（1）は将門が源護・国香の屋敷をはじめとして、これに与力する人々の屋敷まで焼き払いまわったことを記したものである。文章の意見は右のとおりである。ところで八九六年（寛平八）四月二日太政官符や九〇二年（延喜二）三月十三日太政官符（ともに『類聚三代格』所収）をみると「田宅資

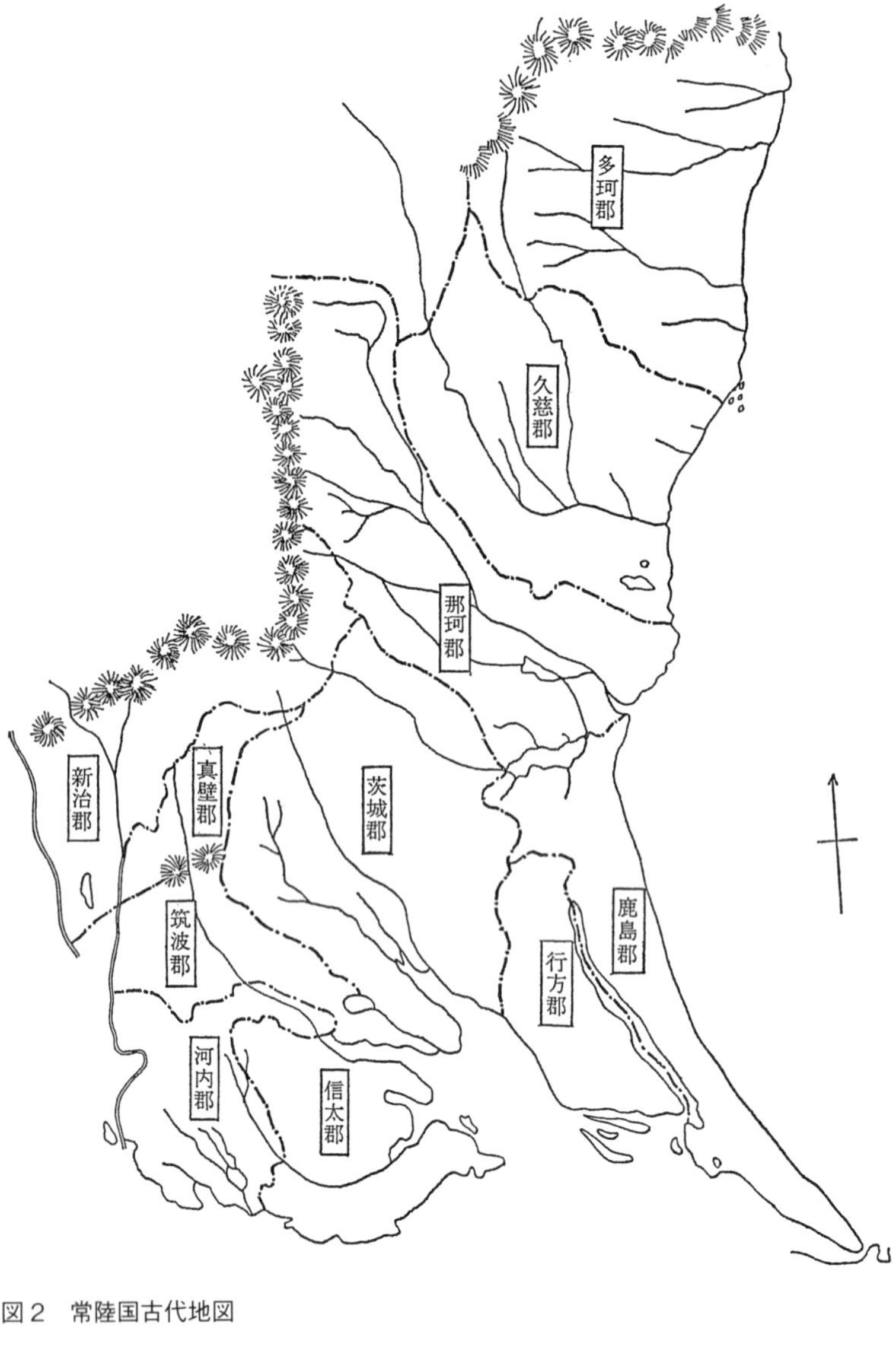


図２　常陸国古代地図

財」「田地舎宅」という形で水田と舎宅が結合されて物件視されているし、また私宅を根拠地として私的土地所有を展開している情況を知ることができる。すなわち寛平八年四月二日の太政官符の一つは院宮王臣家が百姓に代わって「田宅資財を争訟」することを禁じている。また延喜二年三月十三日太政官符の一つは院宮王臣家が百姓の「田地舎宅」を買取り閑地荒田を占有することを禁じている。いずれも田地と宅あるいは資財が財産形態として一括して問題とされていることは注目してよい。野本以下の舎宅はこのような意味における屋敷であって、当時の段階の私的土地所有の中核として位置づけうる経済体であったということができる。

（2）の叙述は源護・国香の伴類＝与力伴類、因縁伴類、兄弟及び伴類などの用例からして兄弟・因縁などの一族血縁関係と連称されることもあり、血縁関係に準じて源護・国香と党的結合をしている在地の有力農民を指すと思われる。以上のように（1）および（2）の部分を考えることができるとすると、前大掾源護、現大掾国香は、筑波・真壁・新治、三郡一帯にそれぞれの「舎宅」を数個所有し、それを基点として郡内に与力・伴類といわれるようなものと政治的結合関係を結び土着領主として存在していたと理解することができる。さらに国香の嫡子貞盛の言として「田地数あり、我に非ずば誰か領せむ」といわれている。私的土地所有者としての姿をここに読みとることができる。

前常陸大掾源護一族と現常陸大掾平国香一族とが「因縁」と呼ばれるように姻戚関係にあったことは事実のようである。上述の（1）（2）の叙述は両者をこみにして行なわれているので、平国香一族だけの「田地舎宅」を拾い上げることはできない。しかし、国香の私宅＝館が筑波郡水守にあったことや、先の石田の宅で国香自身が死亡していることを考えると、国香―貞盛の「田地舎宅」が筑波郡・真壁郡内にかなりの規模をもって存在したことは否定できない。

高望王の諸子のうち代表的例として国香の場合を調べてみたが、同じく『将門記』を検討すると次子良兼は上総・下総国や常陸国にも所領を有していたようであり、将門の父良将についても下総国豊田郡・猿島郡に所領があったとすることができる。とはいえ、それぞれの所領がどのくらいの規模で、どういう構成をとり、どのような歴史的性格を持つものであったかについては材料不足のため言及することはできない。しかし若干他の例を参照することによって推論を加えることはできる。例としてあげるのは筑前国守文室宮田麻呂、前豊後介中井王の場合である。『三代実録』貞観五年八月十五日条に謀叛人宮田麻呂の収公された財産がのせられているが、これによると「庶人文室宮田麻呂家十区、地十五町、水田卅五町、在近江国滋賀、粟太、野洲、甲賀、蒲生、神崎、高嶋、坂田等郡、勅施貞観寺」と述べられている。家一〇区、地一五町、水田三五町が近江国全一二郡のうちの八郡にわたって散在しているところに特徴がある。多分一郡に家＝宅を一〜二所有し、その宅の周辺に私有地としての数町の田地を所有するという構造をとっていたと思われる。また『続日本後記』承和九年八月二十九日条にのせられている中井王の場合は「私宅在日田郡、及私営田在諸郡」といわれている。この場合は本宅を日田郡に諸郡に私営田を設定している形をとっている。この二例が示す九世紀段階における地方官クラスの土地所有形態は、一国内の数郡にわたり宅を中核にわずか数町の墾田を中心とした小規模土地所有であり、後世、とくに十一世紀以降にみられる在地領主層が郷々村々を所領の単位としたり、四至を限って私的所有を実現する庄園制的土地所有とは基本的に異質である。常陸国の筑波・真壁・新治各郡および下総・上総の諸郡に一族が土着しているという歴史事実を、開拓者高望王の時点にさかのぼらせて考えてみると、宮田麻呂、中井王のような土地所有形態をここに見出すことは困難ではない。高望王の場合、常陸・下総・上総の諸郡に散在して所有するまさに「田地舎宅」所有を前提にその一族子弟がそのそれぞれの宅を中核に分立土着のコースをとったものと考えることができるのである。

## （3）国司層の土着豪族化の歴史的条件

個別地域としての常陸国において九〜十世紀に展開された桓武平氏一族による土着豪族化の歴史の検証は前節のとおりである。比較的材料のそろっている常陸国においてすら、検出しうる歴史事実が右の程度であるから、他の国々の場合にはさらに困難があるといわねばならない。そのような場合にはどうしたらよいであろうか。はなはだむずかしい問題であるが、一つの方法としては九〜十世紀の根本史料である『三代実録』『百練抄』『類聚三代格』や『平安遺文』所収の古文書などによって当該地方の豪族層を摘出し、その出自を尊卑分脈や諸氏系図（群書類従所収のものその他を含めて）によって確認し、常陸国のようなケースで理解することが可能かどうかを検討してみることが必要であろう。その場合太田亮氏の『姓氏家系大辞典』は座右に欠かすことのできない参考書となるであろう。また九〜十世紀の史料で検討することがほとんど不可能の場合、史料探索を十二〜十三世紀にまでおろし、たとえば『吾妻鏡』などをひもとき、いわゆる源平争乱の時期に活躍する武士名をチェックし、それを右のような方法で、どこまでさかのぼって出身を追及することができるかどうか試みてみることも是非とも必要である。幸い、『吾妻鏡』中の源平争乱の叙述は、北は東北地方より南は九州地方に至るまで、およそ全国的規模での軍事行動が対象とされており、それぞれの地方の武士＝在地領主の成長と存在形態を知る手がかりとしてはきわめて便利である。

ところで、仮に以上のような努力によって郷土の歴史が一部なりとも明らかになったとしよう。古代社会の解体過程においてその推進力となる武士の動向は一般的には軍事行動をおこした場合に史料として残されることが多いので、必ずしも郷土に密着した形でその事実を知ることができない。また当然のことながら成立期武士の姿を、郷土の古代史に位置づけることも困難である。むしろ、ここで必要なことは、たとえば常陸国の例のような国司層の土着豪族化がどのような歴史的条件にささえられて現実化したかを個別事例の背後にある日本歴史の一般法則としてどう説明しうるかを考えてみることであろう。これを抜きにしては歴史現象の正しい認識は不可能というべきであろう。

右のような問題関心を私は次のような具体的設問をすることによって解きほぐしていきたいと思う。

〈問題〉　国司層およびその一族の任国内土着豪族化は十世紀段階でなぜ発生し、可能となるのか。

これを解くためのカギとしていくつかの側面より光をあててみると次のようになるであろう。

（一）国司の任国内における地位権限にこの頃変化があったのかどうか。

（二）大化前代以来の国造層をはじめ、その他古代の地方名家として郡司層を構成したところの地方豪族層はこの時点でどのような歴史的あり方をしていたか。

後者から考えてみよう。例としては丹波国の例であるが、やや具体的に考えてみる。

〈史料（A）〉九一五年（延喜十五）九月十一日東寺伝法供家牒

東寺伝法供家牒　丹波国多紀郡衙
　可蒙郡（判）□為治田庄地壱町柒段柒拾弐歩之状
　一条三大山里南行大山田東圭七段（本田三反付図　新開七反）
　　二大山田東圭八反（本田二反付図　新開八反）
　十六池後田一反七十二歩（本田八反二百八十八歩付図　新開一反七十二歩）

牒、件治田、寺家券文所載肆拾肆町壱佰余歩之内地也、至頃年依有水便、治開為田、望蒙郡判、為後代公験
　乞也衙察之状、勘合本券、欲被判許、以牒延喜十五年九月十一日
別当大法師「観照」　小学頭僧「平恒」
　大法師　小学頭僧
大学頭大法師「延僘」　小学頭僧
　大法師「神弁」
「郡判、依寺家被送牒、并本公験検図帳、件新開寺庄領地内在事明白也之、
検校大領日置公　主政桑原
検校日置公　擬主帳多紀臣
検校多紀臣（草名）　擬主帳多紀臣
検校日置公　擬主帳多紀臣
郡老権大領多紀臣「安氏」
郡老日置公
転擬大領日置公
擬□□多紀臣「□勝」

右の史料（A）は十世紀初頭のものであるが、ここに示される郡司の地位権限は八～九世紀的内容を含むものと解せられる。すなわち、本史料は東寺が丹波国多紀郡内の大山荘の内部に新しく開発した治田一町六段余の所有権を多

紀郡司に承認させようとした文書である。たとえば本田三反付図とあるのはそれ以前に公認されていた私的所有地であり、新開七反というのが、ここに新しく申請している治田である。このような新開田に関する土地所有権の承認＝判許の権限が郡司層に存在したことは、まぎれもない事実である。そもそも古代社会における郡司層は、制度的変化はあるとしても、実体としては郡内における有勢家として、村落共同体の首長的地位を継承してきた存在であり、それを前提として郡域内の統治権ともいうべき政治的地位を律令国家から与えられてきたものである。ここにみられる土地問題についての権限もその一つとみることができる。土地所有権の移動・新開田の所有権承認を含めた広汎な権限を十世紀初頭までの郡司層は伝統的に所有していたと考えられる。

これに対し、同年十月の次の史料（B）は、郡司の権限に国司が大幅なチェックをしたものと考えられる例である。

〈史料（B）〉九一五年（延喜十五）十月二十二日丹波国牒

丹波国牒　東寺伝法供家

多紀郡大山庄田之状、合一町六反七十二歩

一条三大山里南行一大山田東圭七反

二大山田東圭八反　十六池後田一反七十二歩

牒、依衙去九月十一日牒状、令下却在地郡、検見営使所、即勘申状云、彼庄地之内、図帳法公田七坪三百八歩、十九坪四反七十二歩之外、依員注寺田已了、無有他妨者、然則来牒所載件坪々、尤寺田也、乞也察之、以牒、

延喜十五年十月廿二日少目高橋

守源朝臣「等」　　権掾橘
介尾張連　　掾多治
　　　　　　大目物部

前掲史料（A）と比較してみるとこの史料（B）の性格はよく理解できる。本文中の「依衙去九月十一日の牒状、令下却在地郡、検見営使所、即勘申状云」の部分の意味内容は、東寺から多紀郡衙へ出された史料（A）を丹波国司が再び郡へ下却し、あらためて「見営使所」という土地問題管轄の役所に問題の新開田の調査を行なわせ、その結果、「見営使所」の答申＝勘申状では次のようにいう、というものである。重要なことは、丹波国司が自らの専門役所としての「見営使所」という国衙機構を通じて新開田調査を行なわせ、その調査報告に基づいて東寺の新開田の所有権を承認したという手続上の変化をここに発見することができたことである。一々例示することはしないが、平安時代の残された史料をみる限り、この丹波国の具体例以前の段階では、土地移動・土地所有権承認の法的手続においては、郡司の権限が優先している。それは「郡判」という郡司の判許を前提として、後に国司が形式上承認する（国判）というのが慣例であった。丹波国の右の史料（B）はこのような従来の慣行を否定して、新しく国司が独自の国衙機構によって新しい法的権限の行使を開始したものということができる。一般的に、国司の権限の強化が平安中期以降云々されるが、その転換期が十世紀初頭頃にあったことは右の例で明らかとなるであろう。このような律令国家地方行政運営上の変化は、地方行政制度の面では、いわゆる国衙在庁官人の制度的成立の問題に象徴的に現われている。在庁官人の制度的成立は、かつて別に論じたことがあるように十世紀の初頭延喜頃であったということができる。もちろん史料の制約があることを考慮すると、それ以前にさかのぼらせることも可能であるが、いずれにしても九世紀末～十世紀初頭に国務の現地執行機関として在庁官人組織が形成されたことは重要である。

右に述べた丹波国の例でみられるような国司の政治的地位の向上は、単に丹波国のみの問題ではない。それは全日本的規模でこの時代に貫徹し始めた歴史的傾向である。在庁官人制を中核とした国司制の変質・強化を全国的規模で説明することは紙面の都合でできないが、むしろ九世紀末における中央太政官の地方行政運営に関する法令の検討によってこの点を確認しておくのが良いと思われる。

〈史料（C）〉八九六年（寛平八）四月二日　太政官符

応㆕改㆓定判㆔給占㆘荒田并閑地㆖之例㆒事、

宇多天皇政治下に行なわれた諸政改革のうちこの八九六年（寛平八）四月二日太政官符は荒田閑地といわれる荒廃地・未開地の開発に関するものである。本文は長文であるので省略し内容を要約的に記すと次のようになる。

（１）八二四年（天長元）八月二十日の太政官符で施行された荒田閑地の開発・経営に関する政策＝荒田閑地を開発した場合には一身の間耕食を許すというもの＝たとえば、百姓が一町の田地の開発を申請しても実際には三・四段だけしか開発が進行しない場合、王臣勢家が、これは「三年不耕之地」であると主張して自分達があらためてその土地の開発権を国司に申請し、開発・経営の権限を獲得するというケースが多く、一般農民の開発・経営を阻害する条件となっている。

（２）右のような事態は、一般農民の利益に反し、王臣勢家らの大土地所有展開への促進条件をもたらすので、今後は百姓が一町の田地開発を申請した場合、二段を開墾し、残り八段が未開にとどまっても、その百姓の権利をうばって、他の者の申請を認めることをしないことにする。

（C）官符の内容は略述すると右のようなものである。土地開発の問題に即していえば、全体の五分の一以上の既墾部分があれば、その土地を「三年不耕」の原則を適用することなく、その後の開墾に期待し、権利を保証しておくというものである。このような内容と考えることができる（C）官符が本稿の当面する課題である国司の権限の問題とどう関係するかが一つの論点となる。（C）官符中、荒田閑地開発のための手続は、国司に申請し許可を得るという形で行なわれていることがわかる。とするならば、国衙領内未開地の開発は、開発を希望する者の恣意にまかせられることなく、その希望（意志）を国衙に申請し、その認可をまってはじめて実現されることが、この段階のルールとして存在したことを、本官符の行間から読みとることができるのである。このような国司の権限は、とりもなおさず、任国内の土地問題に関する最終権限を国司が所有するに至ったことを意味するものであり、こののち急速に展開されるところの国免荘といわれるところの、いわゆる国司免判によって立券された十世紀以降の特殊な私的土地所有の発生は、その法的根拠を（C）官符に求めることができるのではないかと考えられるのである。（A）および（B）の検討において旧来の郡司層の政治的地位の低下と国司制の新展開―とくに国衙在庁官人制の成立―により、管国内国司の土地問題における地位・権限の向上を考えてみたが、（C）の検討によって、それを法的次元からも説明しうることを明らかにしたつもりである。

右のような九世紀末～十世紀初頭の歴史的事実を理解することによって、はじめて国司層が、土着し、自ら私的大土地所有を展開し、国司層ならびにその一族が、地方豪族として定住化する歴史過程を歩むことが説明しうるのではないかと思う。

常陸国を中心として展開する桓武平氏の一族が、九世紀末～十世紀初頭において、その存立の社会的ならびに政治的基礎を律令国家の中央官僚制のなかでの位置づけのみにこだわることなく、独自の物質的基礎の獲得と、それに伴う、自らの社会的存在形態の変化をあえて求めていったのは、右のような歴史的客観的な条件に支えられてはじめて可能となったのである。

一方、律令国家はこのような中央官人層の私的土地所有実現の歴史的傾向を黙視していたのではない。（Ｃ）官符と同日、「正五位巳上私営田」を禁ずる法令が出され、五位以上の王臣勢家が私営田を経営することを厳に禁止している。正五位以上といえば中央官制上、上は太政大臣から始め左右大臣・大・中納言・参議を含むいわゆる公卿と近衛大将・中将・少将を含むような特権クラスである。このなかには地方官としての国司は含まれない。大国の国守でも官制上は従五位上である。鎮守府将軍も従五位上である。この法令によれば、地方官を除外した中央政府の要職を構成するいわゆる王臣勢家の私営田を禁じ、それ以外の位階の者の私営田は法的に承認されたということができよう。常陸大掾職や、鎮守府将軍あるいは東国諸国の介その他を歴任する平氏一族の私営田経営は国家の施策と矛盾することなく順調に進展したといえよう。

常陸国における九世紀末～十世紀初頭の国司層の土着豪族化の条件は、右のような日本史全体のなかからはじめて正しく認識することが可能となったのである。

### （４）土地所有の歴史的性格と武力組織の問題

九世紀末～十世紀初頭における平氏一族の土着豪族化の歴史は以上のような歴史過程と論理をもって実現された。したがって次に問題となるのは、その土着豪族の実体的側面の歴史的質を考えてみることである。

ここでそれを①土地所有の歴史的性格②武力組織の問題の二つの面より吟味してみることとする。材料はやはり『将門記』を中心にその他若干の史料を補足的に使用したい。

### a　土地所有の歴史的性格

すでに前述したように平将門の攻撃によって敗北を喫した平国香・源護一族の叙述部分で注目してよい記述に、国香の子貞盛が「田地数アリ、我ニ非ズハ誰カ領セム」という表現があることを述べておいた。この表現はそれを文字どおりに理解すれば、平国香・貞盛らの財産形態が、「田地」「領」という言葉からいって、いわゆる「所領」とか「領地」といいうるような領主的土地所有を意味する内容であるかのごとくに考えられるようである。しかし、一方『将門記』を通じていえることは、貞盛のこの部分を除けば、「田地」「領」＝「所領」といいかえうるような内容を想定することが可能なものはなく、逆に彼らの財産形態を表現するものとしては、むしろ「千年ノ貯一時ノ炎ニ伴ヘリ」とか「珍財ハ他ノ為ニ分ツトコロトナリヌ」とかあるいは「厳父国香が舎宅ハ皆悉クホロビ滅シ」という文章によるものが多く使われていることが指摘できるのである。すなわち、土地所有に関していえば、舎宅＝土地所有・経営の根拠地としての屋舎が問題となっており、十一～十二世紀に一般化する所有・支配の対象としての一定領域を「所領」としている形態にはまだ発展していないことが理解できるのである。むしろ「水守ノ営所」「石井ノ営所」といわれるように「私営田」経営を行なう根拠地としての「営所」としての性格を持っているといえよう。一方、九〇二年（延喜二）三月十三日の太政官符における次のような土地所有問題から考えるならば、土着豪族の土地所有の実体は自らの開発田＝墾田を中核とした限定されたものであったということができる。すなわち、延喜二年三月十三日の太政官符の一つ「応レ停下止勅旨開田并諸院諸官及五位以上買二取百姓田地舎宅一占請閑地荒田上事」をとりあげてみる。まずこの事書から説明すると勅旨開田のことはおくとして、中央権勢家としての諸院諸宮および五位以上の者が百姓の田地舎宅を買い取りさらに閑地荒田を占請＝囲込むことが禁止されている。五位以上の者とは、さきに八九六年（寛平八）四月二日の太政官符によって「私営田」を禁止されたものであり、この法を遵守する限りにおいては地方に経営の対象としての土地所有を展開する条件を政治的に封鎖されたのである。しかし、彼らは、このような政治的規制をこえて実際に地方に物質的基礎を求める方策を実行に移しだした。それは一方、地方における有力農民の土地所有拡大の運動法則とも一致するものであり、九世紀末に急速に進行した顕著な歴史事実である。すなわち、延喜二年三月十三日官符がいうように諸国の有力農民は「課役を遁れんがためや、もすれば京師におもむき、好んで豪家に属し、あるいは田地を以って詐りて寄進と称し、或は舎宅を以って功に売与と号し」豪家＝五位以上の中央権勢家の保護のもとに、その田地舎宅を豪家＝中央権勢家の「庄」として政治的に保護される私的土地所有地へと発展させることが多くなってきた。地方の有力農民がこのように自らの「田地舎宅」を中央権勢家へ寄せて権利を保証されようとしたことは、彼らが現実に所有している「田地舎宅」は律令制的負担を除外されうるものではなく、権利の面ではいわゆる墾田・治田としての私有権の承認以上を出るものでなかったことは明らかである。この太政官符の場合は、地方有力農民と中央権勢家とが対比されて述べられているが、常陸国の場合における平氏一族の土地所有の性格についても同様のことがいいうると考えられる。すなわち、平氏一族はたしかに王臣家としての平高望の子孫ではあるが、一旦東国に定着し、国司層として地方官としての自らの政治的地位に安住するようになるとその土地所有＝田地舎宅は原則的には一般農民の土地所有と変わるところはなく、権利面での制約は大きかったと思われる。ただ一般農民と異なるところは、自らが地方行政の国衙機構の要職に位置を占め、自らの田地舎宅に対する政治的保証をなしうる存在であったことである。したがって、国司層の土着豪族は国衙の要職に位置する限り、延喜二年三月官符に述べられているような地方有力民のとったような中央権勢家への指向性をとることはなかったと考えられる。むしろ彼らは、自らの土地所有を保証し、それを拡大するために自らの地方官としての政治的地位をフルに活用したに相違ない。十世紀以降問題となる国司層の致富はかくして具体化されるであろう。

しかし、それが先述したように一定領域としての郷々村々あるいは四至を限っての領域支配へと発展するにはもうしばらく歴史の展開が行なわれることが必要であり、十世紀前半の段階では小規模な営田活動が一般的であったことはいうまでもない。

しかし十一世紀への展望を行論の関係上、若干の例によって考えてみることだけはしておこう。例としては播磨国大掾秦為辰、安芸国大掾藤原一族の場合をとりあげる。前者より考えてみると播磨国大掾秦為辰が同国赤穂郡久富保の開発に乗り出したのは十一世紀後半のことであった。彼は久富保の破損した井溝を修理するため赤穂郡内の人夫を工事に使うことを国衙に申請し、一〇七五年（承保二）三月～四月にかけて、五千余人にものぼる人夫を使役して井溝の修築に功をあげ、その結果五〇町余の土地所有を実現した（『平安遺文』一一〇九号）。ここに見られる秦為辰の久富保開発は、国衙への申請という手続をとってはいるものの、自らが播磨国大掾という国司の地位にあるわけであるから、それは実質的には国司層内部の問題としてきわめて容易であったろう。その結果、郡内の労働力を五千余人にもわたり労働編成し、私的土地所有の実現に成功したのである。その後この久富保は、為辰の開発領主権を安堵され、一〇九八年（承徳二）には子息の為包に「久富保公文職」、「重次名地主職」として譲渡されている（『平安遺文』一三八九号）。

安芸国大掾藤原氏の場合も十一世紀の例である。つまり、一〇三一年（長元四）藤原守仲譲状（『平安遺文』四六一四号）によると、父守仲は子息大掾守満に対して高田郡三田郷并別符守行名を「重郷」＝住郷として譲渡している。この場合父守仲の位階は不明であるが、子息守満が大掾である。多分大掾職はこの所領の譲状作成以前に譲られていたものと考えられる。藤原氏がどのような方法によって高田郡三田郷を所領としたかは詳らかでないが、前の秦為辰の例と同様国司層として国衙権力をフルに利用して開発と私領の形成を試みたことは推察してよいであろう。播磨・安芸二国の例でみられる右のような大掾による開発→私領の形成は、常陸国大掾平氏にとっても考えられてよいと思われる。それを具体的に史料によって分析することはできないが、将門の乱以降の桓武平氏一族の東国における歴史的発展は、かかる二例の論理を基礎にはじめて説きあかすことができると考えられる。ただし、いま本節で考察の対象としている九世紀末〜十世紀初頭の歴史的段階は、いまだ、かかる形態における国司層による開発行為と私領の形成は問題となっておらず、むしろ繰り返し述べてきたように、「舎宅」を中核に数町規模の田地所有段階であり、そのような段階から右の二例のごとき段階への移行には、ややしばらくの時間的過程が必要であった。

**b　武力組織の問題**

『将門記』の記述のなかに出てくる当時の豪族層の武力組織は先の土地所有の問題とならんで成立期武士階級の性格を考える重要なモメントの一つとなる。この問題については吉田晶氏の業績（「将門の乱に関する二、三の問題」『日本史研究』五〇）によりながら考えてみよう。

氏の研究によると、当時の軍事構成は次のような要素によって構成されていた。

①営所の経営を通じて実現される私的隷属武力＝従類

②族的結合による武力集団＝因縁

③特定個人への武力的隷属関係を生ずる以前に、私的隷属の関係も、族的結合をも持たない武力

①の場合は、前項で述べた当時の土着豪族の「田地舎宅」所有に照応した「私営田」＝「営所」の経営関係に依拠するものである。すなわち具体例として将門の石井営所をあげるならば、将門の私営田経営の一つの根拠である石井営所内部には営田労働力として将門と私的隷属関係を結ぶ社会層が存在し、それによって営田は維持再生産されていた。また営所周辺の農民もその労働力として編成されたようであり、有名な例として豊田郡岡崎に私宅を持つ丈部子春丸は将門の駈使として石田庄の田屋にかよっていたが、田夫を伴って石井営所に赴いている。このような営所外部の労働力の存在も否定できない。これらの労働力としての営所内外田夫らが軍事行動の場合、どのような参加の仕方をしたかについては明確ではないが、しばしば史料に出てくる「従類」という存在に等置されるのではないかと思われる。

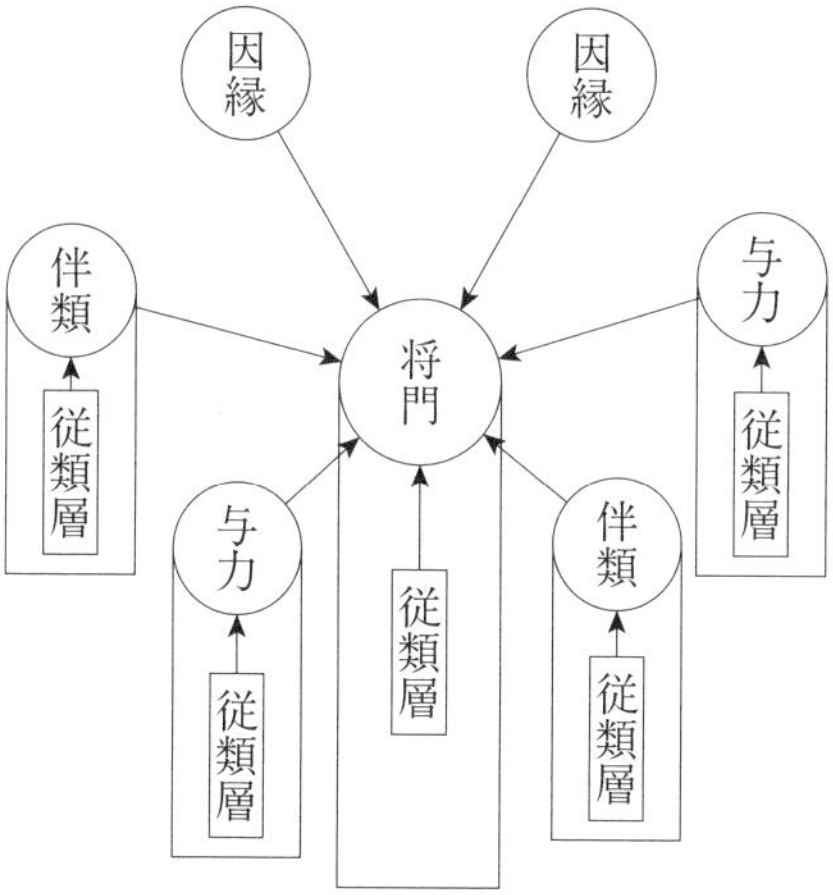


図3　十世紀の軍事力編成

②の族的結合は、史料的表現としては「因縁」と呼ばれるものであり、たとえば将門と対立する良兼・良正軍の連合の性格が因縁と称せられるごとくである。これは原理的には血族・姻族関係を基本として成立する同族的な政治結合を意味するが、たとえば同族である将門自体が排除される根拠がすでに存在しているので、単なる族的結合とのみ評価するわけにはいかない。因縁と類似した表現に「同党の者」というのがある。たとえば、貞盛は源護ならびに其ノ諸子と同党の者であるということである。むしろ豪族層はある特別の関係（たとえば婚姻関係など）によって党的結合をつくりそれを基盤として軍事的統一

行動をとったと考えられる。

③の例は史料上の表現では「伴類」とか「与力」といわれるもので、私的隷属者でも因縁でもない独自の性格を持った小土豪を指すと考えられる。彼らは自ら内部に私的隷属武力をひきい、将門や良兼らに従ったのであろう。

右のように吉田氏の整理に従って武力編成を考えてみた。それを仮に図解すると図３のようになるであろう。

このような軍事力編成のなされ方は、形式のうえからいえば後の鎌倉時代の軍事構成と似ているが、決定的に相違する点は、たとえば将門と伴類・与力の関係が、それぞれの土地所有の保護被保護関係を恒常的に保証するものとしての人格的結合関係にまで高まることがなく、その可能性と萠芽を端緒的に持つものとして存在するにとどまるのであり、したがって、条件に規定された浮動性と流動性を不可避的に随伴するものであることを充分正しく認識しておく必要がある。

## 二、常陸国における十一～十二世紀の歴史的展開

古代郷土史というものが、きわめて困難な試みであることは前章の叙述から理解していただけると思う。結局は、現在の市・町・村という小規模地域に限定しての郷土史というものは古代においては明らかにしえないという結論が出てきたように思う。最低限度、国単位で考える以外に方法はないし、またその国単位の作業も全国的視野で行なう以外に歴史になりえないことはいうまでもない。

このような研究法上の固有の障害を前提としてきわめて要領をえない文章を連ねてきたが、基本的には以下の十一

〜十二世紀に関しても同様である。ただ若干の相違点を指摘するならば、後の個別事例（常陸国真壁郡）が示すようにまとまった荘園文書や武家文書の残存がみられるようになり、郷土に密着した個別研究も例外的には可能になる条件が備わってくるという傾向を無視することはできない。したがって本章では、第一に常陸国における武士＝在地領主の展開をさきの桓武平氏の例に即して一国単位でおさえてみる努力をすること、第二にその個別事例として比較的史料の残っている真壁郡をとりあげて具体的な作業に入ること、この二つを努力してみたいと思う。

### （1）中世的郡郷の成立と在地領主制の展開

常陸大掾伝記中に左の記述がある。

当国六郡ニ分ル事者、維幹ノ孫重幹ヨリ分ル。重幹ノ子致幹ノ舎弟清幹之嫡子吉田太郎盛幹、其舎弟忠幹、行方平四郎、其嫡子行方太郎景幹、忠幹ノ舎弟成幹、鹿島ノ先祖也。総領致幹ノ子直幹、其子良幹、舎弟忠幹、東条五郎、東条ノ先祖也。其舎弟長幹、真壁六郎也。鹿島ハ六頭、行方ハ四頭、吉田ハ三頭也。小栗・真壁・東条不然。重幹ノ子清幹立舎弟正幹、石毛荒四郎、後号赤頭之四郎将軍、豊田ノ先祖也。其舎弟重義、号小栗五郎也。

右文章を系図に直すと図4のようになる。

六郡に分かれるとの冒頭の記述は図4の系図にあらわされたように東条・真壁・吉田・行方・鹿島・小栗の六つである。このうち真壁・吉田・行方・鹿島の四つは中世常陸国における郡名として存在しており、東条・小栗の二つは存在していない。この二つについては一二七九年（弘安二）常陸国太田文中（簡単にみられるのは『続群書類従』に収められている弘安二年作田惣勘文がある）に新治郡内に小栗保・信太郡内に東条荘があり、したがって東条・小栗はそ

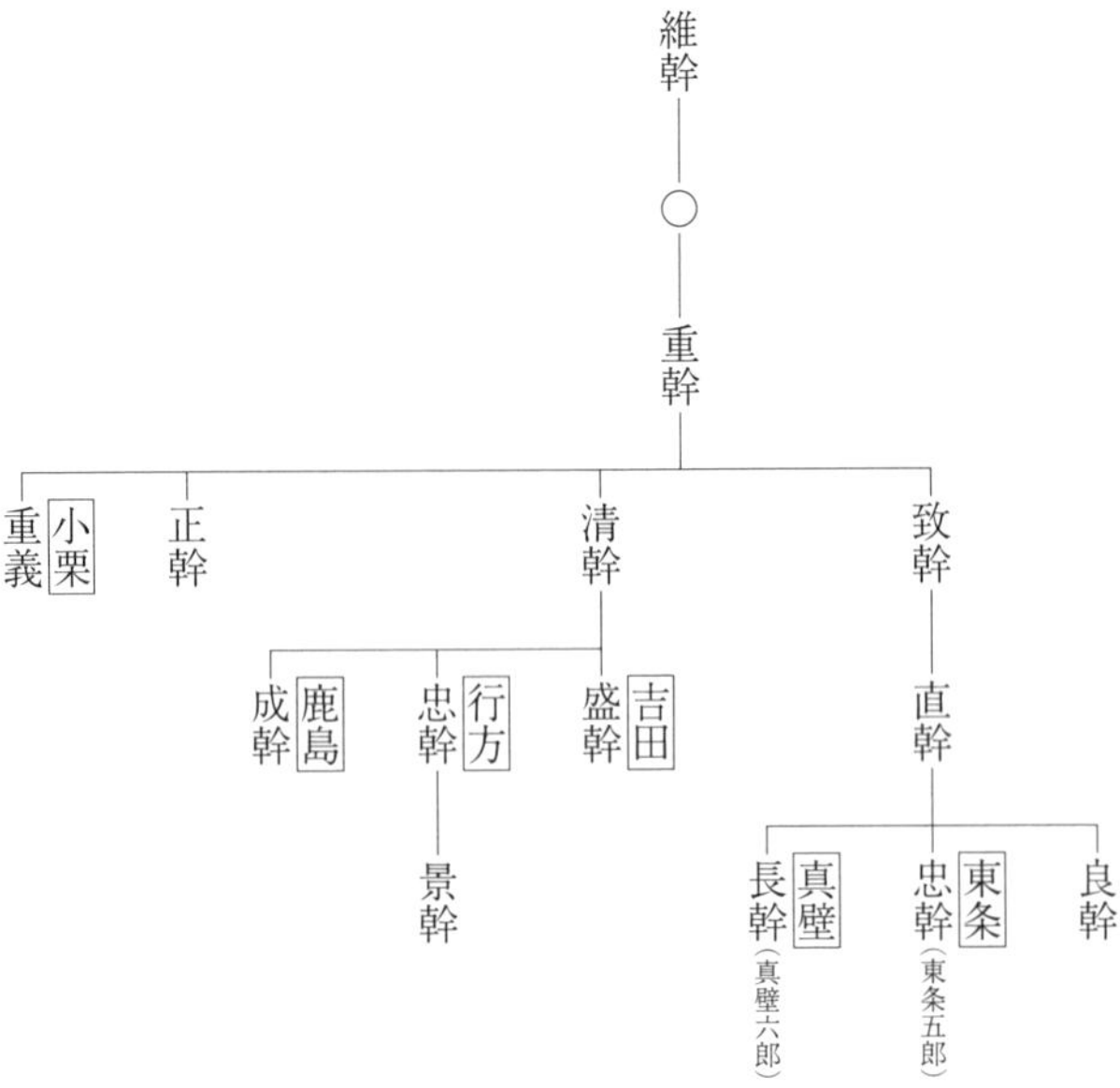


図4　常陸大掾庶子家の分立

れぞれ新治郡・信太郡に分かれたと考えることができる。中世的郡郷制の問題に関しては、小山靖憲氏がすでに論じているので、ここではくりかえさないが、常陸国においても律令制段階で編成された古代郡郷制が十一～十二世紀に解体改編され、国衙領の編成基準として中世的郡郷制の成立をみていた。

常陸国の中部・南部の数ヵ郡に分立発展した常陸大掾一族の実体は何であったろうか。それの考察に先だち、大掾職を世襲する常陸平氏本宗は先の略系図中の重幹―致幹―直幹―良幹と連続し、かつ彼らは多気大夫と称せられるように筑波郡多気に本居をかまえる豪族であり、その勢力は筑波郡・茨城郡一帯に展開していたようである。初期の常陸大掾氏については石井進氏の研究（「中世成立期の軍制研究の一視点」『史学雑誌』七八～一二）があり、秀れたいくつかの指摘がなされているが、氏の主張するところによれば、維幹（惟基）は十一世紀初頭平忠常の乱において、忠常討伐軍の主力として活躍した人物で、筑波山の西麓地方一帯、真壁・筑波・新治三郡を勢力圏とする豪族であったと述べている。これら三郡を勢力基盤とする常陸平氏はその後、吉田・行方・鹿島・信太郡に展開し、十一世紀後半

〜十二世紀中期頃までに常陸国中・南部へ拡大発展したと理解することができるのである。

## （2）真壁氏の成立

常陸平氏の庶子家の分立発展の概略は右に述べたとおりであるが、その一つ真壁郡に定着した真壁氏の成立について考えてみよう。真壁氏を研究するための材料としては次のものをあげることができる。

①常陸大掾伝記
②常陸大掾系図
③真壁系図
④真壁文書
⑤真壁長岡家文書

右のうち①②はすでに説明してあるので省略する。④の真壁文書は刊本はないが、御茶の水女子大学図書館内成簣堂文書に一一四点収められており、東国の中世史研究の重要史料であることは著名である。⑤の真壁長岡家文書は影写本が東大史料編纂所にあるが、原本の所在は不明、ただ真壁郡真壁町長岡の長岡ゆう子氏所蔵の写しは参考となる。③については後にふれる。

さて、話はかわるが、かつて筆者は学友小山靖憲氏とともに真壁氏研究の目的で茨城県真壁町をおとずれたことがある。一九六五年（昭和四十）春のことだったと思う。当時、筆者は鎌倉幕府の軍事的ならびに物質的基盤としての東国社会の研究を志していたが、①②ならびに④の史料を持って現地におもむき、真壁氏の所領あとを現地に即して歩いてみたいと思った。その際真壁文書中の一二二九年（寛喜元）真壁友幹が子息時幹に譲渡した所領目録を一つの

図５　中世真壁郡地図

目安としたのである。いまその史料を左にかかげてみよう。

（花押）（頼経カ）

下　平時幹

可早領知常陸国真壁郡内本木、安部田、大曽禰、伊々田、北小幡、南小幡、大国玉、竹来已上八ヶ郷庄領、山乃宇、田村、伊佐々、窪、源□（法）寺、亀隈已上六ヶ郷公領、地頭職事、

右人、任親父友幹法師今月十四日譲状、可安堵之状、如件

寛喜元年七月十九日

厳密にいえば本史料は将軍家下文であり、内容は真壁友幹の子息時幹に対する地頭職譲渡の安堵状である。私どもはこの安堵状に現われる十四の地名を五万分の一の地図に記入することから始めてみた。庄領八ヶ郷は真壁郡の北部（現在の大和村）公領六ヶ郷中五ヶ郷は中・南部（現在の真壁町）に見出すことができた。しかし公領のうち窪については地図のうえから発見することができず、それが現在のどこに相当するかは聞き取りによるほかないと思っていた。それは後日の調査によって真壁町伊佐々および田の北側で桜川の氾濫原に位置することが推定できた。かくして真壁時幹所領十四郷は、

図5の地図のような存在形態をとることがわかった。所領の単位としてのその一つ一つの郷については別に考えるとして、真壁氏の所領が、全体的傾向として筑波山西方部の緩急傾斜地および桜川低地さらには桜川西岸の台地に点在することがわかったのである。

　ところで真壁氏が常陸大掾氏から分立して真壁郡へ入部し定着化した時期がいつであるかが問題となるが、残念ながら残された史料では判明しない。現地に赴いた私どももそれが一つの気がかりな問題点であったが、幸運にも次のようなヒントを得ることができたのである。それは一九五三年（昭和二十八）真壁町がその周辺農村を合併して新しく生まれかわる町村合併を記念してつくられた郷土の歴史・現況をまとめた「郷《ごう》土《ど》」のなかの左の記述である。その沿革のところに「承安二年、今から八〇〇年前、真壁六郎長幹、真壁に来り、城を築いて居住した、これ即ち真壁城である。」その典拠については記されていないが、一一七二年（承安二）に長幹が入部してここに居住したというのである。さらに同誌には真壁氏系譜をのせ、初代長幹から始めて十九代房幹に至るまで生没年、法名を記している。これによれば長幹は一一五九年（平治六）六月二十二日に生まれ、一二二三年（貞応二）九月八日に死去しているとあるのである。われわれはこれまで真壁氏に関しては①および②以外その系譜を知る材料を持たず、初代長幹の存在を①②より知るのみであったが、真壁町に赴き「郷土」を手にすることによって右のような記述に出会い驚嘆したことはいうまでもない。しかし歴史家の宿命であろう、われわれはそ

郷土

の典拠・原本を手に入れる以外に「郷土」の系譜その他を信用することは許されない。真壁町旧家ならびに郷土史家といわれる方々をそれこそ徹底的にたずねその原典を探索したが、それはついに得られなかった。後日、別の機会に同町内伝正寺（真壁時幹が開基）をおとずれ、住職から一六九七年（元禄十）八月二十六日付の「当山元開基真壁安芸守系図」を拝見したときはその喜びを言語にいいあらわすことはできなかった。「郷土」の真壁氏系譜はこれによっていることが明らかとなった。このとき伝正寺住職より真壁氏の子孫が下妻市に居住していることを教えてもらい、後日、下妻市に真壁博氏を訪問し、そこで「当家大系図全」の存在を知ったときは、表現がやや大きいかも知れないが「事成れり」と思ったほどである。この「当家大系図」は「元禄十年六月吉日真壁平充幹撰之判」と奥書があり、形式内容ともに信頼に足るものといえる。これによれば初代長幹は「タケモト」と読むようであり、かつ一一五九年（天治元）六月二十二日誕生より始めて一二二三年（貞応二）九月八日六十五歳で死去するまでの略譜がのっている。われわれにとって真壁は郷土ではないが、郷土の歴史創造の努力は右のような史料の発掘作業によって、一歩も二歩も前進することはいうまでもない。この例から推定するに平安後期に成立した地方豪族の場合、その家が真壁氏のように中世を通じて発展し近世初頭まで続いていれば、探索によって未発見の史料を掘り出すことは可能であろう。

しかしこれをもって満足することはできない。「郷土」中の一一七二年（承安二）入部居住説を裏づける信頼しうる材料が発見できないからである。もっとも、真壁郡内大和村で発見した『杉山私記』（明治二十九年）なる地誌によれば「故城は常陸大掾の四男平長幹、建久年中始て築き地名に因り真壁城と名つく」とあり、建久年間説も存在するのであるが、これとて確実な証拠はない。

以上のように、承安二年か建久年間かそのいずれでもないか、長幹入部の正確な時代を確定することはできないが、平安時代の最末期に常陸大掾直幹の庶子が当地へ入部し真壁氏を名乗る領主となったことはまちがいない。その場合どのような条件で入部したかについてはこれまた史料は何も語ってはくれない。推定するとすれば、すでに述べたように常陸大掾氏は十世紀前半より真壁郡内に「田地舎宅」を所有し、伴類・与力と称せられる有力農民を軍事的に編成しており、その伝統的支配は大掾職の世襲とともに再生産され、平安末を迎えたであろうこと。それは二代友幹から三代時幹への譲状に示されているような郡内十四ヵ郷を支配の単位とするようないわゆる村落の領域支配者へと発展していたであろう。かかる構造変化が十世紀後半～十二世紀末のいつのどの時点で行なわれたかについては史実に即して論ずることはできないが、前節で播磨・安芸の二例で検討したように一般的に郷・村を全体として所領として支配する領域支配が可能となる歴史的条件は十一世紀中期を待つとするのが、現在までの在地領主制研究の成果であるので、いまはそれに従いたいと思う。

常陸大掾家の庶子家として十一～十二世紀に分立発展した真壁氏を含むところの六氏の展開は、ほぼ右の真壁氏と同様の歴史過程を歩んだと推定してよいであろう。東条・行方・鹿島他の郡名領主についても真壁氏と同様の努力は試みられてよいであろう。

ところで問題はさらにかかる郡名を名乗る在地領主の成立発展が、その後、郷名を名乗る郷城規模を所領単位とする小領主にさらに分立発展し、この両者の間に惣領家―庶子家という関係が生まれることに注目したい。さきにあげた史料⑤はその実例である。⑤真壁長岡家文書は鎌倉末～南北朝期の史料のみ残存しており、真壁氏より分立した時期を確認できる史料は存在していない。これは長岡家系図の注記であるが、長幹の七代の子孫国長が一二四三年（寛元二）に長岡村に住すと述べられている。十三世紀中期ということになろう。いずれにしても拠るべき確実な材料がないのでこれ以上のことはいえないが、郷名を苗字とする小領主が十三世紀には成立し、本宗である真壁氏と惣領―庶子家の関係を有していたとの推定は可能である。

## あとがき

以上を通じて平安時代の九世紀末〜十二世紀における武士＝在地領主の成立・展開を常陸国を例として考えてみた。特定の地域を対象としてごく限られた材料から郷土史としての歴史を再現することがきわめて困難であることはいうまでもない。最後にあえていうならば、九世紀〜十世紀における武士＝在地領主制の成立を郷土に則して考えることは大方の場合不可能であろう。それは仮に国単位という地域の設定を拡大した場合にやや見取図を設きうるという範囲を出ることはほとんどないであろう。ただし、いわゆる中世の武士階級のうちその成立を平安末〜鎌倉初頭におけるものについては、真壁氏の例などにみられるように多少郷土に則して物を考えることは可能となるかも知れない。その場合では本稿はその内部構造にまで立入って研究する方法を提示していないが、それは古代史の領域から中世史の領域へ深入りしすぎると思われるので、あえて除外した。

# Ⅱ
# 常陸国真壁郡竹来郷における領主制について

山崎　勇

## 一

最近公刊された『茨城県史料　中世編Ⅰ』の中の鹿島大祢宜家文書には、在地領主同士の対立、特に開発をめぐっての対立抗争を示す好個の史料がある。かなりの長文ではあるが、説明の便宜上全文を引用しておきたい。

（前闕）

江馬越後四郎光□〔政〕代貞致与預所□□四郎左ヱ門尉行定相□〔論〕□〔所〕務條ゝ、

□〔一カ〕　行定以定田等、引籠得永名否事

右前地頭真壁小次郎〔盛時〕入道浄敬、上取百姓名依対捍年貢之咎、正安元年十一月召上地頭職、同二年八月光政拝領畢、浄敬為開発之領主、於下地者地頭一円知行之間、預所無進止之地本、而行定伺新補地頭之隟、以当郷三分二号得永名内、押領之由、貞致申之処、預所職者〔三脱〕善隼人正康清法師法名善清文治二年補任以来、得永名号大和田村者預所自名之旨、行定等陳答之後、得永名預所進止之条、貞致承伏畢、無預所進止地之由、貞致所申矯飾也、是

一、随得永名者、自往古限四至堺、代ゝ所開発知行也、此外不濫妨名主給并平民四ヶ名以下荒野・新田畠下地

之由、行定申之上、預所名之外、若引籠定田等於得永名内者、云田畠里坪、云在所名字員数、貞致可載度々之訴状歟、無其儀、是二、次如建保四年目録者、惣田数七町八段内、得永名四段六十歩也、爰如行定等亡母三善氏弘安五年譲状者、以得永名号大和田村、立四至堺所引籠数十町田畠也、其田畠者公田畠也、彼状為謀書之由、貞致雖申之、文治之比於当庄下地者、預所善清依任其意、以名主給三町・鹿島神田五段・定田四町七段小地本、付地頭畢、其残者為得永名差四至堺、所号大和田村也、自尓以来開発之間、田数令増之旨、行定等返答有子細、是三、次於前々譲状者、不立得永名堺、限此状、為増下地、書載四至堺之条、為謀書之由、貞致雖申之、依分譲行定并姉藤原氏、載四至堺畢、随員数堺載譲状之旨所被引載正応三年安堵御下文也、以彼譲状并御下文知行下地之間、先地頭浄敬無異論経年序之旨、行定等所申非無謂、是四、次如同状者、竹来郷定田四町七段小・得永名四段六十歩譲渡之由載之、定田者地頭進止下地之間、混預所自名、難譲与歟、為謀書之由、貞致雖称之、定田者為平氏〔民〕名、預所相綺之上、於年貢者、預所令徴納之間、同書戴譲状之条、無其難之旨、行定陳答有子細、是五、次当庄内北小幡・本木・安部田郷等者、地頭及訴訟之時、預所太略去渡下地、将又地頭三分二知行之間、可依傍郷例之由、貞致申之処、或預所致所務相論之時、恐其科、以預所分去与地頭之郷在之、或自元地頭分増預所分之郷在之、或預所分又増地頭分之郷在之、郷々不同之由、行定有陳謝、是六、然則以定田等引籠得永名之由、貞致之訴訟非沙汰之限矣、次貞致以実書号謀書咎事、所被付寺社之修理也、

一、定田員数事

右、如建保目録者、為四町七段小之条、両方無論、而二丁五段者、地頭知行之条、承伏已畢、所残定田者、或称香取・各来神田、或号荒野・新田等、地頭当知行之由、行定申之処、香取神田五段・各来神田一町三段者、

自往古為両社神田之由、貞致雖称之、如目録者、鹿島神田之外不載自余神田之間、於彼一町八段者、以定田号神田、光政知行之条、無異議、但残四段小事、行定則現在地頭分荒野・新田内之由申之、貞致又引籠預所名之旨称之、者以御使可糺明四段小之在所焉、

一、年貢未進事

右当郷内、大井戸・泉・各来・竹来村等者、為平民名、於下地者、地頭雖進止、預所相綺之上、至定田四町七段小之年貢者、所徴納也、而地頭一円管領之、不弁年貢之旨、行定申之処、当郷公田者二町五段之由、土民等所申也、以荒野、百姓号申大井戸・泉村之条存外也、定田者預所引籠自名内之間、不能知行、治定下地之後、可弁償之旨、雖陳之、在所并員数見于先段、者光政拝領以後分、遂結解、任被定置之旨、可究済矣、

一、名主見参料事

右善清、文治初、入部当庄之時、於名主見参料者、地頭致沙汰畢、其後弁来之条、傍郷無隠、而光政抑留之由、行定申之処、自元済例之旨、貞致陳之、者文治以後弁来之条、無支證之間、不及沙汰焉、

以前条々、依鎌倉殿（守邦親王）仰下知如件、

正和元年七月廿三日

相模守平朝臣（北条凞時）（花押影）

この文書は「行定以定田等、引籠得永名否事」以下の四項目からなる関東下知状の写であるが、内容的には真壁郡竹来郷において、在地領主の開発行為を前提として引き起こされた定田の帰属を争う相論に対する幕府の裁許を示すものである。残念なことに肝心な部分が欠けているために、この竹来郷が何という荘園に属しているのか、その荘園

の領主は誰なのかという点については皆目解らない。しかも鹿島神宮関係の文書の中には竹来郷に関するものは他に一篇もみられない。真壁文書を見ればよいのであろうが、現在のところ刊本がなく、東大史料編纂所にその写本の存在を知るのみである。写本を検討するのにはあまりにも時間がなさすぎる。したがって今のところこの荘園の全容について触れることは難しい。しかし幸いにもすでに常陸大掾家に関する研究、さらにその一族で真壁地方の中世的支配者として君臨した真壁氏に関する研究についてはそれぞれ高田（内田）実氏[1]・小山靖憲氏[2]が行っている。ここでは特に小山氏の論文に拠りつつ、この文書にあらわれる荘園、そして真壁郡竹来郷の領属関係等について多少考えてみたい。ただし真壁文書を見ていないので小山氏に対しては大変失礼なことになるかもしれないが、この点御了承いただきたい。

小山氏は真壁本宗家の所領の伝領関係を検討する中で、真壁氏の最も古い時期の所領を示すものとして寛喜元年（一二二九）の「藤原頼経（カ）下文[3]」をあげている。

（頼経カ）
（花押）

下　平時幹

可早領知常陸国真壁郡内本木、安部田、大曽祢、伊々田、北小幡、南小幡、大国玉、竹来已上八ヶ郷庄領、山乃宇、田村、伊佐々、窪、源□（法）寺、亀隈已上六ヶ郷公領、地頭職事

右人、任親父友幹法師今月十四日譲状、可安堵之状、如件、

寛喜元年七月十九日

**真壁氏所領(郷地頭職)の伝領関係**

――「真壁文書」より作成 ――

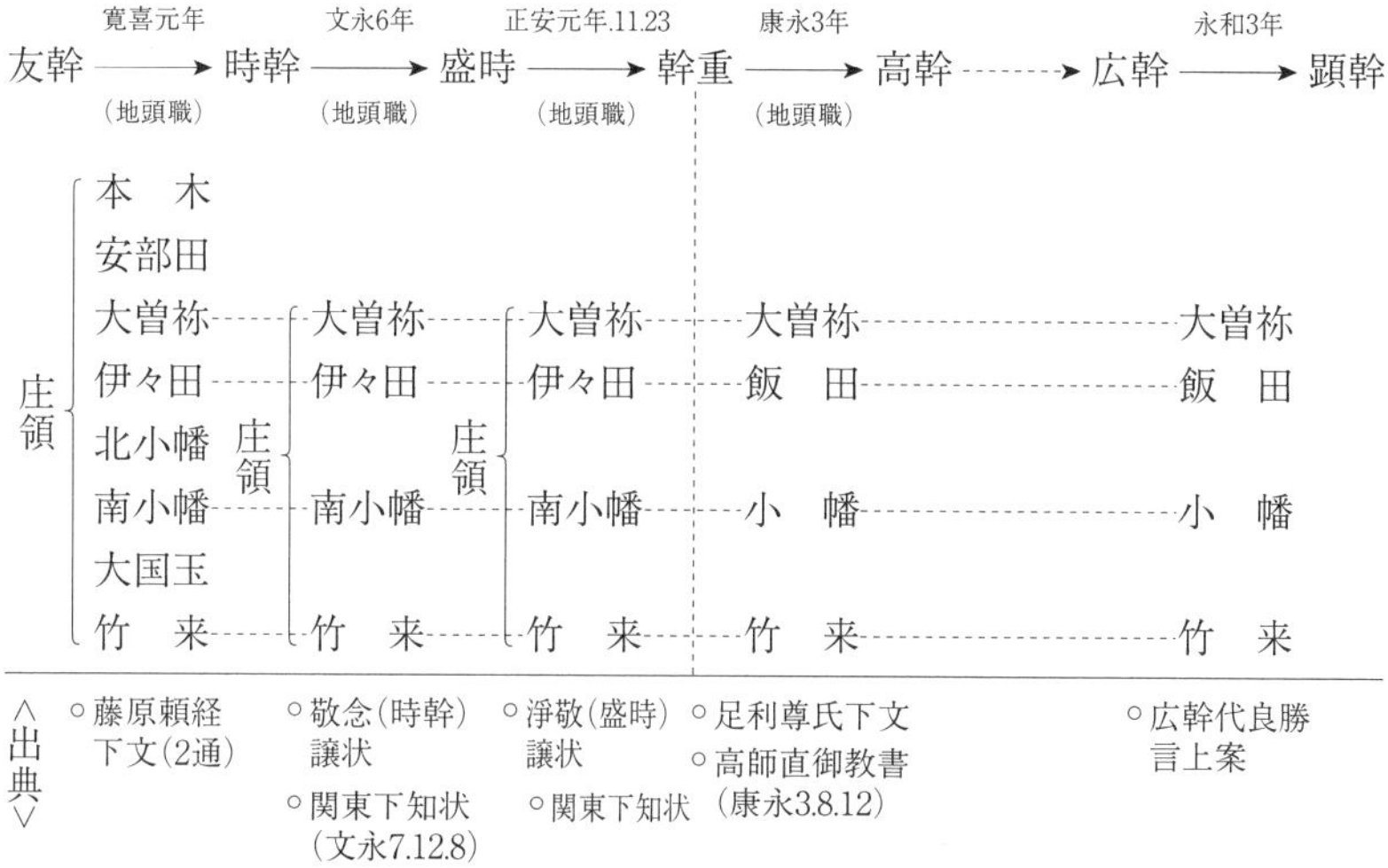


この下文で明らかなように、真壁氏の所領は本木、安部田、大曽祢、伊々田、北小幡、南小幡、大国玉、竹来の八ヶ郷から成る庄領と、山乃宇、田村、伊佐々、窪、源法寺、亀隈の六ヶ郷から成る公領とに分かれており、これらが友幹から時幹へと伝領されている。前に全文を引用した関東下知状の中に現れてくるのは竹来、本木、安部田、北小幡の四ヶ郷である。したがってここでは問題を明確にするために、真壁氏の所領のうち庄領の伝領関係のみに注目してみたい。小山氏は寛喜元年の下文をはじめ十五世紀までの伝領関係を示す史料を整理して表にしておられるが、庄領の部分についてのみ引用すると上の表になる。この表で注目すべき第一の点は、前の引用文書の中で「当庄内北小幡・本木・安部田」と表現されている三ヶ郷は寛喜元年に時幹に譲られて以来、伝領史料から消えているということである。小山氏はこの点について、「本宗家所領が減少するのは庶子への分割譲与によって、その手を離れたことを意味しているはず」であると考えておられる。しかし、「当庄内」と表現される本木、安部田、北小

幡がそろって消えていることはそれ以外の何かがありそうな気もする。かと云って「当庄内」であるはずの竹来郷が寛喜以来十五世紀に至るまで真壁本宗家に伝領されているのである。この件については今後の課題として残しておきたい。次に注目すべきは、前の引用文書では真壁小次郎入道浄敬（盛時）は「正安元年十一月召上地頭職」られ、「同二年八月光政拝領」したにもかかわらず、小山氏の表によれば、竹来郷は正安元年十一月廿三日に地頭職ともども盛時から幹重へ、さらに康永三年には高幹へと伝領されている。盛時が地頭職を召上げられてから光政が拝領するまでの間、多少時間が空くが、それを考慮したとしても、前の文書が偽文書でないかぎり正安二年八月から正和元年に至るまでは光政が竹来郷の地頭であったことは事実である。この矛盾をいかに考えたらよいであろうか。『尊卑分脈』には明確に光政に該当する人物は見あたらないが、江馬姓を名乗っているところから地頭光政は北条氏の一族と考えてさしつかえないと思う。竹来郷地頭職をめぐって真壁氏と江馬氏がいかなる関係にあったのか疑問点を残している。しかしながら光政の領主としての性格は真壁氏のそれと何ら異なるところはないであろう。それは光政が「浄敬為開発領主、於下地者地頭一円知行之間」と主張していることにより、従来から真壁氏が培ってきた領主的権力を積極的に受け継ごうという姿勢がみられることによって理解できる。一応ここでは多くの問題を含みつつも正安二年以後真壁氏のあとを引き継いだ光政が現実に地頭領主制を展開してゆくものとして論を進めていきたい。

次に預所を含めて荘園領主側の考察にはいりたい。前に引用した二つの史料にはそれぞれ「当庄内」あるいは「已上八ヶ郷庄領」とみえている。それでは「当庄」とは何という荘園でその領主は誰なのかという点になると、それを示す材料は全くないようである。小山氏は真壁本宗家の所領が伝領関係史料では庄領と公領に区別されているにもかかわらず、常陸国大田文では区別されず一括して公領と認定されている点を重視して次のように推測しておられる。

「恐らく中世的所領としては特殊な扱いをうけていた神領――この地域の特質から考えて恐らく鹿島神領――であったのではないだろうか。というのは、東国における代表的な一宮である下総の香取社領や常陸の鹿島社領が荘園とは呼ばれず、いずれも神領というあいまいな形態でしか存在しないこと、あるいは当の大田文において、鹿島社領と註記されたのは新治東郡赤沢郷のみで、他の鹿島社領であることがはっきりしているものがいずれも公領扱いになっているからである。このように国衙在庁と密接な関係にあった神社領は所領形態上は明らかに庄園でありながら、少なくとも国衙在庁層の観念形態上は、公領と同一視されていたのではあるまいか。したがって、国衙が公領と評価したにもかかわらず、真壁氏がことさら庄領と註記しているのは、年貢その他の上納の便宜などという現実的な要請に基づくものではないかと考える」(4)。前の関東下知状をみると、必ずしも小山氏のように庄領＝鹿島神領と考えなくてもよいのではないだろうか。鹿島神領である竹来郷の中に免租地と思われる「鹿島神田五段」が存在する。これは一応考えられなくもない。しかし鹿島神領、しかもその定田といわれる部分の中に「香取神田五段、各来神田一町三段」が存在するであろうか。さらに又、鹿島神領の預所として三善康信の弟である隼人正康清(5)が補任されるであろうか。明らかに鹿島神領である橘郷について云えば、源頼朝によって寄進されて以来大祢宜中臣氏によって重代相伝されているし、大枝郷にしてもその給主職は大祢宜家が伝領しているのである。鹿島神領は大宮司大中臣、大祢宜中臣という両氏の一族でもって重代相伝し、他氏には渡さないというのが原則であった。さらに康永二年（一三四三）に書写された「鹿島神宮領田数注文案(6)」、又これより以前の建武元年（一三三四）に書かれた大祢宜家の伝領所領を示す「大祢宜中臣高親社領并神祭物等注進状案(7)」の中にも竹来郷以下八ヶ郷は加えられていないのである。それでは一体この荘園の領主は誰なのであろうか。全くの推測以上を出るものではないが、結論的に云うならば、私は鎌倉幕府そのものではないかと思う。その理由をまず陸奥国岩城郡好島庄を例にして考えてみたい[8]。好島庄は史料上「石清水八幡宮領好島庄」と出てくるが、それは形式的なものであって、実質的には預所補任権を持ち、年貢にしても石清水に十倍する量を収納する鎌倉幕府が事実上の荘園領主であった。そして好島庄において中世的支配者として君臨するのは預所伊賀氏であり、郡名を名乗る地頭岩城氏であった。「岩城郡八幡宮縁起注進状案[9]」によれば伊賀氏は、文治二年にはじめて矢藤五武者頼広が預所に補任されて以来、千葉氏、三浦氏に次いで宝治元年に補任され、以後在地支配者として君臨するのである。好島庄預所の補任の最初が文治二年であったことは注目に値する。又、伊賀氏は政所執事として中央政界の立役者の一人であり、元仁元年（一二二四）にはいわゆる「伊賀氏陰謀事件」を引き起こし得る程幕府内部に深くくい込んでいた。この事件以後伊賀氏は逆に北条氏と密着し、得宗権力を背景に上からの在地支配を行っていくのである。一方地頭岩城氏は幕府成立以前、平安時代を通じて開発領主として岩城郡一帯に強い勢力を張っていた。在地領主の実力をもって、いわば下から在地支配を行っていたのである。平安時代の最末期に好島庄が「鎌倉幕府領」として成立してきた事情については必ずしも明確ではないが、平安時代を通じて大きく成長してきた在地領主層の実力に対して形成途上の幕府がいかに対処してきたのかを示す一つの例のように思われる。つまり従来からの実力をもって岩城郡一帯に勢力を扶植していた岩城一族の力を牽制するために幕府は何らかの形でその荘園の領主権を握り、預所として幕府の股肱の臣たる千葉氏、三浦氏に続いて伊賀氏を送り込んだのである。ここで見逃してはならないのは、地頭の上に位置する預所がただ単に制度的な「職」権の行使ということだけではないということである。伊賀氏は好島庄の中に数ヶ村の所領を持ち現実に在地経営を行っていたのである。以上好島庄のもつ性格について概略述べたわけであるが、この稿で問題としている荘園も好島庄と同じような性格を持つのではないかと推測する。真壁氏にしても平安時代を通じて常陸国の在庁官人の雄として、その勢力を深くこの国に植えつけていた常陸大掾家の有力庶家の一つである[10]。真壁氏が開発領主として実力をもっていわば下から在地支配を行っていたのに対して、三善氏は文治二年に補任された預所職を梃子としていわば上からの在地支配を実現していたのである。しかも三善氏は伊賀氏と同様に、形式的に預所職の権限を行使したのではなく、次章で詳説するが四至を限られた得永名（後に大和田村）という排他的な所領を特ち、現実に在地経営を行っているのである。又、三善氏が幕府の最高ブレーンの一人であったことは云うまでもないことである。このようにこの荘園は種々の点で好島庄と一致するのである。このことから、この荘園の領主を鎌倉幕府であると推測するのであるがいかがなものであろうか。そして鎌倉幕府が関係してくることの意味は、幕府の在地支配、特に東国における在地支配のあり方と大きなかかわり合いを持つのではないだろうか。幕府の股肱の臣を有力な在地領主層の支配拠点の内部に送り込むことにより彼らを牽制するということが、開幕当初に幕府が一貫してとっていた「政策」ではなかったか。好島庄においても、又この荘園においてもはじめて預所が補任されたのは同じ文治二年であった。このことからも幕府の意図的な「政策」ではなかったかと想像させられる。このような傾向は他にもみられる。常陸国南郡惣地頭職の存在がその例である[11]。網野善彦氏の指摘によれば、「頼朝はこの国に深く根を張った大掾氏（平氏）の勢力を、謀反人与同の罪を問うて削り、いわばその喉元に当る南郡にくさびを打ち込みはしたが、それと全面的に対立することを避け、一定の限度においてその力を容認しつつ、この国に対する支配体制をととのえていった」のであり、そのくさびの役割を演じたのが下河辺政義であった。つまり従来大掾家一族の下妻四郎広幹が保持していた南郡々司職を志田義広の叛乱に加担した罪により没収し、治承七年（一一八三）に下河辺政義に勲功の賞としてそれを与えたのである。これが南郡惣地頭識であり、以後下河辺氏の子孫はこの地に勢力を扶植し在地領主制を展開していくのである。

以上好島庄と南郡惣地頭職の二つの例を考え合わせるならば、この荘園が「鎌倉幕府領」、あるいはそれに近いものであって、預所三善氏は常陸大掾家、とりわけその一族の真壁氏を牽制するという役割を荷負っていたのではないかと想像することもあながち暴論とはいえないのではなかろうか。

## 註

(1) 高田（内田）実「東国における在地領主制の成立」（『日本歴史論究』）。
(2) 小山靖憲「鎌倉時代の東国農村と在地領主制」（『日本史研究』九九号）。
(3) 真壁文書。
(4) 小山氏前掲論文13ページ。
(5) 『吾妻鏡』治承四年六月十九日之条。
(6) 鹿島神宮文書。
(7) 塙不二丸氏所蔵文書。
(8) 拙稿卒業論文「陸奥国岩城郡好島庄における領主制について」。
(9) 飯野文書。
(10) 高田氏前掲論文。
(11) 網野善彦「常陸国南郡惣地頭職の成立と展開」（『茨城県史研究』一一号）。

## 二

一章においては、この荘園の概容、特に預所と地頭の持つそれぞれの性格について考えてみた。預所行定は幕府の意図によりこの地に送り込まれ、真壁氏の力を牽制しつつ上から在地支配を行ってゆくという性格を持っていたのであろう。一方地頭光政は、真壁氏が開発領主として実力をもって下から在地支配を行ってきたという性格をそのまま受け継いだものと考えた。この章ではこのように性格の異なる両氏（ただしこれは政治的なレベルにおいて異なるというのであって、階級的には両者ともその基盤を同じくしているのである）によって引き起こされた対立抗争について具体的に前の関東下知状に立ち帰って考察してみたい。前にも述べた通り、この預所職は単なる制度的な上級職権としてのみ存在するのではなく、預所名を拠点として一つの在地領主制を形成しているのである。したがってこの文書に示される預所行定と地頭光政との間での相論は新田開発を行いつつそれぞれ自己の領主制を強固に拡大再生産しようとする両氏の間で生じた矛盾の表現なのである。

さてこの相論文書の中で重要と思われる論争点は二つある。第一の点は、「建保四年目録」にみえる四段六十歩の得永名を拠点として開発をすすめ成立させた数十町に及ぶ大和田村が定田であるのか否かという点である。第二の点は、「建保四年目録」で確定された定田四町七段小の帰属をめぐって争われている点である。この二つの点に対する預所行定と地頭光政の論拠はそれぞれ「定田者為平氏〔民カ〕名、預所相綺之上、於年貢者、預所令徴納」べきであるという主張であり、他方は「定田者地頭進止下地之間、混預所自名、難譲与歟」ということであった。二つの在地領主制の激突は現象的には定田に対する二つの支配権――年貢徴納権と下地進止権――がそれぞれに分離して保持されているところから生じている。職の重層性が原因となっているのである。以上のことを前提として、まず第一の論争点から考えてみたい。

文治二年（一一八六）に三善康清が預所に補任された際に、地頭との間でとりかわされたと思われる得分契約は「於当庄下地者、預所善清（……康清）依任其意、以名主給三町・鹿島神田五段・定田四町七段小地本、付地頭畢、其残者為得永名」るということであったらしい。それから三十年後に作成された「建保四年目録」によると、竹来郷は「惣田数七町八段内、得永名四段六十歩」であったことが知れる。[1] 建保四年以後、この関東下知状が出された正和元年（一三一二）に至るまで「建保四年目録」が真壁郡竹来郷における公的な土地台帳として一貫して通用しているのである。この事実を逆の面から考えると、新しく開発された田畠は公的な土地台帳の中に加えられることがなかった、ということになる。この目録が幕府側の裁定基準として唯一の有効性を発揮しているのである。このような事実を十分に理解するためには、永原慶二氏の次のような指摘は重要であろう。「新田の検注については、貞永元年（一二三二）十二月十九日の幕府の成敗（「追加法」四十四条）に『預所検注以後、地頭耕作田』は、『自本所遂有限検注時、可為公田』とあることからも察せられるように、一般的には当然本所＝領家が検注権をもっているのであり、それゆえにこそ、幕府も文永八年『領家代一度』の検注を原則的に確認したのであろう。しかし右の文書（金沢文庫古文書一ノ三……筆者）によれば、少なくとも（暦仁元年以前のある時点で……筆者）上総・下総では、預所が新田検注を行わないのがたてまえなのである[2]」。さらに網野善彦氏はそれが上総・下総のみにとどまらず、「永原氏の指摘された、上総、下総の新田検注に対する預所の干与停止と、ほぼ同性質の下知が貞応元年（一二二二）、常陸国に再度にわたって下ったことは間違いなかろう」と述べている。(3)永原・網野両氏の指摘は地頭が開発した新田に対し預所は検注を行わないということであり、そのことはそれ以後の新田を公式な田地目録に記載しないという傾向を生み出した。のみならず新田に対する預所の年貢徴収権も弱められ、終局的には消滅するものと思われる。(4)竹来郷においては、問題となっている新田は預所が開発したものであった。しかし前の規定は預所が開発して成立させた大和田村にも及んでいるものと思われる。(5)それは「建保四年目録」に四段六十歩と記載された後、徐々に増加して数十町にも達しているにもかかわらず、幕府からは四段六十歩についてしか問題とされていないし、第一開発の事実を十分承知していながらも「建保四年目録」を唯一の基準としていることを考えても十分に理解し得る事柄である。そこで問題となるのは今までほとんど説明ぬきで「建保四年目録」を公的な土地台帳として取扱ってきたことであろう。その点少し説明を加えたい。それはこの「目録」にある「物田数七町八段内、得永名四段六十歩」とあるのを註(1)のように考えるならば、それは常陸国大田文として有名な弘安二年(一二七九)の「常陸国作田惣勘文案(6)」にある「竹来八丁二段六十歩」とぴったり一致することである。この事実は、貞応元年(一二二二)に下った預所の検注停止の下知が、同じ常陸国竹来郷にも及び、それより七年前の建保四年に行われたであろう領家検注によって丈量された田畠がそれ以後固定化され、それがそのまま、まさに公的な大田文に転載されたものと考えられる。

　このように法的には四段六十歩と固定化された得永名は、現実には開発が進められ数十町の田畠を持つ大和田村へと発展したのである。一方地頭にしても文治の頃には「名主給三町」が付されており、それを中核として開発をすすめていたものと想像される。しかし、地頭光政が「以当郷三分二号得永名内、押領之由」と主張しているところからすると、竹来郷においては預所の方が積極的に開発をすすめていたものと思われる。このような情況の中で、正安元年（一二九九）に「上取百姓名、依対捍年貢之咎」って、前地頭真壁盛時は地頭職を没収され、同二年には江馬越後四郎光政がその跡を拝領することになった。それから十年余り後に、預所と地頭との間で大和田村が定田を押領することによって成立したのか否かが争われている。仮りにそれが定田であったとするならば、預所の排他的な支配は許されず、下地進止権は地頭に、年貢徴納権は預所が保持するという重層的な関係が成立する。しかし「建保四年目録」が存在し、しかもそれが前述したような意味を持っていたために地頭の主張は簡単に否定されてしまった。しかしながら、問題なのは結果がはっきりしているような事柄であったにもかかわらず、何故にこの時点で光政が訴訟を起こしたのかという点である。これを解くためには預所・地頭両者の当時の社会的、政治的な立場を十分に知っておかなければならないが、今のところそこまで手が及ばない。ただここで強く主張しておきたいことは、一般的に、荘園領主の利害を体現するものとして現われる預所が、荘園制をつき崩す新しい勢力として立ちあらわれる地頭層の攻勢の前に、何らなすすべもなくズルズルと後退してゆくという姿をここで見いだすことは出来ないという事である。預所は、自らの手で数十町の田畠を開発し、その田畠に対しては下地進止権と年貢徴納権を合わせ持つことによって在地領主制を展開してゆく主体なのである。

さて以上検討してきたように、預所は大和田村を中心に、一方地頭は名主給三町と、他に荒野・新田畠を中心に展開させていた両者の在地領主的経営がこの竹来郷の中に並び存在していたのである。網野氏の研究で明らかにされているように、東国では平安末から鎌倉前期の時期には荒野の開発をめぐって在地領主間に対立紛争が生じ得ない程未開墾地が豊富であった。しかし、鎌倉末期になると開発可能地が減少し、飽和状態になる(7)。このような情況の中で、在地領主制を強固に、かつ量的にも拡大強化するためには、必然的にいままで領主的支配が排他的に貫徹し得なかった部分、すなわち下地進止権と年貢徴納権が分離されていた定田に対する侵攻という形をとることになる。この在地領主層の支配領域の拡大をめざす運動は又在地領主制の質の変化をもたらすのである。すなわち、職の重層性が崩壊し、在地領主の排他的一円的支配が完成されるのである(8)。このような見解に立って、定田四町七段小の帰属の問題を考えるならば、竹来郷における預所と地頭との対立の意味も十分に理解できるであろう。

相論の経過は次のようである。定田が「建保四年目録」にある通り四町七段小であることには預所・地頭両者ともに異論はない。そしてそのうちの二町五段についても問題はない。問題なのは残りの二町二段小である。地頭側は「香取神田五段・各来神田一町三段者、自往古為両社神田之由」を主張している。地頭光政はおそらくこの合計一町八段に関しては定田ではあるが、香取・各来の神田であり、預所の年貢徴納権は及ばず、地頭が直接両神社に収納するのだということを意図していたものと思われる。これに対して預所は「建保四年目録」をたてにとり、預所の年貢徴納権は四町七段小の定田全体に及ぶものと判断している。幕府の見解は「於彼一町八段者、以定田号神田、光政知行之条、無異儀」ということであった。この言葉だけでは「光政知行」の内容が漠然としていて、地頭側が意図していた年貢徴納権を排除し得たのかどうか明確ではない。しかしこの下知状の第一の条項の中に「定田者為平氏〔民カ〕名、預所相綺之上、於年貢者預所令徴納之間、同書載譲状之条、無其難之旨、行定陳答有子細」という幕府の判断があるため、地頭側の意図はくじかれ、結局預所の主張が正当と認められたものと考えられる。したがって、「光政知行」とは下地進止権のみを内容としていたと考えなければならない。次に問題となるのは、最後に残った四段小である。この部分に関して、地頭側は「引籠預所名」ているのに対して、預所は「現在地頭分荒野・新田内」にあると反論している。「地頭分荒野・新田」とは、預所が「不濫妨名主給并平民四ヶ名以下荒野・新田畠下地」と述べていることから、地頭の下地進止権が確立していたことは明らかである。その上、定田である平民四ヶ名（＝大井戸・泉・各来・竹来）とは区別されていることからして、地頭の年貢徴納権をも確立されていたと思われる。同様に、預所名も預所の下地進止権と年貢徴納権が合わせて確立されていたことについては前に述べた。四段小という狭小の地ではあるが、それが定田＝公田という本来的には上級支配権（＝年貢徴納権）と下級支配権（＝下地進止権）とによって、重層的な農民支配が秩序づけられていたような場において、預所であれ、地頭であれ、他を排することにより、さらに強固な支配を実現しようとしている事実を見逃すわけにはいかない。預所と地頭のどちらが押領しているのか幕府も判断できず「以御使可糺明四段小之在所」として態度を保留している。しかし、実際には地頭が押領していた可能性の方が強いのではないかと思われる。なぜならば地頭側が、年貢未進を非難された際に「当郷公田者二町五段之由、土民等所申也、以荒野、百姓号申大井戸・泉村之条存外也」と弁明していることから窺い知ることができるのではないだろうか。ここにある「公田二町五段」はすでに預所・地頭の両者とも納得していた「定田二町五段」と同じものであろうし、又それは平民四ヶ名のうちの各来・竹来の二つと同一のものと考えられる。すると、あとに残った大井戸と泉という二つの平民名は当然香取と各来の神田一町八段と問題の四段小の合計と等しくならなければならない。百姓達はこの平民名を「荒野」であると称しているのである。この「荒野」とは前に述べたように地頭の排他的な支配の及ぶ領域なのである。四つの平民名が定田であり、それが四町七段小であることについては、すでに預所・地頭ともに了解ずみであった。百姓達の言葉をそのままとれば、問題の四段小はもちろん、二つの神田までも地頭が押領していることになってしまう。そこで地頭は「存外也、定田者預所引籠自名内之間、不能知行」と云ってあわてふためいているのである。しかしこの百姓の言葉がよく真実をあらわしているのではなかろうか。

以上、この断片的な史料から考えられ得る事柄を述べてきたのであるが、史料が少ないこともあると思うが、私の力量不足からあいまいな推測ばかりで、しかも事実の羅列で終始してしまったことを残念に思う。しかし、ここで私が意図したことは、公田が階級的結集の梃子となると同時に、それは在地領主制の進展に伴い支配階級内部での対立の場になるということである。この私の意図が十分に説明し得ているか、先学諸兄の御批判を仰ぎたい。(9)

**註**

(1) 我々の研究会での討論の際に、武田忠利氏より疑問点として提起された問題であるが、常陸国大田文では竹来郷の惣田数は八町二段六十歩である。しかしこの文書で表現されている「惣田数七町八段内、得永名四段六十歩」をそのまま計算すると合わなくなる。そこで「内」というのは誤りで、七町八段に得永名をプラスするものと考えれば、大田文と一致する。しかしさらに問題なのは「名主給三町、鹿島神田五段、定田四町七段小」を合計すると八町二段小で大田文と一致する。そうすると「得永名四段六十歩」の存在をいかに考えたらよいか、武田氏の疑問とするところであるが、私にも答えることができない。

(2) 永原慶二「中世東国の新田と検注」(『金沢文庫研究』一〇一三)。

(3) 網野善彦前掲論文。

(4) 検注権とは、年貢の徴収を目的として行使されるべきものである。故にその権限を地頭に譲渡することは、年貢徴収権も実質的には地頭が把握するようになる。

(5) この点、中世史研究会において富沢清人氏から次のような批判をいただいた。つまり、永原氏が指摘する預所の新田検注の停止ということは、それによって幕府が地頭の力を擁護するという歴史的な意味を持つものであって、それを不用意にすべての新田に適用することは危険であるということであった。この批判に十分こたえるだけの用意はないが、ただこの荘園の預所はいわゆる「古代的」な性格のものではなく、幕府御家人として地頭と同質の階級的性格を持っているし、一章で詳説したように幕府と密着した関係にあった。この事を考慮するならば、本論の如き見解もそれ程筋ちがいでもなかろう。
(6)　税所文書。
(7)　網野氏前掲論文。
(8)　ここで使う「一円」の内容は職の重層性がなくなり、それが単純化をさすもので、いわば職の一円化ということで、領域の広がりを意味しているのではない。
(9)　入間田宣夫「郡地頭職と公田支配」(『日本文化研究所研究報告』別巻六)、同「公田と領主制」(『歴史』三八号)。

【付記】この稿は今宮先生に提出した単位レポートをそのまま載せたものである。その後、現地調査を行う機会を得て、多くの成果が得られた(吉澤氏の報告書を参照)。又小山靖憲氏の御好意により真壁文書を見ることができた。現地調査、真壁文書、それに峰岸先生から得た多くの示唆を再検討し、今後、一歩でもより高いレベルのものにしたいと思っている。

　最後に、竹来郷関係の史料として、他に至徳、応永年中のものであるが、三篇発見した(実は富沢氏の発見)。円覚寺文書(鎌倉市史　所収)。

# Ⅲ

# 関東御領における地頭領主制の展開
## ―鎌倉期常陸国真壁荘を中心に―

清水　亮

## はじめに

真壁氏は常陸国に勢力を張った常陸平氏の一流であり、平安末期以来中世を通じて同国真壁郡を支配した。この一族は「真壁文書」「真壁長岡古宇田文書」という中世東国武士団研究における重要な史料を残し、これらの史料を利用して、小山靖憲氏の「鎌倉時代の東国農村と在地領主制―常陸国真壁郡を中心に―」(1)を皮切りとして服部英雄氏らによる中世村落の復元研究(2)、山田邦明氏、海津一朗氏による南北朝期の真壁氏についての論考(3)、室町期の真壁氏を考察した小森正明氏の業績など(4)、数多くの業績が積み重ねられている。そのなかにあって未だ問題の残されているのが鎌倉期の真壁本宗家のあり様に関する問題であるといえよう。

真壁氏が所領とした真壁郡は、「庄領」―真壁荘と「公領」―国衙領という二つのブロックに分かれていた。そのうち「庄領」―真壁荘は鎌倉期に関東御領であったことが明らかにされている(5)。筧雅博氏によると、関東御領は幕府の支配力の弱い西国、特に平家没官領に重点的に設置され、そこでの在地支配の方法として（1）預所と地頭が同一人物である場合（2）預所と地頭が別個に補任される場合の二つの形態があったという(6)。更に（2）の場合では、幕府によって送り込まれた預所が、根本領主である地頭を圧迫することが多く、それこそが幕府の政策であったという重要な指摘がなされている。真壁荘は関東では数少ない関東御領であったが、源平内乱期に常陸平氏が源氏に対して対立的であったため、関東御領の一般的傾向と同じく、預所が地頭真壁氏を圧迫していたことが明らかにされている[(7)]。

本稿ではこのような諸先学の成果に学びつつ、真壁本宗家が地頭支配をどのように進めていこうとしたのか、またその在地支配が関東御領化をはじめとする周囲の政治的状況によってどのように影響を受けたのか、これらの点を明らかにしたい。

## 一、源平内乱期の真壁氏と真壁荘の成立

真壁氏は、所伝によると承安二（一一七二）年[(8)]に、常陸平氏本宗の多気直幹の庶子長幹が、おそらく真壁郡司としてこの郡に入部した時点にその成立を想定し得る[(9)]。長幹は鎌倉幕府成立後、郡地頭職を与えられたと思われる[(10)]。そしてこの後、郡内の諸郷の郷地頭職が分割相続によって庶子に分与され、郷名を名字とする庶子家が成立した。

真壁氏の所領が「庄領」―真壁荘と「公領」―国衙領という二つのブロックに分かれていたことは前述した。その立荘について直接知り得る史料は存在しないが、「庄領」は預所に幕府の文官三善康清が補任されたのが文治二（一一八六）年であったことから[(11)]、平安末期に遡り得ると思われる。また、網野善彦氏による、真壁荘が平家領荘園であった可能性についての指摘は[(12)]、真壁荘預所に有力御家人三善氏が補任されたのが文治二年という平家滅亡直後であることからすれば、従うべき見解といえよう。真壁荘は、平家領荘園から関東御領となった、いわゆる平家没官領であ

ったと考えられる。

さて、真壁氏の属する常陸平氏本宗家は常陸南部に大規模な荘園を多く成立させたが、その殆どは八条院領荘園である。しかし真壁荘は、平家没官領とされたと思われることや、「真壁御庄」と号され本家が鹿島社であった可能性が高いことから[13]、八条院領荘園であったとは考えにくい。真壁荘は、一体どのような成立過程を経て平家領荘園となったのであろうか。この問題については、平安末期における常陸国の状況を考慮に入れねばなるまい。網野善彦氏の「常陸国の荘園・公領と諸勢力の消長」[14]及び『茨城県史　中世編』第一章に導かれつつ、真壁荘の成立事情を考察したい。

真壁氏の始祖長幹には、確認し得る限り三人の兄がいた。常陸平氏の嫡流を継ぐ多気太郎義幹、下妻荘を中心とした常陸西南部の八条院領荘園に大所領を持つ下妻四郎広幹、信太郡東条を所領とする東条五郎忠幹である。彼ら四人兄弟の父多気直幹は常陸の在庁機構に大きな関わりを持ち[15]、その所領とみられるものは、国衙周辺の筑波郡、南郡、北郡、府郡の常安佐谷名といった国衙領及び在庁名と安楽寿院領村田荘（南野牧及び常安保）、その他小鶴荘（皇嘉門院領）、信太郡（八条院領信太荘、信太東条）、真壁郡である[16]。安楽寿院領村田荘は八条院に伝領され、そのうち、常安保が更に後の村田荘、下妻荘、田中荘に分かれていった[17]。

このうち、府郡の石岡（現石岡市）に存在した国府周辺の国衙領[18]は筑波郡（南条方穂荘、筑波北条）、北郡、府郡（常安佐谷名）は義幹に、南郡は広幹に譲られた。そして、八条院領荘園のうち村田、下妻、信太は広幹に南野、田中は義幹に譲られた可能性が高い[19]。残る小鶴荘は広幹が知行者であったと思われる[20]。〈図1〉は、彼ら兄弟と、その周辺の勢力を図示したものである。

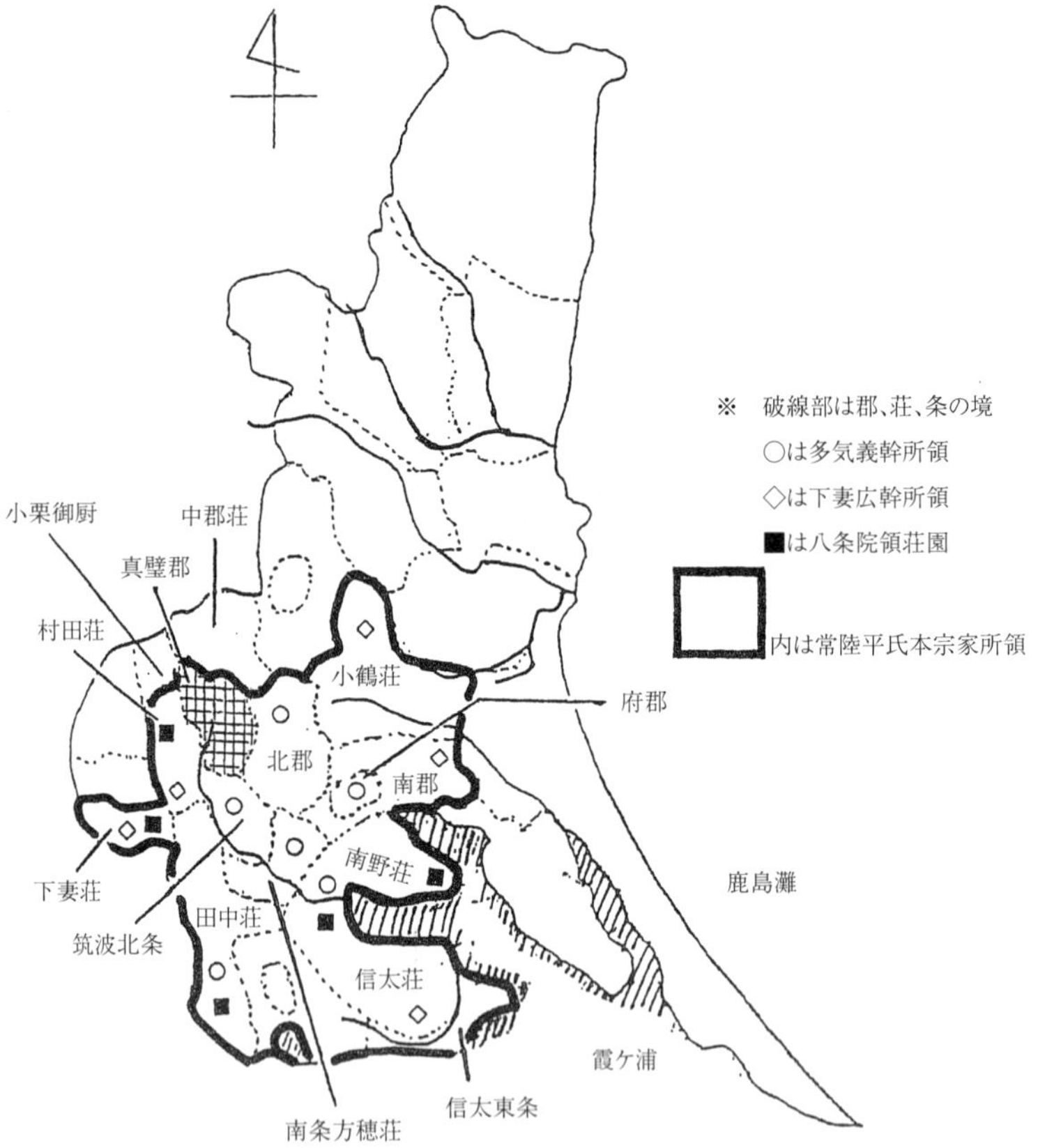


〈図1　平安末期における常陸平氏本宗家の所領分有〉

ここで注目したいのは八条院領荘園である。常陸国における八条院領荘園の成立には、常陸介、八条院別当を歴任した平頼盛の介在があった可能性がある[21]。更に、常陸平氏本宗家の所領で荘園化した地域の殆どが八条院領荘園であり、その成立は、主に直幹、広幹によって推進されたことが指摘されている[22]。これらの所領の大部分は広幹に伝領されている。寿永二（一一八三）年の志太義広の乱の際、広幹が義広に加担した科で、所領の多くを没収されたことは既に明らかにされているが[23]、志太義広も八条院とは関係を持っていた形跡があり[24]、下妻広幹と志太義広を結ぶ共通項として八条院の存在を考え得る。とすると、父直幹の荘園の大部分を受け継いだ広幹には、直幹―頼盛―八条院という人脈を受け継いで、広幹―頼盛―八条院という人脈があったと考えられるのではないだろうか。こう考えると、真壁荘が直幹―頼盛―八条院もしくは広幹―頼盛―八条院という人脈を介して、少なくとも頼盛を領家とする平家領荘園として成立したとは考えにくい[25]。とすると、その成立にあたって主体的に動いたのは、まさしく真壁長幹と考えられる。彼はどのような意図の下に真壁荘を成立させたのであろうか。当該期の常陸国は豪族的領主層が国内を大きく分割し、彼らの競合が表面化していた[26]。常陸平氏本宗家内部でも、この傾向は強く見いだされる。常陸平氏は、源平内乱期に一貫して源頼朝に対して対立的であったが、その内部では必ずしも一枚岩ではなかった。例えば、多気義幹と下妻広幹は、ほぼ同程度の勢力を保持し、義幹が国府に対する支配を志向したのに対し、広幹は八条院に接近して、その支配の安定を意図したのである[27]。彼らが競合関係にあったことは、「常安佐谷名」を知行し在庁を把握しようとした義幹に対し、広幹もまた「悪権守」と呼ばれ、国衙機構に関わっていた形跡があることからも明らかであろう[28]。真壁郡は、この二人の所領のまさに結節点に位置していたのである。また真壁郡は、北に大中臣姓中郡氏の所領中郡荘、常陸平氏で唯一源頼朝の信任を得ていた小栗重成の所領小栗御厨とも境を接している。つまり、真壁郡は、義幹と広幹のみならず、常陸平氏本宗家と他氏族との勢力の結節点でもあったのである。このような真壁郡を取り巻く状況を考えると、真壁荘成立の背景が見えてくるのではないだろうか。

承安四（一一七四）年には、中郡荘下司中郡経高の濫行、及び、下妻広幹と下総国松岡荘の下司で同族の豊田頼幹との紛争が朝廷内で取り沙汰されている[29]。更に、安元二（一一七六）年、召し返された流人の中に「父母を殺害の者」として「能幹」恐らく多気義幹が見出され[30]、安元二年をさほど遡らぬ時点で、常陸平氏本宗家内部に何らかの紛争があったことが看取される。これら短期間のうちに頻発したトラブルには、全て真壁郡に隣接した領主が関与している。これらのトラブルに端的に現れている在地での諸勢力のせめぎ合いが、長幹の真壁荘寄進を促したのではないだろうか。そしてその寄進先が平家一門であったことに、私は、彼の自立志向を認めたいのである。

## 二、常陸国大田文からみた真壁荘

真壁本宗家の所領が判明する最古の史料は、真壁友幹妻ならびに真壁時幹に発給された藤原頼経袖判下文[31]である。友幹の嫡子時幹には、本木、安部田、大曽祢、伊々田、北小幡、南小幡、大国玉、竹来の「庄領」八箇郷、山乃宇、田村、伊佐々、窪、源法寺、亀隈の「公領」六箇郷の都合十四箇郷が安堵され、友幹妻には真壁郡山田郷と丹後国五箇保が安堵された。ということは、真壁友幹の真壁郡内所領は少なくとも十五箇郷であったということになる。

〈図３〉は、真壁郡内の郷の分布状況を記したものである。「庄領」の正確な領域は史料で確定できないのだが、それは、谷貝と長岡を結ぶ線より北の、真壁時幹の保持していた八箇郷であった可能性が高い（この点については次章で考察する）〈補注〉。この八箇郷の諸郷の田数は、〈表１〉を見れば明らかであるように、「公領」六箇郷の諸郷の田数よりはるかに大きい。以下、大田文の記載田数の特質に留意しつつ、「弘安二年常陸国作田惣勘文案」[32]（以下、「弘安田文」と略称）に基づき、真壁本宗家の在地支配の展開を考察していきたい。

大田文は朝廷、幕府双方にとって重要な賦課台帳である。そして、１、幕府の命令によって作成された、地頭の名を記入した大田文と、２、朝廷の一国平均役賦課のために作成された、所領名と田数のみを記載した大田文が存在し

〈表1—真壁友幹所領〉

| | | |
|---|---|---|
| 庄領 | 本木 | 21町9反60歩 |
| | 安部田 | ? |
| | 大曽祢 | 112町4反60歩 |
| | 伊々田 | ? |
| | 小幡 | 42町7反 |
| | 大国玉 | 30町9反大 |
| | 竹来 | 8町2反60歩 |
| 公領 | 山乃宇 | 12町 |
| | 田村 | 10町 |
| | 伊佐々 | 5町1反 |
| | 窪 | 8町5反60歩 |
| | 源法寺 | 6町1反 |
| | 亀隈 | 23町4反60歩 |
| | 山田 | 22町 |

※本木の田数は「真壁文書」八号による。小幡の田数は、北、南を合わせたものヵ。田数は「弘安二年常陸国作田惣勘文案」に基づく。

〈図2—真壁氏略系図〉

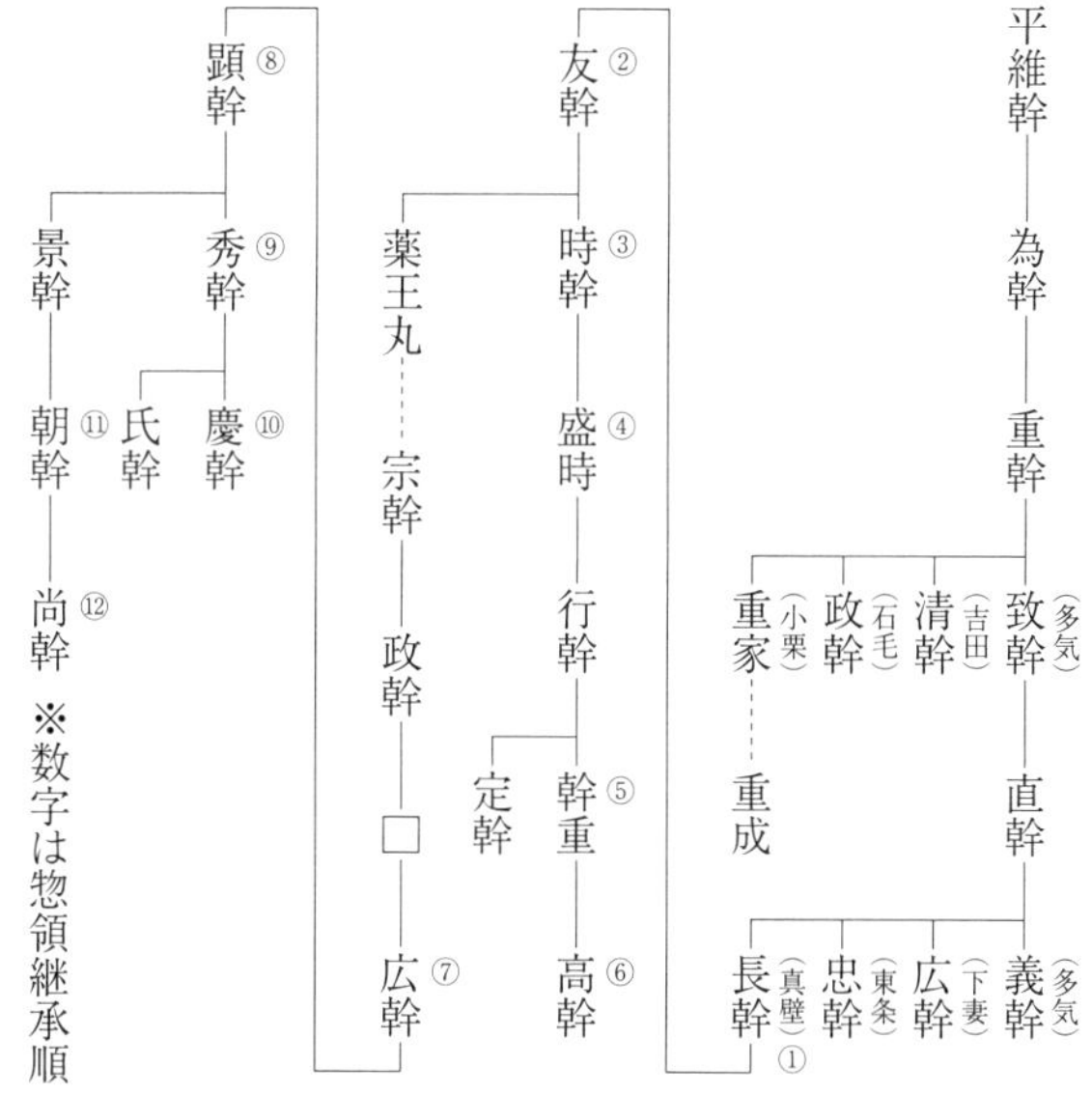


たことが明らかにされている[33]。常陸国に伝わった「弘安田文」及び「嘉元四年常陸国大田文写[34]」（以下、「嘉元田文」と略称）は後者であり、常陸国の在庁によって一国平均役賦課のために作成されたものである。

大田文に記載された田数は固定化され、一国平均役、御家人役賦課の指数として、実態とは掛け離れていったことは既に指摘されている事実である[35]。しかし、作成された当初から、その田数は非実態的なものであっただろうか。その地域の地理

〈図3―真壁郡〉

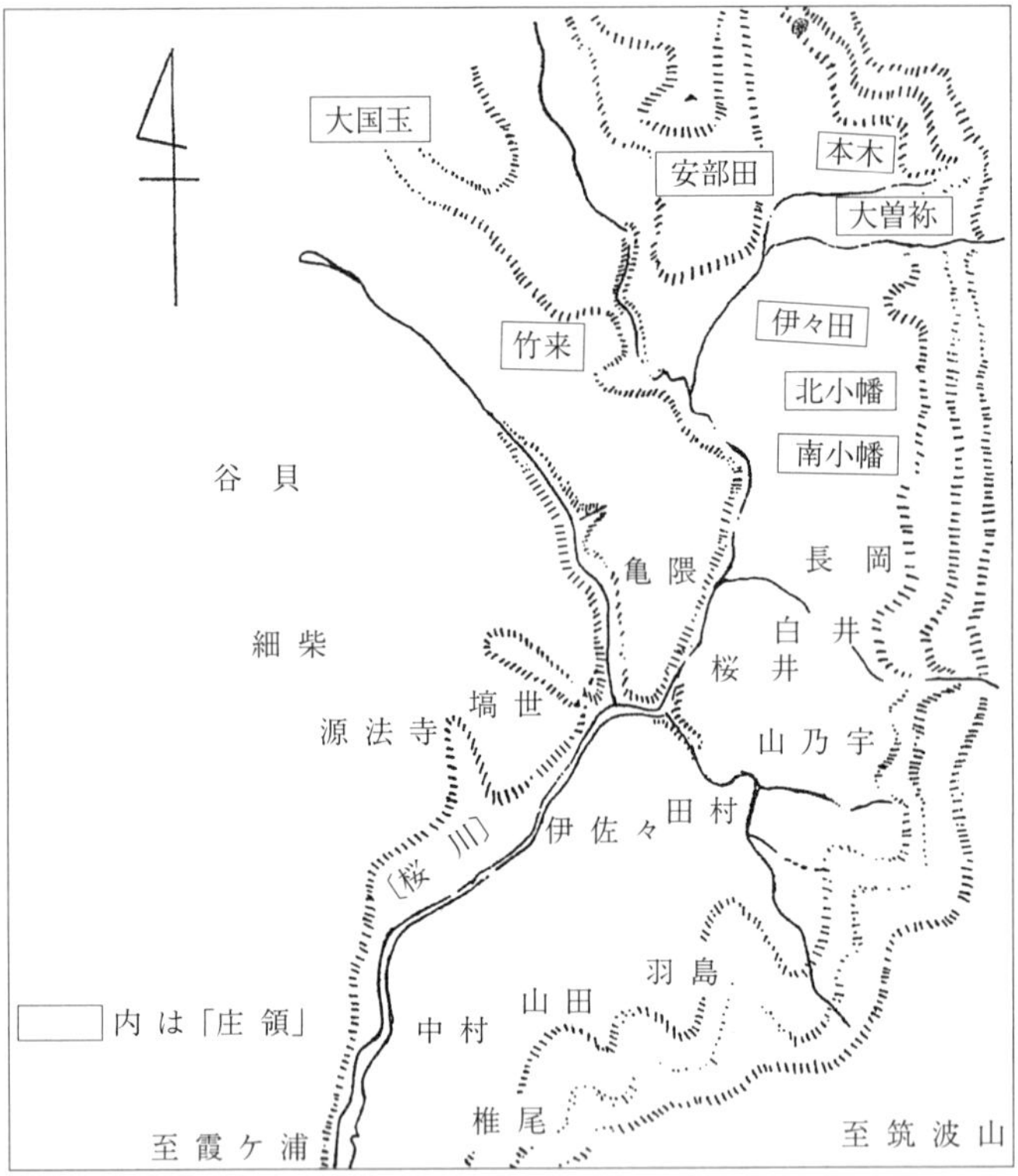


郷名は「弘安田文」による。

的条件を考慮に入れさえすれば、大田文の記載田数によって、少なくとも、その時点での開発状況は把握し得るのではないだろうか。以下、この観点から「弘安田文」を検討したい。

真壁郡は、郡の中央を、北から霞ケ浦に流れ込んでいく桜川に分断されている。そして桜川の東西では、鎌倉時代において、耕地の分布状況が全く異なっていたことが小山靖憲氏によって指摘されている[36]。桜川の東岸は、桜川に流入する小河川に用水を依存する、筑波山、加波山麓の扇状地及び桜川沿いの低地で構成されている。それに対して西岸は、天水田に用水を多く依存し、恒常的な水源を持たない台地であり、谷田が入り組んでいる。当然、西岸の方が用水不足は深刻であり、耕地の規模も小さくなる。

小山氏は、この立地形態の差異に注目され、桜川の東西で「弘安田文」記載の各所領を分類して、桜川東岸の所領が西岸のそれに比べて圧倒的に田数が大規模であったことを指摘された(37)。つまり真壁郡においては、桜川に流入する小河川を多く持つ東岸の方が、恒常的な水源を持たない西岸に比べて開発が進展していたと考えられるのであり、大田文の記載の内容が、実際の地理的条件と一致しているのである。

この指摘から、大田文の記載田数は、真壁郡の開発の状況をつかもうとする際、十分使用に堪え得るものであると考えられる。よって〈表1〉で行った分類も、真壁氏の開発の状況を反映していると考えて大過なかろう。真壁氏が成立させた真壁荘は、荘園化していることからも、「右当郡者、沙弥敬念之相伝之私領也(38)」と言われた真壁郡の中でも開発が進展した地域であったと思われる。次に、「弘安田文」記載の田数が、弘安二年以前のどの時期の開発を反映しているのかを明らかにしたい。

「嘉元田文」の記載田数の基礎が「弘安田文」にあったことは、鴨志田昌夫氏によって指摘されている(39)。また氏は、「弘安田文」の記載田数の基礎となった国衙検注の時期について「弘安二年より歴史的にかなりさかのぼる時点の国衙検注―その時期を確定することはできなかったが―によって把握されていた各郡・郷等の田数を、弘安二年の時点で要約、整理した大田文と判断すべきではないかと思う。」とされている(40)。氏の指摘は首肯すべきものである。この指摘に従って、真壁郡及び真壁荘における国衙検注乃至預所検注の時期を推定したい。素材として、常陸国真壁郡竹来郷について起こった、預所と地頭代の相論に関する裁許を取り上げたいと思う。

正和元（一三一二）年七月二十三日の関東下知状写(41)では、真壁荘預所懐島行定と地頭代貞致の相論を裁許している。

この時、真壁氏は年貢対捍の科で竹来郷地頭職を没収されており、北条一族の江馬氏が地頭職を拝領していた。また、真壁荘預所職も、婚姻関係によって三善氏から懐島氏に相伝されていた。この相論は四箇条にわたって、地頭と預所の在地における権限を問題にしている。問題になった争点のひとつに、第一条の「行定以定田等、引籠得永名否事」で裁許された下地の帰属が挙げられる。竹来郷では、定田は地頭の下地進止下にあると定められており、地頭代貞致は、預所が自名内に定田を引き込んでいると主張する。それに反論する行定は「文治之比、於当庄下地者、預所善清（三善康清）依任其意、以名主給三町・鹿島神田五段・定田四町七段小地本、付地頭畢、其残者、為得永名差四至堺、所号大和田村也」と主張している。名主給三町、鹿島神田五段、定田四町七段小の合計八町二段小が地頭の進止下にあったことは地頭側も認めている。そして、文治年間に定められた、名主給三町、鹿島神田五段、定田四町七段小の合計八町二段小は、「弘安田文」における竹来郷の田数「八町二段六十歩」と殆ど同じである。このことから、少なくとも真壁郡竹来郷については、文治年間もしくはそれ以前に定められた名主給三町、鹿島神田五段、定田四町七段小の合計八町二段小が「弘安田文」の基礎となったと思われる。

山崎勇氏は、預所検注によって作成されたと思われる「建保四年目録」が、「弘安田文」における竹来郷の田数の基礎となったことを指摘されている[42]。しかし、その見解には検討の余地が残されているように思われる。「建保四年目録」においては、文治年間に確定された定田の員数は変化していないことが本文中の文言から明らかである。そして「建保四年目録」を用いた行定の主張が幕府に認められている。山崎氏は、このことから、「建保四年目録」においても竹来郷の総田数は「八町二段小」と記されていた、と指摘されている。しかし、史料中の文言に、竹来郷の総田数については記されていない。この相論で問題になっているのは定田であり、総田数は問題にされていないのである。そして、「弘安田文」での竹来郷の田数には含まれていない預所名得永名の田数「四段六十歩」が「建保四年目録」には記載されており、文治年間に定められた竹来郷の総田数と、「建保四年目録」における竹来郷の総田数は、むしろ変化していると考えた方が妥当であろう。定田の員数が変化していないことは不自然ではない。定田は年貢を負担すべき「公田」であり、その田数は固定化されていくものだからである(43)。

この竹来郷の総田数「八町二段小」は、文治二年の三善康清の預所職獲得に伴う預所検注の結果、検出されたものであろうか。私は「於当庄下地者、預所善清依任其意」という表現から、この田数は預所検注によるものではなく、それ以前の国衙検注の結果もしくは真壁荘立券時の田数を継承したものであると考える。文治年間に預所名が成立していたのは、「（三脱）善隼人正康清法師【法名善清】文治二年補任以来、得永名【号大和田村】者預所自名之旨、行定等陳答之後（後略）」とあり、疑いない（【　】は割り注）。にも関わらず得永名の田数が「弘安田文」での竹来郷の田数の中に含まれていない事実は、文治年間に行われた地頭への下地の沙汰付けが預所の恣意によるものであり、正検注に基づくものではなかったことを物語っている。「建保四年目録」が、正和の相論で双方の主張の根拠となっていることも、文治年間においては預所検注が実施されなかったことの傍証となり得るであろう。

以上の考察によると、少なくとも竹来郷においては文治以前に確定した田数が「弘安田文」に載せられたと考えられる。では他の郷についてはどうだろうか。「真壁文書」において現れる真壁郡内の所領は、前述した真壁友幹の所領であった「庄領」八箇郷、「公領」七箇郷である。このうち、山乃宇、田村、伊佐々、窪、亀隈、源法寺、山田の「公領」は「弘安田文」に姿を表わす。しかし、本木、安部田、大曽祢、伊々田、北小幡、南小幡、大国玉、竹来の「庄領」のなかで「弘安田文」に姿を表わすのは大曽祢、小幡（北小幡、南小幡カ）、大国玉、竹来の四箇郷のみである。しかも、「弘安田文」には「真壁庄」という項目は存在しない。真壁荘を構成する諸郷は、全て「真壁郡」という項目の中に埋没しているのである。

「真壁庄」という項目が存在しない事実について、小山氏は、真壁郡の「弘安田文」記載田数の基礎となる検注が平安末期の真壁荘成立以前に行われたことを主張されている(44)。それに対して筧氏は、幕府の東国行政権を重視し、東国の国衙領と関東御領が同質化していたからこそ「真壁庄」という項目が存在しなかった、と主張されている(45)。

これらの論点は、「弘安田文」における真壁郡の記載田数がいつ把握されたか、という重要な問題につながってくる。特に、「真壁庄」という項目が存在しない事実は、真壁郡の「弘安田文」記載田数の基礎となる検注の時期について、何らかの手がかりを示しているのではないだろうか。

「弘安田文」において、「庄領」すなわち真壁荘を指していると思われる部分を抜粋してみよう。

大国玉社三十丁九段大
大曽祢百十二丁四段六十歩
光行五十四丁二段大
松久五十八丁一段大
小幡四十二丁七段
竹来八丁二段六十歩

まず、何故、本木、安部田、伊々田が「弘安田文」に（「嘉元田文」にも）姿を現さないのか検討したい。本木、安部田、伊々田が大田文に見られない理由として、網野氏は、光行、松久がこの三カ郷にあたる、と考えられている(46)。

しかし私は、本木、安部田、伊々田が大田文に姿を表さないのは違う理由からであると考える。「弘安田文」「嘉元田文」に記載された、真壁郡内最大の郷は「百十二丁四段六十歩」という田数を登録されている大曽祢である。しかし、慶安三（一六五〇）年の大曽根村検地帳[47]では、大曽根村の田数は「三拾七町五反壱畝弐拾七歩」となっている。近世の史料を中世史料と比較した上、厳密な分析を行うことは困難である。しかし、中世より一般的には耕地面積が増加するはずである近世において、中世前期と比べて三分の一程度にまで田数が減少している矛盾の存在は疑いないだろう。大曽根村は、近世に農業の進展をみた徴証がある。例えば、江戸時代初期に、大曽根村は北隣の本木村から農業用水を引き、現在もその時造られた溜池と水路が残存している[48]。このことから、大曽祢にのみ農業の発展に著しく不利な状況が起こったとは考えにくい。また、大曽祢すなわち現在の真壁郡大和村大字大曽根の水田面積は、今日、五三・七ヘクタールであり、また、大曽根の山林を除く総面積は一一三・八ヘクタール[49]である。現代において、この面積内の地域が主に農業、居住に使用されているわけであり、「弘安田文」における田数「百十二丁四段六十歩」がこの中に包含されていたとは考えにくい。この矛盾は、どのようにして説明されるべきであろうか。

私は「弘安田文」における大曽祢と、江戸時代以降の大曽根とは、その領域が異なると考えるしか、この矛盾を解決し得ないのではないか、と思う。つまり、中世前期、「弘安田文」の基礎になる国衙検注の行われた頃の大曽祢は、江戸時代以降の大曽根村は勿論、その周辺の村まで含む広大な郷だったと考えられるのである。とすると、「弘安田文」における大曽祢とは、本木、安部田、伊々田を含んでいた可能性が高い。『倭名抄』の「大苑郷」の郷域は、中世の本木、安部田、大曽祢の領域にほぼ合致する。旧大苑郷の領域に伊々田を加えた形で把握されたのが「弘安田文」における大曽祢だったのではないだろうか。常陸国における中世的郡郷の成立は、在地領主層の開発によってなされたことは、既に指摘されていることである。[50]とすると「「弘安田文」における大曽祢」（以下「大曽祢」）も在地領主層の開発によって成立したと考えるのが妥当であろう。「大曽祢」郷の成立を促した在地領主とは、真壁氏以外には考えられない。そして、寛喜元（一二二九）年の藤原頼経による安堵下文発給の時点[51]では「大曽祢」は、大曽祢、本木、安部田、伊々田の四箇郷に分解しているので、「大曽祢」の把握すなわち「弘安田文」の基礎となる国衙検注乃至預所検注は、寛喜元年以前に行われたと結論づけられるであろう。

次に、何故「弘安田文」（「嘉元田文」にも）に「真壁庄」という項目は存在しないのか、検討したい。「大曽祢」郷が、大曽祢、本木、安部田、伊々田に分解する以前の状態で「弘安田文」に把握されていたという私見によれば、「大曽祢」郷の国衙検注乃至預所検注は、鎌倉前期以前に行われたことになる。このことは、「弘安田文」において「真壁庄」が独立した項目を立てられず、「真壁郡」の中に埋没したことと密接に関わり、真壁荘成立以前の田数が「弘安田文」に記載されていたという推測が生まれてくるのである。こう考えると、竹来郷においては文治以前に確定した田数が「弘安田文」に載せられたという私見と、ここで行ったこれらの考察は符合し得るのではないか。真壁郡においては、小山氏の指摘された通り、平安末期に行われた国衙検注が「弘安田文」の記載事項の基礎になったと思われるのである。

最後に、何故、光行、松久が「弘安田文」にのみ登場するのか考えたい。光行、松久という二つの所領は「嘉元田文」にも、「真壁文書」その他の中世文書にも姿を見せない。そして、真壁郡内にも光行、松久という地名は管見の限り近世以後の史料に登場しない。これらの所領について解っていることは、五十町を越える大規模な名であると思われること、真壁荘内に存在していたであろうこと、この二点のみである。この二つが領主名であることは、その規模から確かであろう。前述した通り、この二つは本木、安部田、伊々田ではないと思われる。では、これらは一体何を指しているのであろうか。現在、この疑問を解決する史料は管見の限り存在しないが、次の点は解決の手がかりになるかも知れない。それは、この二つの所領の和が「百十二町四段小」となり、「弘安田文」における「大曽祢」の田数「大曽祢百十二丁四段六十歩」と酷似していることである。光行、松久の記載位置が「大曽祢」の次であることも注意を引く。しかし、これだけの材料で真壁荘の内部構造を論ずるには不十分であり、後考を期したい(52)。

以上、「弘安田文」における「真壁郡」の記載田数の検出時期が、真壁荘成立以前の、平安末期の国衙検注であった可能性が高いということを論じた。この私見が認められるならば、国衙検注の行われた頃の真壁郡司は真壁長幹もしくは多気直幹であると思われるので、この父子の代に真壁荘の荘域の開発が進展したことが看取される。そして、この推測からも、真壁荘が真壁氏の所領の中心であったことを主張し得るであろう。次章では、所領伝領の問題から、真壁本宗家の所領の中心が真壁荘であったことを指摘して本章で得た見解を確認したい。

## 三、所領伝領からみた真壁本宗家の在地支配の展開

真壁本宗家の所領伝領には、言及すべき特質が幾つかある。本章の前提として私見を展開するため、これらの点について若干の問題点を指摘したい。

鎌倉期を通じて、真壁本宗家の譲状には「庄領」「公領」の区別が明確にされていたが、康永三（一三四四）年、真壁高幹に下された足利尊氏の袖判下文(53)では、「庄領」「公領」の区別がされず、山宇、田村、窪、亀隈、大曽祢、小

幡、飯田、伊佐々、竹来の九箇郷が安堵されている。そして、これ以降、真壁本宗家の譲状に「庄領」「公領」の区別が現れないことが挙げられるだろう。この事実は、恐らく「庄領」の領家であった鎌倉幕府が滅亡したことに影響された結果と思われる。真壁本宗家の譲状に、最後に「庄領」「公領」の区別が現れるのは正安元（一二九九）年である[54]。鎌倉末期に至るまで「庄領」「公領」の区別が明確であったことは、上級領主がこれらの所領で異なっており、「庄領」「公領」は鎌倉期において、政治的には異質な所領であったことを示している。

また、本宗家に相伝された所領は、康永三年以来、山宇、田村、窪、亀隈、大曽祢、小幡、飯田、伊佐々、竹来の九箇郷に固定化されている[55]。この事実は、真壁本宗家内部で分割相続が止揚されつつあったことを物語っている。そして、十五世紀の前半には真壁本宗家が、そのイエ支配の内部に庶子の所領を包括するようになる。庶子白井氏の所領であった白井郷を例として挙げてみよう。應永三十（一四二三）年八月に小栗満重に与同した罪で、真壁氏は鎌倉府に所領を没収された。その際、当時の惣領であった「真壁安芸守（秀幹）跡」として、白井郷は鹿島社に寄進されており[56]、また下地は宍戸氏に与えられた[57]。また、「庄領」に属する本木郷は、庶子本木氏の所領であったが、應永三十年二月に真壁秀幹が「常陸国真壁郡内御庄郷々」の安堵を将軍足利義持から受けた時[58]、その安堵の対象に含まれている。この二氏は、永享年間のものと思われる「真壁氏親類等連署起請文写」[59]に「白井前越前守貞幹」「白井右馬助師幹」「本木前駿河守家幹」として署判を加えており、室町期以前から彼らが真壁郡内に所領を持っていたことは間違いない。白井氏は、鎌倉期にはその存在を確認することが可能であり、また本木氏も文永年間の成立と思われる[60]。本宗家の所領が南北朝期以降変化しないことから、真壁氏の内部での一族の所領分有の中で、本宗家所領の比率が高くなっているとは言えない。しかし、少なくとも本宗家への従属度の強い庶子の所領については、彼らの所領も含めて本宗家が安堵を申請したと考えられる。

小森正明氏は、十五世紀の東国内乱を通じて真壁氏のイエ内部の構造が変化し、イエ支配の内部に庶子が「宿老中」として真壁氏の家臣団に編成されつつあったことを指摘されているが、(61)その萌芽は、内乱が本格化する以前の十五世紀前半以前に求められるのではないだろうか。

以上、鎌倉期から室町期に至る、真壁本宗家の所領伝領の特長を述べてきた。これを踏まえた上で、真壁本宗家の所領において真壁荘がどのような位置を占めていたのか考えてみたい。

真壁荘の史料初見は、真壁時幹に「庄領」八箇郷、「公領」六箇郷を安堵した、寛喜元（一二二九）年の藤原頼経の袖判下文である。(62)この時安堵された「庄領」八箇郷は、真壁荘の中でどのくらいの割合を占めていたのだろうか。この疑問に直接答える史料は管見の限りでは存在しない。しかし、次に挙げる事例は真壁荘の荘域を確定する手がかりになるかもしれない。

應永三十年に真壁秀幹は「常陸国真壁郡内御庄郷々」の安堵を受けた。(63)「常陸国真壁郡内御庄郷々」という表現から、安堵の対象は「御庄郷々」の全体であったと思われる。この時安堵の対象になったのは、本木、安部田、大曽祢、伊々田、北小幡、南小幡、大国玉、竹来の八箇郷であり、真壁時幹が安堵された「庄領」八箇郷と全く同じ領域である。應永三十年と寛喜元年では、二百年近くの隔たりがあり、鎌倉期の真壁荘と、室町期に安堵された「常陸国真壁郡内御庄郷々」が全く同じ領域であったとは、この事実からは即断できない。しかし、真壁秀幹が、「常陸国真壁郡内御庄郷々」で安堵申請した諸郷を真壁荘の領域として認識していたことは疑いないだろう。秀幹の時代には、真壁本宗家は庶子の所領も一括して安堵申請していたと思われる。第二章で、私は真壁荘の荘域を「谷貝―長岡を結ぶ線より北」と想定したが、この時期の長岡氏は一貫して本宗家と行動を共にしており[64]、前述した「真壁氏親類等連署起請文写」にも「長岡但馬守廣幹」として署判を加えている。長岡郷が「庄領」であれば、「常陸国真壁郡内御庄郷々」の安堵対象に加えられるのが自然であり、逆に、この郷が安堵の対象に加えられていなかった事実は、私の想定を裏づけ得るのではないだろうか。

また「弘安田文」「嘉元田文」ともに、「庄領」八箇郷に該当すると思われる大国玉、大曽祢、小幡、竹来、（光行、松久）は、「真壁郡」の項の最後に纏めて記載されている。このことから、「庄領」八箇郷は「弘安田文」の記載事項の根拠となる国衙検注の時点で、すでに一つの纏まりとして認識されていた可能性がある。それは、真壁氏の開発が「庄領」八箇郷の該当地域において重点的に進められた結果、この地域が国衙検注の際、ほぼ同時に検注の対象となり、一纏めに把握されたことを意味しているのではないだろうか。それに対して、それ以外の郷は、若干の地域的纏まりは認められるものの、その纏まりごとの記載順に何らかの基準を見出すことは困難である。そして、長岡、亀隈、谷貝という「庄領」八箇郷との境に位置する郷は「真壁郡」の項の最初の部分に記載されており、「庄領」八箇郷が纏まって記載されていることを考えると、これらの郷は「庄領」には組み込まれていなかったと思われる。以上の考察から、「庄領」八箇郷は真壁荘全域と考えるのが妥当であろう。この「庄領」八箇郷を保持していた真壁時幹は真壁氏の三代目惣領にあたり、彼が「庄領」八箇郷を全て自らの所領としていたことは、とりもなおさず、真壁氏の三代目にいたるまで真壁荘全域が真壁本宗家によって知行されていたことを意味している。

この章での考察によっても、真壁荘が真壁本宗家の中心的所領であり、ここを中心とした在地支配を志向していたことが裏付けられるであろう。

## 四、真壁本宗家による在地支配の変化とその背景

前章では、真壁時幹の代にいたるまで、真壁荘が真壁本宗家に保持されていたことを指摘した。この私見によるならば、少なくとも鎌倉前期においては真壁荘は真壁本宗家の所領の中心であったことになる。この「庄領」中心の在地支配に変化が訪れるのが文永六（一二六九）年である。この年、真壁時幹は嫡子盛時に所領を譲ったが[65]、その時、盛時に譲られたのは「庄領」の内、大曽祢、伊々田、南小幡、竹来の四箇郷、「公領」の内、山乃宇、田村、伊佐々、窪、源法寺、亀隈の六箇郷である。従来、中心的所領であった「庄領」が大幅に分割され、恐らく庶子に譲られたと思われる[66]。それに対して「公領」は全て本宗家の手に残されている。このことは、真壁本宗家の在地支配の展開に何らかの変化があったことを示しているのではないだろうか。

この疑問を解く鍵になると思われるのが、第二章でも取り上げた「鹿島神宮文書」正和元年七月二十三日関東下知状写である[67]。この文書は、真壁荘竹来郷の地頭江馬越後四郎光政の代官貞致と、同荘預所懐島行定の相論である。相論の内容は、1、「行定以定田等、引籠得永名否事」―預所が、地頭の進止する定田を自名得永名に組み入れたと主張する地頭と、得永名は開墾によって拡大したのであり、定田を引き込んだのではないと主張する預所の争い、2、「定田員数事」―「建保四年目録」に記載された定田の員数四町七段小については直接の問題とされず、定田内部に香取、各来神田が存在すると主張する地頭と、「建保四年目録」に記載された鹿島神田以外の神田の存在を認めず、地頭の当知行であると主張する預所の争い、3、「年貢未進事」―定田の年貢を地頭が弁済しないと主張する預所と、定

田は預所が自名得永名に組み入れたため、年貢を弁済できないとする地頭の争い、４、「名主見参料事」―文治年間以来、名主見参料は地頭が弁済してきたが、近年これを弁じないと主張する預所と、そのような例はないと主張する地頭の争い、という四箇条に渡っている。いずれも、地頭と預所の在地支配の権限に関する問題である。そして裁決は、１、２、３は預所の勝訴、４が地頭の勝訴となっている。

地頭職は本来真壁氏が相伝していたが、真壁小次郎入道浄敬（盛時）が「上取百姓名、依対捍年貢之咎」で正安元（一二九九）年に地頭職を没収されていた。この相論は、文治二年、三善康清が預所職を獲得して以来、在地で分有されてきた預所と地頭の権限をめぐる争いである。したがって、江馬越後四郎光政の獲得した権限は、文治二年に確定されて以来、竹来郷に関して真壁氏が持っていた権限を継承したものであったと思われる。

以上が、この相論の概観である。これを前提として、真壁荘において、真壁氏と預所がどのように関わりあっていたのか考えてみたい。

真壁荘竹来郷においては、預所と地頭は、別々の下地を分有する別々の在地領主であった。地頭は大田文記載の田数八町二段小、預所は得永名を所領とすることが文治年間に定められていた。得永名は「建保四年目録」の時点では四段六十歩であったが、行定が母三善氏から所領を譲られた弘安五（一二八二）年には田畠合わせて数十町の規模にまで拡大しており、おそらく地頭も新開田を開いていたと推測される。また、定田四町七段小については地頭が下地を進止し預所が年貢を徴収するという、職の重層関係が成立していたが、得永名や地頭の新開田については、それぞれの排他的な支配が実現していたと思われる。(68)

このように、竹来郷では預所と地頭の下地分有が行われていた。そして、真壁荘の中で、竹来郷以外でも、預所と地頭が別々の下地を分有する別々の在地領主として共存していた証左がある。次の史料を参照されたい。

次当庄内、北小幡・本木・安部田郷等者、地頭及訴訟之時、預所太略去渡下地、将又地頭三分二知行之間、可依傍郷例之由、貞致申之処、或預所致所務相論之時、恐其科、以預所分去与地頭之郷在之、或自元地頭分増預所分之郷在之、或預所分又増地頭分之郷在之、郷々不同之由、行定有陳謝、

これは、相論の第一条「行定以定田等、引籠得永名否事」中の一節である。この一節から、正和の相論以前に地頭と預所の間に相論があったことが解る。この相論においても、争われたのは下地の帰属である。そして、この相論で優位に立っていたのは地頭側であり、それゆえ「可依傍郷例」として、正和の相論で地頭側が先例として引用したのである。

この一節で重要な点は、「地頭及訴訟之時、預所太略去渡下地」という結果に終わりながら、預所側は、北小幡、本木、安部田郷の下地を完全に失ったわけではないことである。地頭側の主張によると、この訴訟の結果、「将又地頭三分二知行之間」という地頭の下地支配が行われたという。ということは、訴訟の後も、地頭はこれらの郷の全ての下地を知行していなかったことになる。預所側は、訴訟の結果と異なり、郷ごとに下地の割譲状況が異なるとして、「陳謝」している。なぜ地頭の知行が北小幡、本木、安部田のうち三分の二にとどまったのか、なぜ訴訟の結果が忠実に実行されなかったのか、今明らかにはし得ないが(69)、裁許の結果と異なり、預所が、これらの郷の下地を訴訟の後も保持していたことを、ここで確認すれば十分である。

この相論は、訴訟が地頭側から提起されたこと、また預所側が「恐其科」れていたことから、預所の地頭に対する圧迫が原因であったと思われる。また、この相論で預所と争った「地頭」は、単数で表現されていることから、北小

幡、本木、安部田の郷地頭職を兼ねる人物であったと思われる。とすると、そのような人物は真壁荘全域の地頭であったと思われる真壁長幹、友幹、時幹の、真壁本宗家三代に絞られる。つまり、真壁本宗家が預所に圧迫された結果として、この相論が起こったと考えられるわけであり、預所の存在が、真壁荘における真壁氏の在地支配の障壁となっていたことが指摘し得るだろう。

そして下地を保持していたのであるから、これらの郷においても預所が所領を持っていたことは疑いがない。正和の相論の第一条で、行定は竹来郷における預所の下地支配の由緒を述べている。その時、彼は「文治之比、於当庄下地者、預所善清依任其意、（後略）」と述べている。この発言から、預所補任以来、その下地支配は真壁荘各所に展開したことが窺える。北小幡、本木、安部田郷においても、預所の下地支配は鎌倉初期から行われていたと考えるのが妥当であろう。

私は、真壁時幹によって嫡子盛時に所領が譲られた文永六年に、真壁本宗家の在地支配に何らかの変化があったことを想定した。そして、文永六年に本宗家の手を離れたのは、本木、安部田、北小幡、大国玉の四箇郷であった。この四箇郷のうち、北小幡、本木、安部田の三箇郷は、本章で題材とした、地頭と預所の相論で係争地となっている。これらの郷が、相論の後も預所の支配を脱することができなかったのは前述した通りであり、この四箇郷が本宗家の手を離れた事実と関連しているのではないだろうか。「庄領」「公領」ともに真壁氏の「私領」であったが、上級領主は異なっている。預所ひいては幕府に、絶えず圧迫され得る「庄領」から、「公領」に在地支配の中心を移し、活路を見出そうとする真壁本宗家の姿を、ここから私は読み取りたいのである。

## むすびにかえて

以上、鎌倉期における真壁本宗家の在地支配について論じてきた。最後に、本稿で指摘した、真壁本宗家の鎌倉期における在地支配の流れを述べてみたい。

真壁氏にとって、郡内での中心的な所領は「庄領」地域であった。平安末期に成立した真壁荘は、真壁本宗家にとって本領とも言うべき重要な所領でありそれゆえ本宗家に保持されてきたのであった。真壁荘における真壁氏の在地支配には、二つの画期が見出される。

まず、預所補任に伴い、預所の支配する下地が設置された文治年間が最初の画期といえるだろう。この時期に預所の下地経営の拠点が成立した。そして開発によって下地を拡大して地頭真壁氏と競合し、これを圧迫するという図式が作られたのであった。

そして、第二の画期は、真壁時幹が「庄領」内の所領を庶子に初めて譲った文永六年と考えられる。預所との下地をめぐる相論は、預所と地頭の対立の顕在化であった。この相論を真壁本宗家は優位に進めるが、預所の勢力を真壁荘の下地から排除することはできなかった。この相論に代表される預所の圧迫によって、真壁氏の在地支配は行き詰まりつつあったのである。このような状況が、真壁氏に「公領」中心の在地支配という方向転換を迫ったと考えられる。南北朝期以降、真壁氏の本拠が「公領」地域に現れるのも、その影響かも知れない(70)。真壁氏の鎌倉期における在地支配には、常に関東御領を通じて、幕府による圧迫がつきまとっていたのである。

## 註

（1）『日本史研究』九九号。のち同氏著『中世村落と荘園絵図』（東京大学出版会、一九八七年）に再所収。

（2）榎原雅治氏、藤原良章氏、山田邦明氏との連名論文「消えゆく中世の常陸―真壁郡（庄）長岡郷故地を歩く―」（『茨城県史研究』四一号、一九七九年）及び服部氏「続消えゆく常陸の中世」（『茨城県史研究』四八号、一九八二年）。

（3）山田氏「常陸真壁氏の系図に関する一考察」（『中世東国史の研究』東京大学出版会、一九八八年）。海津氏「南北朝内乱と美濃真壁氏の本宗家放逐―「観応三年真壁光幹相博状（置文）」の再検討―」（『生活と文化』四号、一九九〇年）。

（4）「中世後期東国における国人領主の一考察―常陸国真壁氏を中心として―」（『茨城県史研究』六二号、一九八九年）。

（5）石井進「関東御領研究ノート」（『金沢文庫研究』二六七号、一九八一年）。

（6）「関東御領考」（『史学雑誌』九三編四号、一九八四年）及び「続・関東御領考」（石井進編『中世の人と政治』吉川弘文館、一九八八年）。

（7）山崎勇「常陸国真壁郡竹来郷における領主制について」（『歴史學ノート』四号、一九七一年）。

（8）高田実「在地領主制の成立過程と歴史的条件」（『古代郷土史研究法』朝倉書店、一九七〇年）所載の、杉山三右衛門『杉山私記』（一八九四年）。

（9）小山氏前掲論文及び高田氏前掲論文。

（10）「常陸国における荘園・公領と諸勢力の消長（上）（下）」（『茨城県史研究』二三・二四号、一九七二年。のち同氏著『日本中世土地制度史の研究』塙書房、一九九一年に再所収）。

（11）「鹿島神宮文書」正和元年七月二十三日関東下知状写（『真壁町史料　中世編Ⅲ』）。

（12）『茨城県史　中世編』第一章第四節、五四頁。

（13）「鴨大神御子神主玉神社文書」大般若経の元応三（一三二一）年正月十二日付の奥書（『真壁町史料　中世編Ⅲ』）に「真壁御庄本木郷聖光寺《（祥光寺カ）》書写」とある。また正和元年七月二十三日関東下知状写が「鹿島神宮文書」に伝来していることから、鹿島社が真壁荘に関わっていたと想定し得ることを、山崎氏が「鎌倉時代の東国における公田」（『慶應義塾志木高等学校研究紀要』四輯、一九七四年）で指摘されている。
(14) 註（10）参照。
(15) 『茨城県史　中世編』第一章第四節、五十頁。
(16) 『茨城県史　中世編』第一章第四節、四九～五九頁。
(17) 同右。
(18) 義江彰夫「中世前期の国府―常陸国府を中心に―」（『国立歴史民俗博物館研究報告』八号、一九八五年）。
(19) 網野氏「常陸国の荘園・公領と諸勢力の消長（上）」及び『茨城県史　中世編』第一章第四節、五五・五六頁。
(20) 糸賀茂男「常陸中世武士団の在地基盤」（『茨城県史研究』六一号、一九八八年）。
(21) 網野氏「常陸国の荘園・公領と諸勢力の消長（上）」。
(22) 同右。
(23) 網野氏「常陸国南郡惣地頭職の成立と展開」（『茨城県史研究』一一号、一九六八年。のち同氏著『日本中世土地制度史の研究』塙書房、一九九一年に再所収）。
(24) 網野氏「常陸国の荘園・公領と諸勢力の消長（上）」信太郡の項の註（7）。
(25) 『吾妻鏡』元暦元年四月六日条で、頼朝は平頼盛の所領を元のように知行することを認めており、平頼盛の所領が没官され、関東御領となったとは考えにくい。
(26) 網野氏「常陸国の荘園・公領と諸勢力の消長（下）」。
(27) 『茨城県史　中世編』第一章第四節、五一頁。
(28) 『茨城県史　中世編』第一章第四節、五一・五二頁。
(29) 『吉記』承安四年三月十四日条。
(30) 『吉記』安元二年六月十八日条。
(31) 「真壁文書」一・二（『真壁町史料　中世編Ⅰ』）。

(32)「税所文書」山本本（『真壁町史料　中世編Ⅲ』）。
(33)石井進「鎌倉幕府と律令制度地方行政機関との関係」（『史学雑誌』六六編一一号、一九五七年。のち同氏著『日本中世国家史の研究』岩波書店、一九七〇年に再所収）。
(34)「所三男氏持参文書」（『真壁町史料　中世編Ⅲ』）。
(35)田沼睦「中世的公田体制の成立と展開」（『書陵部紀要』二一号、一九六九年）。
(36)小山氏前掲論文。
(37)同右。
(38)「真壁文書」三（『真壁町史料　中世編Ⅰ』）。
(39)「常陸国弘安二年「作田惣勘文」の一考察」（『茨城県史研究』一九号、一九七一年）。
(40)同右。
(41)「鹿島神宮文書」正和元年七月二十三日関東下知状写（『真壁町史料　中世編Ⅲ』）。
(42)山崎氏「鎌倉時代の東国における公田」。
(43)中野栄夫「鎌倉時代における「公田」について」（『法政大学文学部紀要』二七号、一九八一年）。
(44)小山氏前掲論文。
(45)筧氏「関東御領考」。
(46)網野氏「常陸国の荘園・公領と諸勢力の消長（上）」真壁郡の項の註（4）。
(47)「勝田家文書」。
(48)真壁郡大和村大字大曽根（中世の大曽祢）と同村大和村大字本木（中世の本木）の境は、江戸初期に造られた溜池（谷部沼）と、そこから流れる用水によって区切られている。日本歴史地名大系第八巻『茨城県の地名』四九四頁、「大曾根村」の項によると、「勝田家文書」元禄九（一六九六）年本木村差出帳に、この溜池が、大曽根村の用水として本木村の地蔵沢から水を引いて造られたことが書かれているという。この内容については聞き取り調査で確認した。ただ、「勝田家文書」元禄九（一六九六）年本木村差出帳については実見していない。
(49) 飯島光弘『大和村史』(一九七四年)一五頁。
(50) 内田(高田)実「東国における在地領主制の成立―中世的郡郷の成立と在地領主制の展開―」(東京教育大学昭史会編『日本歴史論究』、一九六三年)。
(51) 「真壁文書」二(『真壁町史料　中世編Ⅰ』)。
(52) これらの事実から、真壁荘成立直前の「庄領」地域の状況を、「弘安田文」が物語っているとも考えられる。すなわち、「光行」「松久」と「大曽祢」は同一のものであり、「光行」「松久」は真壁荘の母体ともいうべき真壁長幹の仮名であった可能性を考えられる。しかし、現存する田文の状態からは、「光行」「松久」と「大曽祢」の記載方法の間に何ら主従関係を見出す事はできない。ただ、「弘安田文」には、加筆の跡なども指摘されており(糸賀茂男「常陸国田文の史料的性格」(『茨城県史研究』五三号、一九八四年)、弘安二年に原本が作成されてから一世紀近く後の延文六(一三六一)年に書写された可能性が高い(鴨志田氏前掲論文)この田文の記載には、誤写も想定し得る。だが、この想定に何らかの傍証もしくは反証をもたらす史料は管見の限り散見されない。よって問題の提起にとどめておきたい。
(53) 「真壁文書」九(『真壁町史料　中世編Ⅰ』)。
(54) 「真壁文書」五(『真壁町史料　中世編Ⅰ』)。
(55) 「真壁文書」九・一九・二〇・二一(『真壁町史料　中世編Ⅰ』)。
(56) 「鹿島神宮文書」應永三十一年十月十日足利持氏寄進状案(『真壁町史料　中世編Ⅲ』)。
(57) 「一木文書」應永三十一年八月三日宍戸一木満里譲状写(『続常陸遺文二』所収)。
(58) 「真壁文書」二四(『真壁町史料　中世編Ⅰ』)。
(59) 「真壁文書」一一八(『真壁町史料　中世編Ⅰ』)。
(60) 白井氏は、「鹿島大使役記」(『安得虎子』所収)の弘長元(一二六一)年の項に登場し、鎌倉期の成立であることは明らかである。また本木郷は、文永六年の真壁時幹譲状に見出せず、庶子に譲られた可能性が高い。この時期が本木氏の成立と考えられる。

(61) 小森氏前掲論文。
(62)「真壁文書」二（『真壁町史料　中世編Ⅰ』）。
(63)「真壁文書」二四（『真壁町史料　中世編Ⅰ』）。
(64)「真壁長岡古宇田文書」三二・三三（『真壁町史料　中世編Ⅱ』）で、應永二十四年正月に、真壁長岡古宇田幹秀は、「惣領掃部助」すなわち真壁秀幹に従って遂げた鎌倉府への軍忠を申請している。應永二十四年当時、真壁氏は、まだ鎌倉府に臣従していた。
(65)「真壁文書」三（『真壁町史料　中世編Ⅰ』）。
(66) 本木氏については、註（60）参照。また安部田郷には、室町期に「安部田千代松丸」が見出せる。彼は「本主千代松丸」と呼ばれており（「真壁長岡古宇田文書」二九〈『真壁町史料　中世編Ⅱ』〉）、真壁一族である可能性が強い。
(67)『真壁町史料　中世編Ⅲ』所収。
(68) 山崎氏「鎌倉時代の東国における公田」。
(69) 預所が地頭に太略去り渡した「下地」とは、その所有する下地の全てではなく、地頭との係争地となった下地のことも考えられる。こう考えると、地頭に下地を太略去り渡した後も、預所の所有する下地が存在すること、地頭の知行が三分の二にとどまったことの矛盾を説明できる。ただ、この想定を支える他の史料は管見の限り存在しない。また、訴訟の結果と異なる下地分有がなされた事実については現在全く私見を持ち得ない。後考に俟ちたい。
(70) 齋藤慎一「本拠の景観―十四・十五世紀の常陸国真壁氏と亀熊郷」（網野善彦・石井進編『中世の風景を読む―2　都市鎌倉と坂東の海に暮らす』新人物往来社、一九九四年）で南北朝期の真壁氏の本拠が亀熊《(隈)》にあったことを指摘している。

【追記】本稿を作成するにあたり、真壁荘を実際に踏査した。その際、糸賀茂男先生、大和村役場生涯教育課の方々、建設課の成田恒夫さん、また飯島光弘さん、勝田忠雄さん、笠倉盛一郎さん、岡村安久さん、真壁町歴史民俗資料館の方々ほか多くの方にお世話になった。ここで皆様方に衷心より御礼を申し上げたい。特に、勝田さんには「勝田家文書」を拝見する機会を頂いた。特記して御礼を申し上げたい。この時の踏査はまだ不十分なもので、残念ながら本稿には十分生かすことができなかった。後考を期したい。

　また、本稿校正中に大月理香氏の論考「関東御領真壁荘に関する一考察―鎌倉幕府の常陸支配をめぐって―」（『茨城史学』三〇号）に接した。本稿の内容と深く関わり、且つ本稿と見解を異にするところもある。あわせて参照されたい。

（補注）すでに小山靖憲氏は、荘領と公領がそれぞれまとまりをもって存在しており、長岡―谷貝を結ぶ線で分割された可能性が高いことを指摘している（小山氏前掲論文一二七頁）。執筆時にはこの指摘についての位置づけが不十分であった。故小山氏には非礼を衷心よりお詫びしたい。なお、「真壁長岡古宇田文書（年未詳）長岡郷田在家以下相論文書目録断簡」（『真壁町史料　中世編Ⅱ』所収「真壁長岡古宇田文書」一〇）には、元徳二・三年分の「国衙正税返抄」が書き上げられている。このことは、長岡郷が公領に属していたことを示唆している。

【付記】再録にあたって、誤記の訂正、出典名称や文章の整序を行ったが、論旨に変更はない。また、研究史理解等に関わる課題については、補注で現段階での認識を示した。

# 第2部

# 真壁氏と在地社会

# Ⅰ　常陸国竹来郷調査記

吉澤秀子

常陸国真壁郡に関しては、既に小山靖憲氏が精密な現地調査を行い、真壁一族による在地領主制の展開と村落支配との関係を論じられ、その全貌はほぼ明らかにされた。我々中世史研究会を中心としたメンバー五人（峰岸純夫氏・山崎勇・富沢清人・竹田忠利・吉澤秀子）が、今回、なおかつ現地調査を志したのは、従来あまり知られていなかった、竹来郷についての貴重な文書に接した為である。この史料は、最近公刊された『茨城県史料　中世編Ⅰ』に収められている、正和元年七月三日付けの関東下知状（前欠）で、一応その内容の問題点を整理しておくと次のようになる。

① 竹来郷地頭職は〝真壁文書〟によると、鎌倉期を通じて、真壁一族に伝領されているにもかかわらず、正安元年（一二九九）に幕府によって没収されており、代わって江馬越後四郎光政（北条一族）が新たに補任されていることが、文書に記されている。

② この郷には、早く文治二年（一一八六）から幕府文官として著名な、三善康清が預所として入部しており、以後、預所職がひきつがれていること。

③ 預所は、得永名という自名を中核として、在地で自ら開発を進めており、鎌倉末になると、それが〝数十町〟ともいわれる程の大和田村に成長させていること。その為、このことは当然、在地領主制を展開せんとする地頭側と

の、対立を招かざるをえなかったこと。

④　竹来郷内には、大井戸・泉・竹来・各来村、という、四つの平民名（百姓名）が存在しており、これらが、定田の帰属問題と相まって、その支配をめぐり、職能は異なるが同一階級である、地頭と預所との間で相論されていることである。

我々の調査の課題は、現地に於て、これら〝平民四ヶ名〟或いは〝各来神田〟〝香取神田〟等の所在、又水田の存在形態を確認することによって、村落とその支配関係を、現地で明らかにすることにあった。

常磐線に乗って、土浦に出、関東鉄道にのりかえ。例の、筑波研究学園都市のあるつくば駅を通りすぎると、真壁はもうまもなくである。右手に、うっすらと雪をいただいた加波山が現れる頃、その辺一帯が真壁氏の所領である。

我々はまず、雨引駅でおり現在高久村等が合併されて成立した大和村の役場を訪ねた。わけを話すと雨引の教育長飯島氏の所へ案内された。読者諸兄は〝各来〟を何と読まれるであろう。我々は〝マサキ〟か〝マサク〟か〝ソノキ〟かとあれやこれやと考え、尋ねていたのだがそのような地名はおろか、大井戸・泉・大和田といった場所はないとのことで半ばあきらめかけていた。ところが意外にも、〝カクライ沼〟というのが原方の方にあるそうだとのお話を伺い、一同とびあがる程にうれしくなった。原方は地図で明らかなように、高久の集落の南方に位置しており、村の成立から考えても、原方の方が古いらしいとのことであった（実際、原方には高久姓を名のる人が多いのだが、高久には一人もいない）。又、地形的条件を考えても、原方の方がかなり重要なのではないかということを、既に峰岸先生からご指摘を頂いていた。ともかく我々は、明日の調査への期待を胸にその日は、宿である加波山頂のユースホステルへと向かった。

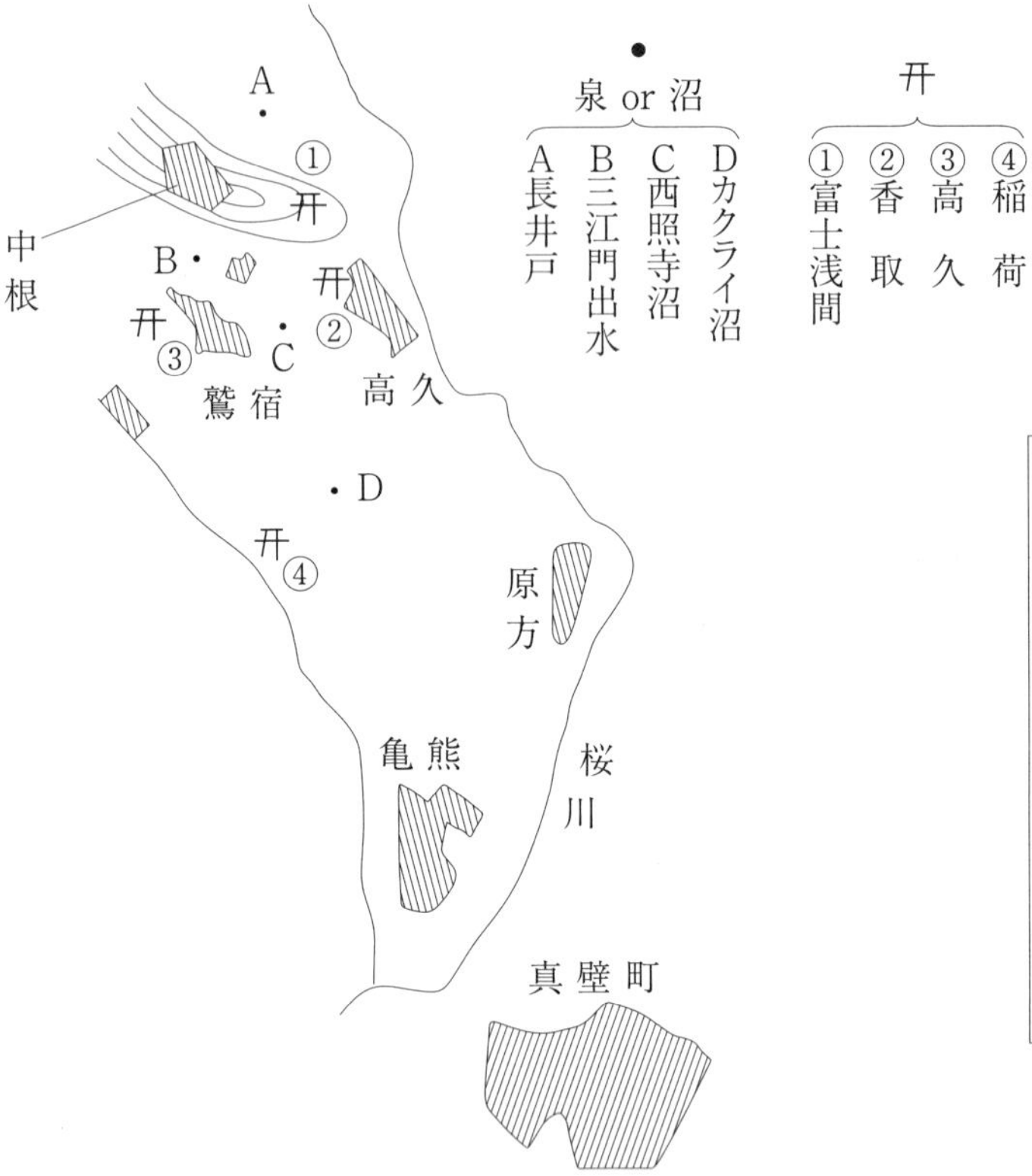


真壁郡竹来郷推定図

加波山は、自由民権運動で有名だが、現在、石材の切り出しで大きくその形を変えつつある。しかし山頂付近の細い山道には、きのうの残雪が十㎝以上もあり、想像していた以上にきつかった。又、やっとたどりついたユースホステルも、あまりの寒さでふるえ上っていたのだが、それも明日カクライ沼に行くのだと思えば、何でもない。そして、偶然このユースの経営者、鈴木氏は郷土史に非常に関心を持っておられ、話がはずんだ。けっきょく二日目は、山の麓、長岡にある鈴木氏のお宅に伺い、長岡や原方の古い地籍図等を見せていただくことになった。

　長岡に関しては、小山氏がその論文の中で主として検討されて有名だが、この地籍図にも、氏のふれられた条里制水田の遺構をはっきりと見ることができた。かつ、原方の図によっておおよその水田の存在形態、沼地、神社等を知ることができた。

いよいよ、我々は原方の集落に入っていった。そこで偶然尋ねて伺っていった、岩淵土佐氏宅で我々は更に貴重な古地図を拝見することができた。これによって、近世の集落の状態や、水田等が一目瞭然となった。カクライ沼の所在地も確認でき、又それによる水田を〝カクレ田〟と呼んでいることも教えて頂いた。カクレ田というのは、遠くからだとちょうどかくれて見えなくなってしまうからだ（実際、このヤト田は両脇がわずかに起伏した微高地の畠地となっており、見えにくい）とのことだったが、恐らく〝カクライ〟が方言化したものであろう。これが図のＤの沼とそのヤトである。更に付近に稲荷社（④）があり、これが史料に現れる〝各来神社〟であったろうとも考えられる。更にヤトの規模に於ても〝各来神田一町八段〟とほぼ一致しており、その結果我々は現在の原方の集落と用水源である沼と更にそのヤト田が一組になって、一つの平民名（各来村）を形成していたことが判った。

翌日三日目は、元高久村の集落を尋ねた。図の②の高久神社は元は鷲宮といわれ、香取社と合祀されて成立したものである。従来は、原方・高久両村の信仰の中心であったらしく、社殿も鎌倉時代様式のなごりを留めていた。又、図の高久の集落内には〝カンドリ様〟と称される、即ち香取社が残っており、更にこれに隣接する小さなヤトは、現在でも丁度五段位しかなく、これは史料上の〝香取神田五段〟とあまりにも一致する。恐らく〝竹来村〟というのは、図のＣの西照寺沼とそれによるヤト田と集落とから成る平民名であったろうと考えられる。

更に我々は、高久の旧家飯島氏宅で、古地図を拝見し、それによって昔は湧水があったことを知った。しかも飯島氏はそれを〝イズミ〟とおっしゃりこの付近に湧水はそれだけということであった。現在この湧水は〝三江門出水〟

と呼ばれているが、これは恐らく近世になって修復した人物の名が付されたものであろう。それが図のBである。これは向山の集落に属するもので、ここでも泉名は、ヤト田と用水と集落とで形成されていたことが判る。又、この〝出水〟を教えて下さったおじいさんによって、現在〝長井戸〟と呼んでいるもう一つの湧水のあることがわかった。それは中根にあるもので、この辺では他からは水は湧き出て来ないとのことだった（図のA）。この両湧水共、今は埋立て、耕地化してしまっているが、元は相当水量が豊富だったらしい。今でもその跡は湿田化している。形状の為に〝大井戸〟が〝長井戸〟に変えられたと十分考えられる。

以上の如く、我々は次々と判明する事実に、半ば驚嘆しながら高久をあとにし、帰路についた。途中通った〝莫大沼〟（図の左に半分現れている）は、美しい湖のように静かに水をたたえていた（これを見た後、筆者の足は、安堵感のためかだいぶ動きが悪くなったようだ）。思えば、いきなり訪れた我々を寸暇を惜まず、多くのお話をして下さったり、案内をして頂いた村の人達の暖かさが印象的だった。

以上まとめると次のようになる。

①　小山氏は、桜川西方の耕地や集落について〝近世的所産である可能性もある〟とされ、重要視されていなかったが、中世の竹来郷は、桜川西方に点在する台地上の集落と、そのわずかな高度差を利用したヤト田によって成立していたもので、近世的とするのは誤りである。しかも現在の水田の原型はすでに鎌倉期には成立していたものである。

②　竹来郷（近世の高久村と原方村と合わせたもの）内の平民名は、各々台地上の集落と用水源とそのヤト田が一組になって成立していたものであること。〝大和田村〟は見出せなかったが、預所名である為、散在田畠である可能性

もある。

このような耕地と集落の在り方は、地理的・景観的に異なるとはいえ、永原慶二氏が薩摩国入来院を通じて指摘されたものと共通する面があると、筆者は考えている。ともあれ、これらの名の存在形態を、中世東国社会に於て如何に位置付けるか、我々中世史研究会の今後の課題である。

# Ⅱ　鎌倉時代の東国における公田

山崎　勇

## 一、はじめに

最近、『シンポジウム日本歴史』と題するシリーズ物の中の一冊として『荘園制』が刊行された。そこにおいては、中世前期のさまざまな問題をとりあげ、大山喬平、網野善彦、入間田宣夫、工藤敬一、戸田芳美、峰岸純夫の諸氏によって密度の高い討論が行なわれている。その中で入間田氏は「領主制―土地所有論―」という一つの報告を行ない、日本中世社会における公田の問題に一つの評価を下している。すなわち、公田の存在は領主階級が総体として農民層を支配するための支配階級の結集をはかるための有力な媒介環となっており、領主が領主的土地所有を確立する際には積極的な役割をはたす。と同時にそれは領主相互間の所領の大きさを示す尺度にもなっている、というのである。

これに対して、網野善彦氏は討論の中で「公田の問題にしても、入間田さんのいわれたこととは逆に領主的土地所有の進行をはばむ面というのが、どうもあるような気がしてしょうがない。屋敷地・土居を拡大し、これはその中だから自分のものだとする領主の論理にたいして、いやこれは公田だから、屋敷・土居の中ではないという論理がぶつかる場合がたくさんある」として、入間田氏の考えに疑問をあらわしている。

この網野氏の発言に端的にあらわされているように、従来、領主制研究にはあい対立する二つの主流があった。一つは「領主の論理」＝「宅の論理」を重要視する戸田芳美氏に代表される考え方であり、他は「公田の論理」、換言すれば「職の重層性」を重視する永原慶二氏に代表される考え方、この二つである。

入間田宣夫氏はこの報告より以前に、二つの重要な論文を発表しており[1]、また最近では一九七二年度歴史学研究会大会報告として「鎌倉前期における領主的土地所有と『百姓』支配の特質」を発表している。これら一連の論文の中で、前述した考え方を実証的に論証している。つまり、村、郷地頭等の個々の在地領主の所領内のどの部分にどれだけの公田が存在し、その公田を耕作する農民は誰であるのか、といった公田の実体性を示すものは何も認められない。また公田は在地領主にとってみると、対幕府、対国家との関係においてはじめて意味をなすのであって、直接耕作農民は公田については全く無関心であることを明らかにして、次のような結論を導き出す。「公田と領主制的土地所有の下地支配の側面とは異なった次元に属しているのであって、同一次元において競合対立しあうものではないのである。公田が存在してもその下地には領主的土地所有が立派に展開している[2]」。これはあくまでも「宅の論理」を徹底化する立場に立ちつつも、さきにあげたあい対立する領主制研究の二つの主流を整合的に統一したものであって、この点高く評価されている[3]。

にもかかわらず、網野氏が述べている如く、個々の史料をとってみると「公田の論理」がみごとに貫徹されている例を多々みるのである。

本稿においては、入間田氏が論ずる公田非実体論が妥当かどうかを私なりに確かめてみようと思うのである。確かに入間田氏が述べているように公田が実体を示さなくなっている場合もあるのだろうが、そのような例ばかりではないように思う。実体をもつ公田、もたない公田、この二つが存在するとすれば、それはいかなる要因から生じるのか。田沼睦氏の、鎌倉・室町期の史料にあらわれる公田は大田文記載の「公田」と荘園年貢・雑公事賦課対象としての「公田」といった二様の使われ方をしている、という指摘[4]に注意しつつ前記の問題を考えていきたい。

方法としては、東国荘園における預所と地頭の公田をめぐる相論の中で、公田がいかにあつかわれているかを明らかにし、又、現地調査による歴史地理学的方法を導入しながら、公田は実体か虚像かを考えてみたい。

素材としては、常陸国真壁郡竹来郷の公田、陸奥国好島庄の公田、それに陸奥国岩崎郡金成村地頭岡本氏所領の公田をみていきたい。

**註**

（１）入間田宣夫「郡地頭職と公田支配」（『日本文化研究所研究報告』別巻第六集）、「公田と領主制」（『歴史』三八号）。
（２）入間田氏「公田と領主制」。
（３）田沼睦「中世的公田体制の展開」（『書陵部紀要』二一号）。
（４）田沼睦「公田段銭と守護領国」（『書陵部紀要』一七号）。

## 二、常陸国真壁郡竹来郷の公田

### （1）大田文記載の「公田」と荘園年貢・雑公事の賦課対象としての「公田」

常陸国真壁郡竹来郷については、網野善彦氏が、平民百姓＝名主によって開発が進められている、東国では非常に珍しい例として、(1) また石井進氏は北条氏所領の一つとして、(2) ともに注目している。そして、真壁地方の中世的支配者真壁氏については、すでに高田実、(3) 小山靖憲(4)の両氏によりそれぞれ詳述されているのでそれらを参照していただきたい。しかし、両氏とも竹来郷についてはあまり触れていないので多少コメントを加えておきたい。

下　平時幹

可早領知常陸国真壁郡内本木、安部田、大曾禰、伊々田、北小幡、南小幡、大国玉、竹来已上八ヶ郷庄領、山乃宇、田村、伊佐々、窪、源□(法)寺、亀隈已上六ヶ郷公領地頭職事、

右人、任親父友幹法師今月十四日譲状、可安堵之状、如件、

寛喜元年七月十九日(5)

これは寛喜元（一二二九）年、真壁友幹が子息時幹に所領を譲渡した時に下された関東下文である。これを初見として、竹来郷は以後応永年間に至るまで「庄領八ヶ郷」「公領六ヶ郷」のうちの庄領分の一部として真壁本宗家に伝領される（ただし、庄領分のうち本木、安部田の二郷は文永六年敬念譲状から除かれて以後本宗家の所領としては現れない。また、竹来郷は後述する如く正安元年から、おそらくは幕府滅亡の時までであろう、地頭職を没収され北条氏一族の江馬氏に帰している）。この庄領については、小山氏は鹿島神領、網野氏は関東御領とそれぞれ推測しているが確実なことは判らない。この荘園は次章で考察する好島庄が本家職を石清水八幡宮がもちつつも、実質的には関東御領であったのと同様に、おそらく鹿島社を本家に仰ぐ関東御領ではなかっただろうか。(6) ともあれ、預所には文治二（一一八六）年に有力御家人、幕府の公事奉行人、三善康信の弟隼人正康清が補任されている。そして弘安五（一二八二）年以後は

「亡母三善氏弘安譲状」をうけた四郎左ヱ門尉行定が預所になっている(7)。行定の姓は史料上欠損があり確定できない。しかし、あくまでも推測ではあるが、幕府政所執事であった二階堂行政の孫、懐島元行の子息行定その人ではなかっただろうか。尊卑分脈によれば、この行定は四郎左ヱ門を称している。また二階堂行政の子、行光、行村（行定の祖父）はともに常陸国那珂西郡沙汰人として、常陸国では強い勢力をもっていた(8)ことを考え合わせるとこの四郎左ヱ門尉行定は懐島氏であり、父元行が三善氏の女と婚姻関係を結んだことにより、預所職は三善氏から懐島氏へと譲渡されたものと思う。郷地頭は前述したように、真壁氏であるが、鎌倉末の一時期北条一族の江馬氏がなっている。

　さて、竹来郷の具体的内容を知り得る唯一の史料は正和元（一三一二）年の関東下知状写である。説明の便宜上ほぼ全文を引用しておきたい。

□江馬越後四郎光政代貞致与預所□四郎左ヱ門尉行定相□（論所カ）務条々、

（一脱カ）□、行定以定田等引籠得永名否事

右、前地頭真壁小次郎（盛時）入道浄敬上取百姓名、依対捍年貢之咎、正安元年十一月召上地頭職、同二年八月光政拝領畢、浄敬為開発之領主、於下地者、地頭一円知行之間、預所無進止之地本、而行定伺新補地頭之隟、以当郷三分二、号得永名内、押領之由、貞致申之処、預所職者、善（三脱カ）隼人正康清法師（法名善清）文治二年補任以来、得永名（号大和田村）者、預所自名之旨、行定等陳答之後、得永名預所進止之条、貞致承伏畢、無預所進止地之由、貞致所申矯餝也、是一、随得永名者、自往古限四至堺、代々所開発知行也、此外不濫妨名主給并平民四ヶ名以下荒野新田畠下地之由、行定申之上、預所名之外、若引籠定田等於得永名内者、云田畠里坪、云在所名字員数、貞致可載度々之訴状歟、無其儀、是二、次如建保四年目録者、惣田数七町八段内得永名四段六十歩也、爰如行定等亡

母三善氏弘安五年譲状者、以得永名、号大和田村、立四至堺、所引籠数十町田畠也、其田畠者公田畠也、彼状為謀書之由、貞致雖申之、文治之比、於当庄下地者、預所善清依任其意、以名主給三町・鹿島神田五段・定田四町七段小地本、付地頭畢、其残者、為得永名、差四至堺、所号大和田村也、自尒以来開発之間、田数令増之旨、行定等返答有子細、是三、次於前々譲状者、不立得永名堺、限此状、為増下地、書載四至堺之条、為謀書之由、貞致雖申之、依分譲行定并姉藤原氏、載四至堺畢、随員数堺載譲状之旨、所被引載正応三年安堵御下文也、以彼譲状并御下文、知行下地之間、先地頭浄敬無異論、経年序之旨、行定等所申非無謂、是四、次如同状者、竹来郷定田四町七段小・得永名四段六十歩譲渡之由載之、定田者地頭進止下地之間、混預所自名、難譲与歟、為謀書之由、貞致雖称之、定田者為平氏名《（民カ）》、預所相綺之上、於年貢者、預所令徴納之間、同書載譲状之条、無其難之旨、行定陳答有子細、是五、

（中略）

一、定田員数事

右、如建保目録者、為四町七段小之条、両方無論、而二丁五段者、地頭知行之条、承伏已畢、所残定田者、或称香取・各来神田、或号荒野新田等、地頭当知行之由、行定申之処、香取神田五段・各来神田一町三段者、自往古為両社神田之由、貞致雖称之、如目録者、鹿島神田之外、不載自余神田之間、於彼一町八段者、以定田号神田、光政知行之条、無異儀、但残四段小事、行定則現在地頭分荒野新田内之由申之、貞致又引籠預所名之旨、称之者、以御使、可糺明四段小之在所焉、

一、年貢未進事

右、当郷内大井戸・泉・各来・竹来等者、為平民名、於下地者、地頭雖進止、預所相綺之上、至定田四町七段小之年貢者、所徴納也、而地頭一円管領之、不弁年貢之旨、行定申之処、当郷公田者二町五段之由、土民等所申也、以荒野、百姓号申大井戸・泉村之条存外也、定田者預所引籠自名内之間、不能知行、治定下地之後、可弁償之旨、雖陳之、在所并員数見于先段者、光政拝領以後分、遂結解、任被定置之旨、可究済矣、

一、名主見参析事

（後略）

正安元（一二九九）年、前地頭真壁小次郎盛時が「上取百姓名、依対捍年貢之咎」で地頭職を召上げられた後、翌二年、江馬越後四郎光政がその後をうけて地頭職を得ている。この文書は地頭光政代貞致が預所行定による「定田押領」等を訴えたものに対する幕府の裁許を示すものである。これによれば竹来郷の田畠耕地について、「如建保四年目録者、惣田数七町八段内得永名四段六十歩也」（地頭）、「文治之比、於当庄下地者、預所善清依其意、以名主給三町、鹿島神田五段、定田四町七段小地本、付地頭畢、其残者、為預所名」（預所）と地頭代貞致の主張と預所行定の主張には差がある。つまり地頭代貞致は竹来郷の惣田数は七町八段であり、しかもその中には四段六十歩の預所名（得永名）が含まれると主張するのに対して、預所行定は竹来郷の惣田数は名主給、鹿島神田、それに定田の計八町二段小からなっており、預所名（得永名）はこれ以外の荒野を代々開発して田数を増し、現在は大和田村となっているとしている。ここで問題となる惣田数とは後述する如く、公式土地台帳（＝大田文）に記載される田数であって、現実にはこれ以外にも地頭あるいは預所による開発新田畠が存在するが、ここでは問題とならない。さて、さきの地頭代貞致と預所行定の主張に対して、幕府は「行定等返答有子細」として預所行定の主張を認めている。惣田数をな

るべく少なく見積り、実力をもって自己の領主経営の中にくり込むことが可能な部分、つまり「荒野」をより広く残したいという地頭側の企図は失敗に終わったのである。

注目すべきは、この論点のみならず他の点についても、地頭、預所のそれぞれの主張の論拠、そればかりか幕府の判断の主要な基礎となっているのは「建保四年目録」と呼ばれるものである。現存していないため詳しい内容は判らないが、ただ預所行定の主張を正しいとしている以上、この「建保四年目録」には竹来郷の惣田数は八町二段小と記載されていたはずである。そして、少なくとも建保四（一二一六）年以降、地頭にせよ預所にせよ、それが新しく開発してなった新田畠はこの「建保四年目録」から除かれていた。新田畠がこの目録から除外されているのはなぜか、又それはいかなる意味をもつのか。永原慶二氏は下総国匝瑳郡南条東方の新田検注に関する分析を行なう中で、[9]幕府の地頭に対する保護政策の一つとして、少なくとも暦仁元（一二三八）年以前のある時点から上総、下総では預所が新田検注を行なわないのがたてまえとなっていたことを指摘し、さらに網野善彦氏は常陸国においても貞応元（一二二二）年に預所の新田検注干与停止を命ずる下知状が下っていたことを指摘している。[10]したがって、竹来郷の田畠は建保四（一二一六）年に預所検注が行なわれ、その際作成されたのが「建保四年目録」であったのにちがいない。しかしその後貞応元年に預所の新田検注停止の下知が下ったため、それ以降、三善氏（あるいは懐島氏）による新田検注は一切行なわれず、竹来郷の惣田数は八町二段小に固定してしまったのである。そして重要な点はこの惣田数八町二段小が常陸国大田文（弘安二年作田惣勘文）[11]記載の公田「竹来八丁二段六十歩」とほぼ一致することである。鴨志田昌夫氏が、この大田文を「弘安二年より歴史的にかなりさかのぼる時点の国衙検注――その時期を確定することはできなかったが――によって把握されていた各郡郷等の田数を弘安二年の時点で要約、整理した大田文[12]」と判断したことは誠に的を射たもので、少なくとも真壁郡竹来郷にあっては「建保四年目録」が弘安田文の基礎となっていたことは明らかである。そして又、鴨志田氏はこの常陸国大田文が作成された目的は「役夫工米や大嘗会米賦課に加えて各種反銭、反米、後にふれる国役雑事といった抽象的な表現にふくまれる広範な、いわゆる一国平均役の賦課台帳として作成された」ことを明らかにした。竹来郷惣田数八町二段小は、役夫工米、大嘗会米も包含したより広義の一国平均役の賦課対象として国衙により把握された「公田」(大田文記載の「公田」)なのである。竹来郷惣田数八町二段小は名主給三町、鹿島神田五段、それに定田四町七段小から成っており、これら全てが一国平均役の賦課対象となっている。この事実は重要である。大田文記載の「公田」とは、定田(荘園領主により、年貢、雑公事の賦課対象として把握されている田地で、これもまた「公田」と表現される)の他に、人給田、神田等のいわゆる「除田」をも含む場合があることを示している。竹来郷の名主給三町と鹿島神田五段は地頭により「一円管領」されていた。つまり、大田文記載の「公田」は定田(=荘園年貢、雑公事賦課対象としての「公田」)とは必ずしも一致するものではないのである。このわずか一例のみをもって、軽々には論じ難く、また大田文作成の目的等々、厳密に検討した上で結論が出されなければならないのであるが、あくまでも真壁郡竹来郷のみに限定して云えることは、大田文記載の「公田」=竹来郷惣田数は建保四(一二一六)年の預所検注によって検出されたであろう田畠のほぼ全てを表していた。大田文記載「公田」=その時点における庄田(定田+除田)ということが概ね云えるのである。そして鴨志田氏のみならず、網野善彦[14]、田沼睦[15]等々の諸氏によって、一般的には大田文記載「公田」は鎌倉時代のわりと早い時期に固定化し、それが中世を通じて一国平均役賦課のための基本台帳として通用されていたことが指摘されている。竹来郷にあっては前述した如く預所の新田検注停止の下知が下っていたため特殊な情況にあったが、一般的には大田文記載「公田」が固定化した後も、庄田が増加するのが普通である。荘園領主（実際は預所）による領家代一度の検注によりその都度、新田畠が新しく丈量されるのである。入間田宣夫[16]、田沼睦[17]、それに鴨志田昌夫[18]の諸氏は大田文記載の「公田」と実際の庄田（特に定田）とのズレを重視し、大田文記載の「公田」は公事賦課の対象として政治的、擬制的に編成されたものであり、下地の実体とは全く無関係で何らそれを反映するものではないとしている。地頭請所荘園などのように荘園領主権力がはなはだ微弱な場合、また在地領主が国衙権力の実権を掌握しているような場合の在地領主の所領についてはそれなりの考察が必要となるであろうが、少なくとも竹来郷、あるいは次章で論ずる好島庄等の場合のように一定に預所が荘園領主権力を行使している場合も含めて、公田が下地の実体と全く無関係と云いきれるであろうか。竹来郷惣田数＝大田文記載の「公田」は前にみた通り建保四年当時の下地そのものを反映していたことは明らかである。竹来郷惣田数のうち地頭が「一円管領」していた名主給三町と鹿島神田五段については、地頭による開発田が増すごとにその「公田」の実体性が薄れていくであろうことは推測できる。この点については次章以下で述べたい。しかし、定田四町七段小については、竹来郷惣田数が大田文記載「公田」として固定化して以後も「定田者為平氏《民カ》名、預所相綺之上、於年貢者、預所令徴納之間」として、預所行定は一国平均役の賦課対象であると同時に荘園年貢、雑公事の賦課対象として常に把握していたのである。そして大事な点は「右当郷内、大井戸、泉、各来、竹来村等者、為平民名」とあり、この定田が大井戸、泉、各来、竹来の「平民四ヶ名」から成っていた点である。この「平民四ヶ名」は全く実体を示さないものであろうか、又これを耕作する平民百姓達は自己の耕作田が「公田」であることについては全く意識せず無関心であっただろうか。後者について云うならば、年貢未進の件につき預所行定と論争する中で地頭代貞致は次のように述べている。「当郷公田者二町五段之由、土民等所申也、以荒野、百姓号申大井戸・泉村之条存外也」。地頭代貞致は竹来郷の公田＝定田は二町五段であると主張するのであるが、その論拠として土民の証言をあげている。同時に預所行定が大井戸、泉の各名を定田であると主張する際に、その根拠としたのもまた百姓の証言であったことが判るのである。地頭代貞致にしろ、預所行定にしろともに定田員数を主張する際に、土民、百姓と表現される平民百姓の言質を最大の根拠としているのである。百姓達が「公田」について全く無関心であったならば、どうしてこのような証言ができるのであろうか。前者に関しては、現地調査の結果[19]、「平民四ヶ名」が竹来郷（現真壁郡大字高久、大字原方[20]）内の特定部分にそれぞれ比定されることが判明した。それを示すのが図Ⅰ[21]である。「平民四ヶ名」については以下節を改めて考察したい。

（2）「平民四ヶ名」について

次にあげる図Ⅰを参照しつつ、地頭、預所が競合、対立しつつそれぞれが何らかの形で領主制を形成している竹来郷の中にあって、この「平民四ヶ名」のもつ意味はいかなるものか、より具体的に検討したい。

この地方一帯の地理的条件については小山靖憲氏が適確に述べている。「桜川につづいてすぐ台地（低丘陵）が段丘状にそそり立っており、桜川ぞいの沖積低地はきわめて狭い範囲にしかみられない。そして、この標高四〇メートル内外の筑波、稲敷台地は内部にいくつかの帯状の開折谷をふくんで小貝川にまで達している。この地域の耕地は台地上にひらかれた島が多く、水田は台地―桜川間の狭い低地および台地の谷々に細長く蛇行する谷田に限定されている。さらに集落はほとんどが、台地上――正確にいえば開析谷や低地に接する台地の縁辺部――に存在し、桜川の東

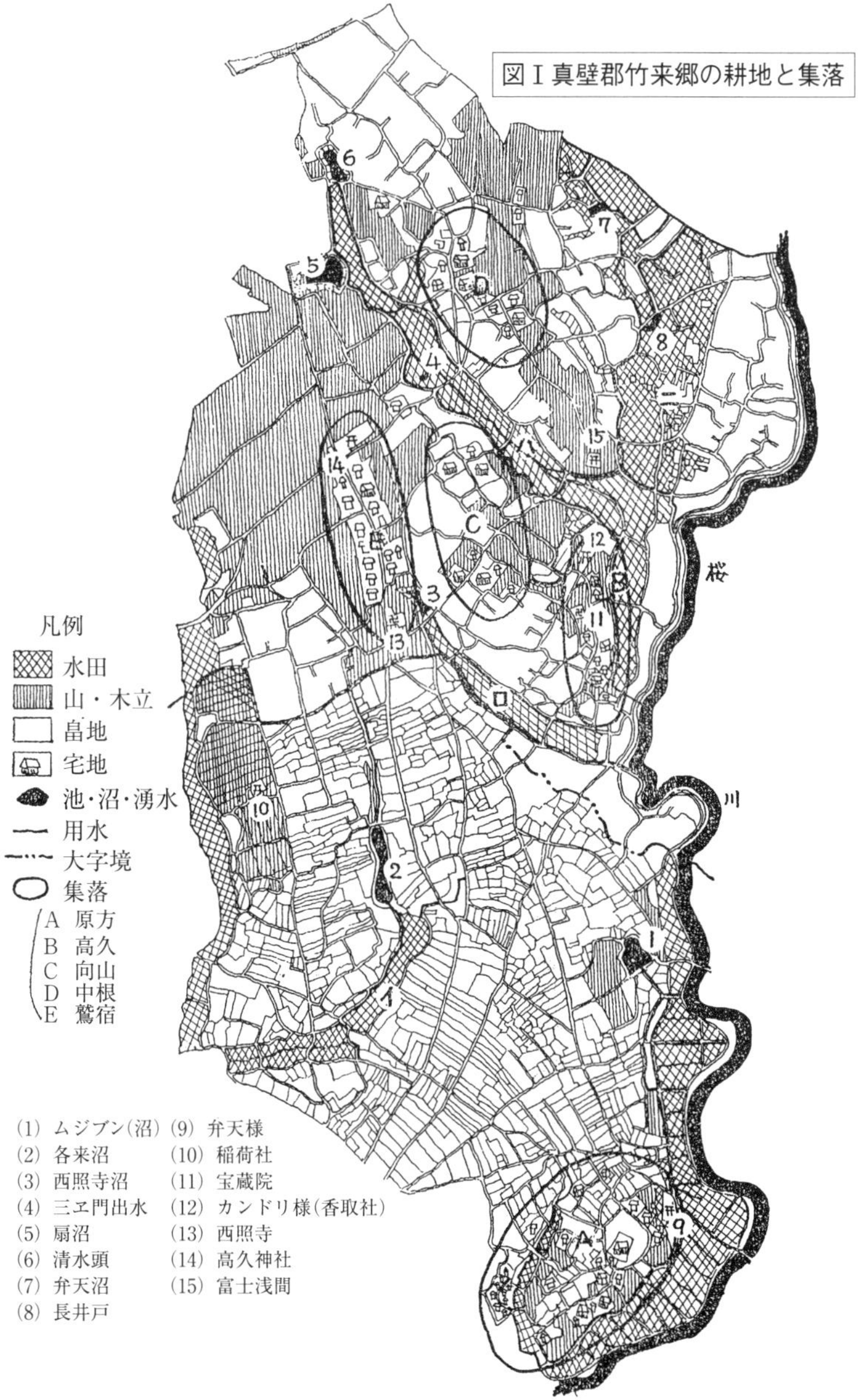

図Ⅰ真壁郡竹来郷の耕地と集落

方地域と対比すれば、相対的に小規模な塊村を点々と形成しているといえよう」[22]。そして、「平民四ヶ名」のうち大井戸を除く各来、竹来、泉の各名は竹来郷の主要耕地を形成する三つの「帯状の開析谷」そのものなのである。すなわち、各来名（村）は図Ⅰの（イ）部分に比定され、この耕地の用水源は②各来沼、そしてこの耕地と特に耕作関係で強く結ばれている集落はAである。以下、竹来名（村）は（ロ）の開析谷で、用水源は③西照寺沼、B集落。泉名（村）は（ハ）、④三ヱ門出水（現地でイズミと呼ばれている自然湧水、現在は埋められている）、C集落といった具合に、開析谷、用水、集落がワンセットになって平民名が構成されている。大井戸名（村）についても、耕地（ニ）が桜川沿いの低湿地帯である他、用水源が⑧長井戸（自然湧水）、D集落ということで、前の三名とその点は共通している。中世の竹来郷の耕地は天水田であり、用水源として桜川の水を利用することは全くなかったのである。地頭の「一円管領」地である名主給、鹿島神田、あるいは預所名＝得永名は一括耕地としては認められず、おそらく各開析谷等に散在していたものと思われる。以上、村落景観上のみに限って云うならば、永原慶二氏が薩摩国入来院を通じて指摘した辺境村落＝小村・散居型村落[23]と共通する面があることは確かである。しかし、村落景観上の共通性がただちに「平民四ヶ名」イコール永原氏の論ずる在地領主の開発私領内に萌芽しつつある、いわゆる「過渡的経営体」というように飛躍させてはならない。平民名の経営実体を示す材料に欠けるが、ただこの「平民四ヶ名」が荘園領主から年貢、雑公事賦課対象の「公田」として把握され、それは又、一国平均役の賦課対象でもあり、さらに平民百姓達が自己の名田をはっきりと「公田」と意識していたということは前に述べた通りである。平民百姓達は年貢以下一定の諸賦課物を規定通り納めている限り、平民名に対する「農民的土地所有権」を強固に保持し得たし、他からの干渉を許さなかったのである。このような性格が前地頭真壁氏が「上取百姓名」ろうとした際に、彼らはこれに強く反発し、真壁氏を地頭職召上げにまで追い込んでしまったものと思う。問題なのは竹来郷の平民百姓が何故に比較的強固に平民名の保持を実現し得たのかという点である。結論的に云えば、それは日常的に山野、用水等の農業経営における再生産諸機能を誰が、どのように掌握していたのかによって決定されるであろう。

前地頭真壁氏は竹来郷を含む真壁郡全体を「当郡者、沙弥敬念（時幹）之相伝之私領也[24]」と称し、さらに「浄敬為開発領主、於下地者、地頭一円知行[25]」を主張する。つまり「開発領主」であることが真壁郡を「相伝之私領」と主張する論拠となっているのである。しかし、すでにみた如く、この「私領」の中には預所名（＝得永名）と四つの平民名が含まれている。公に「為開発領主」をもって「相伝之私領」が認められたとしても、それをもってただちに真壁氏による下地の「一円知行」が承認されたことにはならない。いわゆる「公田の論理」をもって一定部分については阻止されているのである。このような事がなぜ起こるのか。平民名を含む「竹来郷八町二段六十歩」が建保四年までに開発されていたことについては再三述べた。大事なのはそれがいかなる形で行なわれたかである。

平安末〜鎌倉初期のある時点で、下総国香取社領二俣村の荒野が開発された。

下総国香取社敷地内二俣村壹所事、

在御燈新荒野壹所事、　平朝臣（花押）

右件所者、雖当神領内、三十□年之間成牧之地、無段歩見畠而前神主大中臣知房募彼地□物、為進毎夜之御燈、慨微力、廻治術、又固堀垣、相語百姓等、可令耕作之由、所被申請也、誠為荒野地之時、無一燈之勤、然者為大明神御尤大切事也、早令農作、可被祈奉天下泰平国家安穏也、者雖後司於彼村者、不致其（以下欠）[26]

この文書は「荒野開墾免許状」であって、以後の関連文書がなく実際にはどのようにして開発が進められたのか、全く判らない。しかし、開発申請者大中臣知房の申請に際しての言葉（傍線部分）は当時の東国における荒野開発の様子の一端を示してくれていると思う。大中臣知房はこの難事業を全体的には指導しつつも、全て独力で行なおうとしているのではない。「百姓等」の存在は欠くべからざるものであった。しかも知房は彼らを自己に人身的に隷属する下人・所従の如く一方的に駆使したのではなく、ともに「相語」って開発事業を進めようとしているのであって、「百姓等」は文字通り開発協力者であったと思われる。彼らはこの開発事業に参加することにより、一定にその成果を自己のものとするであろう。おそらくは百姓名を形成し、それに対する「農民的土地所有権」の確保という形をとるものと思われる。大中臣知房は後には開発領主として現れるのであろうが、開発領主とは、本来開発組織者として出発し、その後自らあるいは代理人が開発地に在住し、山野、用水等の再生産諸機能を日常的に掌握することを通じて、開発協力者であった「百姓等」の「農民的土地所有権」を漸次剥奪していくことにより、強力な在地領主制を確立していくか、あるいは、畿内等の寺僧などに多くみられるような中央又は地方の有力者、貴族にとどまるか、といった二つの道が残されていた[27]。大中臣知房は「固堀垣」＝堀の内の設定を通じて、おそらくは前者の道をたどるのであろうが、ただ堀の内の設定が直ちに「百姓等」の「農民的土地所有権」の剥奪にはつながらない。あくまでもその後の領主制の展開過程の中で考えられるべき問題である。

竹来郷の開発の場合も香取社領二俣村荒野の開発と同様の形をとったのではなかろうか。真壁氏は開発組織者として郷地頭職を獲得し、一方開発に協力した百姓達はその成果をそれぞれ大井戸、泉、各来、竹来の「平民四ヶ名」として実現させたものと考える。ただ真壁氏の場合、居館は桜川東方、現真壁町内の古館にあり、又代理人が竹来郷内に居住していた形跡も全くみられない。逆に「平民四ヶ名」は前にみた通り、自然湧水あるいはヤト田の谷頭に簡単な溜池を造って用水源としており、平民百姓達は日常的に領主の干渉をうけることなく再生産機能の最重要部分を個別的に独立して利用し得たのである。このことが、「平民四ヶ名」があくまでも「公田」としての実体をそなえ、農民達が自ら「公田」耕作農民としての意識をもち、地頭による「上取百姓名」に際しては強く抵抗を試みた最大の理由なのである。

これと同様に同じ東国にあって、農民達が自らの手で用水を管理している例がある。久安五（一一四九）年、常陸国吉田社領の例である。

一、可下慥修二築社領四至内堰一耕中作神田等上事、右件堰去年破損之間、田畠不作　有レ限之供神物并春季仁王会料等、已以闕如、若是住人為レ対二捍分物一、不レ致二沙汰一歟、不レ修二造件堰一、不レ耕二作田畠一之輩、早可レ追二却神領之内一矣[28]、

常陸国三宮吉田神社は神田を耕する農民達に堰＝用水路の修築を重要な義務として課している。そして彼らがこの義務を怠り「不耕作田畠」ず、「対捍分物」した時にはじめて村落内から追却されるのであって、換言すれば、この義務を果たし、分物を規定通り納めさえしていれば神田たるといえども、自己の一定の土地保有権は確実に得られるのである。

以上、大田文記載の「公田」でもあり、同時に荘園年貢・雑公事の賦課対象としての「公田」でもある田地＝「定田」は公田耕作農民たる名主百姓の「農民的土地所有権」が実現されている部分なのである。名主百姓の「農民的土地所有権」が実現されている限り、その公田はあくまでも実体をもつのである。しかし、その「農民的土地所有権」が剥奪され、公田が領主的名の中に編入された時には漸次その実体性が薄れてくるものと思う。

## 註

（1）網野善彦「常陸国における荘園・公領と諸勢力の消長」（『茨城県史研究』二三・二四号）「荘園公領制の形成と構造」（竹内理三編『土地制度史Ⅰ』所収）『シンポジューム日本歴史6・荘園制』。
（2）石井進「鎌倉時代常陸国における北条氏所領の研究」（『茨城県史研究』一五号）。
（3）高田実「東国における在地領主制の成立」（昭史会編『日本歴史論究』所収）。
（4）小山靖憲「鎌倉時代の東国農村と在地領主制」（『日本史研究』九九号）。
（5）真壁文書。
（6）幕府の事務官僚の最有力者である三善氏が預所職を得ていること、後に北条氏の所領の中にくみ込まれていることから関東御領と考えられると同時に、後に引用する竹来郷に関する唯一の史料である正和元年関東下知状写が鹿島大禰宜家に残されている事実は竹来郷が鹿島社と無関係でなかったことを示している。
（7）正和元年関東下知状写（『茨城県史料中世編Ⅰ』及び『鎌倉幕府裁許状集上』所収）。
（8）網野善彦「常陸国における荘園・公領と諸勢力の消長」（『茨城県史研究』二三・二四号）。
（9）永原慶二「中世の新田と検注」（『金沢文庫研究』一〇一三）。
（10）網野善彦「常陸国南郡惣地頭職の成立と展開」（『茨城県史研究』一一号）。
（11）税所文書（『茨城県史料中世編Ⅰ』所収）。
（12）鴨志田昌夫「常陸国弘安二年『作田惣勘文』の一考察」（『茨城県史研究』一九号）。
（13）この文書の他の部分によれば、建保四年の時点で得永名四段六十歩が存在していたことは明らかである。だとすれば「建保四年目録」には名主給、鹿島神田、それに定田等とともに得永名が記載されていたと思われる。常陸国大田文は「建保四年目録」から得永名のみを除外したことになるが、これは文治年間、「預所善清依任其意」て、はじめから預所名を一国平均役の賦課対象からはずしておいたものと思う。
（14）網野善彦「『職』の特質をめぐって」（『史学雑誌』七六―一二）。

(15) 田沼睦「中世的公田体制の展開」(『書陵部紀要』二一号)。
(16) 入間田宣夫「郡地頭職と公田支配」(『日本文化研究所研究報告』別巻第六集)、「公田と領主制」(『歴史』三八号)、『シンポジューム日本歴史6荘園制』。
(17) 田沼氏前掲論文。
(18) 鴨志田氏前掲論文。
(19) 吉澤秀子「常陸国竹来郷調査記」(『月刊歴史』三三号)を参照。
(20) 『新編常陸国誌』には「此地(＝高久)、旧原方村ヲ併セテ、高久原方村ト云ヒシガ、正保元禄間分レテ二村トナル」とあり、江戸初期には高久、原方合わせて一つの行政村落であったことは明らかである。
(21) 岩渕土佐氏蔵明治初年高久村絵図と鈴木氏蔵昭和十二年作成原方村地籍図を合わせて作成した。
(22) 小山氏前掲論文。
(23) 永原慶二「中世村落の構造と領主制」(『中世の社会と経済』所収)。
(24) 文永六年沙弥敬念譲状(真壁文書)。
(25) 本文引用文書。
(26) 年不詳荒野開墾免許状断簡(香取文書)。
(27) 小山靖憲「初期中世村落」(『講座日本史』2所収)。
(28) 吉田神社文書。

## 三、陸奥国好島庄の公田

（１）預所伊賀氏、地頭岩城氏の各所領と、その地理的条件

陸奥国好島庄に関してはすでに何人かの方々が研究論文を発表している[1]。この荘園の成立、領有関係、庄官組織等々全体的な問題については先行諸論文を参照してもらいたい。本稿においては特に一分地頭好島氏の所領、浦田村、好島田村内の荒廃公田の再開発の問題を中心に論じたい。そのためには一応以下の行論に必要と思われるいくつかの点について、前の諸論文を参考にしつつ確認することからはじめたい。

（１）好島庄の成立年代は正確には判らないが、後三年役前後と思われる。又、十世紀段階における岩城郡は後に楢葉郡、岩城郡、岩崎郡、それに好島庄の四つの中世的郡・庄に分割され、特に好島庄は旧岩城郡の主要機能がとり込まれて荘園化したものと思われる。

（２）地頭岩城氏は、常陸大掾国香の後裔成衡（又は則通）が奥州藤原清衡の養女を妻として平安後期に磐城地方に定着した頃からこの地の在地勢力として成長したらしく、その一族は先にあげた中世的郡・庄が分出してくるとともにそれぞれ郡名を名乗るようになる。さらにその一族は各郡内の郷・村地頭として現れ、強固な物領制的組織をもってこの地方一帯を支配していた。

（３）好島庄は東・西二庄からなり、預所については、東庄はほぼ一貫して千葉氏（大須賀氏）であるが、西庄は千葉氏→三浦氏、そして宝治元（一二四七）年以降伊賀氏が継承している。

（４）荘園領主は名目上石清水八幡宮であるが、実質的には鎌倉幕府であり、関東御領の一つである。

## 第　一　表

| 宝治2（1248）年 | 永仁2（1294）年 | 正和4（1315）年 | 嘉暦2（1327）年 |
|---|---|---|---|
| 光完──→光綱 | 頼泰──→光貞（光綱の孫 光泰の子） | 頼泰──→光貞 | 光貞──→盛光 |

宝治2（1248）年　預所職
（イ）小谷佐子（作）／仏崎（荒野除*）／今新田

永仁2（1294）年　預所職
（イ）→ 領家分
飯野郷之内付
（ロ）河中子／北　目／新　田／矢河子

正和4（1315）年
（ロ）→ 河中子／北　目／新　田／矢河子
（ハ）浦　田／好島（田）／つつらを（葛尾）／はな関／東　目

嘉暦2（1327）年
領家分・（ロ）──→ い井のゝ村預所職
（ハ）──→ よしまの村預所職

| 〈出典〉 | 伊賀光宗置文 ⑥ | 伊賀頼泰譲状 ㉓ | 頼泰譲状**（諸根樟一「石城郡町村史」所収文書） | 伊賀光貞譲状 ㉗ |
|---|---|---|---|---|

〈備考〉
* 仏崎荒野分は光綱の子，光隆から孫光清へ伝領（将軍家政所下文⑮）
** 頼泰から光貞あての譲状は永仁2年のものと合わせて2通ある。しかもこの文書は「福島県史」所載の飯野文書中にはみられない。しかし，伊賀頼泰から白河の女子，とよまの御前にとよまの村を譲った譲状（白河証古文書）と同年同日付であることから信頼のおける文書と考える。

（5）預所の職掌は国衙行政権と同質の権限をもち、公田の掌握、社寺造営役の催促等を行う。又預所伊賀氏は石清水八幡宮の末社である飯野八幡宮神主職をも兼帯する。

以上の五つの確認点に加えて、好島西庄に限り、預所伊賀氏と地頭岩城氏の各所領とそのあり方を概観したい。

第一表は、鎌倉時代、伊賀氏の譲状にあらわれる村々である。又、ここに現れる各村は飯野文書中に記載される、少なくとも南北朝期までに好島西庄に存在した村の全部であり、この他に地頭岩城氏が排他的に支配している村はない。永仁二年伊賀頼泰譲状案にある「領家分」とは石清水八幡宮の直轄領――実質的にはその末社として勧請、建立された飯野八幡宮の直轄領――と考えられ[2]、具体的には表の（イ）小谷作、仏崎、今新田がそれにあてられると思う。又、この譲状にある表の（ロ）の部分は「飯ひ郷之内付河中子北目新田矢河子」とあり、一括性がある。これは宝治二（一二四八）年伊賀光宗置文[3]にある「当庄内地頭預所兼行在之」と無関係ではないと思う。確認点の一つにあげた如く、伊賀氏は預所として公田の把握、社寺造営役の催促を行う。と同時に地頭として下地を管領し得る部分があったのである。このような預所職、地頭職を共に兼帯し得た部分が実は表の（ロ）河中子、北目、新田、矢河子の各村であったものと考える。以上の（イ）小谷作、仏崎、今新田、（ロ）河中子、北目、新田、矢河子の各村はそれぞれ飯野八幡宮直轄領、あるいは「地頭預所兼行」の村として伊賀氏が排他的に支配し得る部分である。

　ゆつりわたす所りやうの事、三郎もりみつ
　ひたちの国いしわらたのかうのちとうしき、みちの国よしまのしやうのうちい井の、村、ならひによしまの村
　のあつか所しき
　　（後略）

これは嘉暦二（一三二七）年伊賀光貞譲状であるが、これには「い井の、村、ならひによしまの村のあつか所しき」としか記されていない。他の史料[4]には「飯野郷内今新田村」あるいは「飯野村内今新田」とあり、この譲状にある「い井の、村」「よしまの村」と前記した小谷作以下の各村とは次元の異なる性格をもっている。「い井の、村」預

所職とは前述した伊賀氏が排他的に支配し得る各村に対する支配権を表現したものであり、一方「よしまの村」預所職は表の（ハ）好島（田）、浦田、つつらを（葛尾）、はな関に対する預所伊賀氏の一定の支配権を表現したものである。（ハ）の各村については、明らかに好島（田）、浦田、葛尾が岩城一族壱分地頭好島小三郎泰隆の所領としてあらわれる。(5) はな関についても同様に一分地頭鼻関四郎基隆が存在する。(6) すなわち（ハ）の好島（田）、浦田、葛尾、鼻関の各村はそれぞれ岩城一族の者が地頭領主権を行使すると同時に、預所伊賀氏による荘園領主支配権からも免れてはいない。いわゆる職の重層関係が存在するのである。実際に浦田、好島田に関して正和三（一三一四）年、預所代沙弥覚乗により検注が実施されている。(7) ただし、葛尾村については「建長年中実検之時、始引募給田之間、毎年勘析絹弐疋、可致沙汰之由」預所、地頭相互に契約がとりかわされ、以後検注のことがなかったようである。(8) 以上、嘉暦二年伊賀光貞譲状の「い井の丶村」預所職は伊賀氏の排他的支配が行われている部分で、職の重層関係は存在しない。「よしまの村」預所職の表現するところは、預所職、地頭職をそれぞれ伊賀氏、岩城氏が分有しており、伊賀氏については上級支配権のみの行使を意味している。逆に岩城氏にとってはこの部分こそが西庄にあっては、自己の所領だったのである。最後に残された東目村は岩城氏惣領家の所領であり、徳治二（一三〇七）年、「然則除預所名久枝田畠在家等、於東目村下地以下所務者、止預所綺、避与于地頭、然者為地頭沙汰、毎年十二月廿日以前、可運上佰陸拾貫文銭賃於飯野政所也」(9) という条件で、預所との間で下地中分が行われた。東目村は地理的な面からみて「よしまの村」には含まれなかったようである。

ではこれらの各村々の地理的位置関係はどのようであるか。図Ⅱは国土地理院五万分の一の地図であるが、この中に中世の各村を比定すると図の如くになる。常磐線平駅より南一帯が市街地の中心となっている。駅のすぐ裏側が旧

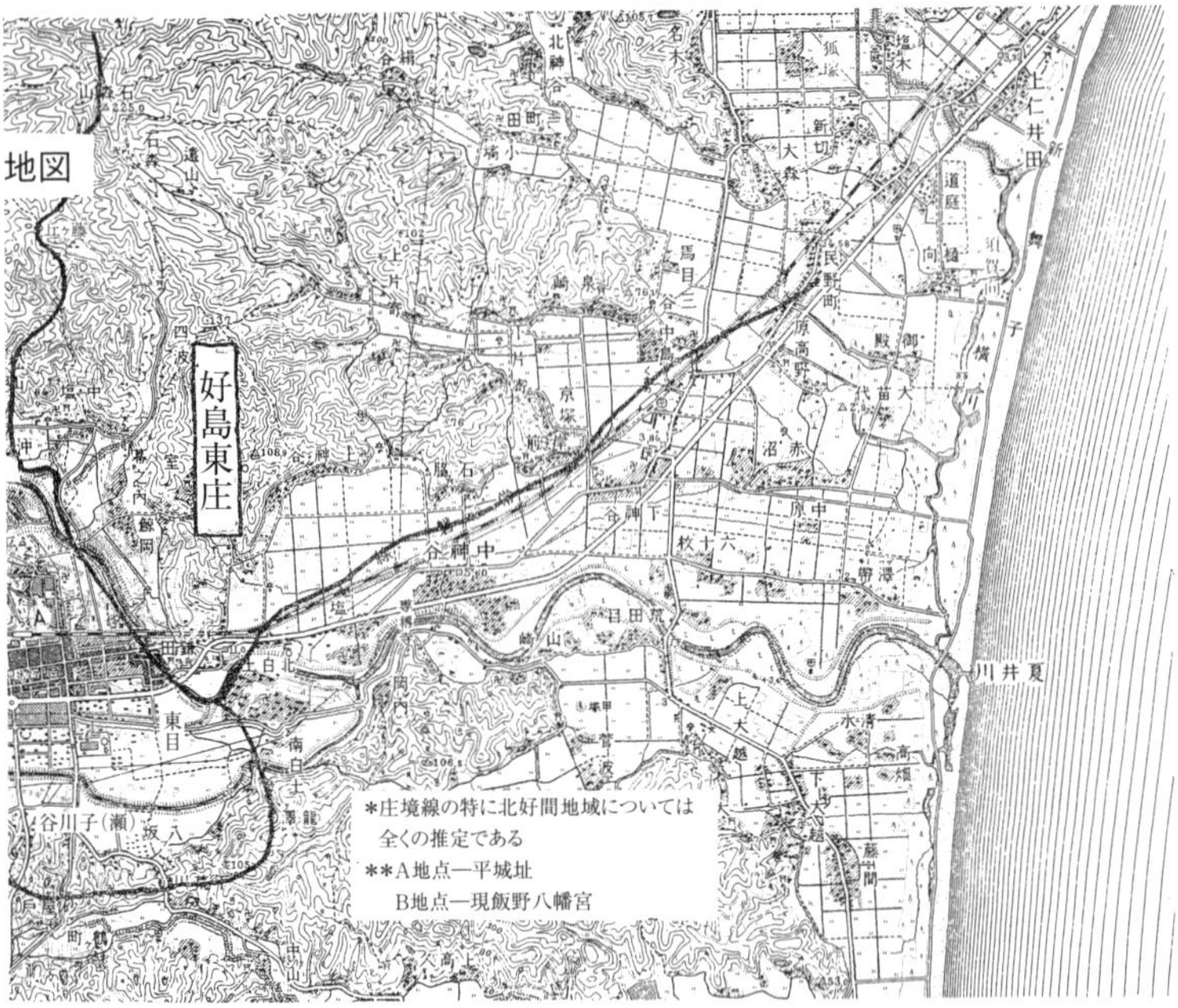


平城本丸址で、これとさらに八百メートル西にある現飯野八幡宮を二つの焦点とする楕円形状にほぼ四〇～五〇メートルの高程をもつ台地が、南西部の御台境、大館に続いて中央部にはり出している。この楕円状（舌状）台地の南東に夏井川、南にその支流である好間川が流れている。注目すべき点は、この舌状台地を囲むようにして預所伊賀氏の所領、小谷作、今新田、河中子、矢河子、仏崎等があり、台地上は図Ⅲで明らかなように、伊賀氏の「預所地頭兼行」の村、北目の中心部なのである。この台地上には中世の飯野八幡宮（平城本丸址の地点であった）、又、現飯野八幡宮裏、高月の地に伊賀氏の館[10]が存在したことなどからして、預所伊賀氏はこの台地を拠点に、周辺の各村を所領として配していたことと思われる。一方、岩城（特に好島）氏の所領の中心は好間川に沿って西方に深く入り込んでいる。これらの点に関して、図Ⅲを参照しつつより詳細にみてみよう。この図は明治十七年作成の上好間村、中好間村、下好間村、それに北

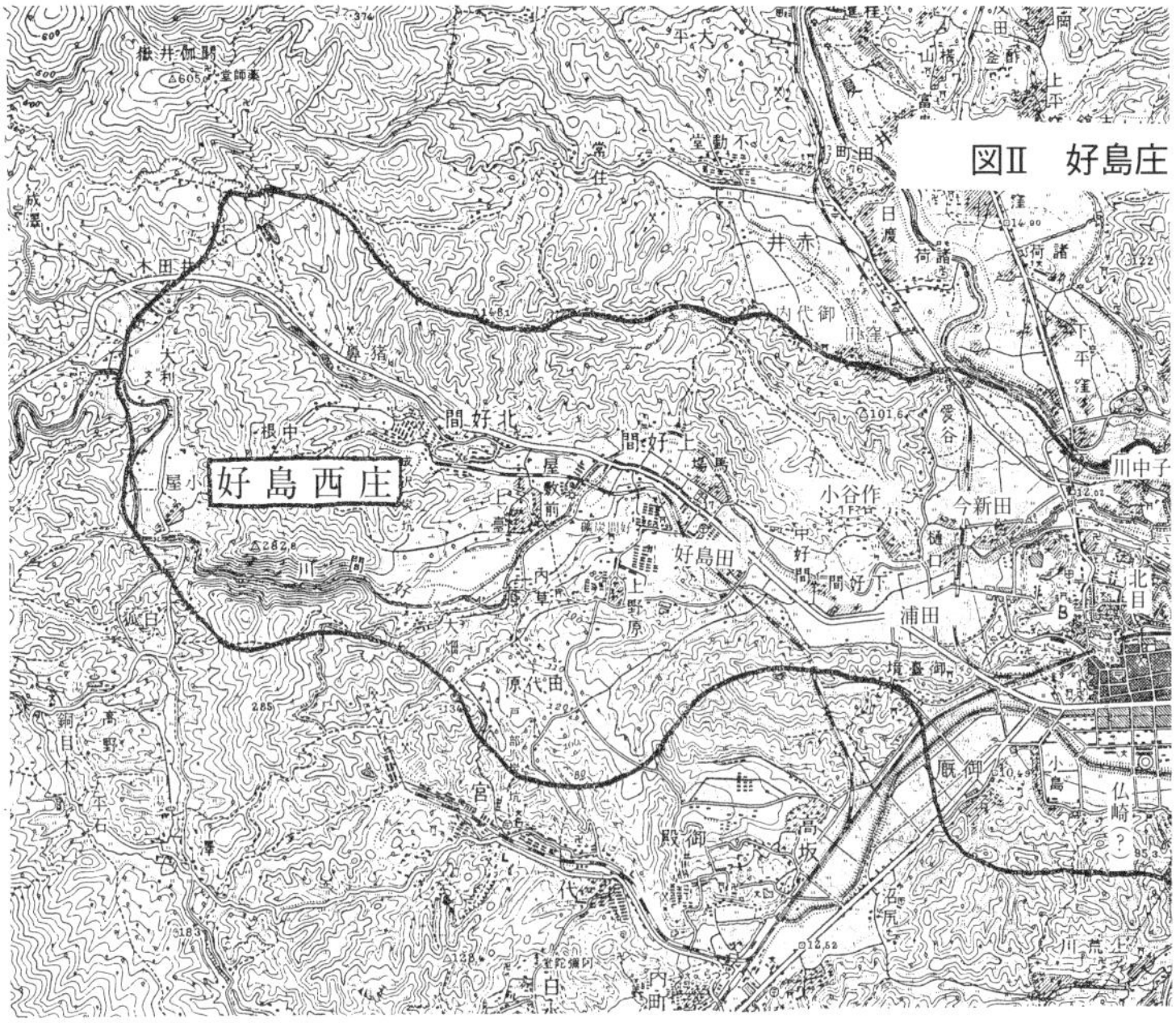


図Ⅱ　好島庄

目村の字限図(11)を参照して作成したものである。これは近世の集落、耕地の形態を示すものであって、これをもって直ちに中世の集落、耕地の形態をおしはかることには危険がある。特に北目村の部分は、関ヶ原の合戦後、慶長七年、関東方の有力武将鳥居氏の入部とともに平城の築城が行われ、以後内藤氏、安藤氏の城下町の中心部分となっていたため、地形その他かなりの変化があったものと思われる(12)。このような点をさし引いて考えるならば以下の行論に役立たせることも可能であろう。上好間、中好間、下好間の各村については、好間川の氾濫にともなう変化以外はほぼ中世の様相をそのまま残しているものと考える。図Ⅲでまず注目すべき点は、今新田村の石平、二ノ坪、埴(ネバリ)坪、五反田、平倉、上堤、六十ノ前、露重、入ウ田、荒田、稲荷坪、畑合等と、下好間村の渋江、味噌萩、鬼越、日影町、手倉等にみられる耕地形態である。つまり古代律令制下の条里制耕地の遺構を示すものではないかという点である。木田一、高萩

今新田

(1)姫子内　(2)石平　(3)二ノ坪　(4)埴(ネバリ)坪　(5)五反田　(6)平倉　(7)稲荷坪　(8)二枚橋　(9)六十ノ前　(10)上堤　(11)荒田　(12)畑合　(13)正当　(14)露重　(15)入ウ田　(16)宮西　(17)宮下

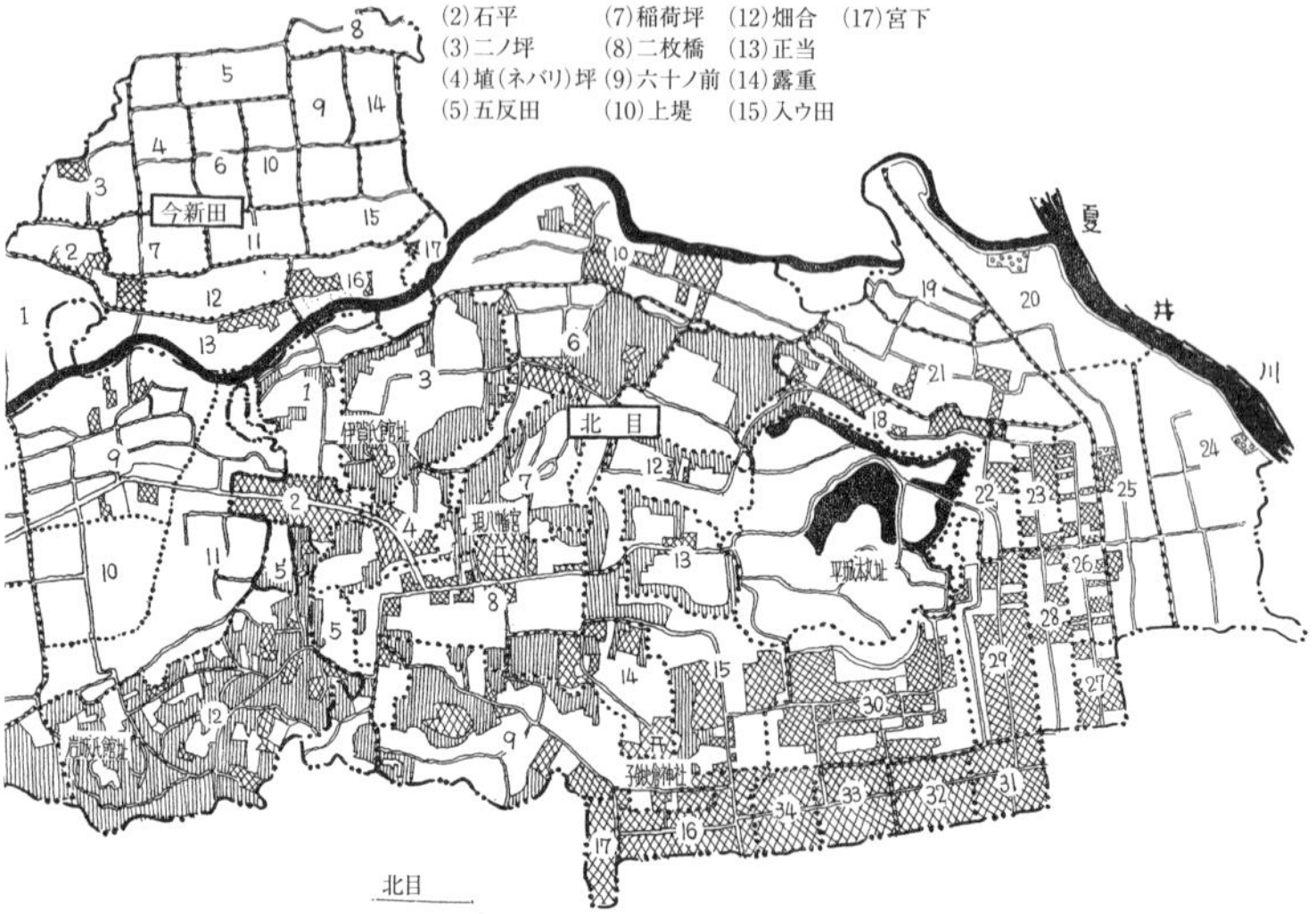


北目

(1)七軒町　(2)久保町　(3)高月　(4)道場小路　(5·5′)大館　(6)胡摩沢　(7)六人町　(8)八幡小路　(9)鍛治町　(10)北目町　(11)桜町　(12)杁平　(13)六間門　(14)揚土　(15)擂槌小路　(16)紺屋町　(17)研町　(18)四軒町　(19)紅葉町　(20)権現塚　(21)梅ヶ町　(22)柳町　(23)鷹匠町　(24)手搦　(25)九品寺前　(26)仲間町　(27)大工町　(28)番匠町　(29)白銀町　(30)田町　(31)四町目　(32)三町目　(33)二町目　(34)一町目

精玄の両氏は今新田についてはもとより、鈴木貞夫氏はさらに下好間地域についても条里制耕地の遺構であるとしている。[13]一方、永原慶二氏は「その地名の『今』『新田』などの呼称からして古代以来連続して存続する条里制耕地と断定することを躊躇させるものがある」[14]として否定的である。にわかに断定しがたいが、しかし前述した如く、好島庄は律令制下の岩城郡の主要機能をとり込んで荘園化したものらしく、だとするならば郡の中心地はこの地方にあったものと考えなければならない。また北目村揚土に鎮座する子鍬倉神社は磐城郡七座の一つとして『延喜式神名帳』に載せられている神社、すなわち式内社の一つなのである。[15]『延喜式』作成以前にこの地方は一定程度の開発がなされていたことを想定しておかなければならないのである。又、数

図Ⅲ　好島西庄主要地域地籍図

～明治16年北目・今新田・下好間・上好間各字限図より作成～

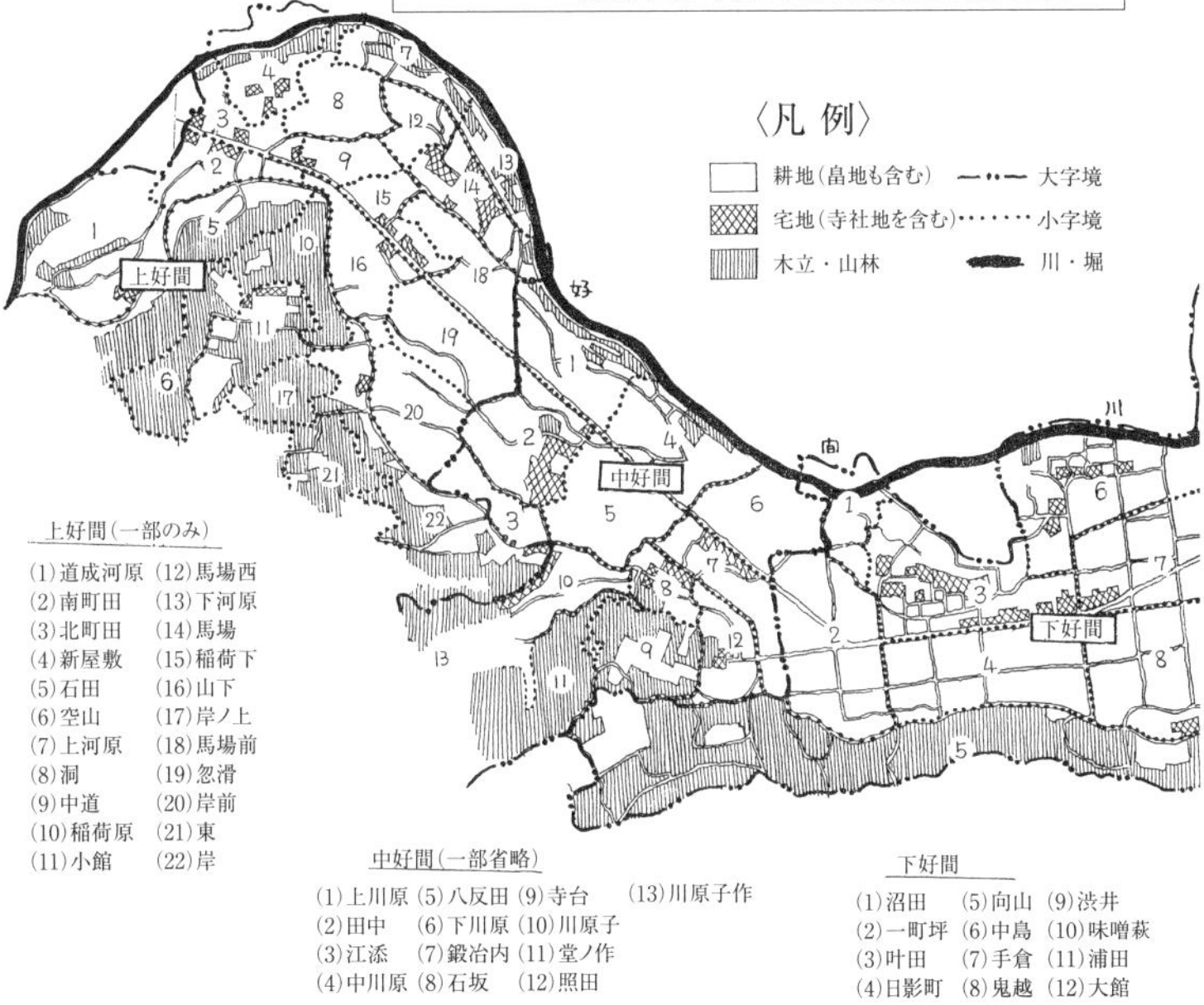


字坪の呼称がないことを理由に条里制耕地の存在を否定的に考えるものがあるとするならば、むしろ逆にその点こそ積極的に評価できるのである。小山靖憲氏は常陸国真壁郡長岡郷の条里耕地の分析を行う中で、「この地域が現在でも相当に水はけの悪い低湿地であり、これに古代・中世における人工堤防の欠除という条件を考慮すれば、古代解体期＝中世成立期に条里制耕地が幾度か荒廃し、その再開発がくりかえし行われてきたはずであり、しかも中央から遠く離れた東国においては、条里制が十分根付いていなかったために、条里坪付が早期に忘れ去られた」[16]として、数字坪の早期廃絶をより積極的に評価している。好島庄の条里制遺構と思われる地域は好間川沿いの水はけの悪い低湿地であり、長岡郷の条里耕地の地形とよく類似している。以上の点

から、今新田、下好間のこの地域には条里制耕地が存在していたものと思う。

さて、次節で考察する荒廃公田の再開発が行われた好島氏の所領、浦田村、好島田村はどこに比定されるであろうか。この二ヶ村が史料上、「浦田好島田」と一括してとり扱われている場合が多いことからして、まず隣接した村落ではないかと推測される。下好間村に小字として浦田が存在する。それより東側は伊賀氏の所領（北目）であるから、中世の浦田村は近世の下好間村の小字浦田を含め、それより西側一帯――近世の下好間村全体が充てられるのではないか――と考える。好島田はそれに隣接して、さらに西側と考える。中好間村の小字照田には「くもん田」と呼ばれる耕地片がある。これは正和三（一三一四）年好島庄好島田検注目録注進状案[17]にある「公文給田伍段」そのものではないだろうか。又、川原子、川原子作はこの地域では最大のヤトであり、最も古い集落がある。以上、はなはだ弱い根拠ではあるが、一応、近世の下好間村を中世の浦田村、中好間村（上好間村の一部を含むか）を中世の好島田村と想定しておきたい。

## （2）荒廃公田の再開発と山相論

（前欠）其外常々荒野者、任承久御下文、通信早可令開作云云、爰泰隆（好島）所領好島浦田内公田数拾町荒廃之処、号不作、不済所当之間、年貢闕怠之基也、且当庄東方預所通信已給打引御下知之間、准彼例、光泰（伊賀）所申非無子細、然者於泰隆知行分公田荒廃跡者、相互為打引、可致其沙汰焉、（後略）[18]

文永六（一二六九）年の関東下知状である。これをもって、村地頭好島小三郎泰隆の所領好島田村、浦田村内荒廃公田の再開発の問題が起こってくる。地頭泰隆が「好島浦田内公田」が、「荒廃」してしまったことを理由に「号不作」し、年貢を納入しない事に対して預所伊賀光泰が幕府に訴えている。伊賀光泰は東方預所通信の例にならって、荒廃部分の「打引」＝再開発[19]を願い出ている。それに対して幕府は「於泰隆知行分、公田荒廃跡者、相互為打引」を命じている。すなわち預所伊賀氏と地頭好島氏の両者でお互いに再開発を行えというのである。この際、荒廃部分が地頭好島泰隆の「知行分公田」であったことが重要である。つまり、地頭好島氏の所領であっても、公田年貢を闕怠する場合には、預所伊賀氏が下地に深く関与することができたことを示している。「公田の論理」がみごとに貫徹されているのである。永原慶二氏はこの公田の荒廃化について、「現実にすべて荒廃・不作であったかどうか疑しい。またかりに荒廃していたとしてもそれが自然災害等による不可避的なじっさいの荒廃であったかどうかも疑問である」とし、公田を年貢免除となる「地頭別名」に切りかえるため、地頭好島氏が政治的、恣意的に荒廃させたものと考えている。[20]しかし、この公田が現実に荒廃していたこと、そしてそれが自然の災害＝好間川の氾濫によったであろうことはほとんど疑問の余地がない。なぜなら、正和三（一三一四）年の好島庄浦田検注目録注進状案、[21]好島庄好島田検注目録注進状案[22]にそれぞれ「田数弐拾町捌段三合内除荒野打引久枝定」、「田数弐拾町玖段三合内除荒野打引定」とある。「荒野打引久枝」と「荒野打引」が文永六年の幕府の裁許に基づき再開発された田地であることに間違いはない。特に「荒野打引久枝」についてに、前に引用した徳治二年岩城隆衡和与状に「然則除預所名久枝田畠在家等」とあり、預所伊賀氏が荒廃公田を再開発し、それを預所名久枝に編入した事が判るのである。そしてこの浦田、好島田内の荒廃公田の再開発の問題は鎌倉幕府滅亡後、貞治三（一三六五）年から応安三（一三七〇）年にかけて再燃し、伊賀（＝

飯野）氏と好島氏との間に大きな対立が生じている。この事については後述するとして、その時の史料にも「浦田好島田打引之田七町」[23]とあり、この公田の荒廃化が現実のものであること、また裁許に基づき実際に再開発が行なわれたことは全く明らかである。

入間田宣夫氏は、さきにあげた正和三年の浦田村検注目録と文永六年の下知状を引用し、預所代沙弥覚乗による浦田、好島田の検注の目的は単に「本田つまり公田四丁一反七合十二歩（内一反は年貢免除）とそれにもとづく御年貢帖絹四疋（町別一疋）・口籾六石三斗一升六合五夕（反別一斗五升五合）の把握」にあり、「地頭が展開する領主制の実体的内容について全く捨象して」いると述べている。そしてこのことは「岩城泰隆が好島、浦田等において強力な下地支配を展開」しており、預所伊賀氏が浦田、好島田の下地に関与する余地がなく、したがって公田は年貢賦課の対象ではあるが、下地の実体を伴ってはおらず、預所はただその田数のみを掌握するにすぎないという結論が導き出される。[24]伊賀氏が地頭好島氏の所領の下地に関与していたことはすでに述べた。それではこの公田は全く実体を伴わないものであろうか。否である。荒廃公田の所在が不明確で、どうしてその部分の再開発を行なうという問題が起こり得るであろうか。浦田、好島田内で一度に数拾町が荒廃するような情況で考えられ得ることは、好間川の氾濫以外にない。ここで注意すべき点は、前に想定した条里制耕地の存在である。好間川流域に存在した条里制耕地を中心とした一定地域が好間川の氾濫により荒廃化し、それが史料上に「好嶋浦田内公田数拾町荒廃之処」と表現されたものと考える。現在、好間川流域の耕地は北側の山際に沿って流れる好間井を唯一の用水としている。しかし、好間井は近世に開さくされたものであり、中世においては山から流出する天水を利用していたはずである。用水源となる山は、現在では鉄道あるいは道路によって分断されているが、当時においては下好間の向山、大館と続き、さらに北目の道場小路、高月へと連なっていた。そして高月には前述した如く伊賀氏の館があり、又、大館の（イ）地点には岩城氏の館があった[25]ことを考え合わせると興味深いものがある。

飯野文書中には正応三（一二九〇）年の関東下知状を初見とし、以後貞和二（一三四六）の沙弥某・左ヱ門尉某連署奉書まで約半世紀の間に九通の山相論関係の文書が残されている。[26]預所伊賀氏（頼泰、光貞、盛光の三代にわたる）と地頭好島氏（盛隆、隆清、泰行それに新兵ヱ尉の四代にわたる）、地頭鼻関氏との間で争われた相論である。

陸奥国岩城郡好島庄西方預所式部孫右ヱ門尉頼泰与地頭好島小太郎盛隆相論山事、

右、東方預所与地頭先年致相論之刻、於山者、建長六年預所蒙御下知畢、任彼例可被裁許之旨、頼泰就訴申、及訴陳畢、而件訴陳状等、依令紛失、帯陳状可参決旨、下三箇度召文之処、盛隆不参之間、遣雑色之刻、如奉行人時連代善勝執進、盛隆今年六月廿一日請文者、山沙汰事四月下旬之比、令進代官又太郎畢云云、者如請文者、進置代官之由、雖載之、不能参対之間、為矯餝歟、而盛隆違背度々召文之条、難遁其科、然則任頼泰申請旨、於件山者、准東方之例、可令致沙汰之状、依鎌倉殿仰、下知如件、

正応三年九月十二日

陸奥守平朝臣（北条宣時）（花押）
相模守平朝臣（北条貞時）（花押）

正応三年の関東下知状である。山の帰属をめぐって、預所伊賀氏が東方の例――当然預所による山の領有権を認めたものであろう――にならって下知されるよう訴えている。幕府側の訴陳状紛失等の事情があるが、結局、好島氏が再三の召文に従わないことを理由に預所伊賀氏の勝訴におわる。元来、この山が伊賀氏のものなのか、好島氏のもの

**第二表**

| 年　代 | 内　　容 | 出　典 |
|---|---|---|
| 正応三年（一二九〇） | 預所伊賀頼泰と地頭好島盛隆山につき相論す。盛隆は召文に違背す、山は東方の例に准じ沙汰すべし。 | 関東下知状 |
| 正和五年（一三一六） | 預所伊賀頼泰代素心、山につき訴状を提出す、これを受け、一分地頭鼻関四郎に対し召文を発給す。 | 沙弥某召文 |
| 元亨四年（一三二四、一二、七） | 預所伊賀頼泰子息光貞代義直、地頭好島隆清（盛隆の子息）子息泰行と好島山につき相論す。正応の下知状に任せ預所光貞沙汰すべし。 | 関東下知状 |
| 正中元年（一三二四、一二、二三） | 預所伊賀頼泰子息光貞代義直、一分地頭鼻関基隆と好島山につき、相論す。正応の下知状に任せ預所光貞に沙汰すべし。 | 関東下知状 |
| ＊正慶元年（一三三二、八、一八） | 預所伊賀盛光（光貞の子息）代祐円、地頭好島泰行、正応の下知状に違背し、好島山の押領を訴え、本御使の入部をもって好島山の打渡を要求す。 | 伊賀盛光代祐円申状 |
| 同日付 | 預所伊賀盛光の訴状を受け、本御使結城宗広に対し、現地入部と好島山の打渡実施を命ず。 | 中務大輔施行状 |
| 建武五年（一三三八） | 預所伊賀盛光、御使相馬親胤より山等を打渡される。 | 相馬親胤打渡状 |
| 暦応二年（一三三九） | 預所伊賀盛光、御使法眼行慶より好島山を打渡される。 | 法眼行慶打渡状 |
| 貞和二年（一三四六） | 預所伊賀盛光代盛清、好島山につき訴状を推出す。これを受け、好島新兵ヱ尉に対し、参上すべきことを命ず。 | 沙弥某・左ヱ門尉某連署奉書 |

＊この日付は「端裏書」である、中務大輔施行状と考え合わせるならば、この文書の提出日付はこれより前でなければならない。

なのかこの文書では明確ではない。ただ好島氏の「不参」を理由に幕府は伊賀氏の領有を認めているのである。以下ほぼ同様の内容をもつ文書が八通ある。それを整理したのが第二表である。

ここでまず明らかになることは、常に預所側から訴状が提出され、その都度幕府は地頭側に参決を促す召文を出している。にもかかわらず、地頭側はサボタージュを続け、おそらく実質的にはいろいろ困難な点がありながらも好島山の領有を続けているものと思う。そして地頭側が召文に応じないのにはそれなりの理由があったと思われる（後述）。次にこの好島山を論地として伊賀氏対好島氏、伊賀氏対鼻関氏という二つの相論が同時に進められていることは注目に値する。(27)好島山とは好島地方の山の意味で、伊賀氏対好島氏、鼻関氏はそれぞれ好島山のある特定地域の山をめぐって相論していたものと考えられるのである。ではその特定地域とはどこであるか。鼻関村の所在が判らないため、こちらの方は手がかりがない。しかし、伊賀氏と好島氏との山相論については、前述した浦田、好島田の荒廃公田の再開発と決して無関係ではないものと思う。というのはさきに想定した好間川沿いの条里耕地＝荒廃公田の再開発を遂行するためには北側の山からの小流、あるいは湧水の確保が不可欠の条件であった。伊賀氏と好島氏との間の山相論はこの用水源の確保をめぐる争いを示しているのである。以上の点を考慮するならば、この相論の対象地域は伊賀、好島両氏の所領が接する地籍図の下好間村の向山、大館とそれに続く北目村の平大館（三ヶ所に飛地）、道場小路、高月一帯の山であったと思われる。現在、小字名大館が下好間村、北目村を問わずこの付近一帯に入組み、散在している事実はあるいはこの時期の山相論、打引の田に関する伊賀氏、好島氏の対立を何らかの形で反映しているのではないかとも考えられる。(28)伊賀、好島の両氏がさきにあげた高月に存在する館、大館にある館をそれぞれ拠点として開発を進めようとするならば、当然この付近一帯が重要な用水源となるはずである。地頭好島氏にとってこの山の領有権を放棄することは、自己の所領内の荒廃公田の再開発のみならず、見作耕地の経営の破綻にもつながりかねない重要問題だったのである。預所伊賀氏と地頭好島氏の山をめぐる争いは以上述べたようなより具体的な内容を含んでいたのであり、単に「山をめぐる相論の内容は、おそらく預所の進止に属する山野に対して地頭側が制止を無視して立入り、用益したことにかかるものであろう。あるいはこれも『荒野開発』の対象にくりこもうとした[29]」ものではないと思う。

それでは、伊賀、好島両氏にとって荒廃公田の再開発は何を意味していたのか。

陸奥国好島庄預所式部次郎右ヱ門尉光泰与当庄壱分地頭小三郎泰隆相論荒野所当事、右、訴陳之趣子細雖多、所詮、件所当事、如建保三年下文者、開発常々荒野、為地頭別名、三箇年以後免除雑公事、可弁済町別所当・准布拾段之由載之、而地頭所開発之荒野参町也、宝治以後所当弁済之由、光泰令申之処、為地頭別名之間、預所不可相綺之由、泰隆雖申之、可弁所当之条分明也、仍可弁済之由、文永六年被裁許畢、

（後略）

これは文永九（一二七二）年の関東下知状[30]であるが、これによれば好島氏は建保三（一二一五）年以前から荒野の開発を行っていた。伊賀氏の預所職補任以前からである。この開発地の所当をめぐる争いに対する裁許がすでに文永六年の関東下知状によってなされているが、その詳しい内容は判らない。さきに引用した文書の欠損部分に加えられていたものと思われる。つまり、前の浦田、好島田の荒廃公田再開発の件とは別項目の事項なのである。しかも前述したように伊賀氏の預所職補任よりかなり以前からの開発であることを考えると、この荒野の「地頭別名」化をもって単純に地頭好島氏による預所伊賀氏の支配権に対する侵害であると考えるのは早計ではなかろうか[31]。ともあれ、地頭による荒野開発は「三箇年以後免除雑公事」され、「地頭別名」として扱われるのである（ただし所当は免除されない）。すなわち、下地について預所が直接関与する余地が全くなくなるのである。浦田、好島田の荒廃公田の再開発

についても全く同じことが云える。地頭の再開発部分は「地頭別名」として、預所の再開発部分は「預所名久枝」として、それぞれ他からの下地関与を許さない。すなわち、浦田、好島田の荒廃公田に従来存在していた職の重層関係が崩壊したことを意味する。換言すれば、すくなくとも第二章で述べた荘園年貢、雑公事賦課対象としての「公田」が消滅したことを意味するのである。このことについては、さきに述べた岩城氏の所領東目村の下地中分にも同じことが云える。ここで看過し得ないのは浦田、好島田にしろ、東目村にしろ全て岩城一族の所領で問題が生じている点である。岩城一族は鎌倉幕府成立以前にすでに開発領主としてこの地方に勢力を持っていたのであり、永原氏の言[32]をかりれば、「在地の経済的諸関係に密着し、その生産・流通機能のキーポイントをみずから掌握」していたのである。預所伊賀氏はこのように強固な岩城一族の支配権に「公田の論理」をもって切り込み、彼らの所領内に一定の下地支配の拠点を建設しているのであり、むしろ預所伊賀氏による地頭岩城一族への侵攻と考えた方がよい。この両氏の対立競合に関して、「荘園制的なものと封建領主的なものという、従来の図式的理解では処理」しきれず、「在地における領主制支配そのものにおける二つの道を示唆」するものだとする永原氏の指摘は重要である。すなわち、地頭岩城一族は「私的実力と現実的な経済過程に根をおろすことによって領主制支配」を進めたのに対し、預所伊賀氏は「公的権力として、制度的なものに依存しつつ支配」を進めたのである。ただし、預所伊賀氏の在地に対する支配の特長としてあげられた公的権力、あるいは制度的なものへの依存の意味を単に幕府の法廷であったり、飯野八幡宮神主としての神的権威等に留めてしまうなら、それは不十分であろう。伊賀氏の在地支配の特長は公的権力、制度的なもの（これらを集約して表現されるのが「公田の論理」）を最大限利用しつつ、実際には「私的実力と現実的な経済過程に根をおろし」ているのである。つまり荒廃公田の再開発等を通じて自己の領主制支配を強固にし、拡大しているのである。この点については前章で考察した真壁郡竹来郷における預所三善氏と地頭真壁氏の領主制支配のあり方にも共通している。あるいは関東御領における領主制支配の特質であるのかもしれない。

以上述べてきた如く、荒廃公田の再開発にせよ、好島山相論にせよ、実質的には預所伊賀氏の荘園領主権を梃子とした、地頭岩城一族の所領への侵出――重層的支配の対象である公田の直接的支配への切りかえ――という形を示している。これらのことにはそれなりの政治的背景があった。中央政局の場においては、執権時頼にはじまり時宗に至る間に、北条得宗家を中心に御内人（＝得宗被官）達によって運用される専制的な権力機構が構築されていた[33]。と同時にその権力を背景に北条氏所領の拡大が急速に行われてくる[34]。伊賀氏初代の預所光宗は鎌倉にあって政所執事の重職にあり、北条泰時の執権就任に際しては、これに反対していわゆる「伊賀氏陰謀事件」を引き起こしている。一時失脚するが、後に許され再び幕政に関与している[35]。その子孫達は、得宗被官とはならないまでも、北条氏とはかなり緊密な関係にあったものと思われる。得宗専制権力の強化、それにともなう北条氏所領の拡大。それと軌を一にして、中央政界での得宗権力との密着をはかりつつ、伊賀氏の所領も拡大されるのである。このような情況の中では、山相論に際して地頭好島氏が度々の召文にもかかわらず、「不参」したのはむりからぬことであろう。しかし、このことはまた預所伊賀氏と地頭好島氏との対抗関係のなかで、北条氏権力の崩壊によってもたらされる影響が大きいことをも意味する。鎌倉幕府の滅亡は地頭好島氏に文字通り失地回復の契機を与えた。預所伊賀氏は特に文永年中以後、直接的な在地支配の強化に鋭意努力してきたにもかかわらず、幕府滅亡後、貞治三（一三六五）年四月廿八日「伊賀備前守盛光申、陸奥国好島西庄内好島田浦田打引事、訴状具書如此、早可参決[36]」として、好島氏に召文が下されるという情況が生まれてきた。この召文に対して好島氏は、同年六月一日「打入神領、致押妨及放火狼籍[37]」といった実力行使を伴った猛烈な反撃にでたのである。この事件は、結局五年後の応安三年八月十日、岩城惣領隆泰の口入により、伊賀光政が「浦田好島田打引之田七町并在家六間[38]」を好島隆義（吉）に渡すことで結着がつけられた。預所伊賀氏と地頭好島氏の力関係の逆転を物語っている。この時、両氏の間でとりかわされた伊賀光政和与状[39]（案）と岩城隆泰請文[40]に「若被和与之義事候者、残打引一縁可被取申候」（光政和与状）、「もしわようのきを隆吉やふり候ハゝ、一き同心に七ちやう六けんのところおわたしつけ申へく候」（隆泰請文）と微妙な相違を示すのは興味深いものがある。とまれ、文永六年の関東下知状によってはじめられた荒廃公田の再開発田が少なくとも七町以上存在したわけである。

以上、荒廃公田の再開発、それにからむ山相論を中心に考察してきたわけであるが、ここからは決して公田が全く実体を示さないもの、あるいは預所伊賀氏がもつ国衙行政権と同質の権限は公田の員数の把握にあって、個別の村・郷地頭の下地支配に関与しないといった結論は出てこない。

さて次に考えなければならないのは、好島庄においてみられる公田は前章で考察した二つの公田――一つは大田文記載の「公田」、他は荘園年貢・雑公事の賦課対象としての「公田」――といかなるかかわりがあるのかということである。荒廃公田再開発の理由が「年貢闕怠之基」になるのを危惧した点にあったことは、荒廃以前の浦田、好島田の公田が荘園年貢・雑公事の賦課対象としての「公田」であったことを明示している。そして預所、地頭両者の再開発行為を通じてそれぞれ「預所名久枝」、「地頭別名」といったいわゆる領主的名の中にくり込まれ、荘園年貢・雑公事の賦課対象としての「公田」が消滅してしまう点は、前に述べた通りである。それでは大田文記載の「公田」との関係はどうか。もとより現在陸奥国大田文が発見されていないためかなり乱暴であるが以下の如く推測したい。一般的に大田文作成の基礎となったのは国衙検注の結果を集約、整理した文書類であったと考えられている。しかもその国衙検注の時期は鎌倉時代のかなりはやい時期であり、特に常陸国大田文に記載された真壁郡竹来郷の田数は前に指摘したように建保四（一二一六）年の預所による検注を基礎にしていた。また大田文記載の庄領（国衙領に対する）田数は淡路国大田文の場合も、能登国大田文の場合も立庄時の田数がそのまま記載されたものであった(41)。いずれにせよ大田文作成の基礎となる各種文書類は、鎌倉幕府が成立してくる過程で幕府あるいは国衙により整理され把握されたもののようである。この点を考えるならば、陸奥国においては以下の吾妻鏡文治五（一一八九）年九月十四日の記事は重要だと思う。

二品令レ求二奥州羽州両国省帳田文已下文書一給、而平泉館炎上之時、焼失云々、難レ知二食其巨細一、被レ尋二古老一之処、奥州住人豊前介実俊、并弟橘藤五実昌、申下存二故実一由上之間、被二召出一、令レ問二子細一給、仍件兄弟、暗注二進両国絵図一、并定二諸郡券契一、郷里田畠、山野河海、悉以見二此中一也、注二漏余目三所一之外更無二犯失一、殊蒙二御感之仰一、則可レ被二召仕一之由云々、

奥州藤原氏の討伐がほぼ完遂された時期に、頼朝は「奥州羽州両国省帳田文已下文書」を求めたが、それが「平泉館炎上」にともない焼失したことを知ると、新たに古老に命じ「両国絵図」と「諸郡券契」の注進を命じている。これらにより「郷里田畠、山野河海」のことが明確になったのである。一国平均役あるいは関東御公事役の賦課対象を確定する陸奥国大田文が作成されたとするならば、おそらくこの時の「両国絵図」と「諸郡券契」をその基礎としたであろう。だとするならば陸奥国好島庄において、幕府あるいは国衙により大田文記載「公田」として把握されるのは、この時の「両国絵図」と「諸郡券契」に記載されていた田畠ということになる。すなわち少なくとも平安末期にはすでに開発されていなければならないのである。、浦田、好島田内の公田は前述した如く律令制下から存在した条

里制耕地であると想定した。この想定に間違いないとするならば、少なくとも荒廃以前は荘園年貢・雑公事の賦課対象としての「公田」であると共に一国平均役、関東御公事役の賦課対象となる大田文記載「公田」でもあったと思われる。このような性格をもつ浦田、好島田の公田は荒廃以前においては班田農民の系譜をもち、在地領主に身分的家父長的な支配を受けない名主百姓のいわゆる「農民的土地所有権」が確立していた部分であると考えたい。これが好間川の氾濫により名主百姓による農業経営の破綻が生じ、以後、伊賀、好島両氏の手によって再開発が行なわれたのである。この時点で名主百姓達のもつ「農民的土地所有権」が剥奪され、各領主的名の中にくり込まれたのである。これが再三述べた如く、荘園年貢・雑公事賦課対象としての「公田」の消滅の内容である。ではこれに伴い大田文記載「公田」たる性格も消滅するのであろうか。決してそうではないと考える。なぜならこの大田文記載の「公田」こそ「領主の階級的結集の原理」[42]であり、中世を通じて役夫工米や大嘗会米賦課、さらには各種反銭、反米等いわゆる一国平均役賦課の基礎であり、関東御公事役の基礎となっていたからである。領主階級は国衙あるいは幕府に対していつの場合においても一国平均役、関東御公事役の上納を行なっていた。ただし領主階級は究極的にはその負担の主要部分を「農民的土地所有権」をもつ農民、すなわち公田耕作農民＝平民百姓から収取していたのである。この収取に責任をもっていたのが好島庄の場合は預所伊賀氏であり、真壁郡竹来郷の場合は預所三善（あるいは懐島）氏であった。彼らは荘園年貢・雑公事の賦課対象でもあるこの公田を、それがたとえ地頭の所領内にあるものであっても実体的に把握していた、あるいはしようとしたのである。また百姓達も自己をはっきりと公田耕作農民として意識していたことは前章で述べた通りである。しかし、好島庄の場合のように平民百姓の公田に対する「農民的土地所有権」が剥奪されるとその実体性は希薄になってくる。なんとなれば、それが従来から存在した領主的名の中に新しく加えられ一体化する。しかし、一国平均役、関東御公事役等の諸負担は特別な事情のない限り免れ得ないのであるから、惣領が一族の各庶子に対して所領の分割を行なう際に、同じくそれらの諸負担も彼らに何らかの形で配分されることになる。これが何代にもわたって行なわれるならば完全に公田の実体性は消滅してしまうのである。ここにおいてはじめて入間田氏が論ずるように公田が実体を示さず、単に領主の階級的結集の原理としてのみ作用し、また領主の所領の大きさを示す尺度となったのである[43]。

以上の点、はなはだ実証性に欠けるのだが、この間の事情を多少とも示しているのが次章で考察する岩崎郡金成村地頭岡本氏の所領内の公田であろう。

## 註

（１）佐々木慶市「陸奥国好島庄」（『文化』三号）、「陸奥国好島庄補考」（『東北学院大東北文化研究所紀要』二号）、庄司吉之助「中世における土豪地主の研究」（『土地制度史研究』所収）、若松富士夫「地頭領主制の展開」（『福大史学』六号）、入間田宣夫「郡地頭職と公田支配」（『日本文化研究所研究紀要』別巻第六集）、永原慶二「鎌倉時代の好島庄」（吉川弘文館日本歴史叢書月報18）、「領主制支配における二つの道」（『日本中世社会構造の研究』所収）。この他『福島県史１』。

（２）佐々木慶市前掲論文。

（３）飯野文書６（文書番号はすべて『福島県史資料編２』所載のものによる）。

（４）飯野文書80、95。

（５）飯野文書９、又、またこの文書にあらわれる「黒葛緒」と正和四年頼泰譲状の「つつらを」とは同一である。この点、貞和四年岩城行隆請文（飯野文書102）を参照してほしい。

（６）飯野文書25。

（7）飯野文書3、4。
（8）飯野文書11。
（9）飯野文書18。
（10）永正四（一五〇七）年二月廿二日の日付をもつ岩城親隆から飯野殿（＝伊賀氏）へあてた書状（飯野文書184）がある。たかゝつきの屋敷之替地として、仏崎をきに、藤本之打開田一丁、同宮のうしろのねきの方へのかいの地三反、合一町三反渡進之候、同ねわ《（きカ）》したの神りゃうのかいの地あかいに二反、皆を合一丁五反進之候、恐々謹言、
　これにより、高月の地に飯野（伊賀）氏の屋敷があったことは明白である。おそらく伊賀氏が現地に入部（実際に入部してきた時期は不明確であるが、一応鎌倉末期と考えられている）して以来、この地を本拠と定めたものと思われる。

福島県文化センター内歴史資料館所蔵、今新田に関しては『福島県史古代中世編』所載の地籍図を参照した。
（11）『福島県史古代中世編』。
（12）『福島県史近世編2』。
（13）『福島県史古代中世編』。
（14）永原慶二「領主制支配における二つの道」（『日本中世社会構造の研究』所収論文）。
（15）寛文年中になる葛山為篤著『磐城風土記』には「神名帳所載岩城郡神社七座大国魂、二俣、温泉、佐麻久峯、住吉、鹿島、子鍬倉是也、只有㆓其四座㆒、無㆓二俣、佐麻久峯、子鍬倉㆓之遺址㆒、飯野八幡宮在㆓郭内㆒」とあり、すでに江戸時代に遺址の所在が不明確となっているが、この舌状台地のいずれかの地に存在していた可能性が強いものと考える。この点、『福島県史古代中世編』参照。
（16）小山靖憲「鎌倉時代の東国農村と在地領主制」（『日本史研究』九九号）。
（17）飯野文書17、又、照田に接する山側は小字寺台であり、照田内には中世からの寺院が存在していたと云える。
（18）文永六年関東下知状（瀬野精一郎編『鎌倉幕府裁許状集　上』所載）。
（19）「打引」が開発の意味であることは若松富士夫「地頭領主制の展開」（『福大史学』六号）で明らかにされている。
（20）永原慶二前掲論文。

(21) 飯野文書3。
(22) 飯野文書4。
(23) 飯野文書159。
(24) 入間田宣夫「郡地頭職と公田支配」(『日本文化研究紀要』別巻六集)。
(25) 諸根樟一著『磐城文化史』参照、これによれば、岩城本宗家常朝の代、応永十四(一四〇七)年、築城に着手したといわれる。これを一応承認するとすれば、これより以前に岩城一族の者の屋敷があり、それを改補、拡充して築城のことが行なわれたと考えて不思議ではない。
(26) 飯野文書14 19 24 25 153 35 73 75 93。
(27) 元亨四年十二月七日、好島氏との相論に裁許が下り、その十六日後正中元年十二月二十三日には鼻関氏と相論に裁許が下っている(十二月九日改元)。
(28) 大塚一二氏は、下好間村の浦田と北目村の久保町、七軒町の間にははなはだしい入組み関係がみられることをこの時の開発と両氏の対立を何らかの形で反映しているのではないかとしている。
(29) 永原慶二前掲論文。
(30) 飯野文書9。
(31) 永原慶二前掲論文。
(32) 永原慶二前掲論文。
(33) 佐藤進一「鎌倉幕府政治の専制化について」(『日本封建制成立の研究』所収論文)。
(34) 北条氏所領の研究については、石井進「鎌倉時代『守護領』研究序説」(『日本社会経済史研究　古代中世編』所収)、「九州諸国における北条氏所領の研究」(『荘園制と武家社会』所収)、「鎌倉時代常陸国における北条氏所領の研究」(『茨城県史研究』一五号)、湯本軍一「北条氏と信濃国」(『信濃』一九―一二)、「信濃国における北条氏所領」(『信濃』二一―三)、豊田武・遠藤巌・入間田宣夫「東北地方における北条氏の所領」(『日本文化研究所研究報告』別巻第七集)等を参照。

(35) 幕府内における伊賀氏の動向については、吾妻鏡承久元年二月十四日、同閏二月二十日、同三月四日、承久三年二月十日、元仁元年閏七月三日、同七月二十九日、同八月二十九日、嘉禄元年十二月二十二日の各条を参照。
(36) 飯野文書142。
(37) 飯野文書144。
(38) 飯野文書159。
(39) 飯野文書159。
(40) 飯野文書160。
(41) 鴨志田昌夫「常陸国弘安二年『作田惣勘文』の一考察」(『茨城県史研究』一九号)。
(42) 入間田宣夫前掲論文。
(43) 入間田宣夫前掲論文及び「公田と領主制」(『歴史』三八号)。

## 四、陸奥国岩崎郡金成村地頭岡本氏所領の公田

### (1) 岡本氏所領とその伝領関係

岡本(金成)氏は鎌倉幕府の有力御家人(下野国権大介・守護)である小山氏の一族であり、また前章で考察した岩城氏とは同族関係にある岩崎氏の女、尼妙法との婚姻関係を契機として、その譲りをうけこの金成村(現福島県いわき市小名浜字金成)の支配者となった。この節では前章とのかかわり合いで問題となる公田(岡本氏の庶子六郎二郎知行分としてあらわれる)が岡本氏所領全体の中でいかなる位置を占めるのかという点につき、特に系図と所領伝領表

岡本氏系図

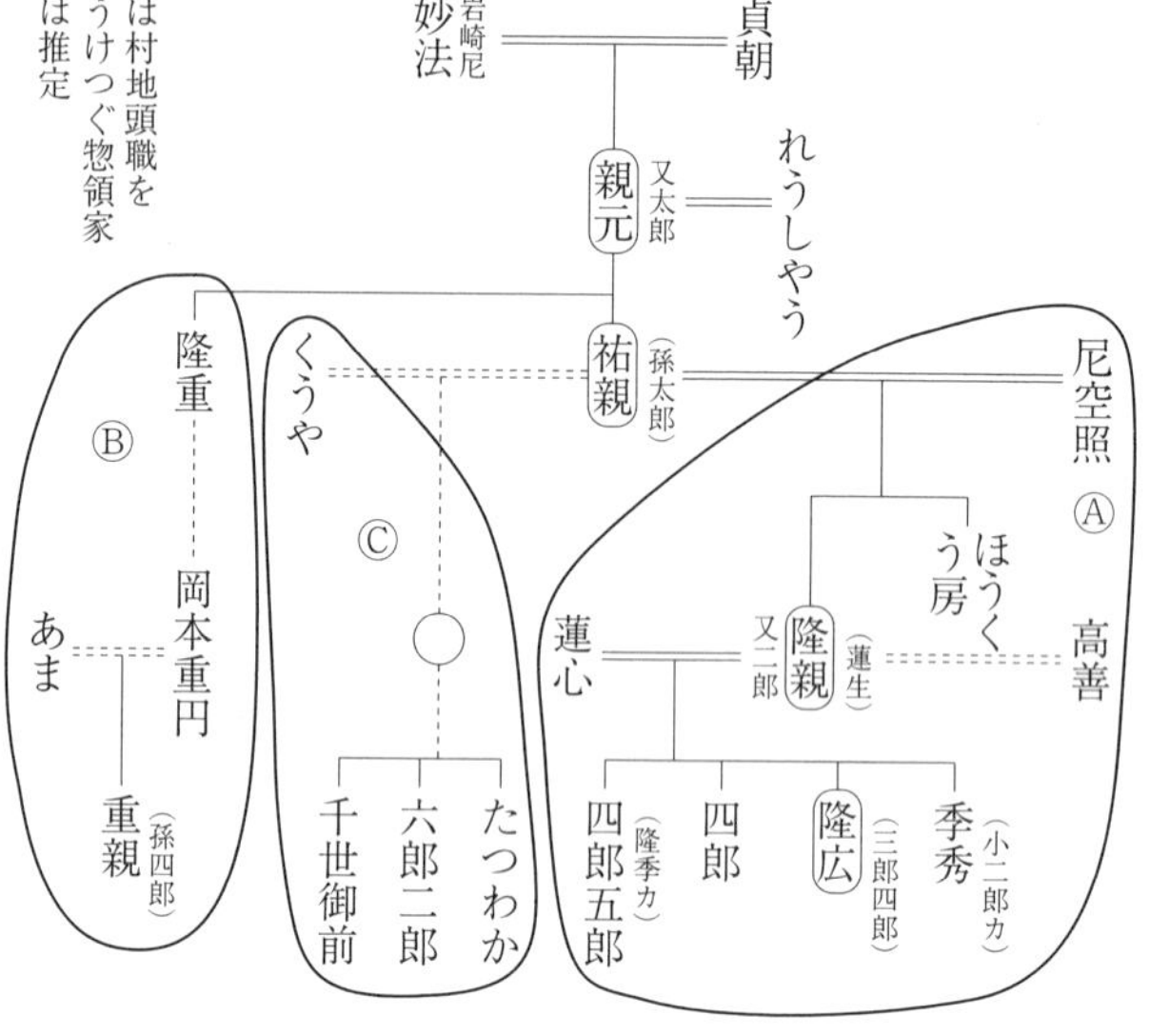


を用いて明確にしておきたい。

次にかかげる岡本氏系図は続群書類従六下に含まれるものを参照しつつ、岡本文書によって推定をまじえつつ作成したものである(1)。

この系図により、岡本氏一族は親元→祐親→隆親→隆広へとつながる村地頭職をもつ惣領家Ⓐを中心に、隆重→重円→重親の系列Ⓑと、祐親の後家くうや→○→六郎二郎の系列Ⓒの三つに分家されていることが判る。もちろんこの分家には所領の分割が付随して生じる。

次頁にかかげた表は岡本文書にみられる岡本氏所領の伝領関係を示すものである。これによれば、岡本氏初代の村地頭親元の所領は母岩崎尼妙法から伝領した王子宮内神田一丁の田以下と、岩崎隆泰から奪ったと思われる(2)地頭職に付随するあら河入道以下の田在家であった。実田数は判らないがせいぜい十町前後であったと思われる。この十町前後の岡本氏の所領がさらに分割に分割を重ねられているのである。問題の公田は惣領祐親から後家くうやへ、そして

岡本氏所領の伝領関係図
—岡本文書より作成—

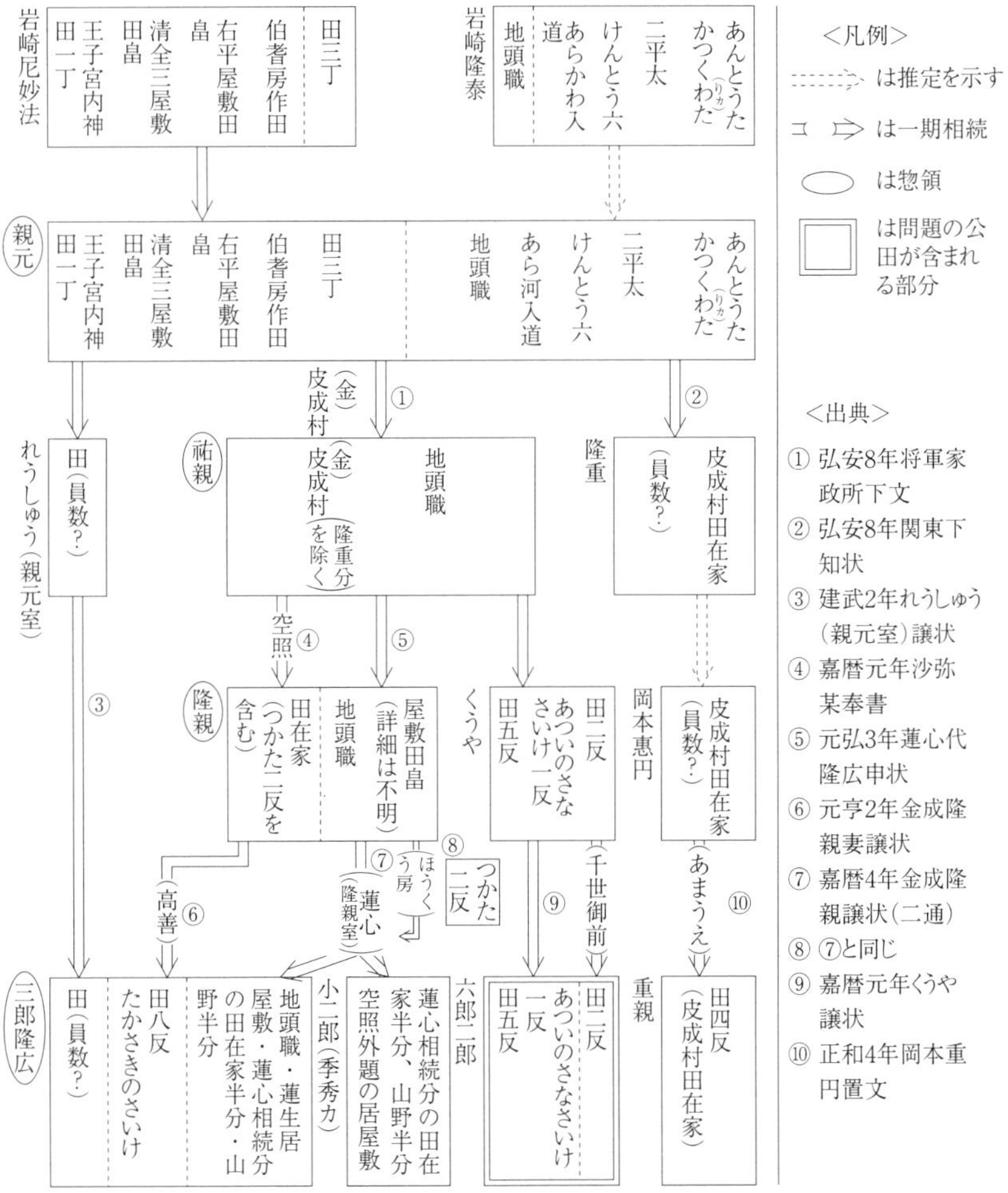

六郎二郎へと伝領されてくる田五反以下の所領の一部としてあらわれる。

### （2）六郎二郎知行分の公田について

ゆつりわたす六郎二郎かちきやうすへきたさけの事、みきむつのくにいわかさきのこほりかなりのむら、すけちかのちきやうふんのうち、まこたつわかくうやよりさきにしにたるあいた、すけちかのゆつりしやうにまかせて、くうやかはからいたるあいた、たつわかふんのうち、すけちか《祐親》もとのやしきからせつくのみなみのはたにある、も丶のきのもとより、うへのしみつのなつこと、にしのやまへきりて、やしきのまへいたん《一反》、たいたうよりはつ《カ》れみな《南カ》にいたん《一反》、つきにまちたのきたのアセかた事いたん《一反》、あハせて五たん、六郎二郎ちきやうすへし、つきにあついのさなさいけ《在家》いたん《一反》ちきやうすへし、

一、ちよこせん《千世御前》にゆつる二たんの事、たう《カ》ん《カ》てんいたんあり、これもちよこせんいちこ《一期》ののちハ、六郎二郎ちきやうすへし、御くうは五たんのさたへ《カ》めいし、くてんにて、かくこの御くうハさたすへし、このにた《カ》しによりあいてさたすへしし丶そん《子々孫》いたるまて、たのさまたけ《他の妨》あるへからす、よてゆつりしやうくたんのことし、

かりやく元ねん《嘉暦元年》十一月二日　　　　くや

これは嘉暦元（一三二六）年くうや譲状[3]の全文である。入間田宣夫氏はこの譲状の特に波線部分を引用して、公田というのは前もってある特定の田地に決まっているのではなく、惣領が各庶子に対して公事配分を行う際にその田数にしたがいはじめて公田が設定される、すなわち公田が実体を示さない一つの例として挙げている[4]。波線部分のくて

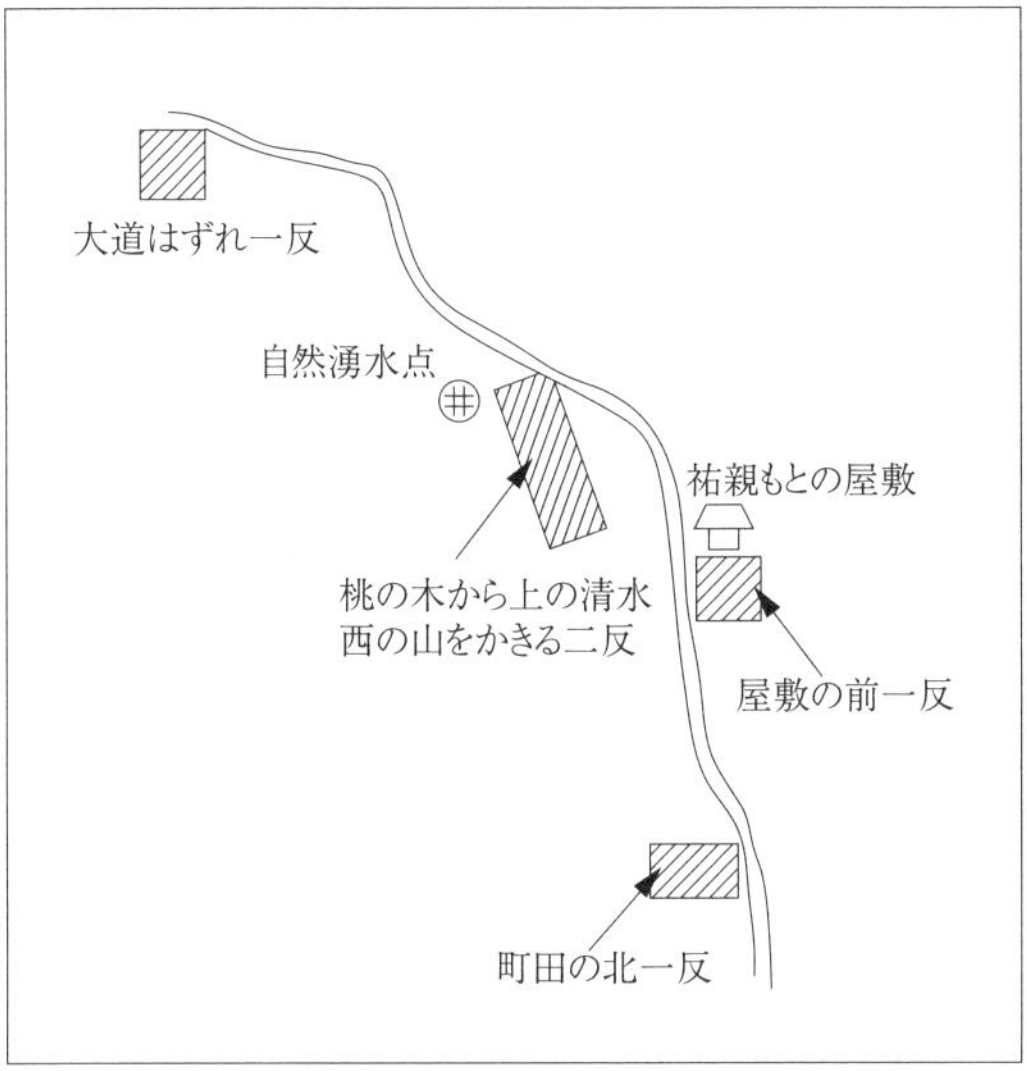


ん＝公田五反は、果たして入間田氏が述べるような全く実体を伴わない、単に田文上に丈量されただけの公田であろうか。むしろ全文から推し測るならば、この公田五反は傍線部分の具体的に四ヶ所（？）に散在した田合わせて五反をさすものと考えた方が自然ではなかろうか。つまり、くてん＝公田五反は①「やしき《屋敷》のまへ《前》」一反、②「たいたう《大道カ》よりはつれみな《南カ》」一反、③「まちた《町田》のきた《北》のアセかた事」一反、残りの二反は意味のとれないところもあるが、一応④「すけちかもとのやしき《祐親元の屋敷》からせつくのみなみのはた《南の端》にある、もゝのき《桃の木》のもとより、うへのしみつ《上の清水》のなつこと、にしのやま《西の山》へきりて」の四ヶ所にかなり具体的にその所在を明確にしているのである。これらの田地の所在について、現地調査により比定したのが上記の図である。(5)

いずれにせよ、惣領による公事配分に伴い帳簿上、擬制的に作られた公田でないことは明らかである。この公田五反にかけられた御公事は関東御公事役であった。惣領岡本隆親は嘉暦四（一三二九）年に子息小二郎（季秀）と三郎（隆広）に所領を譲るにあたって、「又みくうしさはくりも、もしたいしのさたなんともあらんときハ、きやうたいをなしことくに一心にいゝあはせてさはくるへし、かまくらのほりもあらんときハかゑ〳〵のほるへし(6)」と記している。庶子六郎二郎が沙汰する御公事役は岡本惣領家に集約され、対幕府との関係では惣領岡本隆親が代表していたのである。したがって、もし陸奥国大田文が発見されるならば、六郎二郎が知行する公田五反はその一部に何らかの形で記載されているはずである。つまり、この公田は二章で述べた大田文記載の「公田」なのである。このことから推測すると六郎二郎の知行分公田五反は元来百姓名として国衙から把握されていたものと思われる。岡本氏はこの百姓名を何らかの事情のもとで、自己の領主的経営の内部にくり込み（名主百姓のもつ「農民的土地所有権」の剥奪）、以後六郎二郎へと伝領されてきたものと考える。

次に二重線の部分について考えたい。原史料を見る機会が得られなかったため確実なことは云えないのだが、文書編纂者も一定に留保しているが、「このにたしによりあいてさたすへし」の「にたし《(カ)》」は「にたん」ではないだろうか。だとすると、この部分は「この二反に寄合いて沙汰すべし」と読めるのである。文脈上、「この二反」とは「ちよこせん《(千世御前)》にゆつる二反」と同一であり、それに「寄合いて沙汰すべし」ということになる。これはどのような意味なのか。千世御前に譲られた田地は結局「ちよこせんいちこのゝちハ、六郎二郎ちきやうすへし」ということになっている。祐親の後家くうやは、田地二反分の千世御前の一期相続を認めたかわりに、本来ならば六郎二郎に譲った公田五反分にのみにかかってくるはずの御公事役を、千世御前にも一部負担させたのである。「よりあいてさたすへし」は以上の様な意味をもつものと思う。公田五反分の御公事役は公田を譲られなかった千世御前にもかけられている。もちろんこの事情については御公事役の賦課主体である幕府は一切関知しない。このように、本来名主百姓がもっていた公田が在地領主によって奪われるという情況――もちろん、これには預所あるいは国衙等の上級支配権の実質的消滅を伴うが――が全村的、全郡的に進展した場合、公田に対する種々の賦課は村地頭のレベルで押し留められ、惣領は各庶子に対してそれぞれの知行分に応じて均一的に公田賦課の割当てを行なうようになるのではないか。このような事情のもとでは公田の実体制は意味をなさなくなり、帳簿の上のみの存在に化してしまうであろう。しかし、中世の公田の全てがはじめから実体をもたないのでもなく、また常陸真壁郡竹来郷の公田の例にみるようにあくまでも実体性を保つ公田も多くあるのではないだろうか。

## 註

（1）系図についてコメントを加えたい。

（i）□は地頭職をうけつぐ惣領家。

（ii）隆重に関して、続群書類従では貞朝の子、親元の弟としているが弘安八年将軍家政所下文（岡本文書4、文書番号については『福島県史古代中世資料編』による。以下同じ）により明らかに誤りである。

（iii）重親に関して、続群書類従では祐親の子、隆親の弟としているがこれは誤りと考える。元弘三年岡本蓮生後家尼蓮心代隆広申状（岡本文書19）により「徳治三年五月十五日祐親譲状」の存在が知れるが、同年の岡本重親申状（岡本文書18）にはそれがなく、代わりに「正和四年六月十二日譲状」が存在する。この譲状は岡本重円置文（岡本文書48）をさすものと考える。『福島県史』の編者はこの置文の「しやうわ四年六月十□日」を貞和四年としているが、正和四年とする方が正しいと思う。したがって重親を系図のように推定した。

（iv）くうや、たつわか、六郎二郎、千世御前の関係であるが、嘉暦元年くうや譲状（岡本文書9）による祐親知行分の伝領経路が尼空照の一期相続の後、隆親→隆広へという径路と明らかに異なるためこのように推定した。

（v）Ⓐ、Ⓑ、Ⓒは所領の伝領関係において一定のまとまりを示す。

（2）岡本文書1、2、7。

（3）岡本文書9。

（4）入間田宣夫「郡地頭職と公田支配」（『日本文化研究所研究報告』別巻六集）

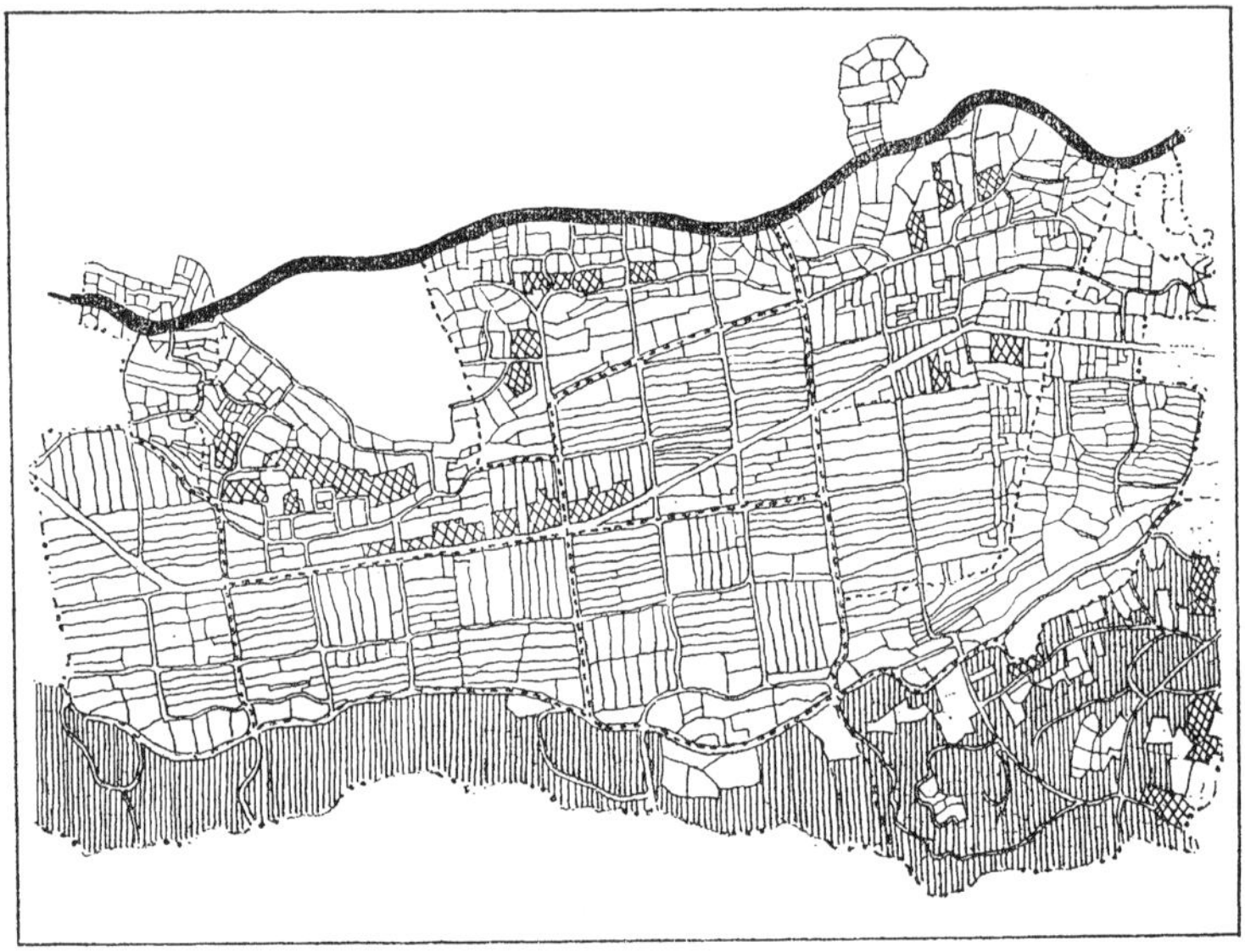

（5）この図についてコメントを加えたい。

（i）岡本氏一族の屋敷はこの金成村内に三つ存在した。「空照が居屋敷」（小二郎季秀が居住）、「蓮生が居屋敷」（惣領隆広が居住）、それに「祐親もとの屋敷」（六郎二郎が居住したものと思われる）の三つである。ここで問題となっている「祐親もとの屋敷」をはじめ他の屋敷もほぼ現地比定ができる。したがって「やしきのまへ」一反は問題ない。

（ii）「まちたのきた……」一反は小字名として町田があり問題ない。

（iii）「たいたうより……」一反については、大道を金成村のヤト（金成村は全体として幅三十～四十メートルのヤトになっている）の基幹部分を走る道と考えるならば、谷頭に通ずる途中で切れていたであろう。したがって大道はずれの一反を図のように想定した。

（iv）五反分の残り二反を図のように想定した。意味のわからない部分もあるが、「うへのしみつ」を自然湧水点（ハ）に一致するものと考え、また「にしのやまへきりて」とあることから図のように想定した。

（6）岡本文書10。

〔補註〕図Ⅲ中で特に条里制耕地の遺構と思われる下好間村の地籍図を抽出して上に示す。今新田村については『福島県史古代中世編』を参照。

# Ⅲ

# 消えゆく中世の常陸
## ―真壁郡(庄)長岡郷故地を歩く―

榎原雅治　服部英雄
藤原良章　山田邦明

## はじめに

常陸国真壁郡（真壁庄）故地、即ち現在の真壁郡の中の桜川流域一帯は、鎌倉幕府の基盤ともなった中世の東国農村社会を考える上で、文献（真壁文書・真壁長岡文書等）も残り、また現地の景観も比較的よく残っている点で貴重なフィールドとされている。その桜川左岸一帯において圃場整備（農業構造改善）事業が進行中であることを知ったのは、私たちのグループが真壁地方を見学中、白井地区においてブルドーザーが水田面をほりおこしている光景を目にした五一年一二月のことであった。そこで下館土地改良事務所に問いあわせたところ、真壁長岡文書の舞台である長岡地区の事業実施（五五年度、五四年度は北に隣接する上小幡地区が対象）までにはまだ数年の余裕のあることを知り、このような荘園（中世農村）遺構が貴重なものであり早急な調査が必要であることを各方面に訴えてみた。その結果問題提起としてはある程度の反響を得られたと感じているが、現実には緊急調査は行なわれる迄に到ってはいない。そのことは一つには県内における諸般の事情であろうが、今一つにやはり荘園遺構の調査がどのような意味で必要であり、またどのような調査法が有効なのかという点が広く学界も含めて未だ共通の認識がもたれるに到っていないということにあるような気がしている。荘園遺構が開発との関係で問題となり行政側による調査が行なわれた例として越前国糞置庄、大和国若槻庄、山城国上久世庄、備中国足守庄、同新見庄等を仄聞しているが、いずれも部分的成果はあげているが、綜合的視野からの調査にはまだまだのようである。新見庄の調査報告書（岡山県教委『中国縦貫自動車道に関する発掘報告書』10）はある意味で良心的文化財行政担当者、考古学者の文献史学に対する批判・告発であると思われるが、にもかかわらずその後文献史学側が新見庄も含め荘園遺構の緊急調査のあり方に解答を寄せていないことは恥ずべきことと思う。以下は私たちが真壁長岡地方を歩いて考えた荘園調査のあり方に対する試案である。調査は五三年の夏から秋にかけて三度に亘って行なったそれを中心としているが、短期日、小人数の調査であり、また地表観察にとどまっているという限界がある。しかし従来の研究に対しいくらかなりとも新しい視点を提供することができたと思う。

さて報告に入る前に真壁一族についての研究史、史料の所在について簡単にふれておく。長岡地区を対象としたものには小山靖憲「鎌倉時代の東国農村と在地領主制—常陸国真壁郡を中心に—」（『日本史研究』九九）がある。小山論文については本稿で検討する。また石井進『中世武士団』（小学館）のうち「真壁氏と長岡氏」は小山論文をふまえての簡潔な紹介であり、是非一読してほしい。この長岡地区の耕地について条里的視角からふれたものには谷岡武雄『平野の地理』（古今書院・二三八頁）がある。一方高久《竹来》地区をめぐる真壁氏の動向を扱ったものに山崎勇「鎌倉時代の東国における公田」（『慶応義塾志木高等学校研究紀要』第四輯）がある。他に小冊子や同人誌に目を拡げると、『月刊歴史』に連載された「ワタリアルク荘園」には小山靖憲氏によって真壁、長岡が、吉澤秀子氏によって高久が紹介された（一二、三三号）。『歴史学ノート』（慶応大学歴科研）四号掲載の山崎、吉澤両氏の論考は右掲論文の母胎となったものである。『遙かなる中世』1には近藤成一「真壁調査記」、湯沢典子「常陸国竹来郷に関する一史料について」がある。このように真壁地方は多くの中世史研究者の関心を集めてきたのである。

次に史料の所在である。真壁長岡文書は原本の所在は不明ということらしいが、東京大学史料編纂所及び長岡ゆう氏が写本を所蔵している。前者には三系統の写本、即ち①『真壁長岡文書小解』（三〇点）、②『真壁長岡文書』（一五点）、③『安得虎子』所収長岡文書（三一点）があり①、③によってほぼ全貌が知られる。①の奥書は「明治十二年七月以徳川昭武彰考館藏本謄寫」、②は「明治十九年十二月常陸國眞壁郡眞壁宿中村秀太郎藏書ヲ寫ス」となっている。真壁文書即ち本宗家の文書原本は東京・お茶の水図書館に架蔵されている。関連文書は竹来郷や行方郡（両使）関係の鹿島神宮文書、(1)美濃小木曾庄関係の尊経閣文書、(2)椎尾郷の円覚寺文書、(3)『安得虎子』所収文書群等多い。これらはいずれ刊行予定の『茨城県史料＝中世編Ⅲ』に収められると思うから、一々の解題・解説は省略する。また『真壁記』『真壁旧伝記』(4)のような家伝類も文書の欠を補う貴重な史料である。なお真壁長岡文書や小山論文を必要とされる方は御一報下さればプリント、コピーを送付します。

## 註

（1）『茨城県史料＝中世編Ⅰ』、正和元年七月二三日関東下知状写（四一七）、貞治四年二月二日足利義詮御教書案（三六五）他真壁氏幹書状（二二、五二）等多い。

（2）貞和二年三月七日足利直義下知状（『信濃史料』『荘園志料』所収）。

（3）元亨四年一一月一〇日真壁光泰椎尾郷内田地屋敷具書渡状（『神奈川県史資料編・古代中世』二三九七）、正中二年一二月二五日関東御教書（『同上』二四六八）等。

（4）　前書の一本は旧色川三郎兵衛氏所蔵本、前書の一本と後書は旧谷田部善八氏所蔵本、写本がいずれも東京大学史料編纂所にある。（服部英雄）

## 一、南北朝・室町期の長岡氏

中世を通じて長岡郷の領主であった長岡氏については、『長岡文書』である程度明らかにされるが、南北朝中期以降のことについては未詳の部分が多い。また『長岡文書』には長岡の地名・寺社名が多くあらわれるが、今回の調査でその一部ではあるが位置を明らかにすることができた。そこで本節では、『長岡文書』と今回の調査の成果をもとにして、南北朝・室町期の長岡氏のようすをさぐってみたい。具体的には、まず鎌倉から南北朝中頃までの長岡氏について略述したあとで、『長岡文書』から建武期の譲状一通・応永期の譲状二通、計三通をとりあげ、その譲与地の位置を今回の調査結果をもとにして推定し、その結果と『長岡文書』その他の史料とを用いて、長岡氏の実像に少しでもせまっていきたい（なお、以下文書に特別の注記がない場合は『長岡文書』である）。

中世の真壁郡は常陸大掾氏の一族真壁氏の支配下にあった。一二世紀後半に真壁郡に入部したと伝えられている真壁氏は、郡内に郷単位で庶子家を分出し、長岡郷にも一族の長岡氏を入部させた。寛喜元年（一二二九）の時点で真壁氏の所領に長岡郷が含まれていないから、長岡氏の長岡郷入部はそれ以前と考えられ、『長岡文書』によると、長岡の領主真壁国長は仁治三年（一二四二）に安堵の下文を得たという[1][2]（以下系図参照のこと）。その後長岡頼幹・政光と相承し、政光は元徳元年（一三二九）幹政・宣政らの子女に所領を譲って没し、幹政も翌二年没した。鎌倉幕府滅亡後、宣政は建武政権に服し、[3]足利尊氏の挙兵後もしばらく宮方として足利方と戦っている。[4]これは惣領真壁高幹が南朝に属していたのに従ったのだろう。[5]ところが延元二年（一三三七）に至り、宣政は宮方から足利方にかわり、依然真壁氏に従って宮方に属していた弟の妙幹と対立することになる。宣政、妙幹の母親である妙心は妙幹のあとおしをし、妙心からの譲与によって妙幹は長岡郷の地頭職を得、興国元年（一三四〇）その地頭職を嫡子慶乕丸に譲っている。[6]その後真壁高幹は足利方に移り、康永三年（一三四四）尊氏より真壁郡九郷の地頭職を安堵されているが、[7]妙幹も文和三年（一三五四）には北朝年号を使用しているから[8]真壁氏に従って宮方から足利方へ移ったものと推測される。

　以上、南北朝中期までの長岡氏の動向を略述してきたが、宣政と妙幹が対立しはじめる少し前の建武二年（一三三五）正月一八日、宣政は妙幹に所領を分与しており、その譲状に記された譲与地の具体的な範囲を今回の調査である程度明らかにすることができた。またその後の応永期の譲状が二通あるが、その譲与地の位置もわずかながら推測できた。以下この三通の譲状を詳細に検討する。

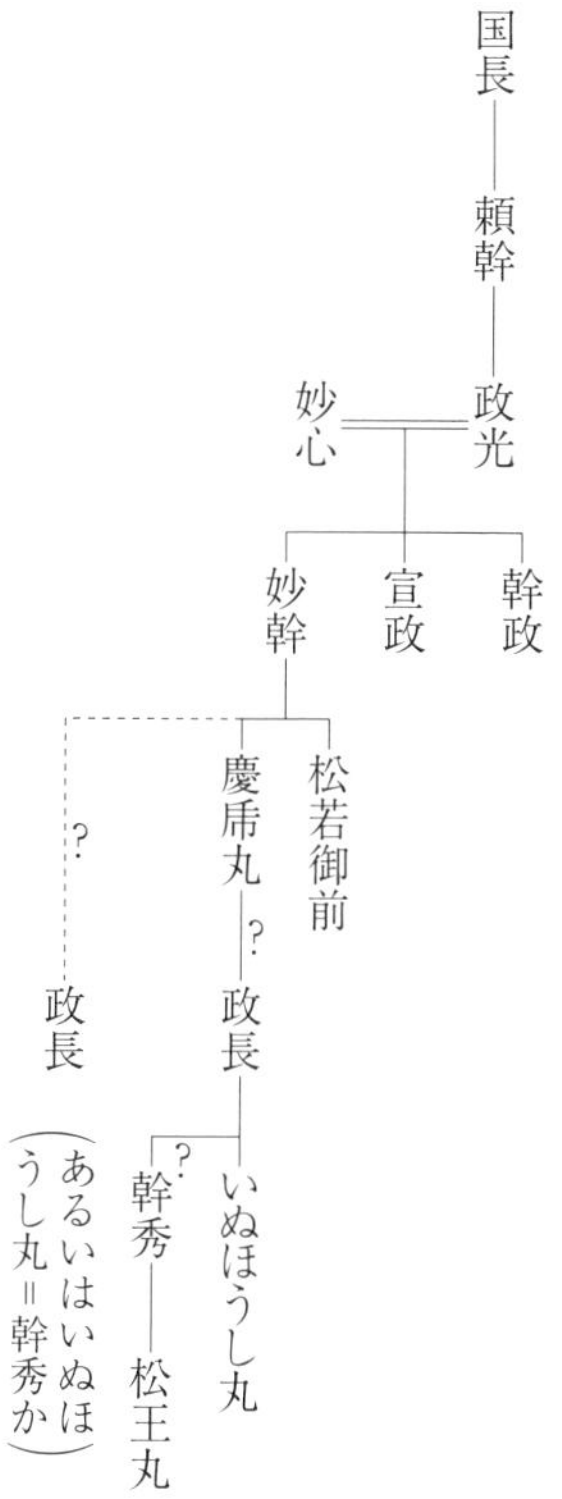

長岡氏系図

　それではまず建武二年に宣政が妙幹に譲った所領の具体的範囲について考察してみよう。この譲状（以後譲状Aとよぶ）にみえる譲与地は第一表に示したとおりである。まず田以外の譲与地についての記載をみて

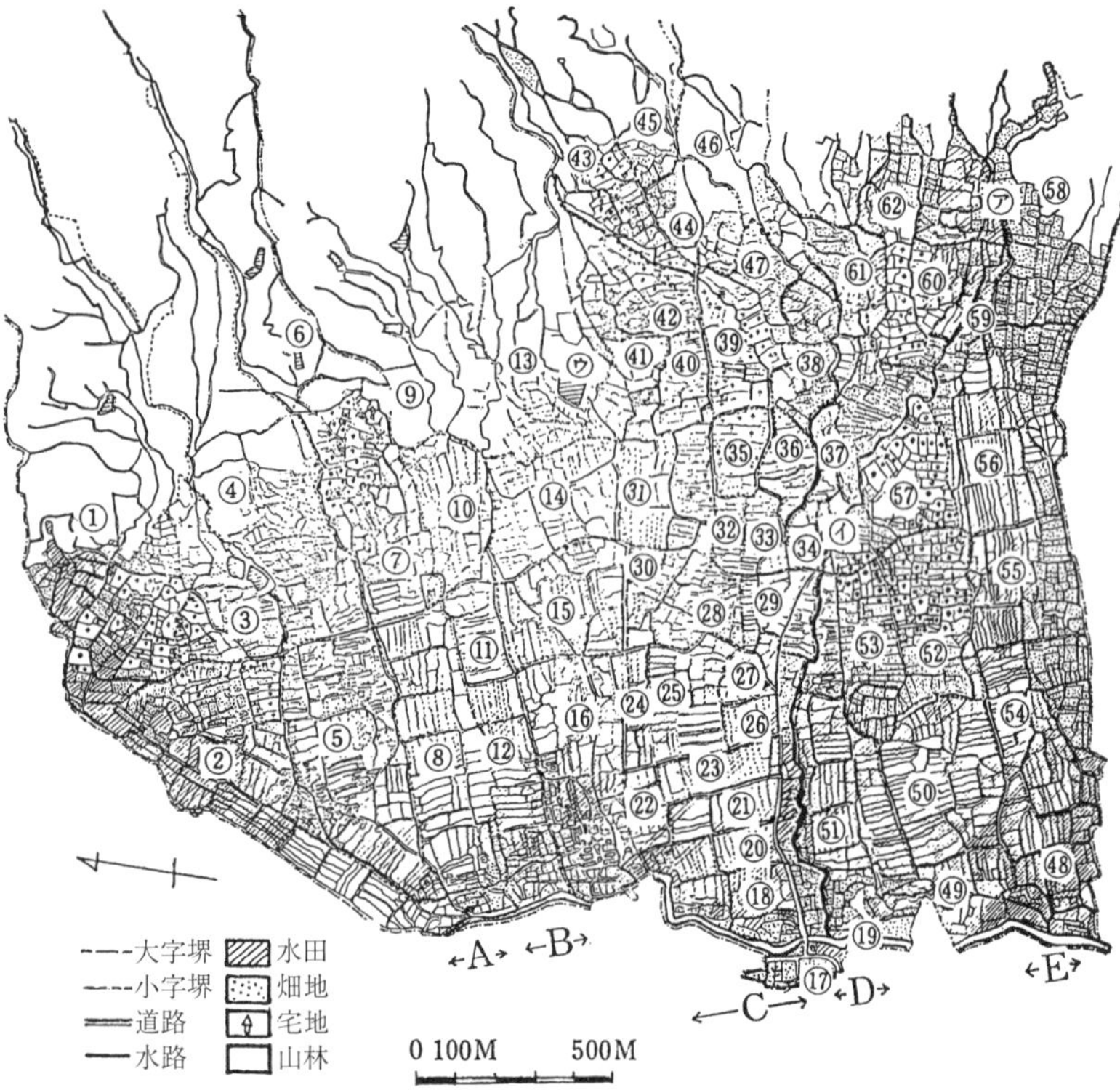


**第一図　地字一覧**

（真壁町役場所有の３種の地籍図と長岡区長所有の地籍図をもとに作成）

**上小幡**　①若林　②竹ノ下　③明神田　④七反田　⑤大ノ川　⑥長峯　⑦清水田　⑧吉合　**下小幡**　⑨若林　⑩川子田　⑪反町　⑫横田　⑬余毛　⑭宮下　⑮五反田　⑯丑ノ町　**長岡**　⑰綱草　⑱坪草　⑲悪水南　⑳篭町　㉑大町　㉒八反田　㉓並木　㉔反町　㉕清水　㉖市ノ町　㉗宇津木崎　㉘相ノ田　㉙大道端　㉚五反田　㉛北田　㉜中道　㉝里ノ前　㉞柳田　㉟堀ノ内　㊱前田　㊲島川　㊳竹ノ下　㊴前沢　㊵北坪　㊶余毛　㊷中峯　㊸峯　㊹山ノ神　㊺母木戸　㊻大久保　㊼引地　**白井**　㊽南川端　㊾北川端　㊿渋田　51小池町　52台ノ内　53深町　54諏訪崎　55近ノ原　56今宮　57坂口　58千田　59堰下　60峰前　61赤羽　62北耕土

㋐源次郎堰　㋑二神川下流の堰　㋒余毛沼

みよう。「ゆいゐん二郎太郎ならひにゑんきやう《（円鏡寺）》し□さかい《（境）》の事……」は難解であるが、「ゆいゐん二郎太郎ならひにゑんきやうし」がそのあとに記された「ひんかし《（東）》くつれのさわ《（沢）》のなかれ《（流）》……」以下の四至の中に入ると考えるのが妥当であろう。今回の調査でこの「ゑんきやうし」と譲状の四至文言中にみえる「ちさうたう《（地蔵堂）》」の位置を明らかにすることができた。円鏡寺は廃仏毀釈の時まで三枝祇《さえなづみ》神社（加波

**第一表**

| | A建武2年宣政→妙幹 | B応永5年政長→いぬほうし丸 | | C応永28年幹秀→松王丸 |
|---|---|---|---|---|
| 田 | 3段 | | | |
| | 水口2段………………………………………… | | → | みの口4反 |
| | みすみ田1段………………………………………… | | → | はんなはみすみ田2たん |
| | やたくたり1段………………………………………… | | → | やたくたり2たん |
| | くつれ大まちのみなみにならへて3段……………… | | → | 大まちみなみのみちそい2たん |
| | ゆいゐん二郎太郎かうちつき1ちやう | | | |
| | | **大まち**9たん | → | **大まち**9たん |
| | | **そりまちにこんけんの神田**（1段） | → | **そり町にこんけんの神田**（1段） |
| | | 六たん田（6段） | | きたの寺のうしろ6たん |
| | | | | たか田1たん |
| | | | | きたの町1反 |
| 田以外 | ゆいゐん二郎太郎ならひに**ゑんきやうし**□さかいの事ひんかしくつれのさわのなかれ**ちさうたう**のにしをかきる | おかはにしのさき大まちのみなみ1けん**こうたのほりのうち**まへのはたけたうち内たうさい内 | → | おかはにしのさき大みちのみなみ1けん**こう田のほりの内**まゑのはたけ道智内道西内 |
| | | | | 宮内のうしろのこはたけとい口のほりよりきたに5たんほりよりみなみに5たん |
| | みなみさいゑんのみなみ二郎さへもん入道きたのみそ水口のさわのなかれにし水口かくねをかきる□れよりこはたさかい | 山は**ひきち**よりひかしくつれこはたさかいのみちをかきりみなみはさはをかきる又はたいしのこんけんの御うしろ寺のもんせんをかきるみなみはさわをかきる | → | 山は**ひきち**よりひかしくつれこはたまゐのみちをかきりみなみはさわをかきる又はたいしのこんけんの御うしろ寺のもんせんをかきるみなみはさはをかきる |

注（　）内は文書に記載はないが計算によって推定

山神社の里宮）の西・字北坪の東端にあったという。また三枝祇神社の境内に近世中期まで地蔵堂があったといわれており、その場所の西側に自然流が流れている（第二図参照）。この円鏡寺と地蔵堂の位置を確認したうえで、譲状にみえる四至を地図の上に落としてみたい。まず「ひんかしくつれのさわのなかれちさうたうのにし《西》をかき《限》る」という東至であるが、かつて地蔵堂があったといわれている場所の西側を自然流が流れているから、「くつれのさわ」とはこの自然流のことであり、従って東至はこの自然流とみてよいであろう。ついで南至と西至「みなみ《南》さいえんのみなみ《南》二郎さへもん《左衛門》入道きた《北》のみそ《溝》水口のさわ《沢》のなかれ《流》にし《西》水口かくねをかきる」はよくわからないが、「水口のさわ」は「くつれのさわ」の下流と考えるのが地図の上からみて自然ではないかと思われる。ま

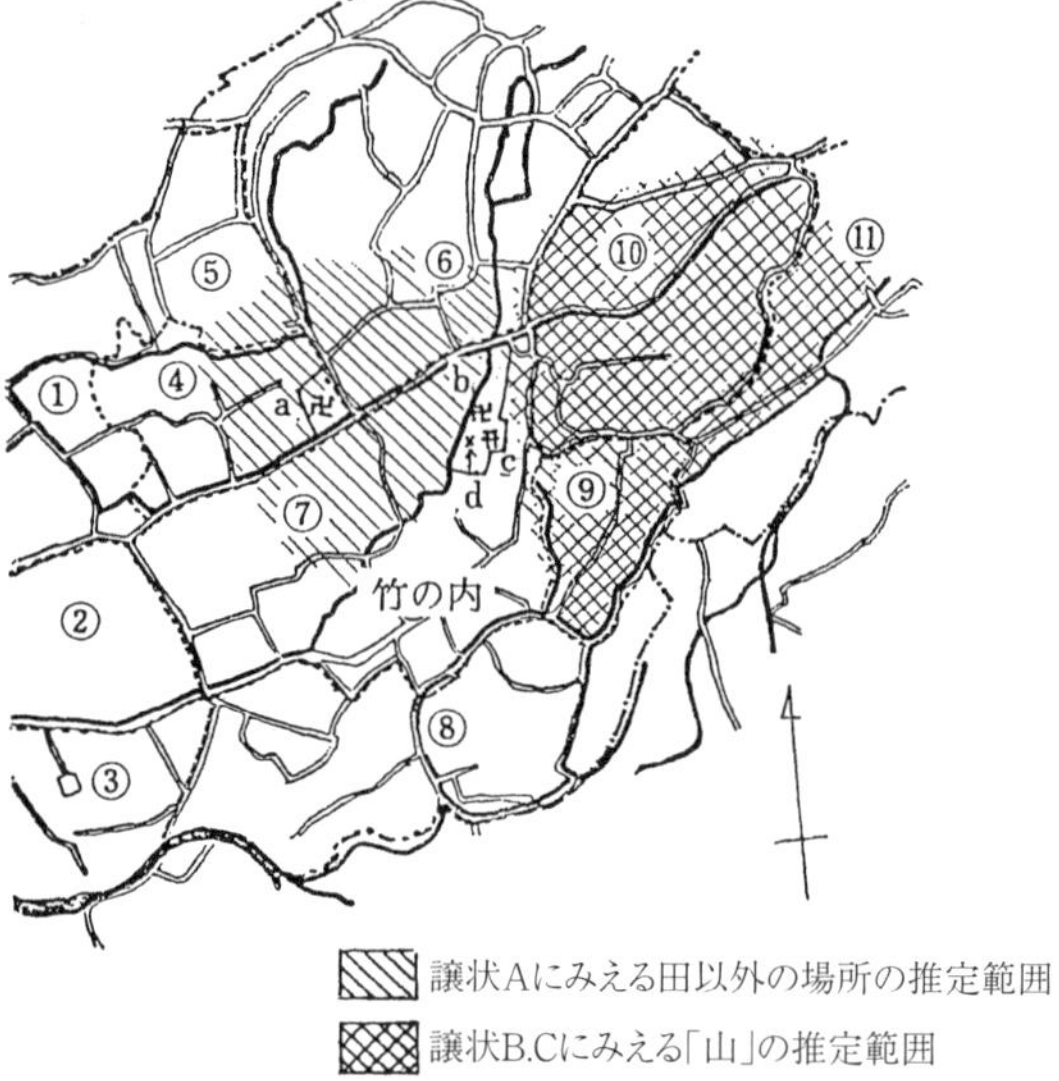


**第二図**

a　円鏡寺　b　正幢院　c　三枝祇神社　d　地蔵堂
①北田　②堀ノ内　③前田　④北坪　⑤余毛　⑥中峯　⑦前沢　⑧竹ノ下
⑨引地　⑩山ノ紳　⑪大久保

たその後の「□れよりこはたさかい《小幡境》」はおそらく北至が記されているのであろう。小幡は長岡郷の北の郷名である。以上のことからこの譲状Aで宣政が妙幹に譲った「ゆいゐん二郎太郎ならひにゑんきやうし」の範囲は、三枝祇神社を流れる沢の西で、かつて円鏡寺があった場所を中心とする区域と考えられる（第二図参照）。ついで田の部分をみてみると、譲状Aにみえる田でその名称が今に残っているのは「大まち《大町》」のみであり、それは長岡西部に広がる条里的水田地域の小字の一つである（第一図参照）。以上、建武二年に宣政が妙幹に譲った所領の範囲については、田以外の部分と田の一部を推測できた。

つづいて応永期の二通の譲状を詳細に検討していきたい。この二通の譲状とは、B応永五年（一三九八）正月一六日政長譲状（子息いぬほうし丸へ）と、C応永二八年（一四二一）六月一八日幹秀譲状（子息松王丸へ）であり、この二通の譲状にみえる譲与地は第一表に示したとおりである。

それではまず、B・C二通の譲状に記された譲与地から、両譲状の相互関係を考えていきたい。第一表を見ると、

B・C両譲状の譲与地に相当数の共通部分があることに気づく。まず田では「大まち《町》九たん《段》」「そり《反》町にごんけん《権現》の神田」一段が両譲状で共通している。また「六たん《段》田」六段と「きた《北》の寺のうしろ《後》六たん《段》」は同じ場所かもしれない。田以外の場所に目をむけると、「おか」と「山」についての両譲状の記載がほとんど同じことに気づく。このようにみてくると、もし「六たん田」六段と「きたの寺のうしろ六たん」が同じ場所であるならば、Bで政長がいぬほうし丸に譲った所領はすべてCの譲状を書いた幹秀の所領になっていることになり、また殊に「おか」と「山」についての記載がほとんど一致するということは、幹秀が譲状Cを書くにあたり、譲状Bを参考にしたことを想像させる。

以上のことから、B・C二通の譲状は一連のものと考えられ、政長と幹秀の間に系譜的なつながりがあると推定される。譲状Cが譲状Bが書かれた二三年後に書かれていることから、幹秀は政長の子である可能性が強いのではないかと思われる。あるいはいぬほうし丸は幹秀の童名なのかもしれない。

このような譲状B・Cの譲与地の共通性から応永期に政長―幹秀―松王丸と続くと思われる一流をみいだしたが、つぎにこの一流がだれの子孫なのかを考えていきたい。まず譲状Bには「ゆつりわたす《譲渡》田はたけ《畠》の事」として、「ひたちのくにまかへのこほりなかおかのかう《常陸国真壁郡長岡郷》のうちめうかんさうてん《妙幹相伝》のしりやう《私領》たるによてたいたい《代々》のあんと《安堵》を申てしさい《子細》なき所なり」と記されてあり、譲状Bで政長が子息いぬほうし丸に譲った所領が「妙幹相伝の私領」すなわち妙幹から伝領された所領だったことがわかる。また譲状Aと譲状Cとを比較すると、そこに記された譲与地のうち、「水口＝みの口」[9]「みすみ田」「やたくたり」「大まち《町》のみなみ《南》」が両譲状で共通していることに気づき、このことから幹秀もまた妙幹の所領をうけついでいたことがわかる。

以上の考察によって政長―松王丸と続く一流が妙幹の所領を継承していたことがわかり、このことから、この一流は妙幹の子孫であると推定される。妙幹と政長の世代の差を考え、政長を妙幹の孫くらいに考えるのが自然ではないかと思われる。

つづいて、譲状Ｂ・Ｃによって政長―幹秀―松王丸と伝領された所領の具体的な範囲について考察したい。まずＢ・Ｃともに見える「山」の領域について考えてみよう（第一表参照）。「山はひきち《(引地)》よりひかし《(東)》くつれこはたさかい《(小幡境)》のみち《(道)》をかきり……」というこの文言も難解であるが、「山」は「ひきちよりひかしくつれ」にあり、「こはたさかいのみち」を北至とし「さは《(沢)》」を南至とする地内であると考えるのが自然であろう。「又は」以下は繰り返し説明している部分で、「たいし《(大師)》のこんけん《(権現)》の御うしろ寺のもんせん《(門前)》」[10]は北至か西至ではないかと思われる。「こはたさかいのみち」「たいしのこんけんの御うしろ寺のもんせん」の場所は明らかにできないが、「ひきち《(引地)》」は三枝祇神社の東南の畑地の小字名として残っており、字引地の南を山からの自然流が流れているから、この文言中で「みなみ《(南)》はさはをかきる」とある「さは」はこの自然流とみてよいであろう。以上のことから、この「山」の範囲は、字引地の南を流れる自然流を南至とし、「こはたさかいのみち」を北至とする、現在の字引地・山ノ神以東と考えるのが適当であろうと思われる（第二図参照）。「おか」は畑地を含む微高地の意であろうが、その具体的な場所は明らかにしえない。つづいて田についてみてみると、田でその位置が推定できるのは「大まち《(町)》みなみ《(南)》のみちそい二たん《(段)》」「大まち《(町)》九たん」「そ《(反)》り町にこんけん《(権現)》の神田」一段の三つである。大町については前述したが、反町は長岡の集落の西北にある水田地域であり（第一図参照）、「そり町にこんけんの神田」一段というのは、反町の中の田一枚がかつて三枝祇神社の神官の宮本家の所有している田であったことが、長岡区長の家に伝わる『真壁郡長岡村改正地図』に記されているので、あるいはこの田のことかもしれない。

以上、譲状B・Cから政長—幹秀—松王丸と続く長岡氏の一流をみいだし、この一流は妙幹の子孫であると推定し、その所領については山の範囲と田の一部の位置を推測した。それではこの長岡氏の一流は長岡郷の中でどのような立場にあったのだろうか、長岡氏の惣領として長岡郷を支配していたのだろうかということが問題となるが、この二通の譲状を検討して気づいたことは、その譲与地があまり広くなく、それだけではとても長岡郷全体をおおいきれないということである。B・Cに記された水田の面積は、Bで一町六段、Cで二町六段ときわめて狭い。『府中税所文書』にみえる弘安二年（一二七九）の常陸国作田惣勘文には、長岡郷の水田は「十五町二段六十歩」とあるから、譲状B・Cにみえる田はその一割強程度という狭いものになる。従って、政長—幹秀—松王丸と続く長岡氏の一流が長岡郷を惣領していたとは考えにくいのではないか、長岡郷にはこの一流のほかに別の一族もいたのではないかという疑問がおこる。ここで応永二四年（一四一七）正月、譲状Cを出した幹秀が「真壁長岡古宇田大炊助幹秀申軍忠事」として軍忠状を出していることに注目したい。ここでなぜ幹秀は「長岡」ではなく「長岡古宇田」と称しているのだろうか。譲状B・Cではともに「こうた《古宇田》のほりのうち《堀内》まへ《前》のはたけ《畠》」が譲与地になっており（第一表参照）、ここが政長・幹秀の所領であったことがわかるが、このことから、幹秀が「長岡古宇田」と称しているのは、この「こうたのほりのうち」に居住していたからではないかと思われる。また、幹秀がここでわざわざ「長岡古宇田」と称していることから、このころ長岡郷内に幹秀とは別に本宗長岡氏ともいうべきものが存在しており、幹秀は自らを本宗長岡氏と区別するために「長岡古宇田」を称したのではないかと想像される。鎌倉末期の『長岡文書』に「堀内」がでてくるが[11]、これは単に「堀内」とだけ記されているから、「こうたのほりのうち」はこの「堀内」とは別に存在していたのではないかと思われる。長岡郷内には二つの堀ノ内があり、本宗長岡氏が「堀内」に、古宇田氏が「こうたのほりのうち」に居住していたのではないだろうか。古宇田堀ノ内の具体的位置は明らかにしえず[12]、本宗長岡氏が宣政の流れをくむのか妙幹の子孫なのかはわからないが、いずれにせよ応永期には長岡郷内に長岡氏と古宇田氏という二流の長岡氏が並存していたと考えられるのである[13]。真壁氏は郷ごとに庶子家を置き惣領制的支配を行なったが、庶子家である長岡氏においてもその内部に庶子家のようなかたちで古宇田氏が分立しており、このことから真壁氏内部における二重の惣領制的関係を想定することができるのではないかと思われる。

以上、本節では『長岡文書』と今回の調査結果をもとにして南北朝・室町期の長岡氏について考えてきた。そしてその結果、建武期および応永期の長岡氏の譲状にみえる譲与地をある程度明らかにでき、また応永期の長岡郷には長岡氏と古宇田氏という二流の長岡氏が並存していたのではないかと推測できた。

## 註

（1）『真壁文書』寛喜元年七月一九日将軍藤原頼経袖判下文。
（2）興国元年（一三四〇）七月長岡妙幹譲状写。
（3）建武二年（一三三五）一〇月一三日沙弥某奉書写。
（4）延元元年（一三三六）五月三日長岡宣政軍忠状写。
（5）東京大学史料編纂所謄写『平姓真壁家系』の高幹の項に「高幹初属官軍後従尊氏而戦功アリ」とあり、高幹が南北朝初頭には南朝方だったことがわかる。
（6）前註（2）参照。
（7）『真壁文書』康永三年七月二日将軍足利尊氏下文。

（8）文和三年七月二日長岡妙幹譲状写。
（9）長岡では水口をみのくちと発音している。
（10）三枝祇神社は加波山三所権現と呼ばれており、円鏡寺・正幢院などの真言宗の寺院を別当寺としてもっているから、「たいし《（大師）》のこんけん」とは三枝祇神社のことであろうが、その「うしろ寺」は明らかにしえない。円鏡寺か正幢院なのかもしれない（第二図参照）。
（11）元徳二年（一三三〇）八月二八日結城朝高遵行状、同三年一二月一三日八木岡高政遵行状。
（12）ただ、三枝祇神社の南に竹の内という地名が残っている（第二図参照）。
（13）なお、東京大学史料編纂所謄写『真壁旧伝記』に列記されている永禄一〇年（一五六七）頃の真壁氏の家臣団の中に長岡氏と古宇田氏の名がともにみいだせるから、戦国末にも両氏が存在していたことがわかるが、古宇田氏が戦国末まで長岡氏とともに長岡郷にいたかどうかは即言できない。

（山田邦明）

## 二、用水と祭祀―堀ノ内を中心として―

前節では、文書を追って南北朝・室町期を中心に長岡氏の動向を見た。この節では、村落領主としての長岡氏が、いかなる形態でその所領を支配したかを、現在残る小字、堀ノ内を中心とした地区の現地調査に基づいて考察してみたい。

長岡氏の所領支配については、小山靖憲氏が「鎌倉時代の東国農村と在地領主制」（『日本史研究』九九）の中で、堀ノ内＝私宅を中心とした用水の支配を通して村落の支配を貫徹した、と言われている。すなわち、自然流を、一旦

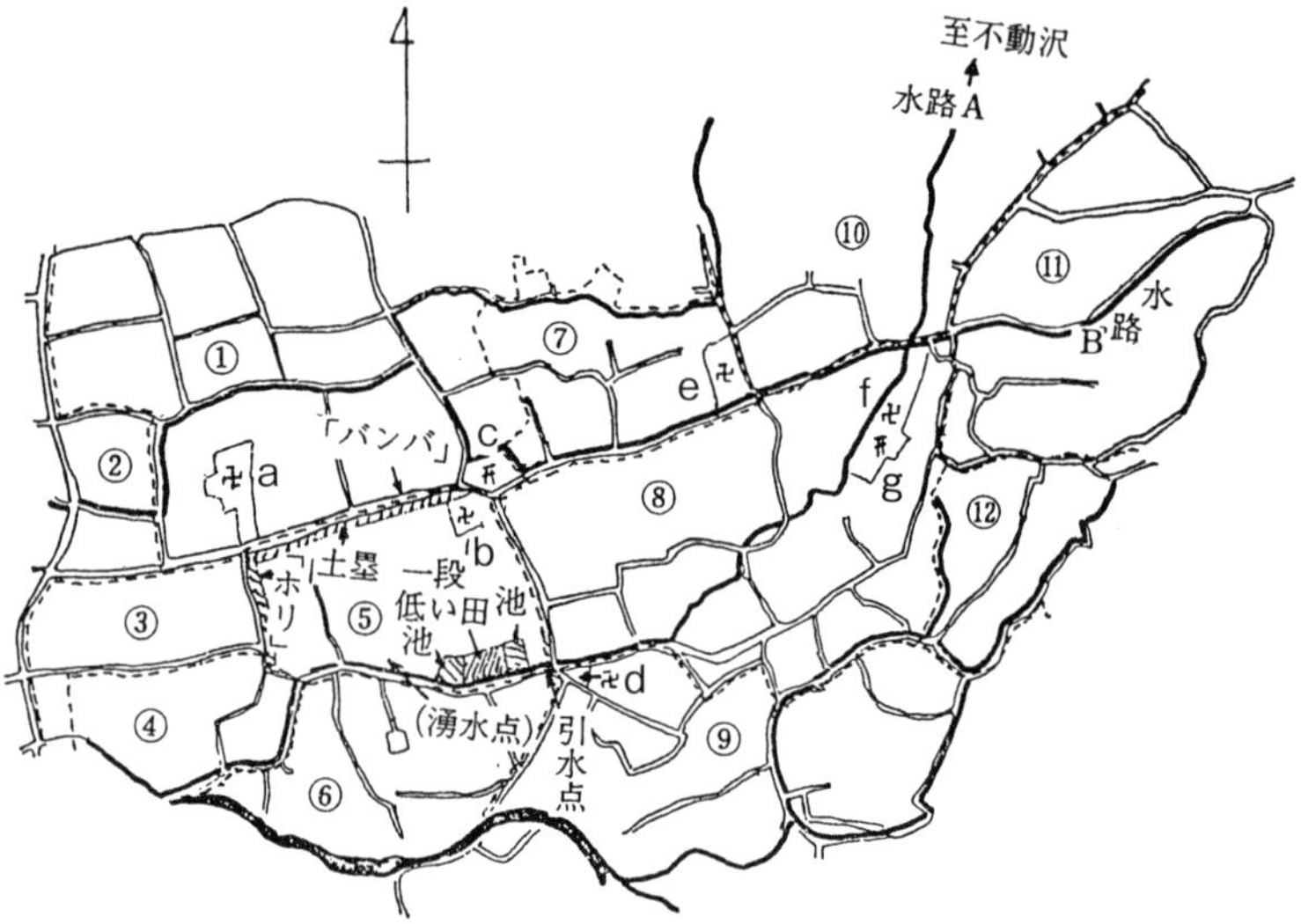


第三図

a　安楽寺　b　智照院　c　五所明神　d　鏡照院　e　円鏡寺　f　正幢院　g　三枝祇神社
①北田　②相ノ田　③中道　④里ノ前　⑤堀ノ内　⑥前田　⑦北坪　⑧前沢　⑨竹ノ下　⑩中峯　⑪山ノ神　⑫引地

堀ノ内に集中させることによって、用水の確保、不必要な水のチェックなどの勧農行為＝階級的支配を実現した、とされているのである。しかし、これは、現在は全く残らない堀を実在したと仮定しての考察である。実際に、字堀ノ内周辺に堀はあったのか、また、数本の水路との関係はどうだったのかを、現在の景観と、明治初期の地籍図を素材として考えてみる必要があろう。

字堀ノ内は、第三図のように、現在の長岡の集落の中央部の、小さな舌状微高地上にあって、ほぼ方形の区切をなしている。この四辺に注目して、区画を規定するような遺構を探ってみよう。

まず、南辺は、道路の南側に小さな水路が流れ、北側には周辺の田より一段低い田が存在している。この田が、かつて堀であった可能性は高い。他の三辺は、現在は道路があるのみだが、土地の古老から、以前、西辺には「ホリ」が、北辺には、堀ノ内の東北端から西へ五〇〜一〇〇メートルばかり、大人の背丈程の土塁があったという話が得られた。

このように、東辺を除く三辺には、いずれも区画を規定すべき遺構が認められ、中世の長岡氏の居館が字堀ノ内とほぼ一致する箇所にあったことは、小山氏の言われるように、「不自然ではない」。

しかし、小山氏の言われるような意味での堀の実在はどうだろうか。

南辺の、かつて堀ではなかったかと思われる田についてだが、ここの両端には、湧水による池があり、この田も、この水で灌漑されている。そして、道路南側の水路からは水を引いていないばかりか、逆に、水路へ排水しているほどである。かつてここが堀であったとしても、それは湧水利用のものであり、外から水を取り入れたものではなかったのではないかと思われる。

また、このあたりは北から南への緩斜面であり、周囲に堀をめぐらす、といったこと自体、考えにくい。さらに、この地方では、現在「ホリ」という言葉は小さな水路をも意味し、堀ノ内という地名から、直ちに、いわゆる堀を想定するわけにもいかない。

このように、字堀ノ内は中世長岡氏の居館跡と一致すると思われるが、それは、土塁か小さな水路程度のもので区画されたものであり、小山氏の言われるような意味での堀が実在したとは思われない。したがって、長岡氏の村落支配の形態も、小山氏の言われるような「堀ノ内体制」は想定しにくい。

しかし、農村を支配する領主である長岡氏としては、何らかの形で水を把握する必要はあったはずである。元徳三年（一三三一）三月二七日に長岡宣政が、在家と田を弟に売ったとき「云山野草木云用水任惣郷不可有違乱」と言っている(1)のは、水の問題の重要性を示している。そこで、現在の長岡の集落を流れる水路を見てみよう。

現在、長岡の集落を流れる水路は二系ある。一つは、加波山中の不動沢から流れ出すもので、三枝祇神社の境内を通り、集落の南側に通じて堀ノ内の南辺を為す。これは、若干の改変はあったにしても、景観からして自然流と呼んで差しつかえなかろう。これをＡとする。もう一つは、不動沢より南の山中に発するもので、Ａと交叉したのち、集落中央を流れ、堀ノ内東北端で直角に北へ曲り、田に入る。これは、Ａとの交叉点でＡの上を樋で渡されること、集落中央は舌状微高地の背、つまり最も高い所であることから、人工の水路と思われる。これをＢとする。これがいつからあったものかは不明だが、長岡にはＡ、Ｂの他に目立った水路のないこと、長岡の田積は中世以来あまり変化していないらしいこと(2)から、中世には既にあったと思われる。

次に、Ａ、Ｂの灌概状況を見てみよう。

Ａは、堀ノ内東南端で田に引かれ、字前田一帯を灌概する。前田は名の示すように、堀ノ内のすぐ南にある。明治初年の地籍図では全て上田とされ、現在も長岡で最も安定した耕地である。したがって、長岡氏にとっては重要な耕地、恐らくは小山氏の指摘されたように、直営地的耕地であったろう(3)。

一方、Ｂは、堀ノ内東北端で北へ曲ったあと、字北田、相ノ田の全域を灌漑する。ここも上田とされ、前田と同様、長岡氏にとって重要な耕地であったと思われる。

このように、Ａ、Ｂともに、灌漑のうえで重要な水路である。よって、長岡氏としては、水を把握するにはこの二つの水路を抑える必要があったろう。しかし、それが、小山氏の言われるような、堀ノ内への流入といった形をとらなかったとすると、何がこれに代わったのだろうか。

ここで注目したいのは、堀ノ内東南端が前田の引水点であり、東北端ではＢが直角に曲ることである。Ｂはここを過ぎると北田の田に入るのだから、北田にとっては引水点も同様の水の要地である。さらに興味深いのは、東南端が現在堂ノ前と呼ばれ、廃仏毀釈の時まで鏡照院という寺があったこと、また、東北端は明神田と呼ばれ、今も五所明神が残ることである。中世の村落支配の一形態として、祭祀が用いられたという指摘を考えると、これは重要なことであると思われる。殊に五所明神の場合、堀ノ内東北、すなわち鬼門という長岡氏館とは切離し難い地を占め、また、かつては長岡の住民の大半が氏子だったというから、祭祀として重要な意味をもつ。長岡西部から五所明神の祠に至る道は「バンバ」と呼ばれるが、土地の古老の話によれば「バンバ」は「馬場ではなく、参道の意味である」ということだった。確かに、この道は祠の前で屈曲し、西から見ると真正面に祠を望むことになるのである。これは五所明神の、長岡の宗教上に占める地位の高さを示していよう。

このように、堀ノ内隣接の地で、水の要地と寺社が一体となっているのである。長岡氏は、寺社を通して水の把握を実現したのではないだろうか。

そこで、長岡の寺社をもう少し見てみよう。近世に作られた『新編常陸国誌』には、加波山三所権現、円鏡寺、正幢院、智照院、鏡照院、弁天坊、安楽寺が載っている。このうち智照院は五所明神と道を挟んだ所にあったという廃寺だが、恐らく二つは一体のものであったろう。

加波山三所権現は三枝祇《さえなづみ》神社のことである。加波山神社の里宮で大同年間（九世紀）の創建と伝えられ、神仏習合の時代には正幢院と呼ばれたらしい。この西に円鏡寺があるが、前書では三所権現の別当寺と記載され、地理的にも近接しているので、三所権現とセットにして捉えられる。三枝祇神社は、現在長岡で最大の寺社であるが、立地で注目されるのは、ここの境内で水路A、Bが交叉することである。つまり、ここは、長岡の集落附近を流れる水が全て通過する水の要地である。この立地は長岡の民衆の素朴な「水の神」信仰を示しているのではないだろうか。

安楽寺は堀ノ内西北端に残っている。水利の点では目立ったものはないが、[4]別の点で注目される。というのは、以上の寺がいずれも真言宗なのと違って、臨済宗であり、寺伝によれば、北条時頼の開基ということになっているからである。長岡氏と北条氏の関係を明示するものはないが、正安元年（一二九九）に桜川西岸の竹来郷の地頭職が、長岡氏の惣領家たる真壁氏から北条一族の江馬氏に移ったことが[5]知られている。また、幕府滅亡後、真壁郡内には闕所とされた地のあること、[6]備中にいた真壁氏の一族が、六波羅探題滅亡のとき最後まで北条氏に従い近江番場宿で戦死していることなど[7]から、真壁郡に北条氏の勢力が浸透していたことが考えられる。とすれば、安楽寺が北条氏と関係の深かったのは確かなのではないだろうか。そして、長岡氏は、寺を堀ノ内の西北端という地点に設けることによって、北条氏の威を借りることができたのではないだろうか。

このように、長岡においては、寺社は「水の神」として、或いは権力者の象徴としての意味を担っていたのである。そして、それらの多くを堀ノ内の周囲に固めることによって、長岡氏は水を把握し、自己の権威を高め、村落の支配者となりえたのではないだろうか。そして、その外側に、前田、北田といった重要な耕地があるのを見るとき、堀ノ内を中心とした支配体制は充分想定されると思う。

以上、長岡の堀ノ内を中心とした地区の現地調査に基づいて、長岡氏の支配体制を考察してきたが、その中核に堀ノ内が置かれていたという意味では、「堀ノ内体制」という言葉は妥当するであろう。しかし、小山氏の言われるような、勧農による「堀ノ内体制」といったものは、長岡氏の場合、必ずしも当てはまらず、それよりも、寺社を媒介とした、一種のイデオロギー支配による体制が、非常に目を惹くのである。

**註**

（1）『長岡文書』。
（2）小山氏前掲論文。
（3）柳田国男『地名の研究』によれば、相ノ田は比較的新しい田を示すとされる。
（4）安楽寺内には湧水があるが、現在は渇水時に前註の相ノ田へ引かれるだけなので、本稿では一応おいておく。
（5）『鹿島神宮文書』正和元年（一三一二）七月二三日関東下知状。
（6）『長岡文書』建武二年（一三三五）一〇月一三日沙弥某奉書写。
（7）『平姓真壁家系』。

（榎原雅治）

## 三、条里的水田・その用水

ここでは前節をうけて長岡の桜川沿いに確認される条里的水田遺構の調査報告を行なうが、長岡一帯は他にも条里的水田が存在するので、まず小幡・白井のそれを検討した上で長岡条里に言及したい。ところで当該地域近辺の条里については若干ながら先行研究がある。例えば三友国五郎氏は真壁付近の条里として上小幡、下小幡、白井、桜井等[1]を、また豊崎卓氏はこの付近のものとして同じく桜井をあげておられる[2]。ただ長岡条里については具体的に触れられたことはないようであるし[3]、白井、上・下小幡にしても存在の指摘にとどまっている。よって本稿ではその各々について詳細に検討したい。

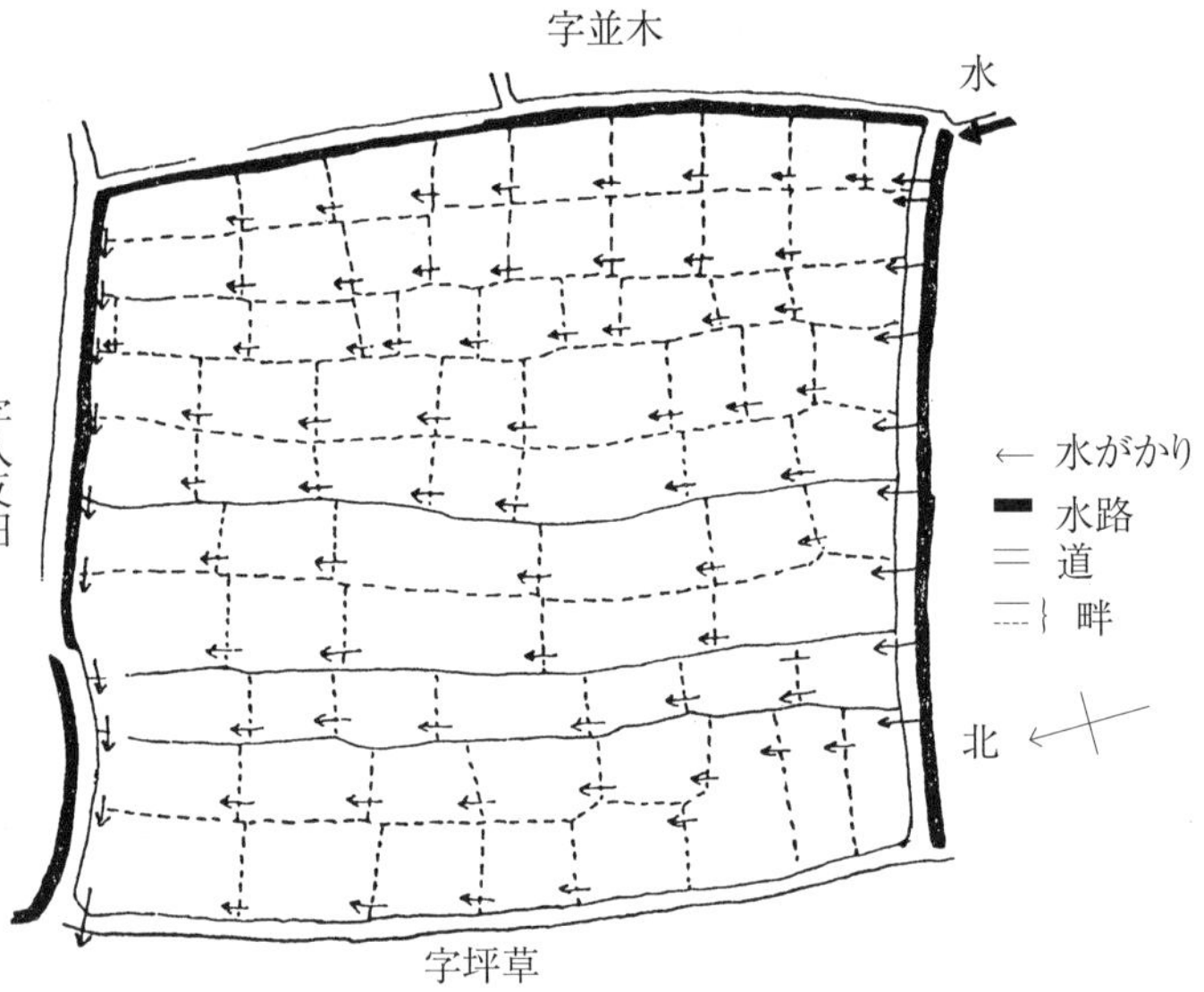


第四図　字大町の水がかり

第一図のように現在この地域に広範囲に連続する条里的水田を確認することはできない。ただかなり小規模な、数坪よりなる条里的遺構、具体的には第一図に示したＡ～Ｅの五つ程のブロックがある。よって現在残る条里的水田がブロックごとにいかなる関連性をもつか、逆にどのように独立的であるかを含めて検討していく中から当該地域の条里の特殊性・一般性を導き出していきたい。

　各ブロックを個別に検討する前に、まずこの地域に特徴的にみられる長地割にふれておく。条里的水田の多くが長地と半折に分かれることは従来より言われてきたが、この地域では半折地割を見ることができないのに対し、条里的水田とは思われない部分にも多く長地割を見る。例えば長岡字前田㊱、北田㉛（以下小字に付す番号は第一図のものを示す）等に見える。第四図は長岡字大町㉑の北側部分の方形区画坪を拡大しとり出したものである。第一図でこの坪が四筆として記されるのは地割が所有権の分割のみを示しているためであり、実際は多くの畦畔（第四図中の破線）

がある。他の坪もこれと同様で、実際には第一図以上に細分化されている。
第四図に明らかなように、この坪には東西をほぼ十等分する長地割が見られ、かなり残存状況の良い典型的長地型条里坪である。その水がかりをみると、長地割（一反）各々が更に細分化（約三六～七二歩）されているにもかかわらず、一つの長地割（一反）が強いまとまりを持ち、また他から独立していることがわかる。というのは一つの長地割が引水・出水のセットとなっており、水利上の基本単位を構成しているからである。ある長地割から隣接する長地割へ水が流されることはない。またこれらの長地割（一反）はそれだけか、あるいは数個が合併して一つの所有権単位となっており、分割して所有されることはない。

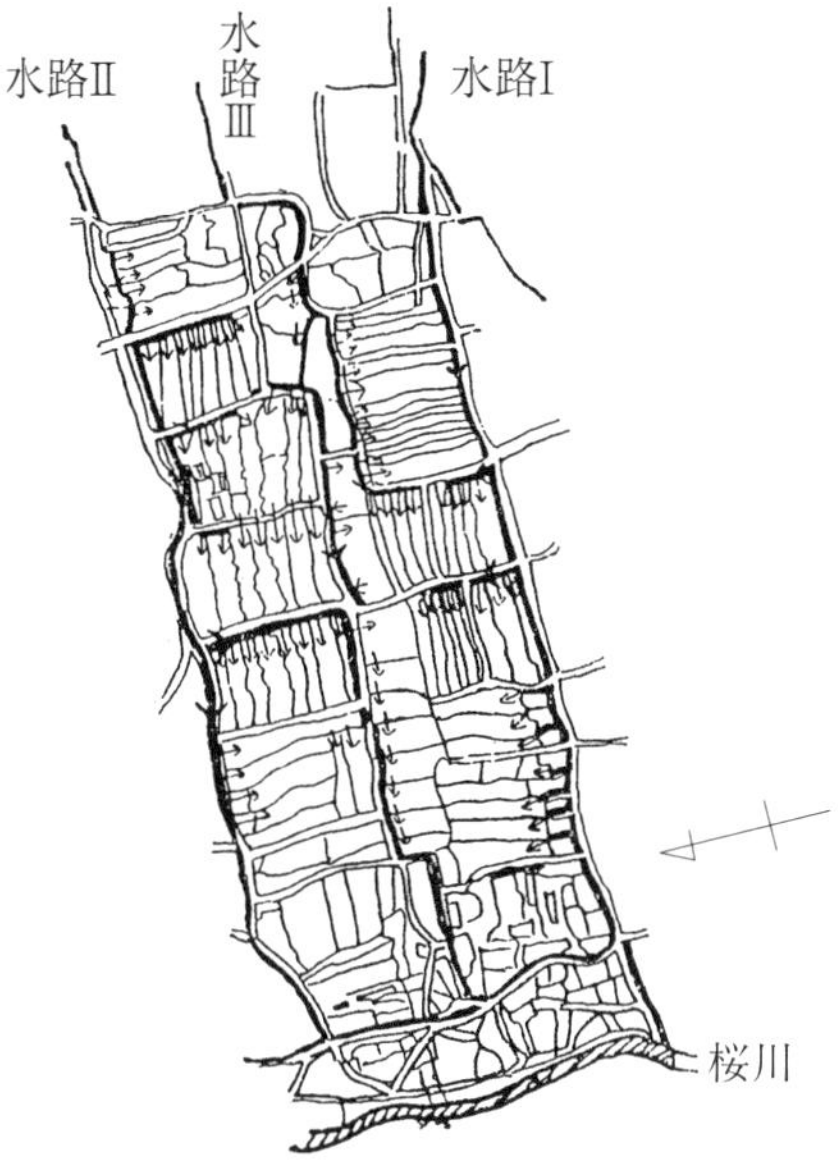


第五図　下小幡条里図

以上のことからこの地域に全般的に見られる長地割は水利・所有の基本単位を構成しており、かなり計画性をもった開田と考えることができる。以下個別の検討にはいりたい。

**上小幡**　上小幡にはその北西部に、北々東をさす条里的水田を確認できるが、これは北接する飯田地区遺構（五三年度圃場整備実施地区）との連続性が認められ、その関連の中から考えたい。但し長岡条里とは方向も異なるため、紙数の都合上もあって本稿では省略する。

**下小幡**　ここには第一でA・Bとした二つの条里的水

田のブロックを指摘できる。この二つは同一プランのものとも見えるが、ここでは各々独立したものとして考えたい。まず水路の検討からはいろう（以下第五図参照）。字反町⑪字横田⑫南端の水路（これをⅠとする）は微高地の脊梁上を直線で流れている。そのことは末端部分の両側が現在も畠地であることにも明瞭で、Ⅰはかなり人為的な水路と考えられる。あるいは字丑の町⑯の中央付近を流れる南方水路が元来の自然流であるのかもしれない。字横田の水田の殆どがⅠの水を利用している。

字吉合⑧の北端の水路（これをⅡとする）は山からの沢水であるが、低地を流れているのであって、若干の蛇行を修正する程度の、Ⅰよりは小規模な工事により直線化されている。字吉合の条里的水田はこの水路にそっており、殆どの水田はこの水がかりである。

最後に字吉合の条里的水田南端の水路（これをⅢとする）をみよう。これはⅡ水路の上流から自然地形に逆らいつつ人工的に分流したものであり、字吉合ではこの水路の北に接する条里的水田のごく一部、南に接する帯状の非条里水田、そして字反町、及び字横田の一部の水田を灌漑する。以上の水路のあり方をふまえるならば、まずⅠ及びⅡ水路を基幹に字吉合、横田の条里的水田が開かれ、その間を拡大・補完する形でⅢ水路が引かれたことを考えることができよう。Ⅲ水路の南にある帯状の水田は一筆毎に水をとり入れては排水している。全体的な計画プランによるというよりはいわば「その時まかせ」に開かれた非条里水田である。このような水田をはさむことからもA・Bブロックの条里的水田が同一プランのもとに開発されたとするよりも、むしろ各々が独自に開発されたものと考えてみたい。

**白井**　我々が訪れた時、ここ白井は既に構造改善が行なわれており、第一図の如き景観とはおよそ別の白井となっていた。古代から一貫して灌漑水路としては利用されず、逆に人々をある時には氾濫の恐怖と脅威にさらしてきたであろう桜川が、いまや巨大なポンプの揚水により白井の田を潤している。従って本報告は第一図等の地図類及び現地での聞きこみをその材料とした。

ここ白井には第一図上D・Eとした二つの条里的水田ブロックがある。前述した小幡と大きく異なるのは自然の沢水をそのまま利用しているのではなく、山からの流れ二神川に堰を設けていること、即ち小規模ながらも河川利用灌漑だということである。二神川には二つの堰が設けられており、上流のそれ（第一図(ア)）は源次郎堰と呼ばれている。下流の堰（第一図(イ)）の名称は聞き出し得なかった。まず源次郎堰であるが、その水路を下ると一つの帯状の方形に区画された条里的水田（白井字今宮㊱近ノ原㊲）があらわれる。これはその南北を舌状微高地に囲まれており谷田とも表現し得る。自然地形に規定されたこの水田には、子細に検討すると必ずしも規格化された整然とした条里的景観を示していない面もある。

一方二神川下流の堰(イ)の水は字小池町㉛に流れるが、その中で二つの水路に分流されている。その形状からみて北側の直線水路が本水路であって、南側のものは分水路つまり後に開かれたものとみたい。本水路の水はその北の条里的水田（第一図D）にのみ、また分水路の水はその両側の田に引水されている。よってこの堰(イ)はまず本水路である北側の条里的水田との関連から開かれたものと考えられる。またこのブロックは後述する長岡の条里と関連しているが、ともかくここにも小幡同様二つの独立した条里的水田ブロックが考えられ、白井の場合もそのブロックは各々異なる堰からの水系を持っているのである。小河川二神川の利用が容易であった白井では、一方は谷田、一方は低地帯というように可耕地に直接堰から引水することによって二つの条里ブロックを作りあげたのである。

**長岡**　これまでの考察により、小幡、白井ではかなり小規模な条里的水田ブロックがあり、その各々が独自の水系に

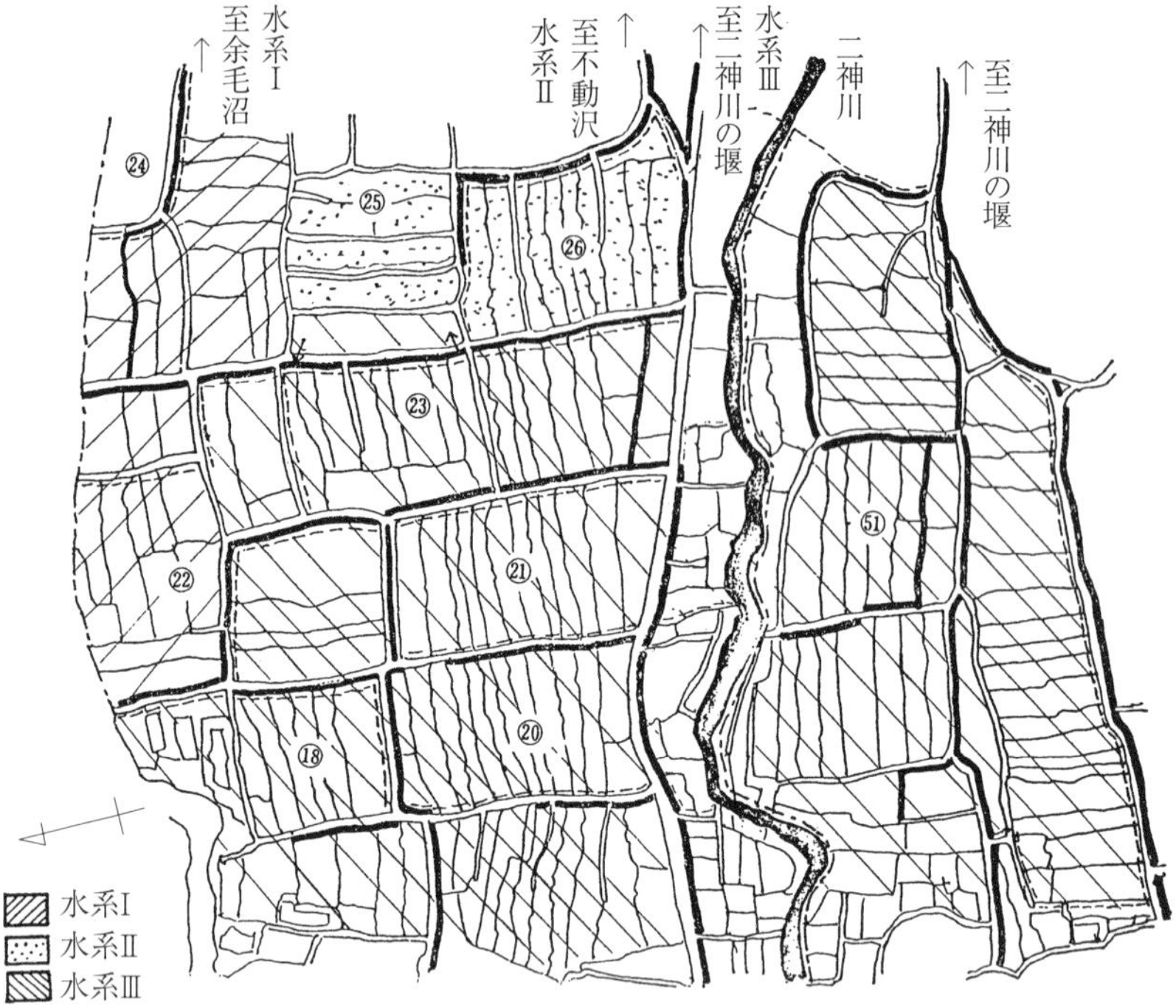


**第六図　長岡条里図**

⑱坪草　⑳滝町　㉑大町　㉒八反田　㉓並木　㉔反町　㉕清水　㉖市ノ町　51小池町（白井）

よって、他とは直接的関連を持たずに開田されたであろうことがわかった。ところがここ長岡では若干様子が異なっているようである。第一図の如く長岡にはこの地域では最大の条里的水田が開かれている。他のブロックが殆ど一列だけのものであることと比較すれば、面としての拡がりを特色とし得る。第六図は長岡の桜川沿いの水田をぬき出したものであるが、図に明らかなようにこの地域は次の三水系により三分される。Ⅰ余毛沼（第一図中(ウ)）及びそれに隣接する自然流、Ⅱ不動沢に発し堀ノ内㉟の南端を流れてくる自然流、Ⅲ二神川から堰を利用して引水されるもの（これは白井の条里的水田を潤している堰(イ)と同一のものであり、この地点で水をせきとめ二分するようになっている）。以下その各々について検討していこう。

Ⅰ　余毛沼及びそれに隣接する自然流

この水系は第六図でいうと、その東北部分に引水されている。と同時に小幡の字丑ノ町⑯等の水田にもかかっている。現在この付近は行政的に長岡と下小幡に分かれている。しかしながらその境界を辿っていくと、例えば五反田⑮・㉚、余毛⑬・㊶といった小字名が長岡、小幡双方に確認されるし、また水田の形、水利からもこの部分は連続した一体のものと考えるべきであろう。とすれば、Ⅰの水系は長岡条里とは別のものである。また形状からも条里的水田とはみなしがたい。

Ⅱ　不動沢に発し堀ノ内の南端を流れてくる自然流

第六図にみる如く、この水系により灌漑される水田はかなり少ない。小字でいえば字市ノ町㉖、清水㉕の一部である。ここで注目されるのが市ノ町という地字名であるが、この市ノ町は条里の「一の坪」と同様のものと考えられる。例えば熊谷市別府にも市ノ町という小字があり、それを基準として村落小字堺を辿ってみると条里の区画を復原できることが指摘されている(4)。この長岡の場合も、所謂「条里」とは言えないまでも、第一図にみるように市ノ町が条里的水田の最東端に位置しておりⅡ水系の水が最初に潤す田なのである。よってこの市ノ町を長岡条里内の数詞坪とみることができよう。ただその場合にしても、千鳥式であれ平行式であれ坪並が整然と数えられる程のものではなく、単にここから条里的水田がはじまるというくらいの意味に考えておきたい。

またこの市ノ町に北接する字清水㉕の方形区画（以下「清水」とする）は条里的水田とすることは容易であろうが、ただ第六図に示したとおり、西端の一筆のみが不動沢系の水を利用していないという特徴がある。これは後にも触れるが、不動沢系の水が相対的に不足気味であることによると思われ、開田当初はやはり他の部分と同様不動沢系の水を利用していたとすべきであろう。不動沢に較べれば豊富な水量を持つ二神川系の水（後述）を利用しうる位置にあったがために、後に改められたのではなかろうか。

Ⅲ　二神川から堰を利用して引水されるもの

この水系は長岡条里中、最も重要な働きをしている。この水がかかる水田のほとんど（並木㉓、大町㉑、篭町⑳、坪草⑱）が明らかに条里的水田であろう。第四図に示したものなどは典型的である。ただ坪草についていえば籠町に北接する方形区画はともかく、その西の部分が条里的であるかは必ずしも明瞭でない。ここはまさに桜川沿いの氾濫原でもあるため、地割の変化があったと考えることもできよう。

ところで前述した通り、この二神川の堰は白井にも水を流し、第一図上、Ｄの条里ブロック（字小池町㊿）を灌漑している。また第六図をみると、長岡条里とこの小池町は同一のプランと考えられる。このことから二神川の堰(イ)を接点として、長岡と小池町が強い関連を持ちつつ開田されたことは疑いのないところであろう。

**綜括**　以上、小幡、白井、長岡と個々の条里的水田を現地調査をふまえて検討してきた。そこで長岡条里について考察を進めていきたい。

長岡条里については、その範囲及び水利を明らかにし得たと思うが、問題となるのは開発の時期・方法・主体であろう。しかし残念なことにそれらを明示してくれる文献を我々は持ちあわせていない。よってここでもやはり現地調査の結果を最大限利用し、また限りある過去の文献のかすかな証言を聞きとる以外途はなさそうである。

長岡条里においてまず開発が着手されたのは、名称からも、またその位置からもやはり市ノ町であろう。ということはこの開発では不動沢系の水がまず利用されたことも意味する。しかしながら開発が進むにつれ、その水だけでは不足気味になったであろうことも確かである。というのも、先述したように「清水」の西側の一筆が後に二神川の水を利用するようになったと考えられるからである。つまり現在不動沢は市ノ町、「清水」にとっても充分な水源とはいえないのであって、上流域の開発に伴う相対的な水量の減少を考えにいれたとしても、開田当初から並木や大町の水田までは潤し得なかったことは容易に想像できよう。

それを補うため開発されたのが二神川の堰だったと思われ、並木・大町への開発が進められていくかなり早い段階、それも市ノ町開発とそれ程変わらぬ時期に堰が建設されたのではあるまいか。『長岡文書』中興国元年（一三四〇）七月一五日の妙幹譲状案に「白井河堰」という記載があるが、それが今問題にしている二神川の堰であると考えられる。(5) つまり中世に、それも遅くとも一四世紀には既に二神川の水が長岡条里にひかれたことを示している。またこの時期には大町、篭町の名が文献上にみえ、(6) その耕地の存在も確認される。現在では二神川の水も不足気味とのことである。篭町まで開発されたこの時期には既に現在の長岡全耕地の大半が開発されていた。二神川の水が利用されていなければ、その開発は不可能と考えられる。

先に長岡条里と小池町が同一プランのものであり、二神川の堰を接点として強い連関のもとに開発されたことを指摘したが、小池町は長岡の内部ではない。現在二神川がこの付近の長岡、白井境となっているが、自然立地よりみて中世でも同様であったと思われる。長岡氏が入部した如く白井氏が入部したようであるが、(7) とすればこの開発が長岡氏独自のものであったとは考え難く、長岡氏の入部を待たず、既に開発が郡単位で相当程度進められていたと考えてみたい。

以前、小山靖憲氏は長岡条里に関連して大略次の諸点をあげられた。(8)

①　条里制＝古代的耕地を中世に転化・継承したのは真壁一族の堀ノ内建設による固有の勧農行為である。
②　その堀ノ内は小流をチェックすることによって、氾濫の被害や不必要な用水の流入を最小限にとどめるための勧農行為＝階級支配を実現した。
③　堀ノ内の恩恵を直接蒙った堀ノ内周辺と間接的にしか蒙らなかった桜川低地との生産力隔差は近世よりもはるかに大きかった。

しかしながら論の前提となっている堀ノ内に関してはその機能及び実在に関して疑問があることを前節で述べた。また本節でも条里的水田部分は中世から既に二神川の水が利用されていたことを明らかにした。従って堀ノ内の勧農上の機能を過大に評価することはできないのである。

本節では真壁地方において灌漑用水がそれぞれに独自の水系を持っていることを明らかにした。水系に対する在地領主の支配はそのような個々の水系に対してなされねばならないはずである。その場合の有効手段には何があるだろう。例えば前節であげた祭祀（宗教）の問題、あるいは山野の支配が考えられるだろう。また長岡の場合水系に対する最も有効な支配として二神川堰の管理が想定される。しかし長岡氏は堰に対する支配の痕跡を七〇〇年後の我々には全く残していない。我々の調査から明らかにしたところは少ないが、中世在地領主支配の実態解明への問題提起になったとすれば、これ以上の喜びはない。

## 註

（1）　三友国五郎「関東地方の条里」（『埼玉大学紀要　社会科学編８』所収）。

（2）豊崎卓『東洋史上より見た常陸国府・郡家の研究』。

（3）谷岡武雄『平野の地理』に長岡条里の一部の地籍図が示されているが、具体的な検討は行なわれていない。

（4）三友前掲論文。

（5）史料の必要部分は次の通りである。

　譲渡　女子松若御前分

　　常陸国真壁郡長岡郷内田在家事

　　合　在家一宇　別当三郎入道内本目六作人

　　　　田壹町　捌段　白井河堰北号教智作

　　　　　　　　弐段　大町の南の大なわそい

（6）同じく『長岡文書』中、元徳三（一三三一）年六月日の長岡郷田地目録に大町、また建武二年（一三三五）正月二五日の長岡郷坪付には篭町の記載がある。

（7）『真壁文書』によれば白井も鎌倉前期から真壁氏本宗の所領に含まれておらず、また享徳五年（一四五六）には「庶子白井修理亮」がいたことがわかり、『平姓真壁家系』の朝幹の項に「白井右馬助」「白井越前守」の名がみえるから、鎌倉期から白井郷にも庶子家がいたと考えてよかろう。

（8）小山前掲論文。

（藤原良章）

# おわりに

以上が現地調査の成果である。私たちは現地調査の先輩である小山氏の見解を批判してきた。そこで思うことは本稿発表後いくらかを経たのちには、歴史学の進歩によって新しい視角をもった人たちが再び本稿の見解を批判してくれるであろうということである。しかしその時現地調査の対象となる旧状をとどめた長岡の水田は存在しない。

このような事態にあたって要請されることは何か。圃場整備にあたっては空中写真の撮影と水田面の詳細なレベルを記入した地図が作成されると聞く。これらは地籍図等とともに完全に保存し、かつ市民・研究者のために公刊していただきたいものである。大型のマイラー原紙は操作上しばしば破損するし廃棄されることもあるということは想像にたやすい。

しかし問題はそれだけでは片づかない。まず水田そのものに付随した歴史遺産の調査が必要である。例えば地名（水田呼称）は水田そのものが消滅した段階で忘れ去られることは必然である。その点で長野県上田市教育委員会が行なった条里遺構の調査報告書を紹介したい（上田市教委『条里遺構分布調査概報』㈠染屋台地区〈一九七三・三刊〉㈡国分・常田地区、常盤城・秋和地区、千曲川南西地区〈七四・三刊〉㈢塩田地区〈七五・三刊〉）。

この調査の主眼は、

①**微地形**

②**灌漑用水**

**③土壌**
**④伝承字名**
**⑤絵図面文書資料**

にあってａ微地形の変遷と用水路の歴史的究明、ｂ各用水堰についての沿革伝承及び慣習、ｃ条・里・坪の調査及び実測、ｄ地字名、特に耕地一枚毎及び小堰一本毎の伝承地名（役場で用いられる小字名よりさらに細かい地名）、ｅ当該地区に保管される各種文献調査及び隣接地区に残る関係文献の調査が行なわれた。㈡によると「聞き込み調査は各地に伝わる字名、地名、地形、水利などを中心に公会堂、私宅をはじめ現地の会場を利用しながら自治会長、水利関係者、古老、旧家など多くの人々の協力を得ながら質疑をし、解答を得て、多大な資料を引き出すことができた。こうした聞き込み調査で直接的な指導、協力を得た協力者だけでも九七名に及んでおり、この他現地踏査で指導を得た村人を含めると協力者の総数はゆうに五〇〇名を越える」というもので素晴らしい成果を得ている。

上田市の調査は発掘調査を伴うものではなかった。しかし昨今の考古学は現地表（条里）水田の地下には埋没（条里）水田があること、地表観察のみでは不十分なことを明らかにしている。関東地方では千葉県や埼玉県でも埋没条里の調査が行なわれているが[1]、特に顕著な成果をあげたのは群馬県の事例であろう。それらは『月刊文化財』一八一などに紹介されているが、十ヶ所の水田址が調査され弥生期水田、古墳期水田、平安期条里水田が、畦畔・用水堰を伴った水田面として見事に再現された。

真壁長岡の場合も中世には確実に耕作され、近世の検地では下田として扱われていた「条里」的水田が、はたして律令期条里水田といかなる系譜関係にあるのかはきわめて興味深い。また真壁町・大和村界の方位を異にする「条里」遺構からは埋没条里の先後関係等、発掘方法によっては条里施行の実際を知る手がかりが得られるであろう。

圃場整備に際しての中世農村復原調査には右にあげたような聞きとり調査と発掘調査が不可欠と思われる。上田市同様、県・国の予算補助を得て心おきない十分な調査がなされることを切望する。もし本調査が圃場整備対象地区全域に亘って実施されたならば（既施行地の発掘は断念するとしても）、本稿が予想だにしなかった真壁地方の歴史が生き生きとよみがえることはまちがいないと思われる。

（服部英雄）

## 註

（1）館山市条里遺跡調査会『千葉県館山市条里遺構調査報告書』七五年、埼玉県教育委員会・同遺跡調査会『熊谷市東別府条里遺跡発掘調査報告書』七一年、埼玉県南河原条里遺跡調査会『南河原条里遺跡発掘調査報告書』七七年。他未刊であるが、中条条里遺跡等。

# Ⅳ 院政期・鎌倉期の常陸国真壁氏とその拠点

清水　亮

## はじめに

中世常陸国真壁郡域には、院政期から戦国期に至るまで同地を支配した在地領主真壁氏の家伝文書「真壁文書」、真壁氏から分立した長岡氏の庶子家古宇田氏の家伝文書「真壁長岡古宇田文書」が今に伝わっている。真壁郡域は、これらの文書群と豊富に残る現地の中世遺跡・地名とを照合・検討し、院政期から戦国期における在地領主支配の様相、在地領主の交通形態を明らかにできる、中世東国史の貴重な研究素材である(1)。

本稿では、これらの成果を踏まえ、院政期から鎌倉期における真壁氏の拠点の様相を検討する。その際、近年の在地領主居館研究の成果(2)に多くを学び、拠点のあり方から院政期・鎌倉期における真壁氏の在地領主としての存在形態に迫っていく。その上で、真壁というフィールドの貴重さを改めて主張してみたい。

## 一、常陸国真壁荘の成立

鎌倉期の真壁郡は、桜川によって東西に分断されている。そして、郡の北半が「庄領」＝関東御領真壁荘、南半が「公領」＝国衙領に区分されている。つまり、鎌倉期の真壁郡は、A地域（真壁荘桜川左岸）、B地域（真壁荘桜川右岸）、C地域（国衙領桜川左岸）、D地域（国衙領桜川右岸）という、地理的・政治的に区分された四つのブロックによって構成されていたことになる。

大石直正氏によって、真壁荘は、二段階の成立過程を踏んだことが明らかにされている。すなわち、①まず、真壁郡全体が半不輸領として平家一門領化する、②鎌倉幕府による真壁郡の没官・片寄によって郡の北半が関東御領とされ、真壁荘と呼ばれるようになる、という流れである。(3)そして、恐らく鎌倉幕府は、真壁荘の本家職を常陸国一宮鹿島社に寄進したものと思われる。(4)常陸平氏嫡流から分かれた真壁長幹は、真壁郡司職を手中にしていたものと推測され、(5)彼が真壁郡を平家一門に寄進した背景には、拙稿で指摘したように真壁郡周辺の領主間競合に伴う自領の保全志向があったと考えられる。(6)

南北朝期に書写された「税所文書」（山本本）弘安二年（一二七九）常陸国作田惣勘文案（以下「弘安田文」と略称）(7)、および「真壁文書」真壁郡内田数目録案(8)によると、「庄領」の田数が「公領」より、圧倒的に大きいことがわかる。拙稿で指摘したとおり、「弘安田文」における真壁郡の記載事項は院政期の田数を記したものであり、院政期に真壁長幹もしくはその父多気直幹によって「庄領」部分の開発が、「公領」部分に先行して進められたことを示唆している。鎌倉幕府は、真壁長幹によって開発が進展した真壁郡北部を選んで関東御領化したと考えることができよう。

## 二、真壁郡北部における真壁長幹の拠点

では、「庄領」における真壁長幹の開発拠点はどこにあったのであろうか。この点を考えるために、「弘安田文」で真壁荘を示していると思われる部分を抜粋してみよう。

大国玉社三十丁九段大
大曽祢百十二丁四段六十歩
光行五十四丁二段大
松久五十八丁一段大
小幡四十二丁七段
竹来八丁二段六十歩

この部分について、さきに拙稿で指摘した点は以下のとおりである。すなわち、①「大曽祢百十二丁四段六十歩」という巨大な郷は、古代の大苑郷域にほぼ一致する領域であり、長幹の嫡子友幹の時代までに、本木・安部田・大曽祢・伊々田の各郷に分化していく、②「大曽祢百十二丁四段六十歩」は「光行五十四丁二段大」・「松久五十八丁一段大」の和とほぼ一致していることから、「弘安田文」における「大曽祢」は、「光行」と「松久」の総和と同一の所領であった可能性がある、③「光行」・「松久」は、その規模からみて、真壁長幹の領主名であった可能性がある、とい

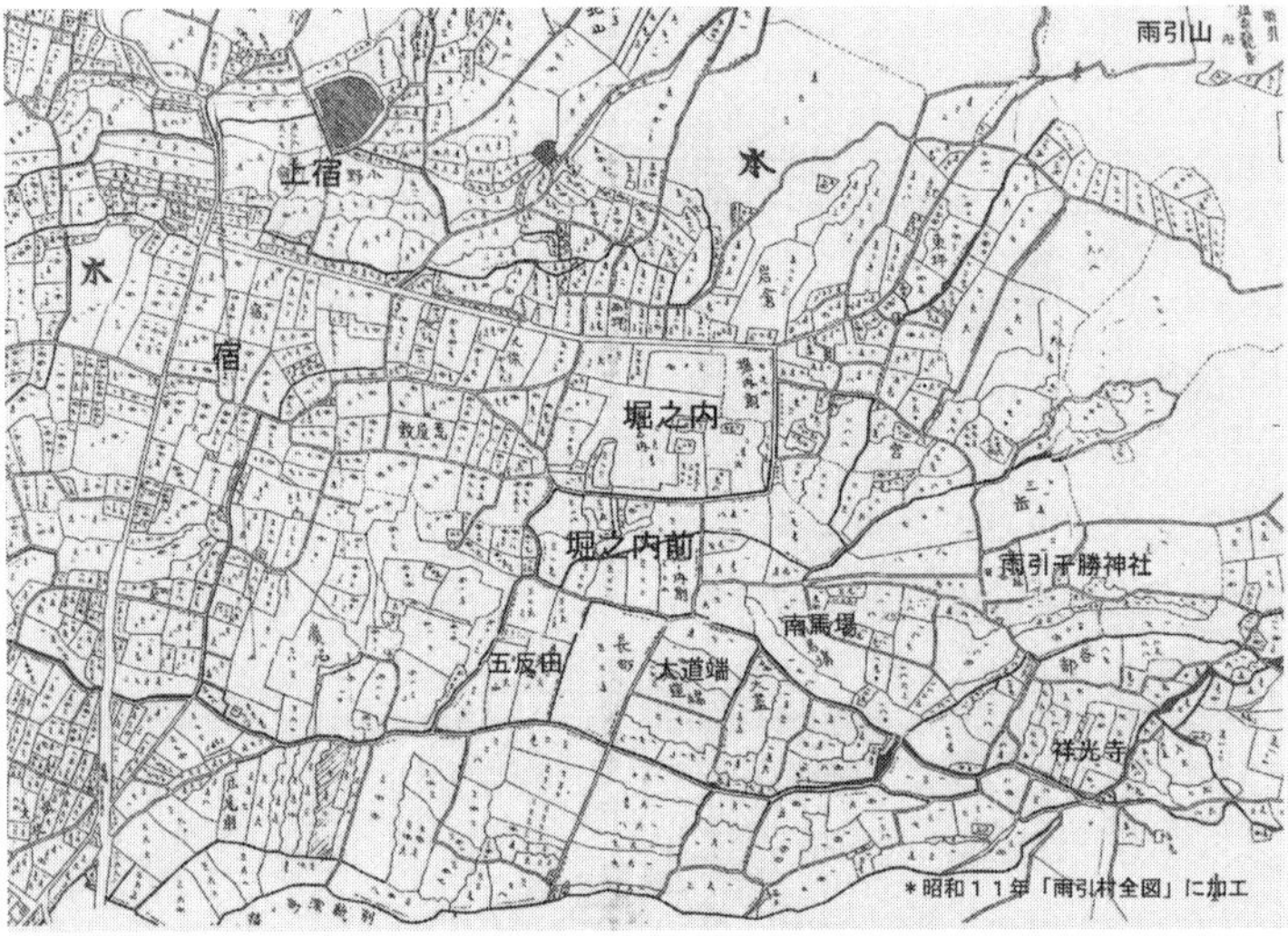


〈図１　本木の「堀之内」〉

うものである。

拙稿では、②・③の論点については、可能性の提示にとどめたが、現在、私は②・③の論点はともに成立する可能性が極めて高いと考えている。すなわち、本来の常陸国大田文では、「大曽祢百十二丁四段六十歩」が見出しとして書かれ、その内部単位として「光行」・「松久」が記載されたとみるのである。「大曽祢」と「光行」・「松久」の田数がほぼ一致する事実、「光行」・「松久」が鎌倉期以降の史料に登場せず、現地での聞き取り調査によっても見いだせない事実[9]は、やはり、「大曽祢」と「光行」・「松久」が同一の所領であること、そして「光行」・「松久」が真壁長幹の領主名＝私領であったことを裏付けていると考えたいのである。

「弘安田文」における「大曽祢」（「光行」・「松久」）に該当する中世郷は、本木・安部田・大曽祢・伊々田である。これらの郷の中で、真壁長幹の拠点となった「大曽祢」の中心地は、本木郷であったと考える。

本木郷故地（現桜川市本木）には、古代から存在していたと思われる宗教拠点雨引山がある(10)。この雨引山への参道は、東西に走る本木集落北側の道と南北に走る本木集落東側の道の二つがあり、この二つの道が交わる場所に方二町程度の「堀之内」が残存している。この「堀之内」は方形ではあるが、全体が平面に整地されているわけではない。雨引山への参道に接する北側の部分は整地され住居を構築できる状況になっている。そして、傾斜面を経て南端は田地になっている。また、「堀之内」の周囲に土塁の痕跡はみいだせない。さらに、後述するように、東面・南面に用水としての溝が掘られているが、「堀之内」周囲を用水溝がめぐっているわけではなく、溝自体、足でまたげる程度の幅であり、大規模な堀とはいえない。

小山靖憲氏が提出した「堀の内体制論」では、居館は土塁と堀という防御機構に囲繞されており、堀には用水統制機能があったとされている。しかし、橋口定志氏が東国の武士居館の発掘事例から示したように、東国において土塁と堀に囲まれた方形居館が出現するのは一四世紀以降であることが明らかにされている(11)。その後、竹内千早氏の検討を踏まえ、蔭山兼治氏が史料上にみえる「堀内《ほりのうち》」の用例を精査して、「堀内」とは、在地領主の初発的な「開墾地」であった（その中に開発者の居館が存在しうる）ことを指摘している(12)。これらの研究を踏まえ、近年、齋藤慎一氏は、中世前期の「堀ノ内」を、領主の屋敷と開墾地によって構成された拠点とする見解を提出している(13)。本木郷の「堀之内」は、齋藤氏の提示する中世前期の「堀ノ内」のイメージに符合するのである。

また、「堀之内」の西隣には、「荒屋敷」という地名が残っている。聞き取り調査によると、この「荒屋敷」は「新屋敷」の意味であり、一五世紀に真壁朝幹によって滅ぼされた真壁庶子本木駿河守家幹の屋敷跡であるという。「荒屋敷」という地名は、「堀之内」に対応するものといえる。この点も、本木の「堀之内」を中世前期の真壁氏の拠点と考える傍証となるであろう。

そして、「堀之内」周辺には「堀ノ内前」・「五反田」・「南馬場」・「大道端」などの地名が残っている。[14]「南馬場」は本木の村社雨引千勝神社の参道に南接している。聞き取り調査によると、雨引千勝神社は、本来鹿島社であったという。常陸国一宮鹿島社では、遅くとも一三世紀中葉以降、常陸平氏一門の巡役によって七月大祭が執行されていたことが水谷類氏によって明らかにされている。[15]雨引千勝神社は、真壁氏によって勧請された本木郷支配の媒介環であった可能性が高い。

この「堀之内」に関して注目すべき点は、二点ある。まず一点は、「堀之内」の西方で、雨引山に至る本木集落北側の参道に接して「宿」・「上宿」という地名が残存することである。この「宿」・「上宿」は現在では集落化している。聞き取り調査によって、「宿」に「たてば」と呼ばれる、旅人の便宜を図る場があったという伝承を聞き取ることができた。また、宿泊機能との関係は不明だが、「はげの屋」「けんま屋」「あぶら屋」という屋号があったという。だが、「宿」・「上宿」が全体として宿場としての機能を果たしていたことを確認することはできなかった。また、聞き取り調査によると、雨引山への参道を挟んで「堀之内」に北接する「岩倉」に大正年間まで雨引山参詣の客を泊めるための宿が三、四軒あったという。「岩倉」の屋号として、「柏屋」「京屋」「和泉屋」「丸屋」などを聞き取ることができた。このうち、「京屋」は大正年間までは宿として営業していたという。

しかし、「宿」・「上宿」には近世の宿場によくみられる短冊形の地割は全く見いだせず、聞き取り調査によっても地割の存在を確認することはできなかった。さらに、昭和一一年作成の「雨引村全図」からも、「宿」・「上宿」に地割が形成されていた形跡を見出すことはできない。「宿」・「上宿」が宿場町として近世・近代に機能していたとは考えにくい。この「宿」・「上宿」は、中世の宿の遺称ではないだろうか。この推定が成り立つのであれば、真壁氏は、宗教施設とそこに付随する宿・交通路を掌握する目的をもって「堀之内」を設営したことになる。真壁長幹には、高橋修氏の主張する「町場」の在地領主としての面貌をみてとることができるのではないだろうか。[16]

次に注目すべき点は、「堀之内」の周囲に多くの宗教施設が存在することである。「堀之内」に近接して雨引千勝神社、祥光寺[17]などの宗教施設が存在している事実は、地域社会の安寧を担保する場として「堀之内」及びその周辺が位置付けられていたことを暗示している。齋藤慎一氏は、在地領主の本拠には寺院が建設され、在地領主は地域住民の安寧を保障する役割を担っていたとしている。[18]この齋藤氏の所説を踏まえるならば、真壁長幹は、宗教施設を本拠に取り込むことにより、民衆の現世利益を保障する社会的役割をも担っていたことになる。

さらに、この「堀之内」の東面・南面には、雨引山から流れる沢から取水した用水が流れ、「堀ノ内前」の田を灌漑している。聞き取り調査によると、「堀ノ内前」・「五反田」など「堀之内」に近接した田地は反当たり八〜九俵とれる安定耕地であり、かつ質の良い米が取れるという。本木の「堀之内」には、大規模な土塁・堀はないものの、小山靖憲氏が明らかにした、「堀の内」を中核とする勧農機能[19]も付随しているのである。

以上の証左からみて、本木の「堀之内」が真壁長幹もしくはその父多気直幹によって設営された真壁郡開発の拠点であったことはほぼ間違いないものと考える。[20]真壁氏は、「町場」の長者であり、古代以来の宗教拠点の外護者であり、かつ開発の指導者であった。本木の「堀之内」のあり方は、真壁氏の在地領主としての多様な側面を現しているのである。

## 三、大国玉社と真壁氏

前章で明らかにした真壁氏の拠点は、A地域に即したものであった。しかし、真壁氏は、真壁郡全域にわたる支配権を持っており、A地域に拠点を設営するだけでは、郡内の支配を完遂することは不可能であろう。齋藤慎一氏が明らかにしたとおり、在地領主の本拠が固定化するのは一五世紀中葉以降なのであり[21]、院政期・鎌倉期の在地領主については、立地・目的に即した複数の拠点の存在を想定するべきである。真壁氏についていえば、少なくとも、さきにしめしたA～Dの四ブロックに即した拠点の存在を想定しなければならない。

「弘安田文」によると、B地域すなわち真壁荘桜川右岸地域は、大国玉社と竹来郷で構成されている。その内訳は、「大国玉社三十丁九段大」と「竹来八丁二段六十歩」であり、明らかに大国玉社の開発が先行し、大規模に進められたことを物語っている。この大国玉社は九世紀には存在が確認され、近辺には平将門関係の伝承を残す后神社が残っている[22]。

この大国玉社の東に接するかたちで「堀之内」地名が残っており、現在は畠と人家になっている。桜川の氾濫原から一～二メートル高いところにある、河岸段丘の周縁部に存在している。古代以来の宗教拠点を掌握する志向を見いだせる点で、大国玉の「堀之内」には本木の「堀之内」に共通する側面を見いだすことができる。また、大国玉社には、そこにたどりつくための交通路が当然付随していたと考えられる。現段階では、大国玉社に向かう古代・中世道を明確に示すことができないが、大国玉社の西方に、常陸国府から真壁郡（古代白壁郡）伊佐々郷・谷貝を経て新治

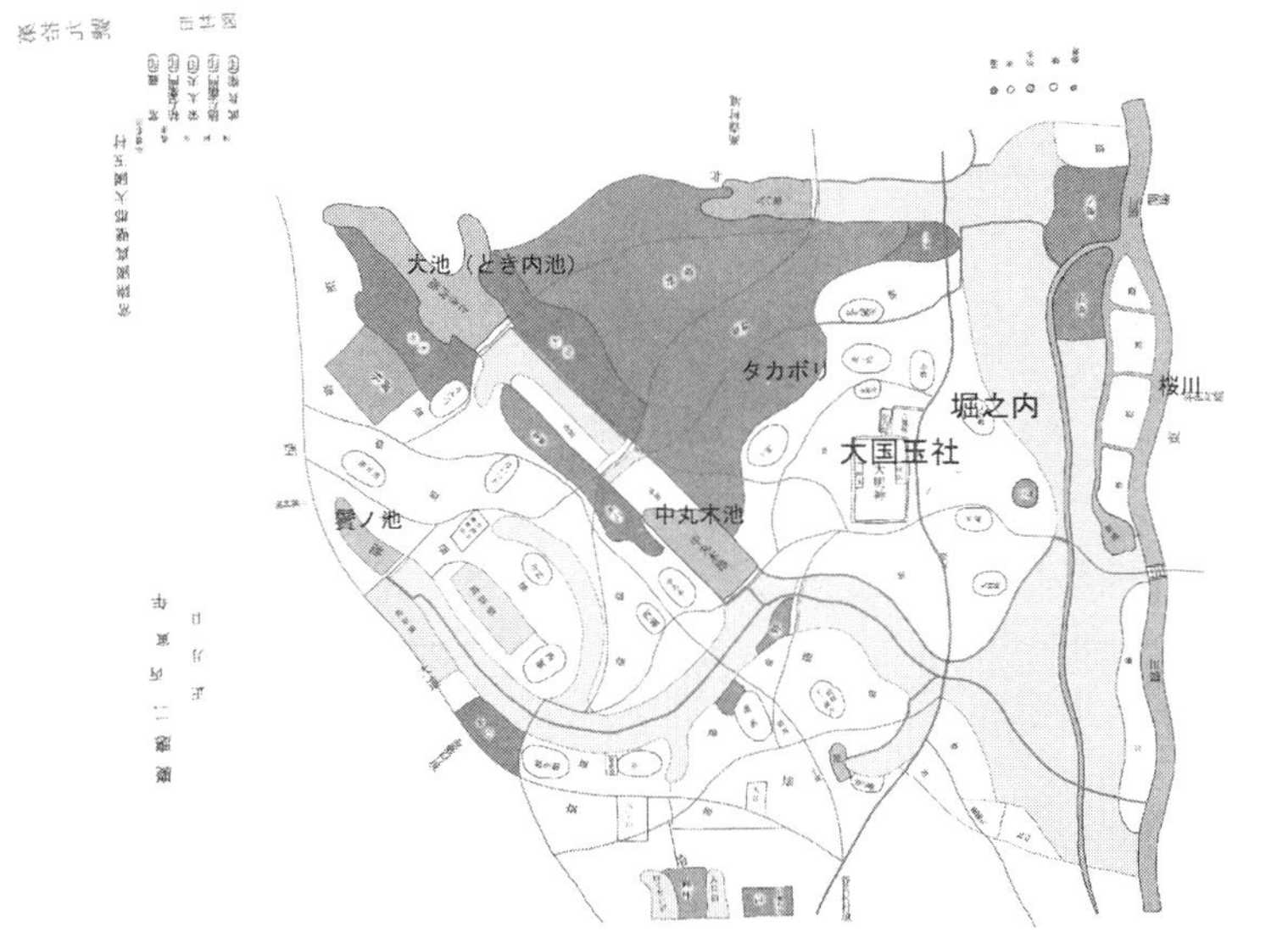


〈図２　大国玉社と大国玉社の「堀之内」〉

郡衙に至る古代官道の存在が指摘されている[23]。この古代官道と大国玉社をつなぐ古道の存在を当然想定しなければならない。また、大国玉の「堀之内」は桜川の氾濫原に接している。桜川の河川交通の実態については今後の課題であるが、河川とのつながりを重視する真壁氏の意図を見いだすことができるのではないだろうか。

しかし、大国玉の「堀之内」には、堀を媒介とした勧農機能が付随した形跡がない。扇状地である桜川左岸とは対象的に桜川右岸は河岸段丘で構成されている。桜川市歴史民俗資料館所蔵の慶応二年（一八六六）大国玉村絵図（図2[24]）によると、大国玉の田地は、おおむね二つに大別される。すなわち、①大国玉社と「堀之内」がある段丘の南から西にかけて伸びる谷戸田であり、この谷戸田は、自然池と思われる「大池」・「中丸木池」（図2および桜川市歴史民俗資料館所蔵江戸末期大国玉村絵図参照。聞き取り調査[25]によると終戦後まで存在し、現在は湿田化している）・「鬢ノ池」を水源とする湿田である。②大池（図2では「とき内池」）から取水した用水と桜川から取水した用水によって灌漑される桜川氾濫原の田地である。しかし、聞き取り調査によると、②の桜川から取水した用水の存在は確認できなかった。桜川の氾濫原を灌漑する田地は、大国玉の北に所在する、自然池と思われる大池（とき内池）から大国玉北部の台地を大規模に開削し、桜川の氾濫原に達する「タカボリ」と呼ばれる用水が、前近代における主要な水源であったという。この「タカボリ」は、現在でも確認でき、また、さきにふれた（図２）と桜川市歴史民俗資料館所蔵の江戸末期大国玉村絵図でも確認できる。桜川から、桜川氾濫原の田地に水を引くようになったのは、終戦後、昭和三〇年代頃だという。とすると、（図２）にみられる、桜川から氾濫原へと向かう用水は、氾濫の結果、河道が変化したことによって一時的に生じた支流であったとみるのが妥当であろう。実際、現在の地図でも、江戸末期の大国玉村絵図でも桜川の河道が分岐していた形跡を読み取ることができる。

大国玉村の田地は、近世以降大幅な増大をみている。明治一七年（一八八四）段階での大国玉村の田地は一〇四町四九畝、一九七一年段階での田地は一一九・六ヘクタールである[26]。管見の限り、「タカボリ」が開削された時期を確定する材料にめぐまれていない。したがって、真壁氏入部、あるいはそれ以前から「タカボリ」が開削され、桜川の氾濫原に田地が開かれていた可能性は否定できない。しかし、近世・近代における田地増大の様相を踏まえるならば、これらの時代における田地開発に際して、「タカボリ」の存在が影響した可能性は高いのではないだろうか。中世初期の大国玉の田地は、①の大国玉社の所在する段丘の南方に、大きく長く開いた谷戸が中心であったと考えたい。また、さきにのべたとおり、大国玉の「堀之内」は堀・溝の痕跡がなく、「タカボリ」ともまったく接していない。

以上、多分に推測をまじえる結果となったが、大国玉の「堀之内」は、河川交通・陸上交通と古代以来の宗教施設を掌握する目的で設営された拠点であったと考えたい。この「堀之内」に開発との関係を見いだすとするならば、海津一朗氏が指摘した、外界に通じる交通の要衝に立地し、開発の原資をプールする拠点としての意義を持つ「堀ノ内[27]」ということになるであろう。

## 四、国衙領における真壁氏の拠点

国衙領における真壁氏の拠点については、既に小山靖憲氏、齋藤慎一氏によって検討が積み重ねられている。小山氏は、真壁城を真壁氏が掌握する真壁郡衙故地（C地域）の上に建てられたと推定し、「堀の内」から中世城郭への連続性を見いだした。長らく通説となっていた小山氏の説を相対化したのが、齋藤氏の議論である。齋藤氏は、南北朝期の真壁氏の本拠がD地域にあたる亀熊（隈）に存在していたことを明らかにし、真壁城が真壁氏の固定的な本拠であったという通説に疑問を呈したのである[28]。私のみるところ、小山氏の説も、齋藤氏の説も、ともに妥当性を持っていると考える。真壁城の所在する山宇郷は、桜川左岸の扇状地上に存在するのに対して、亀熊城の存在した亀熊郷は、桜川右岸の河岸段丘と長大な谷戸によって構成されている。それぞれの郷の立地条件が異なる以上、真壁荘域と同様、国衙領でも桜川左岸と右岸双方に真壁長幹の拠点が設営されたとみて矛盾は生じないからである。

C地域のどこに真壁長幹の「堀之内」が存在したのか、どのような機能をもった「堀之内」であったのかを確定することは、一五世紀末以降、真壁城やその周囲の宿場が建設されたため難しい。しかし、真壁惣領家が鎌倉期を通じて真壁城の所在する山宇郷を保持していること[29]からみて、真壁城もしくはその周辺地域に「堀之内」が建設されていた可能性は高いと考えられる。

亀熊についても、南北朝期から戦国期までの遺構が併存して残存していることが明らかになったため[30]、院政期・鎌倉期の状況を正確に知るのは難しい。ただし、齋藤慎一氏が指摘したとおり、亀熊城域に亀熊八幡宮を中心とした、鎌倉を模した居館プランの痕跡が残されていることは[31]一つのヒントになる。亀熊城に先行する「堀内」・「宿」[32]が鎌倉期には存在したことを示唆しているからである。齋藤慎一氏が近年主張するように、南北朝期の「城」は臨時に築かれるものであり、その中には平時の館が城塞化されたものが多く含まれていた[33]。この指摘を踏まえるならば、鎌倉末～南北朝期の真壁氏惣領真壁幹重が南北朝内乱勃発と同時に亀熊城を設営できたこと自体、城郭の前提となる「堀内」が、鎌倉時代から亀隈（熊）郷の河岸段丘上、現在の亀熊城の痕跡と重なる位置に存在していたことを意味している。

桜川市歴史民俗資料館所蔵の紀元二千五百三十四年（明治七年〈一八七四〉）・明治九年（一八七六）亀熊村地籍図（図３）[34]や聞き取り調査によると、亀隈郷の田地は、大国玉と同じく、二つに大別される。すなわち、①亀熊城の西に長く入り込む二本の谷戸田。これらの田は、自然池を昭和九年（一九三四）に改修してできた「上谷津池」と、自然池である「星の宮池」や天水などを主な水源とする湿田である。②亀熊北部の「弁天池」を水源とし、東に向かって流れる用水と、近代に入って桜川からポンプで水を上げることによって取水した桜川氾濫原の田地である。聞き取り調査によると、現在、①の谷戸田は約二〇町、②の氾濫原の田地は約一二町であるという。「弁天池」が自然池であるか、あるいは人工池であるかの確定は現在のところできていない。ただ、「弘安田文」における亀隈郷の田地は「二十三町四段六十歩」[35]であるから、中世段階においても桜川氾濫原に田地が開かれていた可能性は否定できない。

しかし、現在、亀熊城域に、城に付属した用水堀の存在を確認することはできない。亀熊城は河岸段丘上にあり、周囲の田地からは離れたところに立地しているのである。したがって、亀熊城に先行して存在していた「堀内」につ

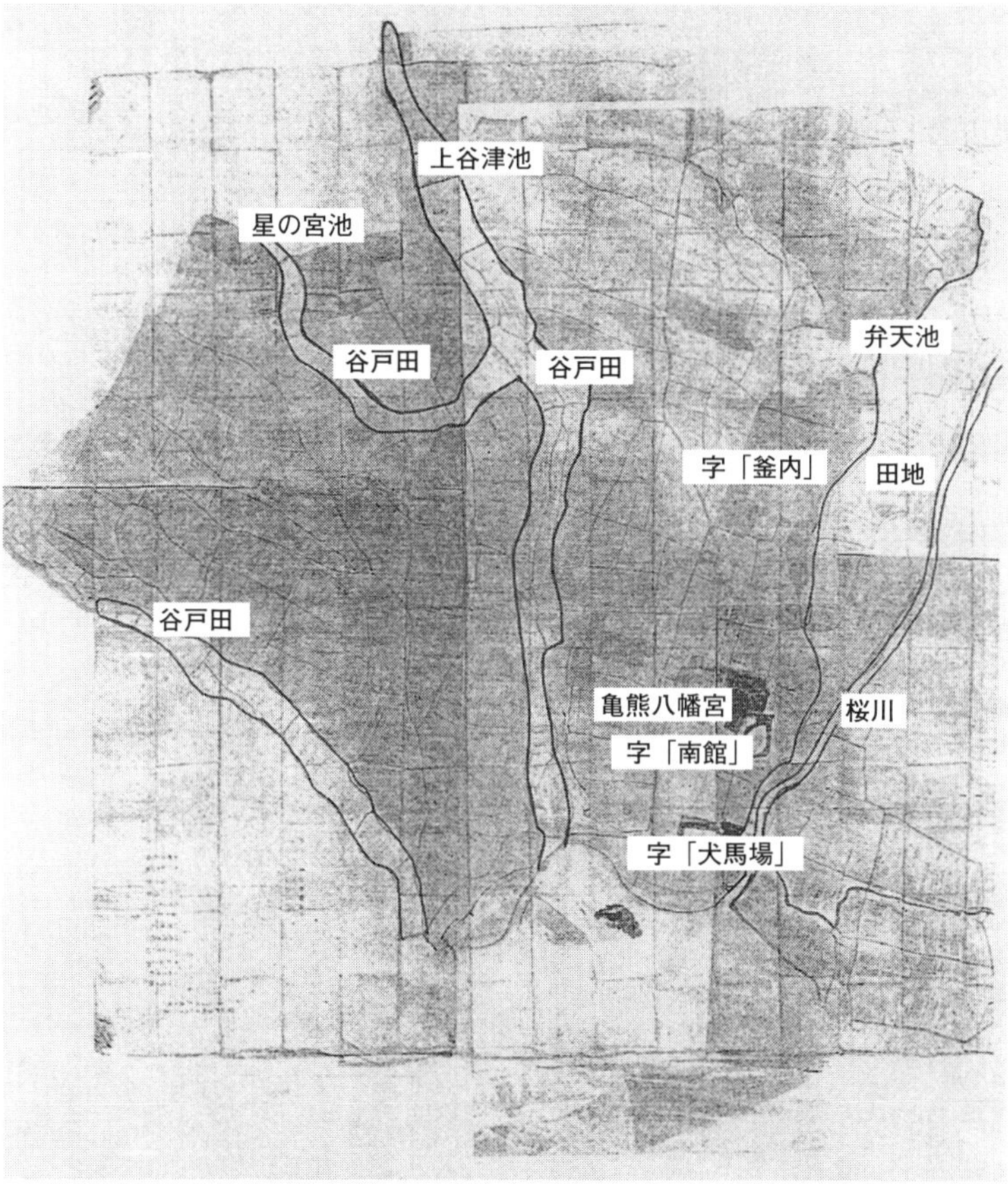


〈図３　明治９年地籍図にみる亀熊の景観〉

いても、小山靖憲氏が主張するような意味で、館を媒介とした用水統制による勧農機能を想定することは難しい。

齋藤慎一氏が指摘するように、亀隈郷の「弘安田文」における田地の大きさは、「公領」において真壁惣領家が保有していた郷のなかではもっとも大きい[36]。院政期段階で亀隈郷の開発は、「公領」の中ではもっとも進展していたと考えられ、亀隈郷の「堀内」についても、開発との関係を考える余地がある。とすると、「宿」の設営などを通じて開発の原資・労働力編成を行う、開発基地としての「堀ノ内」と考えるのがもっとも自然であり、海津一朗氏の指摘する「堀ノ内」像にもっとも近い存在形態をもっていたとみることができるであろう。

## おわりに

以上、四章にわたって、院政期・鎌倉期における真壁氏の拠点のありかたを検討してきた。その結果、居館の周囲に用水を巡らし勧農の拠点とする「堀の内体制」に合致し、かつ宗教拠点・町場を掌握する本木の「堀之内」、河岸段丘上に設営され、近接する谷戸や氾濫原を開発する拠点として設営された大国玉・亀隈《（熊）》の「堀之内」を析出した。

小山靖憲氏が主張する居館による用水統制（「堀の内体制論」）。海津一朗氏が提示する交通の要衝に位置する開発基地としての居館の機能。高橋修氏が重視する町場や交通路といった流通機能を掌握する居館の機能。齋藤慎一氏が提示する地域住民の現世利益を保障する館と寺院がセットになった本拠の機能。これら先学が提示してきた在地領主の居館のあり方は、院政期・鎌倉期には同時並行的に見出されるものである。そして、このような多様な居館のあり方は、在地領主の持つ多様な側面に即応したものであった[37]。

以上の検討から、真壁郡域は、在地領主の多様な側面を、居館のあり方から浮かび上がらせることのできる、貴重なフィールドであることがあらためて確認されたと思う。今後も様々な視角・方法によって、真壁地域を舞台とした研究が盛んになることを祈念して擱筆したい。

## 註

（1）一九九五年以前に発表された真壁氏関係論文の目録は、『真壁氏と真壁城　中世武家の拠点』（河出書房新社、一九九六年）にまとめられている。その後の真壁氏研究の流れについては、拙稿「了珍房妙幹と鎌倉末・南北朝期の常陸国長岡氏」（『茨城県史研究』八九、二〇〇五年）、同「常陸国真壁氏と得宗政権に関する研究の現状」（『南北朝遺文　関東編第一巻』付録月報一、東京堂出版、二〇〇七年）、宇留野主税「戦国期における真壁城と周辺の景観」（『中世東国の内海世界―霞ヶ浦・筑波山・利根川』高志書院、二〇〇七年）などを参照。

（2）齋藤慎一「本拠の展開」（『中世の城と考古学』新人物往来社、一九九一年）、海津一朗「東国・九州の郷と村」（『日本村落史講座2　景観Ⅰ　原始・古代・中世』雄山閣、一九九〇年）、高橋修「中世前期の『町場』と在地領主の館」（『地方史研究』三一一、二〇〇四年）、同「武蔵国における在地領主の成立とその基盤」（『中世東国の世界1　北関東』高志書院、二〇〇三年）など。

（3）大石「治承・寿永内乱期南奥の政治的情勢」（同『奥州藤原氏の時代』吉川弘文館、二〇〇一年）。

（4）山崎勇「常陸国真壁郡竹来郷における領主制について」（『歴史學ノート』四、一九七一年）、同「鎌倉時代の東国における公田」（『慶應義塾志木高等学校研究紀要』四、一九七四年）。

（5）小山靖憲「鎌倉時代の東国農村と在地領主制」（同『中世村落と荘園絵図』東京大学出版会、一九八七年、原形初出一九六八年）。

（6）拙稿「関東御領における地頭領主制の展開―鎌倉期常陸国真壁荘を中心に―」（『年報三田中世史研究』二、一九九五年）。以後、「拙稿」と本文で記した場合、この論文を指すものとする。

（7）『真壁町史料　中世編Ⅲ』。

（8）『真壁町史料　中世編Ⅰ』。

（9）一九九五年の真壁荘域調査（飯島光弘氏、笠倉盛一郎氏、故勝田忠雄氏、故岡村安久氏からお話をうかがった）、及び二〇〇八年の真壁荘域調査（勝田俊雄氏、勝田孝平氏、雨引千勝神社関係者の方々からお話をうかがった。なお、この時の調査にあたって、伊藤瑠美氏、田中大喜氏のご協力を仰いだ）。以下、本木郷に関する聞き取り調査の記述は、これらの成果に基づくものとする。

（10）雨引山については「雨引山の絵画　楽法寺絵画資料調査報告書」宗教法人雨引山楽法寺、二〇〇七年）参照。

(11) 橋口「中世方形館を巡る諸問題」（『歴史評論』四五四、一九八八年）、同「中世東国の居館とその周辺」（『日本史研究』三三〇、一九九〇年）、「東国の武士居館」（藤木久志監修・埼玉県立歴史資料館編『戦国の城』高志書院、二〇〇五年）など。

(12) 竹内「堀の内論の再検討」（『歴史学研究月報』三五〇、一九八九年）、藤山「『堀内』の再検討―その実態と論理―」（『琵琶湖博物館研究調査報告書』二一、二〇〇四年）。

(13) 齋藤『歴史文化ライブラリー218　中世武士の城』（吉川弘文館、二〇〇六年）。

(14) 現地調査および昭和一一年「雨引村全図」による。

(15) 水谷「鹿島社大使役と常陸大掾氏」（『茨城県史研究』四二、一九七九年）。

(16) 高橋「中世前期の在地領主と『町場』」（『歴史学研究』七六八、二〇〇二年）、註（2）高橋氏の二論文。なお、湯浅治久「中世的『宿』の研究視角」（佐藤和彦編『中世の内乱と社会』東京堂出版、二〇〇七年）も参照。

(17) 本木郷には、元応三年（一三二一）には「真壁御庄本木郷聖光寺」として存在が確認される祥光寺が存在する（「鴨大神御子神主玉神社文書」大般若経奥書〈『真壁町史料　中世編Ⅲ』〉）。この寺には、建仁二年（一二〇二）の銘をもつ多宝塔、平安期の作とされる阿弥陀如来像が伝来している。また、この寺は、雨引山とともに、古代の法相宗の名僧徳一大師による創建伝承を伝えている（飯島光弘編『大和村史』一六九・七一六・七一七頁、大和村、一九七四年）。祥光寺が院政期までには成立していた可能性は極めて高いと考える。雨引山・祥光寺などが存在していた中世本木郷は、古代大苑郷の宗教的中心であったと考えられる。

(18) 註（13）齋藤著書。

(19) 註（5）小山論文。

(20) 註（8）に引用した「真壁文書」真壁郡内田数目録案には、郡内の諸郷が書き立てられており、「大曽祢　百十二町四段六十歩」は記載されているが、「光行」・「松久」は見いだせない。また、寛喜元年（一二二九）を史料上の初見とする本木・安部田・伊々田（「真壁文書」寛喜元年七月十九日藤原頼経袖判下文〈『真壁町史料　中世編Ⅰ』〉）も見いだせない。この事実は、田数目録案の作成に際して、見出しである「大曽祢」のみ記載すれば十分である、という真壁氏の判断が働いていたことを示すのではないだろうか。さらに、この田数目録案には末尾に異筆で「本木　廿一町九反六十歩」と記されている。田数目録の作成者は、「大曽称」が複数の中世郷に分化した事実を認識しつつ、本木郷のみ特記しているのである。この事実からも、本木郷が鎌倉期の真壁物領家にとって特別な所領であったことを読み取ることができるのではないだろうか。

(21) 註(2)齋藤論文。

(22) 大国玉社については日本歴史地名大系8『茨城県の地名』大国玉神社(平凡社)の項、「常陸国総社宮文書」治承三年五月日常陸国総社造営注文案(『真壁町史料　中世編Ⅲ』)を参照。大国玉社周辺の平将門関係遺跡・地名については註(17)飯島編著八三〜九九頁参照。

(23) 真壁町歴史民俗資料館第六五回企画展図録『筑波山陰　真壁周辺の古道』(真壁町歴史民俗資料館、一九九七年)、註(1)宇留野論文。

(24) 図2は、桜川市歴史民俗資料館で作成したトレース図を提供していただき、加工したものである。トレース図を提供してくださった同館寺﨑大貴氏(当時)に心より感謝申し上げたい。また、同館所蔵慶応二年大国玉村絵図・江戸末期大国玉村絵図・明治七年亀熊村地籍図・明治九年亀熊村地籍図の原本を調査する機会を二度(二〇〇八年三月・九月)にわたって得ることができた。その際、宇留野主税氏・寺﨑氏のご高配にあずかり、調査に際しては石田浩子氏・伊藤瑠美氏・川戸貴史氏(以上第一回)、石田出氏・下村周太郎氏・宮﨑肇氏(以上第二回)のご協力を仰いだ。

(25) 二〇〇八年三月、寺﨑大貴氏のご高配を得て、桜川市大国玉・同市真壁町亀熊で聞き取り調査を行った。大国玉の調査に際しては、宮田茂氏・角田春男氏からお話をうかがった。亀熊の調査に際しては臼井義三氏からお話をうかがった。この聞き取り調査に際しては、石田浩子氏・伊藤瑠美氏・川戸貴史氏のご協力を仰いだ。以下、大国玉・亀熊における聞き取り調査に関する記述は、本調査の成果による。

(26) 註(17)飯島編著一五・四三六頁。

(27) 註(2)海津論文。

(28) 註(5)小山論文、齋藤「本拠の景観」(『中世の風景を読む2　都市鎌倉と坂東の海に暮らす』(新人物往来社、一九九四年)。

(29) 註(5)小山論文の真壁物領家の所領伝領経路の整理を参照。なお、本来、真壁長幹の最も重要な開発拠点であった本木やそれに準ずる大国玉は、関東御領真壁荘の成立に伴い、幕府から補任された預所と真壁氏が「庄領」の知行を争う状況が生じた結果、真壁惣領家の拠点としての重要性を減じていったと考えられる。この点、拙稿参照。

(30) 註（1）宇留野論文。

(31) 註（28）齋藤論文。

(32) 亀熊《隈》郷に、中世段階で「堀内」・「宿」が存在していたことは、「真壁文書」享徳五年六月三日古河公方府奉行人連署打渡状（『真壁町史料　中世編Ⅰ』・文書名は清水が補訂）参照。

(33) 註（13）齋藤著書。

(34) （図3）は、桜川市歴史民俗資料館所蔵明治九年亀熊村地籍図を写真撮影し、テキストデータを追加したものである。この図の掲載を許可して下さった桜川市歴史民俗資料館に衷心よりお礼を申し上げたい。

(35) 齋藤氏は、註（32）文書で真壁朝幹に打ち渡された亀熊郷の一部のなかに「弘安田文」に登場する「細柴」が含まれていることから、亀熊（亀隈郷）の散在的なあり方を指摘している（註（28）齋藤論文）。「弘安田文」において「亀隈二十三丁四段六十歩」に続いて「細柴三丁」「一木二丁八段」が縦に並べられて書かれていることからすると、亀隈郷に細柴・一木などが付属するあり方は院政期に遡るのかもしれない。

(36) 註（28）齋藤論文。

(37) 在地領主が、社会の諸産業にコミットする具体相については服部英雄『日本史リブレット24　武士と荘園支配』（山川出版社、二〇〇四年）に詳しい。

【付記】本稿は、平成一九～二〇年度科学研究費補助金（若手研究（スタートアップ）・課題番号一九八二〇〇〇四）による成果の一部である。本稿は、文末の註で記した旧大和村大字大曽根・本木・大国玉、旧真壁町亀熊の皆さんからうかがったお話なくしてはなし得なかった。衷心よりお礼を申し上げたい。これらの方々の中には既に鬼籍に入られた方もいらっしゃる。哀悼の意を表すとともに、お亡くなりになられた方々には本稿をお届けできなかったことをお詫びしたい。また、史料調査の際、ご高配を賜った桜川市歴史民俗資料館の各位、度重なる調査に帯同してくださった諸学兄にも衷心よりお礼を申し上げたい。

【付記2】本稿発表後、寺崎大貴氏が、真壁城に先行する山尾《（字）》郷の拠点候補について（「中世真壁城下町の復元」〈『真壁の町並み―伝統的建造物群保存対策調査報告書―』桜川市教育委員会、二〇〇六年〉）、伊藤寿和氏が、本木郷の「堀の内」について（「中世東国の『堀の内』群に関する歴史地理学的研究―北関東を事例として―」〈『歴史地理学』一八七、一九九八年〉）言及していることに気づいた。両氏には、目配りの不足を心よりお詫びするとともに、読者各位には本稿とあわせてご参照いただきたいと思う。なお、「堀の内」の表記は、研究者によって様々である。本書への再録にあたって、研究用語としての「堀の内」については、各研究者の表記方法にしたがった。その他、語句の整序・誤記の修正を施したが、論旨に変更はない。

# 第3部

# 中世後期の真壁氏

# Ⅰ　了珍房妙幹と鎌倉末・南北朝期の常陸国長岡氏

清水　亮

## はじめに

近年の武士研究・武士団研究の進展によって、武士団を在地領主と無前提に結びつける見解は相対化され、国家によってオーソライズされた正統な武士が地域社会の武力などと結びついて形成した集団を武士団とする見解が提示された(1)。そして、武士が京都と地域双方に拠点・人的関係を構築していたこと、武士団が在地領主として地域社会に臨む際、権門との連携、流通・交通の要衝の掌握を背景に、単位所領を超えた影響力を発揮していたことが具体的に明らかにされた(2)。

これらの成果を踏まえるならば、武士団の内部で、その多様な性格に対応した分業関係が成立していたことが予想される。実際、武士団内部の分業関係に着目し、その具体相を跡づける試みも見出される(3)。また、御家人の活動と金融業者などとの不可分な関係を浮き彫りにしつつある近年の研究は、武士団の活動が多様な業務を随伴し、それを担う人々によって支えられていたことを示している(4)。

本稿では、右の研究動向に学び、武士団を構成しながらも武士以外の属性を持つ人々が武士団の活動とどのように関わっていたのか、という問題について考えていきたい。武士団が僧侶など「異業種」の人々を生み出していたことは知られている。だが、「異業種」に従事した武士団出身者と武士団の活動との関連については研究が少なく、事例の蓄積を必要とする段階にある(5)。本稿では、常陸国真壁郡長岡郷の地頭で常陸平氏真壁氏の庶子家長岡氏を素材として、この問題に取り組んでみたい。

真壁氏及び長岡氏についての先駆的な研究は、小山靖憲氏によってなされた。小山氏は、真壁氏が常陸国衙に影響力をもった常陸平氏の一流で、平安末期に真壁郡に入部し、庶子家を郡名の諸郷に分立させ在地支配を行っていたことを明確にした。そして、長岡氏の館周辺の現地調査から、「堀の内」をめぐる堀を用水として郷内の水利を掌握するという「堀の内体制」論を提唱した(6)。

小山氏の所説は、榎原雅治氏・服部英雄氏・藤原良章氏・山田邦明氏の共同研究によって批判的に継承され、また南北朝期の長岡氏惣領妙幹から庶子古宇田氏が南北朝〜室町期に分出したことが明らかにされている(7)。さらに『真壁町史料　中世編Ⅱ』解説（糸賀茂男氏・小森正明氏執筆）によって、古宇田氏の家伝文書「真壁長岡古宇田文書」諸本の析出・検討がなされた。そして、同解説では、南北朝初期の長岡氏庶子了珍房妙幹によって他氏に流出した長岡氏の所領が再集積され、彼を惣領として長岡氏の再編がなされた、という指摘がなされている(8)。

本稿では、了珍房妙幹が庶子から長岡氏の惣領になり上がる過程を分析する。すなわち、妙幹がどのような特徴を持っていたために台頭できたのか、彼の能力が長岡氏の一族にとってどのように作用したのかを究明することで、鎌倉末・南北朝期における武士団の一族間分業のあり方を考えていきたい。なお、「真壁長岡古宇田文書」については、『真壁町史料　中世編Ⅱ』の文書番号を使用し、『古』番号、という表記で引用する。

## 第一章　長岡氏の一族相論と妙幹

長岡氏の始祖は、実幹（後に国長と改名）という人物であり（『古』二一・二四）、彼は真壁氏初代惣領長幹の庶子定幹の流れを汲む人物であった可能性が高い。(9)長岡氏が残した「真壁長岡古宇田文書」からは、幕府の買得安堵下知状の案文を始めとして、鎌倉最末期の長岡氏惣領政光が所領を売却した痕跡を複数見出すことができる。

政光は、田一丁・在家一宇もしくは二宇というほぼ最小の所領単位の所領を繰り返し売却しており、困窮していたことが看取できる。長岡氏の所領を買得したのは、吉田頼幹（常陸平氏吉田流）（『古』一）・沼尾幹重女子平氏・鹿島社大禰宜実則息女尼法性（常陸平氏鹿島氏庶流・鹿島社大禰宜中臣氏）（『古』四・一三・二二）など常陸平氏の他流や常陸の有力者が目立つ。そのほか、小田一族の宍戸氏の出身と思われる土師泰胤（『古』二）(10)、「長岡郷一分領主伊予阿闍梨」と某「孫六郎知平」（ともに『古』三）など他姓の可能性の高い人々も見出せる。網野善彦氏は、長岡氏所領買得者の顔ぶれなどを踏まえ、常陸国内及び常陸と近隣諸国の領主間ネットワークを想定している。(11)妥当な指摘であり、常陸国内での領主間ネットワーク形成の場として京都・鎌倉・常陸国衙・一宮鹿島社などを想定できる。

長岡政光は、元徳元年（一三二九）七月に幹政をはじめとする子息等に所領を配分し、同年九月二十九日に「幹政男子無くば、宣政彼の跡を知行すべし、宣政男子無くば、此の分を以て幹政これを知行すべし、皆以て一腹たるの上は、妙心一期の間知行すべし」という旨の置文を作成し、死去した（『古』一一・一八）。幹政は「田三町・在家三宇・堀内・山野半分」を所領とし、嫡子の立場にあったが、男子を得ないまま元徳二年閏六月に死去した（『古』

【長岡氏略系図】

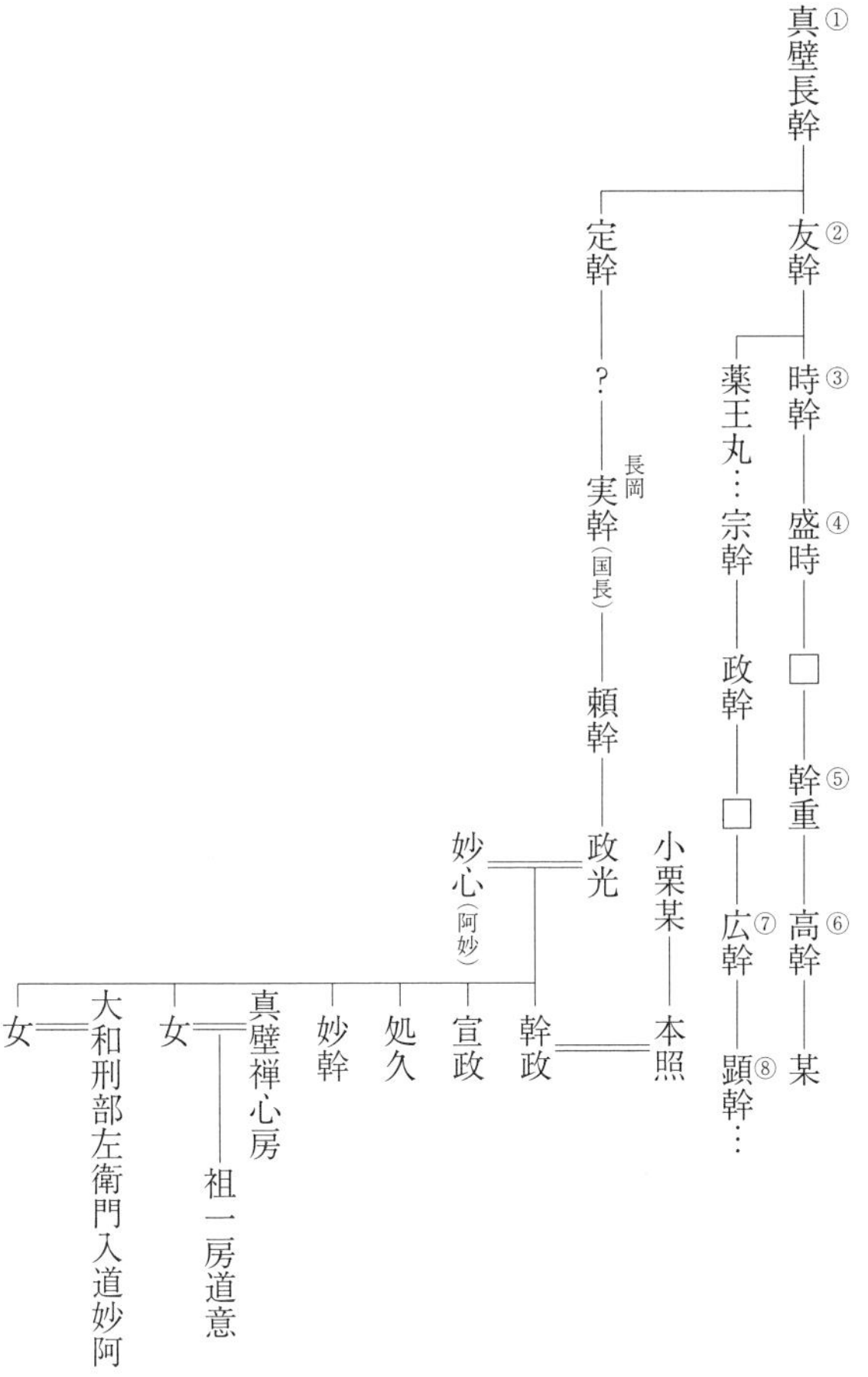


（丸数字は真壁氏惣領の継承順。「真壁文書」・「真壁長岡古宇田文書」・「冷泉家文書」・「当家大系図」・「長岡ゆう氏所蔵長岡氏系図」などから作成）

八・一八など）。したがって、幹政死後の宣政は、未来の長岡氏惣領を約束された存在であった。

　政光の子息らの中で、政光の存命中に所領を譲与されたことが確認できるのは幹政と宣政だけであり、三男処久と四男妙幹は僧籍に入っていた（『古』一一・一八）。長岡氏の一族内部には、惣領候補者・所領継承者を限定する志向が存在したのである。その背景には、所領の細分化に伴う分割相続の行き詰まり（『古』一八）や、郷内の一分領主たちが百姓をも巻き込んで紛争を起こす郷内秩序の流動化（『古』三）などの要因が想定される。

政光・幹政の死後、長岡氏内部では一族相論が起こる。従来、提示されてきた長岡氏の一族相論の流れは、長岡政光の後家妙心がまず嫡子幹政の後家本照と争い、そして次子宣政とも争うに至り、庶子妙幹が妙心によって惣領に定められる、というものである。[12]この理解は大局的には承認されるが、妙心と宣政の関係がどのように変化したかが明確でない点に検討の余地が残されている。宣政が妙心から離れる理由を明確にすることは、妙幹が台頭する背景を理解する手がかりとなる。以下、事実の指摘については先行研究と重複するが、長岡氏の一族相論の過程を跡づけ、検討を加えてみよう。

① 一族相論の始まり

長岡氏の一族相論の発端は、長岡政光の嫡子幹政が元徳二年（一三三〇）閏六月に死去したことに始まる。「真壁長岡古宇田文書」元徳四年四月日妙心言上状案、同年同月妙心代頼円言上状案（『古』九・一一）によってその経緯を述べよう。

長岡幹政の後家尼本照は、元徳二年閏六月二十二日の幹政譲状を提出し、元徳三年五月二十日付で外題安堵を得た。また、彼女は「本解状」を提出し、使節入部による所領知行の保障を幕府に求めた。それに対して宣政は、前章でふれた父政光（法名道法）の置文をたてに、幹政跡の知行を主張し、本照に対抗した。本照の知行を保障するため、結城朝高・小栗円重を遵行使として幕府が派遣すると、宣政は、論所が「妙心知行」であることを主張する請文を提出した。本照は円重と八木岡高政を遵行使に指名し、それに対して今度は宣政の母妙心が本照を訴えた。

宣政は、政光跡を一期の間知行できる後家妙心の力を期待して「妙心知行」と主張したのだろう。本照との相論において、宣政は基本的に妙心と同調し、彼女を頼っているといえる。鎌倉末期の一族相論では、妙心・宣政と本照の対立関係は見出せるが、妙心（阿妙）[13]と宣政の対立は見出せない。一族相論の開始段階では、宣政が未来の惣領として遇されていたことが確認できる。

② 南北朝内乱と一族相論の展開

建武二年（一三三五）に起こった中先代の乱で、真壁氏の惣領幹重は北条時行に属したため、所領を没収され、その跡所領は佐々木導誉に与えられている[14]。南北朝内乱勃発以降、幹重は一貫して南朝に属しており[15]、その背景には、中先代の乱以来の足利氏に対する憤懣があったとみられる。

中先代の乱直後の建武二年十月段階で、長岡宣政は、足利尊氏の部将から長岡氏の惣領として扱われていた形跡がある（『古』一六）。この事実は、中先代の乱で、長岡宣政が真壁氏の惣領幹重とは別個に行動していたことを示している。このときの宣政の行動は、後の妙心との相論で非難の対象となっていないから、宣政は長岡氏を代表して足利尊氏に従った可能性が高い。その後、延元元年（一三三六）五月三日、宣政は南朝方に属して軍忠状に證判を得ており（『古』一七）、幹重と同じく南朝方として活動していたことがわかる。

しかし、延元二年以降、再度宣政は足利方に転じたのである。次の史料は、その間の事情を示している。

【史料1】「真壁長岡古宇田文書」延元二年（一三三七）十一月日妙心言上状案（『古』一八）

（前略）

一、妙心男女子等事
道法（長岡政光）遺領狭少之処、国衙正税・鹿島社役以下繁多之間、依男女子扶持不合期、又次郎宣政就諸事背命、為成彼阿党罷成御敵、即心房処久者、故不諧之間、籠居畢、了珍房妙幹為御方、不断参候宇都宮、致軍忠、帯数通御一見状等之子細、先立令言上歟、随而大将軍所被知食也、嫡女真壁禅心房後家者、進子息祖一房道意於御方、尽忠節、二女夫大和刑部左衛門入道妙阿者、当奉公也、依遺跡不知行・宣政不調、被分召妙心所領令牢籠条、不便次第也、可然者、当知行妙心無罪怠之上者、為蒙安堵御成敗、目安如件、

延元二年十一月　日

この史料は、妙心が、北朝に属した次男宣政、中立的な立場をとって籠居した三男処久の所領知行を否定し、自身の長岡郷知行の認証を得るため、南朝方（小田城の北畠親房か）に宛てて作成した言上状の一部である。「男女子扶持合期せざるに依り、又次郎宣政諸事に就き命に背き…」と妙心が記しているように、宣政が妙心に背いて北朝に属した背景には所領配分の問題があった。惣領継承予定者だった宣政が所領配分上のトラブルから妙心に敵対した事実は、建武二年頃から延元二年までの間に、長岡氏の内部で宣政の立場が不安定になったことを暗示する。そして、【史料1】とほぼ同時期、妙心は長岡郷の地頭職を妙幹に譲与する旨の譲状を作成した（『古』一二）。妙心は、妙幹を長岡氏の惣領に定める意志を明確に示したのである。

## 第二章　妙幹の存在形態

康永三年（一三四四）頃、幹重の籠っていた南朝方の拠点真壁城は陥落し、真壁氏の惣領は、幹重の子息で北朝に属していた高幹に交代した[16]。常陸の南北朝内乱は、小田城・真壁城・関城・大宝城などの南朝方の重要拠点が陥落して、事実上終息を迎える[17]。幹重に従って南朝方に属していた妙幹は、劣勢に立たされたはずである。しかし、長岡氏では、この後、宣政が惣領としての立場を回復したとはいえず、糸賀茂男氏が『真壁町史料　中世編Ⅱ』の解説で指摘するように、やはり妙幹が惣領として振る舞っている（『古』二四なども参照）。

では、なぜ妙心は宣政を切り捨て、妙幹を惣領に定めたのだろうか。妙幹を惣領に選んだ妙心の選択は、亡夫政光が置文で示した理念よりも現実を重視したものであった。妙幹には、政光が示した理念を超越する現実的力量が備わっていたということになる。その力量とは、すなわち経済力であったと考えられる。

【史料2】「真壁長岡古宇田文書」元徳三年（一三三一）三月二十七日長岡宣政売券案（『古』五）

（端裏書）
「長岡又次郎沽券　島田平六入道田在家」
依有要用、売渡常陸国真壁郡長岡郷内田在家代銭事
　合在家壱宇・田壱町者堺坪付有別紙
右、彼所者、自国香依為重代相伝之私領、舎弟了珍房仁限永代直銭陸拾貫文売渡所也、於御公事者、以公田参段分限、守先例可令勤仕、次、云山野草木、云用水、任惣郷不可有違乱、若至子々孫々背此状、致彼所違乱妨有輩

者、為宣政子孫、彼跡不可知行、以猶為誡向後妨、母阿妙加判形所也、仍為後日証文、沽券状如件、

元徳三年かのとのひつし三月廿七日

平宣政（花押影）

尼阿妙

【史料２】は、長岡宣政が弟の了珍房妙幹へ田一丁・在家一宇を売却した際に作成した売券である。当時長岡氏惣領に予定されていた宣政が「要用有るに依り…」という経済的な理由で妙幹に所領を譲与している。したがって長岡氏は困窮状況を脱却していないと判断できる。第一章でふれたように、当該期の長岡氏は他氏への所領流出に対応して所領継承者・惣領候補者を限定していた。このような状況下で長岡氏成員の妙幹が宣政の所領を買得した事実は、長岡氏所領の他氏流出を防ぎ、一族の困窮を扶助する意味をもっていたと推測される(18)。

宣政の所領を買得していたことからみて、妙幹は惣領候補者を凌駕する高い経済力を保持していたと判断される。だが、前述したとおり、彼は惣領候補者から除外された存在であり、所領を譲与された事実も確認できない。妙幹の力は親からの譲与などに基づく領主的得分を源泉とはせず、自らの才覚に由来していた可能性が高い(19)。

妙幹が長岡氏内部で台頭しつつあった建武～延元年間以降、長岡氏は政光が売却した所領をかなり回復したと思われる。「真壁長岡古宇田文書」には、買得者の関係文書を四通確認できる。徳治二年四月十七日鎌倉幕府買得安堵下知状案（吉田頼幹宛・『古』一）、正和二年九月十日鎌倉幕府買得安堵下知状案（土師泰胤宛・『古』二）、元徳元年十月三十日平氏女（沼尾幹重嫡女上日か）譲状案（「をハ」鹿島社大禰宜実則嫡女法性宛・『古』四）、年未詳沼尾幹重嫡女平氏（上日）代家重重言上状案（論人尼法性・『古』一三）が残っている。これらは、みな政光から所領を買得した当事者の関係文書であり、長岡氏が彼らから政光の売却所領を回収したことを示唆する。

また、妙幹は長岡郷地頭職とともに「当郷内道法放券の田在家等、買得人尼法性鹿島大禰宜実則女子并びに沼尾弥二郎幹重女子字上日分等安堵御下文等」を、興国元年（一三四〇）までに妙心から譲与されていた形跡があり（『古』一一）[20]、このことから糸賀茂男氏は、妙幹によって長岡氏の所領再集積が行われたと前掲書で指摘している。政光所領の買得者たちから回収した文書は、妙心が妙幹に譲与する形式をとったらしい。だが、さきにふれた長岡氏の困窮状況からみて、妙心の独力で政光の売却所領を回収できたとは考えにくい。妙幹を政光遺領回復の主体とみる糸賀氏の見解は妥当であり、その所領再集積には、彼自身の財力が大きく寄与していたと思われる[21]。

妙幹は、建武二年（一三三五）段階で「おなしきやうたひのなか二もこゝろさしあさからさるあいた…」と宣政に評価されていた（『古』一四）。長岡氏内部での妙幹に対する一族の高い評価は、妙幹が経済力によって一族の困窮を救済していたことに由来していたのではないだろうか。

では、妙幹の財力は何に由来したのであろうか。この点を明確にすることは難しいが、彼の存在形態は、他の常陸平氏の事例から類推できる。常陸平氏石川氏は、常陸国吉田郡内の吉田社神宮寺に一族の僧侶を送り込んでおり、鎌倉中期の真壁氏一族と思われる性西法身（真壁平四郎）も、常陸国真壁郡内に照明寺（後の伝正寺）を開き、陸奥国松島円福寺の中興開山となっている[22]。鹿島社護摩堂護国院でも、南北朝初期に「地頭（常陸平氏鹿島氏）」、「神主」（中臣氏もしくは大中臣氏）の子息や親類が入寺していた形跡がある[23]。

妙幹は、「僧妙幹」「僧了珍」（『古』二〇・二四・二七）と署名しており、僧としてのアイデンティティを持っていたといえる。妙幹も真壁氏関係寺院か、常陸のいずこかの寺院に迎えられていたのではないだろうか。

鹿島氏の庶子家烟田氏の氏寺寿徳寺は、永享七年（一四三五）、鎌倉府が鹿島社造営役賦課のために作成した常陸国富有人注文に記載されている。[24] このことは、氏寺自体が有徳人集団化したか、有徳人を抱えた寺院経営を行っていたことを示している。常陸国富有人注文に記載された有徳人の多くは、宗教活動に伴う収益によって有徳化した山伏や寺庵であった。[25] 鎌倉末期においても、新田氏の有力庶子世良田氏の氏寺長楽寺が有徳人大谷道海を寺領運営に登用した事例が知られている。[26] 地域の有力寺院や武士団の氏寺は有徳人の温床であり、妙幹の財源も、このような地域の寺院での活動で獲得されたものではないだろうか。

## 第三章　「僧形の武士団」長岡一族の形成と内乱

前章では妙幹が高い経済力を持っていたことを指摘し、その財源が寺院と密接に関わっていたことを推測した。では、妙幹を物領とした長岡氏成員はどのような性格を具備していたのであろうか。次の史料を素材として、この問題に検討を加えてみよう。

【史料３】「真壁長岡古宇田文書」貞和二年（一三四六）七月日某（妙阿カ）目安土代（『古』一三二[27]）

（前欠）

☒☒☒次第、備進□□□□〔具書等雖カ〕可申之、於正文者□　□案文等、乱世

以後所々☒☒☒度☒☒☒☒被□

□　□□□〔妙阿〕相伝支証、去弘安年□〔中カ〕盗人等奉破　不開御殿☒〔懸カ〕取

□露顕之時、彼地丑寅角住人徳善法師尊忠下人被□〔搦カ〕取、☒〔雖カ〕□

□不実被放免、☒身住地於御代官大弐公被点定押領之☒〔間カ〕

□子細依無□□事妙阿少年間、年月不□□法光寺殿〔北条時宗〕□□

□□〔被収カ〕公之後、被返渡下地畢、彼正文等、御代官方具□〔可〕□□、

□□〔尊〕忠領主者、争仮他人号、可経上訴乎是一、次妙阿師匠□

□□□為当社学頭被座、移造吉岡宿坊於当地、依給妙□

嫡☒〔男カ〕、学侶経廻之条、宿老于今被覚悟歟是二、次定忠掠別相□〔伝カ〕□

□企偽訴、不出帯所見状、還退代々住所、於他郷死去畢是三、

☒御察☒、以沽券地、及訴訟之条、御察雖☒存

以前条々、雖可令○備進具書等、正文者相副放券、案文等者、乱世以後所々□

悉□☒☒〔焼失カ〕之上者、不及実儀之処、憑非分、合力敵対人子息

☒☒〔存外カ〕次第也、所詮、云彼分、云萩原方、任惣御管領、為御進止、以御計□

□預親戚参詣宿地矣、仍内々目安如件、

貞和二年七月　日

（傍点・枠線は見せ消ち、☒は判読不能文字を示す。改行は原則として原本に拠る。）

この文書は土代であり、「真壁長岡古宇田文書」に伝来していることから、長岡氏の家内部、それも妙幹の家内部

で作成された文書の土代と判断できる。大きく欠損しているため、文意を正確に判断することは難しいが、「当社学頭」「吉岡宿坊」「親戚参詣宿地」などの表現からみて、この文書は、長岡氏が参詣する社寺に関わる訴訟に際して妙幹の関係者が提出したものだった可能性が高い。相論の相手は尊忠という人物であり、彼の行動を「上訴を経る」「訴訟に及ぶ」と述べていることからみて、【史料3】は陳状であると判断できる。作成者は、【史料3】の事実書に登場し、妙幹の姉妹の婿で長岡氏の一族化していた大和刑部左衛門入道妙阿（『古』一八）の可能性が高い。妙阿は、延元二年（一三三七）以前に妙幹を惣領とする武士団の一員となっていたから、この文書が「真壁長岡古宇田文書」に残存していたことについて整合的な説明ができる。(28)

さて、この文書で参詣の対象となっている寺社はどこにあるのだろうか。手がかりは「吉岡宿坊」「親戚参詣宿地」「萩原」「不開御殿」という言葉にある。鹿島社近傍に存在した常陸平氏鹿島氏の本城鹿島城は「吉岡城」とも呼ばれていた。(29)建武政権期の鹿島社領用重名内に「吉岡重親館」が存在し、「吉岡」は鹿島社大禰宜家の家領として室町期の史料にも見出される。(30)「萩原方」については、鹿島氏の庶子に萩原氏が確認される。(31)一三世紀中葉以降、常陸平氏七流（大掾・吉田・鹿島・真壁・小栗・東条・行方）は巡役で鹿島社の七月大祭を勤仕することになっていた。(32)妙阿の「親戚」＝長岡氏が参詣する寺社の中に鹿島社は当然入ってくる。

また、鹿島社の本殿は「不開御殿」と呼ばれていた。(33)しかも、【史料3】では、弘安年間に「不開御殿」を襲った盗人の一味が尊忠の下人であったと非難している。この事件は、『兼仲卿記』の紙背文書によって弘安四年（一二八一）に比定できる。当時の鹿島大宮司中臣則幹は、鹿島郡内の弘富名田畠をめぐって鹿島社権祝三田久守と相論し、また、同時に鹿島社前大宮司中臣則光と大宮司職をめぐって相論を展開していた。久守は、「去る二月十八日夜、則

□〔幹〕下人張本として数多の悪党等不開御殿内に乱入せしめ、矢・剣以下種々の御神宝を盗み取り畢ぬ」と記している。また、則光も「二月十八日夜半、則幹所従等、不開御宝殿を打ち破り、矢・剣□□〔以下カ〕種々の神宝を盗み取り畢ぬ」と、久守と同様の非難を行っている。則光の訴状では「不開御宝殿」の「矢・剣□□〔以下カ〕種々の神宝」は「社家の重宝」と言い換えられているから、これらが鹿島社の重宝であったと考えて問題ない[34]。【史料3】に示された「去る弘安年中、盗人ら不開御殿を破り奉り…」と記された事件は、『兼仲卿記』紙背文書から判明する弘安四年二月十八日の鹿島社不開御殿盗犯事件と同一であったと考えられる。

以上の検討から、【史料3】の相論が鹿島社近辺の寺社に関わるものであったことは明らかである。次に【史料3】の相論内容をできうる限り明確にしてみたい。

この陳状の事実書の現存部分は「是一」から「是三」までの三箇条からなる。まず第一条からみていこう。この相論の契機は、さきに指摘したとおり、弘安年中、鹿島社大宮司職や神官名田をめぐる相論の過程で起こった「不開御殿」の神宝強盗事件と関わっている。この事件の結果、「彼の地丑寅角の住人」で尊忠の下人であった徳善法師が捕縛され、住地を「御代官大弐房」に没収されたことがわかる。「尊忠領主たらば、いかでか他人の号を仮り、上訴を経るべけんや」と妙阿が述べていることからみて、尊忠は、徳善法師の住地を自身の所領とみなして妙阿を訴えていた。詳しい経緯は不明であるが、妙阿は徳善の住地を知行していたと思われる。また、「他人」とは訴訟代行者か支援者と思われ、「所詮、彼の分と云い、萩原方と云い、惣御管領に任せ、御進止として御計らいを以て」という末尾の文言からみて、萩原氏であろう。徳善の住所は「彼の地丑寅角の住人」という表現から、区画のなされた町場にあった可能性が高い。また、「不開御殿」神宝奪取の下手人は、則幹の所従であったと則幹の論敵たちから非難されていた。尊忠や徳善が、則幹と密接な関係を持っていた可能性を指摘できる。

第二条では、妙阿の師匠が、「当社の学頭を座せられんがため、吉岡宿坊を当地に移し造り、妙□嫡⊠〔男カ〕に給わるに依り…」という文言があり、「吉岡宿坊」を「当地」に移築し、妙□（妙阿か）の近親者と思われる人物に給与したことがみえる。「当社学頭」という表現からみて、「吉岡宿坊」は鹿島社関係の寺院、おそらく神宮寺[35]の宿坊であったと思われる。「当地」はこの相論の論所であったと思われ、徳善法師の住地跡だった可能性が高い。

妙阿の近親者が得た「宿坊」には、鹿島社関係の学侶が頻繁に出入りしていたようである。このことを「宿老今に覚悟せられざるか」と妙阿が述べていることから、第二条は、妙阿の近親者が「宿坊」を当知行する正当性を「宿老」（裁定者の機関に属する有力者か）に対して主張するために述べたものといえる。この「宿老」は、【史料3】で「内々」「惣御管領」などの文言が使われていることからみて、幕府や鎌倉府とは考えにくい。確言はできないが、鹿島の町場や寺社に関する案件であることからみて、鹿島社や鹿島社神宮寺の上層部とみるのが自然ではないだろうか。すなわち、【史料3】は、鹿島社かその関係者に提出された陳状であったと考えられるのである。

第三条は、定忠なる人物の動向について述べている。彼は、尊忠の近親者か師匠であったと推察される。この相論は、定忠によって既に提起されていたようだが、彼は「所見の状」を出さず、結局代々の住所に退去して、他郷で死去したと述べられている。この条は、尊忠の提訴に先行した相論が妙阿側の勝利に終わったことを示し、訴訟を優位に進める意図で加えられたと考えられる。

また、末尾の文言には「沽券の地を以て訴訟に及ぶの条」と述べられている。そして、末尾の見せ消ち部分では係争地に関わる「正文」が「放券」に副えられていたことがわかる。係争地は売却されていたのであり、妙阿の師匠は係争地を買得していた可能性が高い。

【史料3】から、妙阿の面貌が多少なりとも浮き彫りになる。彼は、鹿島社神宮寺関係者と思われる僧の弟子となり、師匠が知行していた鹿島社神宮寺関係の宿坊の経営に関わっていた。そして、尊忠と帰属を争っている「宿坊」について、妙阿は「親戚参詣宿地」として預かりたい、と陳状で主張しようとしていた。妙阿は長岡氏の武士団に属すると同時に、鹿島社神宮寺関係の宿坊に関与しており、この宿坊は「親戚参詣宿地」、つまり長岡氏の鹿島社参詣宿地としても機能していたと思われる。

妙阿の師匠は、鹿島社神宮寺に関わる宿坊を移築する財力を持っていた。妙阿の師匠は裕福な僧侶であり、妙阿も彼の財産を継承していた可能性が高い。妙阿もまた有徳人的性格をもっていたのではないか。

以上の検討をふまえた上で、南北朝期の長岡氏の一族構成について考えてみたい。妙幹を頂点とし、妙阿、道意を構成員とした長岡一族構成員には二つの共通点がある。一つは、みな僧侶であるか、もしくは僧侶と密接な関係を持っていたこと、もう一つは、妙阿、道意は長岡氏に従属する存在であり、妙幹と同じく真壁一族などの御家人庶子の末端であったと考えられることである。妙心の子供たちが内乱に際して区々の行動をとっていることからみても、妙幹、妙阿、道意の結合は、右にみた二つの共通点と密接な関係をもって実現したと考えられる。

第二章で指摘したように、建武・延元年間頃、長岡氏内部では経済力を持つ庶子妙幹が台頭していたとみられる。妙幹が力を持ちつつあった長岡氏の状況は、鹿島社神宮寺に権益を持つ有徳人的存在であった妙阿や、武士と僧侶の兼業者と思われる真壁禅心房の妻妙心嫡女とその子息道意にとって、自身を活かすのに適した環境にみえたのではないか。妙幹を惣領とした長岡一族は、寺院、地方都市などにネットワークを持ちながら、既存の一族秩序では末端に位置する人々から構成され、かつ南北朝内乱勃発を直接の契機として成立したと考えたい。

妙幹が僧侶として活動した拠点を確定することは難しいが、【史料３】がほかならぬ「真壁長岡古宇田文書」に伝わっており、恐らく妙幹の手許で作成されたと思われること[36]は一つの手がかりとなる。【史料３】の作成に妙幹が関与し得た以上、彼は鹿島社近辺の状況についてかなり詳しいとみるべきである。妙幹もまた鹿島社の関係寺院などで僧侶として活動していたのではないだろうか[37]。

## おわりに

以上、三章にわたり、真壁庶子家長岡氏の庶子から出発し、長岡氏の惣領となった了珍房妙幹という僧侶に注目して長岡氏の動向を跡づけていった。経済力を買われて長岡氏の惣領に定められた妙幹は、買得を主な手段として父政光が売却した所領の回復に成功した。彼の僧侶としての活動拠点を明確に語る史料には恵まれないが、常陸有数の都市鹿島であった可能性が高い。また、妙幹の義兄弟であった妙阿は鹿島社神宮寺関係の宿坊経営に深く関わり、それを長岡氏の「参詣宿地」と呼んだように、長岡氏の鹿島での活動拠点を提供・管理していたとみられる。妙幹と妙阿は、都市での拠点維持や金融活動など長岡氏の武士団運営に関わる多様な役割を担っていたと考えたい。

近年、鹿島に一定地域の金融に関与した「地方の借上」が存在し、千葉氏などの家政経済と密接な関係を持っていたことが指摘されている[38]。妙幹・妙阿らは「地方の借上」、あるいは多くは僧侶であり金融・年貢請負に関与し武力も具備した「地方の土倉[39]」と重なる面貌を有していたのではないだろうか。

以上、長岡氏を素材として、鎌倉末～南北朝期における武士団内部の分業の様相を検討してきた。本稿での検討は鎌倉末～南北朝期に限定されている。ただ、僧侶でありながら武士団の一員として行動し、都市にも拠点を持つ存在は一三世紀中葉の湯浅党でも確認されている。鎌倉期・南北朝初期においては、僧侶と武士の属性を具有し、双方の能力を武士団運営に活かす人々は広範に存在したのではないだろうか(40)。武士団内部の「異業種」従事者のあり方やその歴史的変化を明らかにすることは、武士団及び在地領主のあり方とその変化の様相を明らかにする新たな手がかりとなることが予想される。今後の課題として擱筆したい。

## 註

（1）高橋修「中世武士団の形成と地域社会」（『ヒストリア』一四九、一九九五年）、同『中世武士団と地域社会』（清文堂、二〇〇〇年）、同「中世前期の在地領主と『町場』」（『歴史学研究』七六八、二〇〇二年）。なお、国家的軍役を勤仕する鎌倉幕府御家人は武士の要件を一応満たしている（青山幹哉「鎌倉幕府の『御恩』と『奉公』」〈『信濃』三九―一一、一九八七年〉、元木泰雄『武士の成立』〈吉川弘文館、一九九四年〉、高橋昌明『武士の成立　武士像の創出』〈東京大学出版会、一九九九年〉などの成果から示唆を得た）。したがって、本稿でとりあげる鎌倉幕府御家人長岡氏の集団についても、さしあたって「武士団」と表現したい。

（2）須藤聡「平安末期清和源氏義国流の在京活動」（『群馬歴史民俗』一六、一九九五年）、川合康「書評　高橋修著『中世武士団と地域社会』」（『民衆史研究』六一、二〇〇一年）、山本隆志「辺境における在地領主の成立」（『鎌倉遺文研究』一〇、二〇〇二年）、野口実「豪族的武士団の成立」（元木泰雄編『日本の時代史7　院政の展開と内乱』吉川弘文館、二〇〇二年）、伊藤瑠美「11～12世紀における武士の存在形態（上）（下）」（『古代文化』五六―八・九、二〇〇四年）など。なお、武士団の在地領主としての活動の具体相については註（1）にあげた高橋修氏の諸論考を参照。

（3）田中大喜「南北朝期武家の兄弟たち」（悪党研究会二〇〇三年七月例会報告レジュメ）、秋山哲雄「歴史学研究会日本中世史部会

二〇〇三年九月例会要旨　都市鎌倉の東国御家人」（『歴史学研究月報』五三一、二〇〇四年）、註（２）伊藤論文（補注１）。

（４）湯浅治久「肥前千葉氏に関する基礎的考察」（『千葉県史研究』五、一九九七年）、同「鎌倉中期における千葉氏の経済構造に関する一考察」（『千葉県史研究』一一号別冊、二〇〇三年）、井上聡「御家人と荘園公領制」（五味文彦編『日本の時代史８　京・鎌倉の王権』吉川弘文館、二〇〇三年）。なお、両氏と視角は異なるが、武士団と金融・物流の関係に着目した先駆的成果として、網野善彦氏（「悪党・代官・有力名主」〈同『中世東寺と東寺領荘園』東京大学出版会、一九七八年、原形初出一九六五年〉）及び網野氏の成果を踏まえ、金融・年貢請負に関わる公文級領主を「代官的武士団」として概念化した五味文彦氏の成果（「守護地頭制の展開と武士団」〈『岩波講座日本歴史５　中世１』岩波書店、一九七五年〉）がある。

（５）奥田真啓氏（同『中世武士団と信仰』〈柏書房、一九八〇年〉）以来、武士団と僧侶の関係については氏寺を主な検討素材としてきた。近年の註（１）高橋修著書及び同「武士団の支配論理とその表象」（『歴史評論』六一一、二〇〇一年）では、氏寺運営にとどまらない武士団と僧侶・寺院の多様な関係を具体化している。

（６）小山靖憲「鎌倉時代の東国農村と在地領主制─常陸国真壁郡を中心に─」（同『中世村落と荘園絵図』東京大学出版会、一九八七年、原形初出一九六八年）。なお、『真壁氏と真壁城』（河出書房新社、一九九六年）が真壁氏研究を総括し、新知見をも示している。その後、拙稿「南北朝・室町期常陸国真壁氏の惣領と一族」（『地方史研究』二七七、一九九九年）、伊藤寿和「中世東国の『堀の内』群に関する歴史地理学的研究」（『歴史地理学』一八七、一九九八年）、原田信男『中世村落の景観と生活』（思文閣出版、一九九九年）、糸賀茂男「『真壁文書』の周縁」（『関東地域史研究』第一輯、一九九八年）などが発表されている。

（７）榎原雅治・服部英雄・藤原良章・山田邦明「消えゆく中世の常陸─真壁郡（庄）長岡郷故地を歩く─」（『茨城県史研究』四一、一九七九年）。

（８）『真壁町史料　中世編Ⅱ』解説（真壁町、一九八六年）。なお、本文においても明記したが、糸賀氏の見解を引用する際、特に注記しない限り、この論文によるものとする。

（９）註（６）小山論文。

（10）土師は、宍戸氏が拠点とした小鶴荘内の地名である（「土師村」〈平凡社『日本歴史地名大系８　茨城県の地名』〉）。なお、土師泰胤と宍戸氏・小鶴荘内土師との関係については、二〇〇三年六月二十七日茨城県中世史研究会例会報告の席上での討論でご教示を受けた。

(11)「鎌倉後期の荘園・公領と社会」一五九頁（『茨城県史　中世編』第二章第五節、一九八六年）。

(12)註（7）榎原・服部・藤原・山田論文の山田氏執筆部分、註（8）『真壁町史料　中世編Ⅱ』解説（糸賀氏執筆部分）、註（6）糸賀論文。

(13)『古』九では、宣政の母が阿妙であると本照が主張する。しかし妙心は、阿妙の存在自体を否定するが自身が幹政・宣政の実母であることを認めている。次章で提示する【史料2】で、阿妙が宣政の母であったことを確認できるので、妙心は阿妙と同一人物と考えておきたい。

(14)湯山学「近江佐々木氏と東国」（千葉歴史学会編『中世東国の地域権力と社会』岩田書院、一九九六年）。

(15)山田邦明「常陸真壁氏の系図に関する一考察」（中世東国史研究会編『中世東国史の研究』東京大学出版会、一九八八年）。

(16)この間の経緯については、註（15）山田論文参照。

(17)磯﨑達朗「常陸合戦と関東」（『日野市史史料集　高幡不動胎内文書編』解説六、一九九三年）。

(18)鎌倉末期の大隅国御家人祢寝一族では、困窮した者が一族の有力者の近親に所領を売却・譲与し、所領の再興を期待していた（近藤成一「祢寝文書の伝来について」〈『西日本における中世社会と宗教との綜合的研究』昭和五九年度科学研究費補助金（一般研究B）研究成果報告書、研究代表者小泉宜右、一九八五年〉）。

(19)妙幹が妻の実家から支援を受けていた可能性は否定できないが、所領譲与を受けていた形跡は見出せない。

(20)妙幹の安堵申請の言上状（興国元年七月日・『古』二二）は、「譲渡」という文言で始まっているが、書止文言は「恐々言上件の如し」であり、形式が一貫していない。この文書は二紙から構成されているが、『真壁町史料　中世編Ⅱ』の釈文ですでに示されているとおり、第一紙と第二紙で筆跡が異なっている。第一紙は、妙幹が女子松若御前に在家一宇・田一丁を譲与する意志を示した興国元年七月十五日の譲状（『古』二〇）と同筆であり、南北朝期に作成された正文であった可能性がある。第二紙の筆跡は、『古』二一とほぼ同様の文言を持つ（前欠）興国元年七月日妙幹言上状土代（『古』二二・文書名は清水が補訂）と同じである。以上の情報から、次のような文書作成の流れを想定できる。まず、『古』二一の第一紙に相当する部分が、妙幹の嫡子慶虎丸宛の譲状として恐らく興国元年七月前後に作成された。その後、時期、理由は定かでないが、『古』二一の第二紙部分が欠落し、それに接続する新たな文言・料紙が追加された結果、『古』二一は妙幹の言上状に仕立てられ、現在に至ったというものである（第二紙の追加に政治的意図が含まれていたとすれば、南朝年号を記していることが作成目的・時期を考える手がかりになりうる）。そして『古』二二は、『古』二一を妙幹の言上状に仕立てる過程で作成された土代と推測される。

道法（政光）の売却所領を妙心・妙幹が回収したことは『古』二一の第二紙に記されており、その記述の利用には注意を要することになる。しかし、私は、第二紙の記述内容自体は信のおけるものと考える。その理由は、本文でもふれたように、長岡氏が政光から買得した人々から所領を回収した証左が他に存在すること、かつ当該期の長岡氏成員で所領回収をなしえたのが妙幹のみであったとみられることである。『古』二一の第二紙は、荒唐無稽な情報を記したのではなく、長岡氏もしくは古宇田氏内部で実際に保管されていた妙幹の外題安堵申請の言上状の案文などをもとにして作成されたのではないか。

なお、「真壁長岡古宇田文書」を拝見するにあたって、真壁町歴史民俗資料館寺崎大貴氏のご高配に預かった。『古』二〇・二一・二二・二三に関する所見は、この原本調査を踏まえたものである。また、原本調査にあたって守田逸人氏のご協力を仰いだ。

(21)　妙幹が恩賞などを資本とし、所領相博によって政光遺領を回復していったことも論理的には想定可能である。しかし、その可能性は非常に低いと考える。妙幹を含めた長岡氏の成員が恩賞を受けた形跡を見出すことができないからである。延元二年の妙心言上状（『古』一八）では、「了珍房妙幹は御方として、不断に宇都宮に参候し、軍忠を致し、数通の御一見状等を帯ぶるの子細、先立って言上せしむるか、随って大将軍知ろしめさるる所なり」とされている。妙心言上状では「数通の御一見状等」のみが軍事行動の証明として示され、しかも長岡氏に対する恩賞宛行状は「真壁長岡古宇田文書」には全く伝来していない。

(22)　石川氏と吉田社神宮寺の関係については「吉田薬王院文書」康永三年十一月十一日吉田社神宮寺別当成珍譲状写（『茨城県史料　中世編Ⅱ』。以下『茨城県史料　中世編』所収史料は『茨』番号で表記する）・「石川系図」（『群書系図部集』第四巻所収）、『茨Ⅱ』『茨Ⅲ』解説を参照。真壁氏と照明寺（伝正寺）の関係については糸賀茂男「常陸中世武士団の在地基盤」（『茨城県史研究』六一、一九八八年）を参照。

(23)「護国院文書」貞和二年三月二十一日護国院護摩堂開山正円置文（『茨Ⅰ』）。ただ、この文書は、年号の干支が翌貞和三年のものとなっている。本史料は、現段階では参考として提示する。

(24)「『続常陸遺文』所収文書」永享七年八月九日常陸国富有仁人数注文写（『真壁町史料　中世編Ⅲ』）。この史料については小森正明「常陸国富有人注文の基礎的考察」（『茨城県史研究』七一、一九九三年）参照。

(25)峰岸純夫「年貢・公事と有徳銭」（『日本の社会史第4巻　負担と贈与』岩波書店、一九八六年）、小森正明「中世常総地域の富有人について」（『茨城県史料付録』二四、一九九〇年）。

(26)大谷道海の研究史については青木啓明「大谷道海の活動」（『悪党の中世』岩田書院、一九九八年）を参照。なお、青木論文以後、大谷道海の位置づけに関わる論考として田中大喜「『得宗専制』と東国御家人」（『地方史研究』二九四、二〇〇一年）などを参照。

(27)原本調査によって一部翻刻を改めた。翻刻・史料解釈について各位からご教示をいただきたく思う。

(28)【史料3】の妙阿と大和左衛門入道妙阿との関係、【史料3】が「真壁長岡古宇田文書」に伝来した背景については、『古』二三の綱文及び七海雅人氏の御教示による。

(29)「烟田文書」（天正十五年）卯月二十四日国分胤政書状・年未詳五月日塙昭義書状（『鉾田町史　中世史料編　烟田氏史料』烟田氏編年史料一四九・一五二号）、「鹿島大宮司家文書」中臣鹿島連姓鹿島氏系譜（鹿島神宮編『鹿島神宮文書第一輯』、続群書類従完成会）など。なお『新編常陸国誌』巻八「鹿島大宮司旧宅」の項（『復刊新編常陸国誌』〈宮崎報恩会発行〉四三一頁、一九六九年）も参照。

(30)「塙不二丸氏所蔵文書」建武元年十二月日大祢宜中臣高親社領并神祭物等注進状案（『茨Ⅰ』）、「鹿島神宮文書」応永二十三年霜月十五日前大宮司中臣則密譲状（『茨Ⅰ』）。

(31)「常陸大掾系図」（『群書系図部集』第四巻所収）など（補注2）。

(32)水谷類「鹿島社大使役と常陸大掾氏」（『茨城県史研究』四二、一九七九年）。

(33)「鹿島宮社例伝記」（『神道大系神社編二十二　香取・鹿嶋』）。

(34)以上の経緯は、「兼仲卿記弘安七年九月記紙背文書」弘安四年七月日鹿嶋社権祝三田久守言上状（『鎌倉遺文』一九―一四三七

八）、「兼仲卿記弘安七年九月記紙背文書」（弘安四年・後欠）鹿島社前大宮司中臣則光言上状（『鎌倉遺文』一九―一四三七九）による。なお、本稿で使用した「兼仲卿記紙背文書」は、東京大学史料編纂所架蔵写真帳『兼仲卿記』によって校訂を加えている。

（35）鹿島社神宮寺については、宮井義雄『歴史の中の鹿島と香取』第五章（春秋社、一九八九年）を参照した。

（36）なお、【史料３】は「真壁長岡古宇田文書」貞和三年四月二日妙幹置文（『古』二四）と「貞和」「年」「月」の筆跡が酷似しており、同一人物の作成にかかる可能性が高い。

（37）一二七〇年代末頃と思われる、三田久信の所領弘富名（鹿島社権祝の名）の買得者交名の中に「長岡次郎」を見出せる（「兼仲卿記弘安五年秋記紙背文書」年未詳常陸国弘富名田伝領人交名〈『鎌倉遺文』一九―一四三九四〉）。彼が真壁一族であったとすれば、長岡氏の鹿島での経済活動は一二七〇年代にまで遡る。

（38）註（４）湯浅「鎌倉中期における千葉氏の経済構造に関する一考察」。

（39）中島圭一「地方から見た土倉」（『年報三田中世史研究』七、二〇〇〇年）。

（40）これらの点については、高橋修「神護寺領桛田庄と湯浅氏」（註（１）高橋著書Ⅱ―２、原形初出一九九六年）及び茨城県中世史研究会での討論（註（10）参照）から示唆を受けた。

（補注１）田中氏・秋山氏の研究報告は、それぞれ論文として発表された後、田中『中世武士団構造の研究』（校倉書房、二〇一一年）、秋山『北条氏権力と都市鎌倉』（吉川弘文館、二〇〇六年）に収録された。

（補注２）本書再録にあたり「常陸大掾系図」を再確認したところ、萩原氏は見出されなかった。すなわち註（31）に関わる記述は不注意による失考であった。しかし、萩原氏が鹿島社近傍の萩原村を本領とする領主であったことは認められる（「後鑑所収無量寿寺文書」年未詳鹿島利氏本知行分注文写〈『南北朝遺文　関東編』一二五七号〉、「塙不二丸氏所蔵文書」〈註（30）参照〉）。したがって、【史料３】に関わる考証は維持できると考える。なお、太田亮氏は、この萩原氏を紀姓の鹿島社神職としている（同『姓氏家系大辞典　第三巻』四六六六頁、角川書店、一九六三年）。

Ⅱ

# 南北朝内乱と美濃真壁氏の本宗家放逐

## ―「観応三年真壁光幹相博状（置文）」の再検討―

海津一朗

### はじめに

本稿の課題は、「真壁文書」所収の「観応三年真壁光幹《みつもと》相博《そうはく》状（置文）」を分析し、南北朝内乱のさなか一三五二年に東国武士真壁氏一族内で行なわれた本領・西遷所領間の所領相博（交換）の背後に隠された真相を明らかにすることである。それ自体は、国人領主制形成の問題を個別領主の族内人脈に即して考えるささやかなモノグラフにすぎないが、その政治過程を諸国に広がる同族相互の緊密な連関のなかで捉えることのできる点できわめて貴重な事例と考える(1)。さらにはまた、この作業が、列島上の地域間構造の変革期としての南北朝内乱の意義を考えるという私の課題意識にもとづく問題提起であることも付言したい。

尚、本稿は八五年春に清水祐三・則竹雄一両氏と行なった美濃国小木曽荘故地現地調査のフィールドノートを基にしている。まとめるにあたって山田邦明氏(2)・小森正明氏(3)より多くの御教示をいただいたが、その御両氏の成果は先年すでに活字として公表された。西遷御家人真壁氏の研究に誘なって下さった清水氏、調査準備段階から懇切なご指導を戴いた山田・小森両氏に厚く感謝したい。

## 一、「真壁光幹相博状（置文）」……転換期の領主制

検討したい史料は、次に掲げる真壁氏本宗家の相伝文書「真壁文書」に残された「観応三年十二月二十三日真壁光幹相博状」である。

常陸国真壁郡山田郷内祢もとの弥次郎入道か在家壱宇田壱町、同加美平六入道か在家壱宇田壱町彼在家弐名者雖為光幹永代知行之所、為遠所之間、美濃国小木曽庄下保奮田之忍阿弥陀仏給分在家壱宇田五段仁所相博申也、至于子々孫々於彼田在家者、一塵不可有違乱煩之状如件、

観応三年癸辰十二月廿三日　　光幹（花押）(4)

直義・南朝残党が制圧され、関東観応擾乱も足利尊氏の勝利で一段落ついた一三五二（観応三）年一二月。真壁光幹が自領の真壁郡山田郷（現茨城県真壁町東山田）の田在家二宇を、「遠所たる」ことを理由に高山寺領美濃国小木曽荘下保（現長野県木曽郡大桑村）内の田在家一宇と交換したというのが、文書の語るところである。文書上に明記されていないが、光幹が所領を交換した相手＝小木曽荘に散在所領をもつ人物は、山田邦明氏が明らかにしているように山田郷惣地頭で後に本宗家惣領となる真壁広幹に他ならない（後述）(5)。内乱のさなかで、美濃真壁氏と常陸真壁氏とが錯綜した所領を清算するという史料であり、鎌倉の領主制から国人領主制への構造変化の過程を空間的な広がりの中で捉えることのできるという点で稀有なものである。

鎌倉時代の真壁氏は、関東御家人を厚遇する鎌倉幕府体制に支えられ、名字の地真壁郡の他にも丹後国五ヶ保、陸

奥国蜷河荘、美濃国小木曽荘など諸国に所領所職を保持していた。一族の人々はこれを分有して諸国を往反したが、丹後真壁氏が真壁郡山田郷を分け持ったように、下向の後もわずかづつ名字の地を知行し「栄えある常陸平氏真壁家」の一族意識を保ち続けたのである。真壁氏のこうした領主支配のあり方は、東国御家人に普遍的にみられるものであり、職の広域ネットワークにもとづく散在所領支配を特徴とする鎌倉の領主制である。だが一四世紀になると、東国優遇の体制に反発した諸国悪党蜂起に端を発する全国的な内乱の広がりのなかで、このような荘園制の都鄙交通に依存した鎌倉の領主制は維持困難になり、地域に根ざした領域支配を実現しえたもののみが領主として存続できる時代を迎える。鎌倉体制下の武士達は、遠隔地散在所領を分配・放棄し、拠点地域に支配を集中するようになった。研究史上、封建的領主制の成立（地頭領主制から国人領主制への転換）と位置づけられるもので、個別領主に即して膨大なモノグラフが積み重ねられてきた(6)。

この一族内相博も、領主制の転換期にある真壁氏が、本領・美濃それぞれに領域支配を実現しようとして、支配維持のため懸命な対応を試みている姿を窺わせてくれる。『美濃に基盤をもつ光幹は、わずかに所持していた名字の地を手放し、美濃の領域支配に専念しようとしたのである』と。「真壁光幹相博状」は領主制構造変化というターニングポイントにおける東国武士のあり方を具体的に示すものである。

＊

ただし、これはあくまで文書の表面をすなおに読んだ場合の一般論である。こうした評価はもちろん妥当であり、大枠では動かないだろう。けれども、内乱の時代を生きた真壁一族の人脈に分け入って考察をすすめるなら、さらに意外な結末が引き出せるのである。少なくとも前段落の『　』内の解釈とはかけ離れた事実が浮かび上がる。以下、その大要を記述したい。

## 二、美濃真壁氏の本宗家家督継承

問題の所領交換が行われた一二月二三日に先立つこと、わずかに一〇日の一二月一三日、真壁孫太郎広幹は祖父の小太郎政幹から真壁郡山田郷を譲られていたことが「真壁文書」から確認されるのは見逃すことができない(7)。時所ともに近接したこの二つの所領移動が無関係ということは考えがたい。新たに山田郷の惣地頭となった広幹が、所領の一円進止を目指して時日を移さずに郷内の他氏領・庶子領の取り戻しに着手したことが、この一〇日間の意味するものではなかろうか。少なくとも、光幹置文の文面のみを読んだ時に覚える暗黙の思い込み、すなわちこの所領相博が光幹側の主体的な働きかけによりなされたという憶測はまず疑っておく必要があろう。直前の代替りという事実を踏まえるなら、実は広幹の側に相応の事情とイニシアティヴを想定してみなければならない。

南北朝期真壁氏をめぐるこの間の一連の事情をはじめて明らかにしたのは、山田邦明氏である。山田氏は真壁氏関係系図類がほぼ一致して指摘している真壁氏本宗家惣領の系譜、すなわち、

――幹重――高幹――政幹――広幹

という鎌倉末・南北朝期四代を、関連文書を駆使して史料批判し、真壁氏所領継承の真実を明らかにしたのである。氏によって復元された系譜をまとめると次のようになる(8)。

【山田邦明氏復元の真壁氏系譜】

（真壁本宗家）――幹重――高幹
（小木曽真壁氏）……――政幹――○――広幹
　　　　　　　　　　　　　　└……光幹

政幹が本宗家惣領であった事実はなく、また高幹の跡に惣領となった広幹は、実は別系の真壁氏に出自をもつことが明らかにされている。惣庶あるいは父子それぞれが南北両朝の敵対勢力に加わるという内乱のなか、美濃真壁家出身の一族が本拠に入り、本宗家家督を継承していたのである。この仕事は、系図の史料批判という氏の題意の課題もさることながら、在地領主にとって南北朝内乱とは何であったかを考える上での貴重な成果であると考える。常陸平氏真壁氏のように中世を通じて存続した伝統的領主においても、家継承は外見上のことだけで、内実は東西の一族交流と一族の頻繁な分裂、庶家による家継承など、事実上の下剋上が頻発していた[9]。なぜ族滅に至らないのか、家継承への執着の意味も併せて問わねばならないにせよ、ややもすれば「孤立的停滞的」「後進的」などとされがちな東国の内乱の過小評価を、事実をもって覆するものといえよう。

　この山田氏の結論を踏まえると、所領相博の事情はさらに鮮明になってくる。光幹と所領を交換した広幹は、実は美濃真壁氏の一族であり、ほどなく本宗家惣領として家督を襲うことになる人物である。従って美濃小木曽荘下保に所領をもっていたのは当然であるし、一二月一三日代替りして美濃真壁家の惣領となったのを期に、経営の拠点を本拠東国に移そうと試みたに相違ない。

この年の関東は、閏二月に謀殺された足利直義の残党と新田義宗ら南朝勢力が合体・挙兵して鎌倉を制圧し、翌月には足利尊氏がそれを追い落とすという激動の時期であった。常陸の有力国人真壁一族も、惣領高幹以下足利尊氏方として参戦していたことが確認される。広幹は九月には高幹らの指揮下、南朝残党の籠る下野国西明寺城（栃木県益子町）を攻め、一〇月以前の落城まで警固にあたっていた[10]。翌一三五三年七月になると惣領高幹父子と共に足利尊氏に従って入京・転戦するので、相博状はこの短い足利尊氏関東治下の時代に交わされたことがわかる[11]。系図の諸記載が全く信用できない以上、広幹が家督を襲う時期や契機は確定できないが、長年の美濃生活で地の利を得た畿内での広幹の軍功が、高幹父子と広幹の位置を逆転させたと考えて大過あるまい。

ともあれ、この所領相博は、本宗家と美濃家とがそれぞれ一円化を進めるために散在所領を交換したものではなかった。本宗家と想定された広幹の方が、美濃家の惣領だったのである。つまりこの相博は、政幹のように終生官途を持てない弱い遠戚分家の美濃真壁氏が、遠隔地所領での実力と戦功・政治的コネクションを背景に本貫地に入り、常陸の国人領主として自立する過程でなされたのである。国人領主制形成は地域ごとに孤立して進められるのではなく、諸国同族相互間の緊密な交通形態と葛藤のなかで地域間相剋のドラスティックな転換をともないつつ進行していった。ここに、他の変革期にあまり見られぬ荘園制的地域間秩序の解体過程としての南北朝内乱のオリジナルな特色が看取できるのである[12]。

## 三、真壁光幹の出自と置文

以上のように考察してくると、残された問題は山田郷内に散在所領をもつ真壁光幹の素性と、光幹にとっての所領相博の意味についてである。これまでの研究では、光幹相博状（置文）のなかで真壁郷を「遠所」といっていることや、諸系図に見あたらないことから、光幹は美濃在住の庶家と考えられてきた[13]。先の山田論文においても、「光幹は小木曽荘におそらく居住していたと推測され、また山田郷に在家をもっていることからみて、広幹とおなじく小木曽真壁氏の人物であるとみてよかろう。あるいは真壁政幹の子か孫かもしれない」（五〇一頁）とされており、所領相博は美濃系一族の内部の調整と捉えられている。つまり次の関係である。

【山田邦明説】

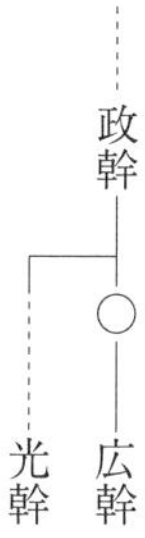


このように考えた場合、常陸に基盤を移そうと考えた美濃真壁家惣領広幹が、美濃真壁庶家の光幹に美濃領を託した形になろう。この理解は、破綻なく筋が通っており、ひとつの有力な推定といえよう。

＊

だが、もうひとつの可能性、光幹を本宗家に近い筋の人物と考えることはできないだろうか。この発想の転換をもたらしたのは、机上の類推ではなく、小森正明氏より御教示いただいた次の史料である。

（イ）檀那常陸国真壁地頭那智山師職事、先達了覚動欲引付他所、彼一門為譜代之檀那、母堂已令付当方云々、然者
子息光幹何可各別乎、領掌不可有依違候、所被御下也、仍執達如件、

正和五年二月十六日　　法印（花押）

善寂（済賢）坊律師御房[14]

（ロ）当山住侶権律師済賢申檀那常陸国真壁地頭光袴（幹）那智山師職事、如正和五年二月十六日御下知状者、彼一門為譜
代之檀那、母堂已令付当方、子息光袴（幹）何可各別乎、領掌不可有依違云々、此上者早為当山師職、進退領掌不可
有相違之旨、依執行法印権大僧都御房仰、所令施行之状如件、

正和五年三月廿五日　　法橋祐豪（花押）

善寂房律師御房[15]

（ハ）済賢律師申檀那常陸国真壁歟地頭光幹布施物事、申状如此、子細見状歟、被成御下知候上者、背裁許、覚秀抑
留之条不可然歟、不日申被御沙汰彼布施物於済賢候之由、依仰下候也、仍執達如件、

四月二日　　法印快尊奉

那智執行法印御房[16]

（ニ）常陸国真壁地頭那智山師職事、任正和下知并袴（幹）重等願文之旨、領掌不可有相違者、依　法親王令旨執達如件、

元亨弐二月二日　　法印（花押）

善寂房律師御房[17]

これらはいずれも「米良文書」所収の文書で、史料イ・ロ・ハは、旦那である真壁地頭の山師職をめぐる那智山内

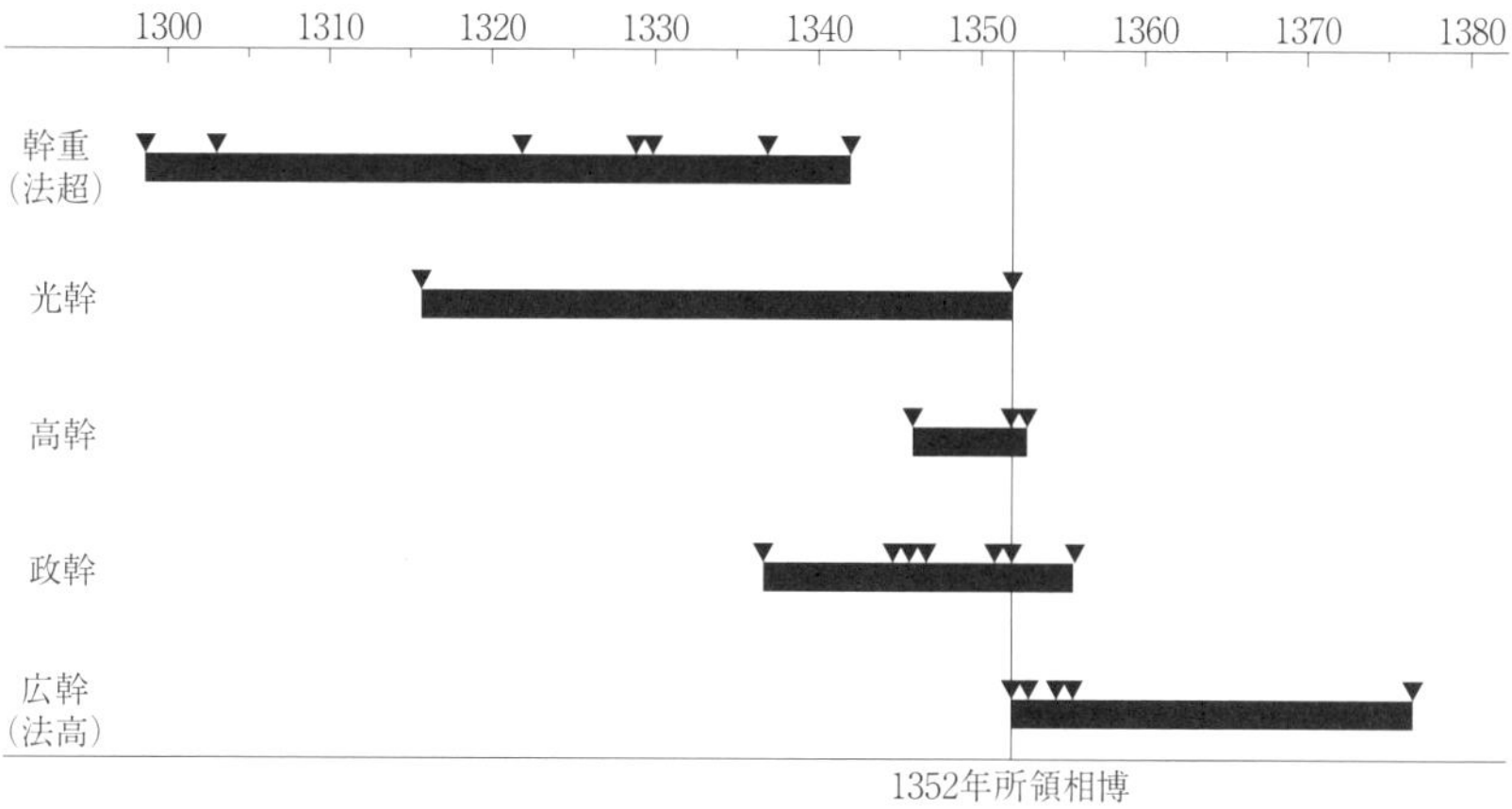


図　史料で確認される真壁一族の活動期　（▼確認される史料の年次）

部の争い（了覚・覚秀対済賢）に対する裁許である。この時期真壁氏は代替わりにあたっていたと思われ、熊野那智社の先達たちは新当主とその母をめぐる利権を争っていたことがわかる。この一三一六（正和五）年頃、新たに「常陸国真壁地頭」になった人物が真壁光幹なのである。相博状の作成された一三五二（観応三）年とは三六年もの懸隔があるのだが、この代替わり時を仮に二十歳として計算しても、決して不自然な年齢にはならず、両者が同一人物である可能性は残ろう（上図「真壁一族の活動期」参照）。もちろん、真壁幹重と沼尾幹重のように同時代に同名の縁族がいるのは珍しいことではなく、実名の一致のみを絶対視するのは慎まねばならない。結論を急ぐ前に、小森氏御教示の「米良文書」中の真壁光幹を詳しく検討しておきたい。

「常陸国真壁地頭光幹」と表記されるので光幹が真壁氏の本宗家物領に比定できるかというと、ことはそれほど単純ではない。熊野社関係の旦那職売券類をみれば明らかなように、一族全体が惣領の丸抱えで熊野の旦那になる事例ばかりではなく、一族内の特定の者が各別に信仰する事例も見いだせるからである。「真壁地頭」表記は、御師の側からみた常陸真壁居住の旦那というレベルの認識で、真壁氏内の正確な一族関係を反映したとは言えない。ここからは、光幹が名字の地を主要な生活の場とする一族で、美濃系や奥州系の真壁氏ではないことだけを確認するに留めるのが無難であろう。だが、真壁氏の本宗家惣領が熊野信仰に関わっていた事実が明らかになるのが、六年後の一三二二（元亨二）年に出された史料ニである。この文書も、熊野僧済賢に真壁地頭の那智山御師職を安堵したものだが、その支証として「正和下知」（すなわち史料イ・ロ）と並べて「幹重等願文」を挙げている。真壁幹重とは、いうまでもなく本宗家の惣領として北畠親房遁走の一三四三年まで常陸南朝を支えた彦次郎入道法超である。[18] 善寂房済賢は惣領幹重の旦那願文（名簿）を楯にとって真壁地頭（光幹）の御師職を保持したのである。本宗家惣領の熊野詣が確認できる以上、真壁に居住する真壁地頭光幹とは、本宗家ないしその近流の人物であることはまちがいない。山田氏にならってこの関係を図化してみると、次のようになる。

（真壁本宗家嫡流）――幹重……光幹
（同　庶家）――――――高幹
（美濃真壁家）――――――政幹――○――広幹[19]

ここで注意しておく必要があるのは、相博状の光幹が所領をもっていた山田郷が真壁地方における那智信仰の拠点だった事実である。やや時代は下がるが、一四三五（永享七）年の「常陸国富有仁等注文写」によると、宍戸氏知行下の真壁郡山田郷内には慶城房という有徳な那智先達が居住していることがわかり、[20] また隣郷酒寄郷は「熊野保」の所在地で、後に那智山領になった所在である。[21] このように、「米良文書」の真壁光幹と観応相博状の光幹とは、那智社という導きの糸で結ばれているのである。

「米良文書」の真壁光幹と観応相博状の光幹を同一人物であると考えた場合、懸案の所領交換はいかなる意味をもっていたのであろうか。一方の当時者は、本宗家に生まれながら内乱の中でその地位を失い、齢は既に五〇余に達していた光幹。一方は、全くの傍流にありながら、代替わりを済ませ本宗家惣領をも襲わんとする勢いの美濃真壁広幹。美濃から本拠地に一族引き具して逆上陸しようという広幹と、反対に住み慣れた名字の地真壁を出て遠く木曾谷に去らねばならなくなった光幹。このような二人の状況を対比させて考えた場合、この交換が対等なものではなく、没落する鎌倉領主と新興の国人領主との明暗わけた勢力交替を意味していたことが看取されよう。国人領主の領域支配が、人的には一族庶子や傍流庶家の家臣化を押し進め、没落者はその主従制下に包接されていったことはよく知られている。所領相博の形を整えているものの、その内実は広幹側の一方的な領主制再編の一環で、旧主家筋の光幹に捨て扶持を与えて退去させたのに他ならない（あるいはこれ以前に既に美濃へ移動させられていた光幹との形の上の微調整）[22]。光幹の相博状が、子孫に対して将来にわたり遵守すべき規範を示す置文の内容になっている点にも注目したい。「至于子々孫々於彼田在家者、一塵不可有違乱煩」という末尾の違乱担保文言は、放逐同然の光幹一族が、勝利者の美濃真壁広幹に対して行なった屈辱的な誓約であったからだ。

つまり旧本宗家の光幹にとって、相博で得た美濃国小木曽荘下保奮田の田在家は、遠隔地所領という名の獄舎だったのである。

## おわりに

一見、一族内での対等な所領交換を窺わせる「光幹相博状」が、じつは南北朝内乱のなかで領主制の転換に失敗し

「遠隔地所領」小木曽荘下保奮田に比定される木曽郡大桑
村振田の景観（85年）

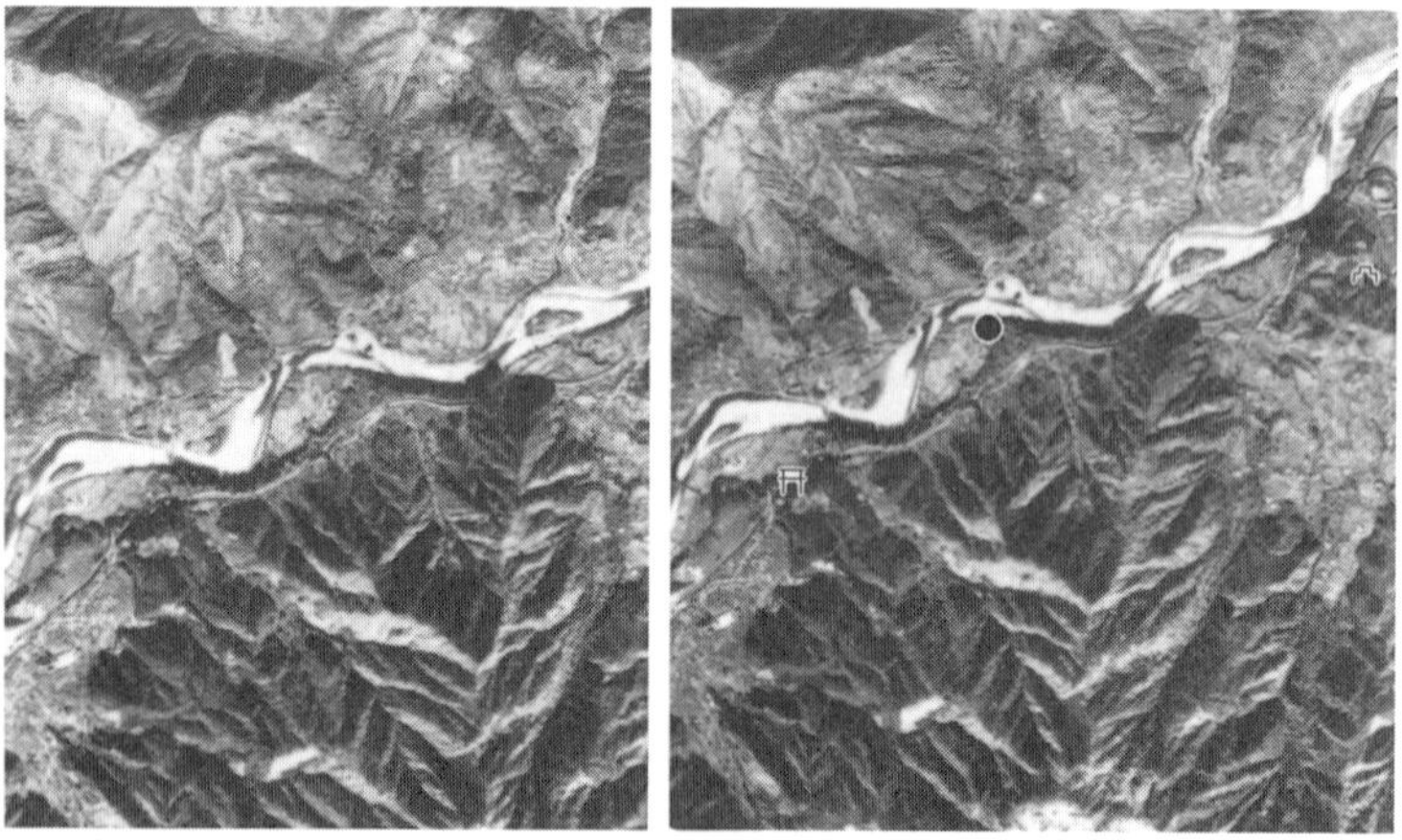

奮田比定地周辺のステレオ写真
（国土地理院所蔵1947年撮影
4万分の1空中写真を複写したもの）

凡例 ⛩ 鹿島神社
● 振田
凸 伝大屋城

て没落していく本宗家一族が、美濃から凱旋入部してきた分家に差しだした「請文」＝降伏文書に他ならなかったこと。本稿が提示したのは、内乱期の一東国武士にまつわるこうしたささやかな事実にすぎない。それも、あくまでも一つの可能性に留まるのであり、山田邦明氏の提示した破綻の無い解釈ももうひとつの可能性として並立している。内乱期の所領相博状を逐一検討し、類似の事例があるか否かを検討していきたい。解釈の分岐点となった小森正明氏御教示の「米良文書」の中の真壁一族の位置付けも含めて、大方のご意見を乞うものである。

農民諸階層を中心とする広範な民衆の変革の闘いとしての南北朝内乱は、一方では中央と地方、東国と西国など地域間を結ぶ秩序が大きく変動する、列島の地帯構造の変革期でもあった。都市領主が居ながらにして列島全土の富を手中にする荘園制の交通形態（職の都市農村間ネットワークなど）解体にともない、それに依存した鎌倉の領主制は崩壊し、地域社会に立脚した領域支配（国人領主制）が列島規模の内乱と地域間の葛藤・交流のなかで形成していったのである。本稿は、このような〈地域間構造の変革期としての南北朝内乱が、個別領主の交通形態のなかにいかに反映していくのか〉を見出だそうという課題意識にもとづき、ようやくたどり着いたモノグラフである。(23)

## 註

（1）常陸真壁氏に関しては、小山靖憲「鎌倉時代の東国農村と領主制」（『日本史研究』九九号、六八年、のちに同著『中世村落と荘園絵図』東京大学出版会、八七年）を嚆矢として多くの先行研究が蓄積を深めている。研究史に関しては『真壁町史料　中世編Ⅰ』（真壁町、八三年）の糸賀茂男「総説」、『真壁町史料　中世編Ⅱ』（真壁町、八六年）の糸賀茂男・小森正明「解説」を参照されたい。また、諸国の真壁氏に目配りを効かせた近稿に、糸賀茂男「常陸中世武士団の在地基盤」（『茨城県史研究』六一号、八八年）がある。

（２）山田邦明「常陸真壁氏の系図に関する一考察」（中世東国史研究会編『中世東国史の研究』東京大学出版会、八八年）。
（３）小森正明「中世の真壁地方」（『中世の真壁地方…伝来文書を中心に…』真壁町歴史民俗資料館特別展図録、八八年）、同「中世後期東国における国人領主の一考察」（『茨城県史研究』六二号、八九年）ほか。
（４）「真壁文書」一六号　真壁光幹置文。「真壁文書」は前掲『真壁町史料　中世編Ⅰ』に写真入りで収録されている。文書番号は同書のもので示した。
（５）山田註（２）論文。
（６）稲垣泰彦「日本における領主制の発展」（『歴史学研究』一四九号、五一年。のち同著『日本中世社会論』東京大学出版会、八一年）、永原慶二著『日本封建制成立過程の研究』（岩波書店、六一年）。
（７）「真壁文書」一七号　真壁広幹代良勝言上状。
（８）山田註（２）論文五〇三頁。
（９）小森註（３）第二論文によると、このような「真壁氏内部で（の）大幅な人的交代」は、一五世紀内乱時（庶子系朝幹による惣領継承）にも確認されることが明らかにされている（三三頁）。
（10）「真壁文書」一七号　真壁広幹代良勝言上状。なお「烟田文書」観応三年十月烟田時幹軍忠状などにより、南朝の拠点下野西明寺城は一〇月以前に落城していたことが確認される。『益子町史』第二巻古代中世史料編（八五年）を参照の事。
（11）「真壁文書」一七号および「真壁長岡古宇田文書」二五号沙弥法昌注進状案（前掲『真壁町史料　中世編Ⅱ』所収）、なおこの尊氏上洛については福田豊彦「『越前島津家文書』文和四年の一揆契状」（『中世の武家文書…館蔵資料から…』国立歴史民俗博物館企画展図録、八九年）が詳しく分析している。
（12）東国雄族のイエ内勢力交代のドミノ現象自体は、治承・寿永の内乱期にも確認できる。北条時政や上総広常が惣領でなかったことを実証した野口実「古代末期の武士の家系に関する二つ史料」（『古代文化史論攷』五号、八四年）、杉橋隆夫「北条時政の出身」（『立命館文学』五〇〇号、八七年）を参照のこと。
（13）徳川義親「信濃国大吉祖庄について」（『信濃』九―六、五七年）、宝月圭吾「高山寺方便智院領小木曽庄について」（高山寺典籍

文書総合調査団編『高山寺典籍文書の研究』東京大学出版会）、『南木曾町誌』通史編（遠山高志執筆）、『日本歴史地名大系　長野県の地名』（平凡社）の木曾郡小木曽庄の項など。
(14)「米良文書」一〇九〇号　熊野山検校御師職補任状、「米良文書」の文書番号は『熊野那智大社文書』三（史料纂集）による。
(15)「米良文書」一〇九一号　熊野山執行法印施行状。
(16)「米良文書」一〇九二号　熊野山検校御教書。
(17)「米良文書」一〇九三号　熊野山検校宮那智山師職安堵状。
(18)　山田註（2）論文の四九八―四九九頁参照。
(19)　山田邦明氏も注意を喚起しているように、古文書からは幹重と高幹の家督継承関係も不明確であり、実の父子とする根拠は薄弱である。この点についても系図に依拠しない考察が必要となろう。また、系図によると本宗家惣領幹重の甥に光幹と同音の「満幹」がいるが、現存の「真壁文書」に現れない人物だけに典拠史料の存否など留意が要される（山田註〈2〉論文の翻刻になる「当家大系図」四八八頁、『真壁町史料　中世編Ⅰ』編纂の「真壁氏略系図」一九八頁参照）。
(20)『続常陸遺文』四所載「常陸国富有仁等注文写」（刊本は『関城町史』史料編三　中世関係史料〈八五年〉の一二〇頁）。また小森前掲註（3）第二論文の三章は、この時期の政治状況を的確に分析している。内山純子「常陸における熊野信仰の展開」（同著『東国における仏教諸宗派の展開』そしえて、九〇年）に言及がある。
(21)『角川日本地名大辞典8　茨城県』（角川書店、八三年）の山田郷・酒寄郷参照。近世の村明細帳類を見ると、伊佐佐、亀熊、長岡にも熊野宮が勧請されていたことが知られる（『真壁町史料　近世編Ⅰ』八五年より）。
(22)　このように考えた場合、光幹が常陸を「遠所」と記するのは説明がつかない。だが、それはかえって財産移動にかかわる文書における、表面の字義と実態の乖離を窺うテキストワークとして理解すべきであろう。
(23)　佐藤和彦著『南北朝内乱史論』（東京大学出版会、七九年）。

# Ⅲ　南北朝・室町期常陸国真壁氏の惣領と一族

清水　亮

## はじめに

中世後期における東国の在地領主制は、永原慶二氏の「東国における惣領制の解体過程」を皮切りに、上野国新田岩松氏、下野国長沼氏、宇都宮氏などの個別研究[1]によって、東国武士団の惣領制的な一族結合による所領支配が永享、享徳の内乱によって解体し、彼らが地域権力化していく過程が明らかにされている。本稿ではこれらの研究に学び、室町期東国在地領主の一族結合の形態を、常陸大掾氏一門で真壁郡を所領とした真壁氏を素材に考えたい。

この時期の真壁氏の先行研究として挙げられるのは、小森正明氏、山田邦明氏、齋藤慎一氏の研究である。小森正明氏は、永享、享徳の乱及びその間の家督相論を通じて、真壁物領家が真壁庶子家を取り込み、彼等と惣領家被官を含んだ家臣団を成立させたこと、その経緯が十五世紀内乱の過程で起こった点、新田岩松氏の事例と類似していることを指摘された[2]。また、山田邦明氏は、永享年間の真壁氏の家督相論から、この家督相論が真壁一族と真壁惣領家被官の対立という側面を強く持っており、主に被官に擁された朝幹が、惣領制的な支配体制を払拭し、自らの被官である「宿老中」を中心とした家臣団を成立させたことを指摘された[3]。また、齋藤慎一氏は、十四世紀から十五世紀の真壁氏の居城が亀隈にあったことを指摘され、現在の真壁城の位置に、中世を通じて真壁氏の拠点が営まれていたとする通説に疑義を呈された(4)。これら先学の研究成果については『真壁氏と真壁城』（河出書房新社、一九九六）に纏められている。

これらの成果の内、特に真壁氏の内部構造に言及された小森氏・山田氏は、若干の見解の相違をもたせつつも、十五世紀の内乱の過程で真壁氏の惣領制的な一族結合形態が克服され、戦国期の国人領主に変貌していったことを主張される点で共通している。ただ、両氏の見解は、主に永享の真壁氏家督相論に関する史料の分析からもたらされたものであり、真壁氏の一族関係のあり方を段階的に捉えたものとはいえない。南北朝・室町期を通じた真壁氏の一族結合のあり方を明らかにするには、この時期の真壁惣領家、庶子家双方の動向を跡づける作業が必要である。

そして、先学が言及してきた永享の真壁氏家督相論に関する史料についても、鎌倉府との関係を視野に入れて読み直すことがまだ可能であると考える。このような視角のもと、在地の動向、上部権力との関係、この両面から、南北朝、室町期における真壁氏の一族関係を検討していきたい。

## 第一章　南北朝・室町前期の真壁惣領家—庶子家の関係

真壁氏は、鎌倉時代以来常陸国真壁郡を所領とし、一族争いを伴う惣領家交代、没落の危機に瀕しながら、中世を通じて真壁郡の支配者であった。真壁氏において惣領家の交代は少なくとも二度あったが、その内、永享年間に行われた家督相論の結果勝利した真壁朝幹の系統が、今日「真壁文書」を伝えた家系である。

**図1　真壁氏略系図**

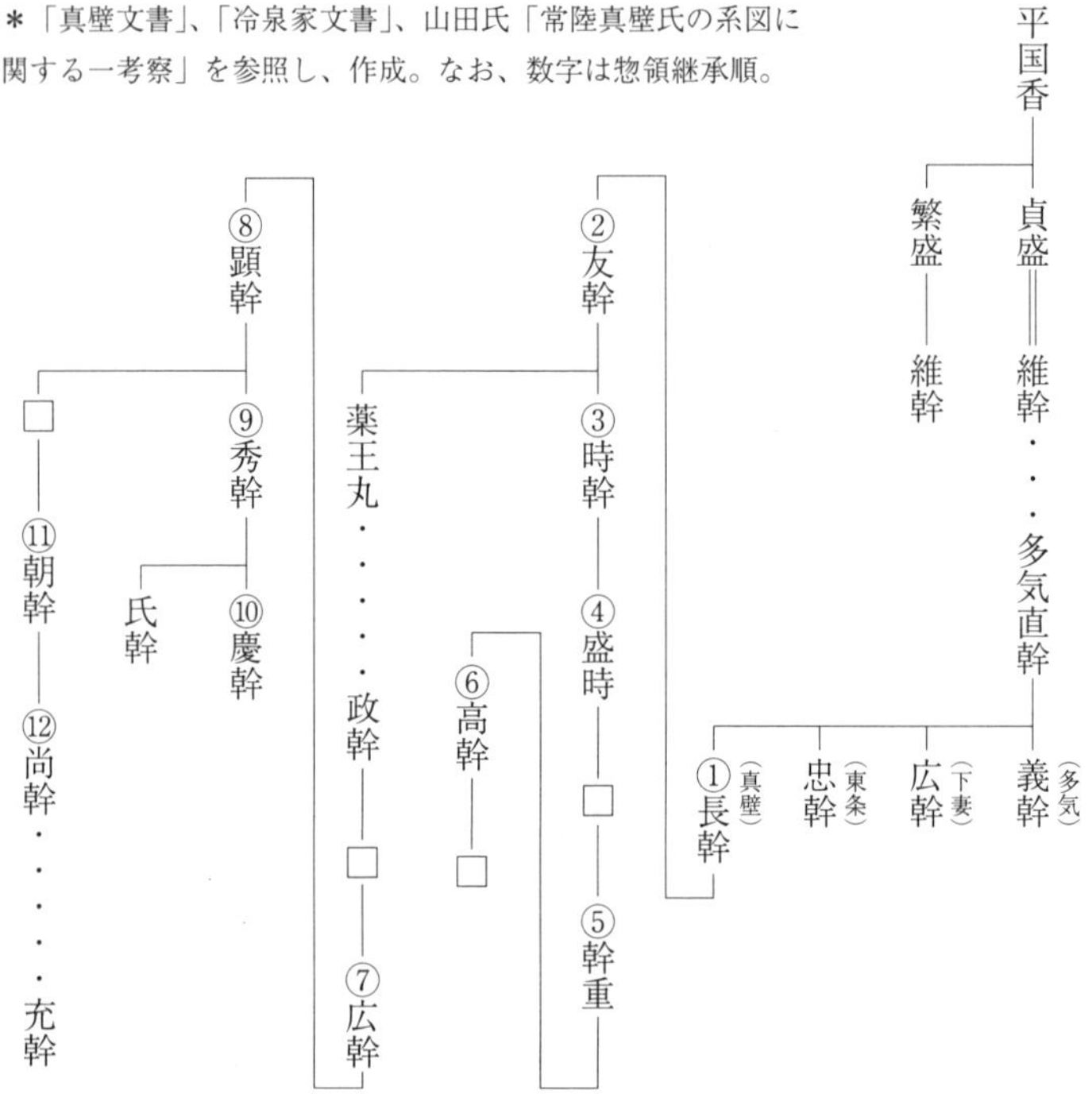


＊「真壁文書」、「冷泉家文書」、山田氏「常陸真壁氏の系図に関する一考察」を参照し、作成。なお、数字は惣領継承順。

鎌倉期の真壁一族は、惣領のゆるやかな統制の下、庶子が郷単位で各別に所領支配を展開していく典型的な惣領制であった[5]。しかし、南北朝内乱の過程で一族内に大きな変化があった。十四世紀の半ばに、長幹―友幹―時幹―□―幹重―高幹と続いた惣領の地位が、美濃小木曽荘から真壁郡山田郷に移住してきた広幹に移ったのである[6]。

広幹は永和三（一三七七）年二月五日、嫡子刑部大輔入道聖賢（顕幹）に真壁郡内の亀隈・山宇・田村・小幡・大曾祢・飯田・伊佐々・竹来・窪の都合九か郷を譲与した（「真壁文書」、『真壁町史料　中世編Ⅰ』一九号文書、以下『真壁町史料　中世編Ⅰ』所収文書については『真』番号として本文中に表記）。

従来の真壁惣領家の譲状、惣領家宛の安堵状には「地頭職」という表記が必ず記されており、この法高（広幹）譲状を初見として、真壁惣領家の譲状から「職」の記載は消滅する。そして、ほぼ同時に真壁物領家で単独相続が採用される。広幹は、本来の惣領真壁高幹が南朝から北朝に転ずるにあたって足利尊氏に安堵され（『真』九）、自身が継承した真壁郡内九箇郷を全て顕幹に譲与したのである。小山靖憲氏は、この真壁惣領家の譲状の記載の変化から、十四世紀における在地領主制の変質を見出されている(7)。

広幹と、従来から真壁郡に土着していた庶子家との関係を明確にするのは難しい。ただ、広幹の嫡子顕幹の代には、惣領家と庶子家との関係を暗示する事例が若干ある。

真壁郡源法寺郷は、「為小山御対治之勲功賞」(8)て、鎌倉府から宍戸彦四郎家里に宛行われた所領である。小山氏の乱に与同した真壁近江次郎は「真壁近江次郎引率多勢、堅支申候間、不及遵行候」と遵行使の請文に記されたように遵行を拒んだが、結局永徳三（一三八三）年八月二八日に下地打渡しが完了した(9)。また、次の史料は、真壁庶子家の動向を知る上で重要である。

〔（長岡但馬入道聖亨代政長謹言上カ）〕

欲早被経御沙汰、預条々御紏明、任無咎旨、蒙御裁許、成安堵思、常陸国真壁郡長岡郷事、

右、①去至徳四年四月廿九日、安部田郷古尾谷肥後守入部之時、対本主千代松丸就喧嘩事、更以不相綺、聖亨訴申条希代珍事也、就中聖亨者、既及八旬之間、依不叶行歩、一族中之交以下十余年之間不及出仕、如承及者、安部田郷肥後守掠給二度目御教書之由、千代松丸之代依承出、属山名兵庫大夫入道智兼就申歎子細、両御使三浦次郎左衛門尉・宍戸彦四郎方江以壱岐弾正大夫入道希広・山名兵庫大夫入道可閣入部之由被仰付之処、〈遵行之両御使肥後守令同意〉、背上意窃打入刻、及喧嘩畢、②雖為同郡、時而為珍事之間、争可存知哉、彼両〈御〉使、為塞自科、無咎仁等訴申条希代造意也、③於千代松丸者、依防戦咎、安部田郷被成御料所畢、加之、去春比、佐竹庶子

手綱跡江新給人入部之処、雖有合戦、迄惣領以下在国一族等、不被懸《カケ》其咎者也、既於防戦仁者、所領被取(収)公上者、云古尾谷攻戦罪科、両御使云御定違背、彼等三人於可被罪科之処、無故仁等掠申条、有歎余、有忠任無咎旨、預御裁許、為全知行、恐々粗言上如件、

明徳二年九月　日

（「真壁長岡古宇田文書」長岡聖亨代長岡政長言上状案『真壁町史料　中世編Ⅱ』）＊〈　〉内は行間の追筆

この史料は、真壁庶子家と思われる安部田郷本主千代松丸と、彼の所領を給与された古尾谷肥後守及び彼に与同した鎌倉府遵行使の間で起こった合戦に、千代松丸方として参加したことを疑われた長岡氏が作成したものである。

傍線部③によると、至徳四（一三八七）年、古尾谷肥後守及び鎌倉府遵行使と「喧嘩」を行った咎で、千代松丸は安部田郷を没収され、安部田郷は鎌倉府の御料所になった（補注1）。傍線部①によると、何らかの案件処理のため、古尾谷が入部することは既に決定していたのであり、至徳四年以前、千代松丸は何らかの罪科に問われていたと思われる。時期的にみて小山氏の乱と関係があったのかもしれない。

しかし、長岡氏の動向は安部田氏と同一ではない。前掲の言上状でも「更以不相綺」、「雖為同郡、時而為珍事之間、争可存知哉」と述べ、嫌疑を否認する。嫌疑を掛けられた故の誇張かも知れないが、明徳年間まで長岡氏は存続しているので、少なくとも至徳四年前後の段階では、長岡氏と安部田氏は行動を共にしていなかったといえる。

至徳元（一三八四）年十二月二〇日には、惣領家所領の真壁郡竹来郷内中根村が「任上椙左近蔵人憲英申請」せて、足利氏満によって円覚寺に寄進されており、至徳元年以前に中根村は、上杉氏の所領もしくは上杉氏の管理する鎌倉府直轄領になっていた(10)。この事例は、鎌倉府が、小山氏の乱によって真壁顕幹から没収したと解されているが(11)、その

後惣領家が大きな打撃を蒙った形跡がないことを考えると、顕幹は小山氏には与同しなかったと考えるべきだろう。間接的な根拠ではあるが、小山氏の乱前後、真壁一族の所領収公が個別的に行われ、それに対する抵抗も個別に行われていること、また小山氏の乱後も鎌倉府の攻撃対象にならなかった一族がいたことから、顕幹の活動期には、むしろ真壁庶子家の個別な行動が顕著であったと評価できる。明確に実証することは困難だが、真壁惣領家の人員交代が庶子家の独立傾向に拍車をかけた可能性を想定できる。

ただ、ここで、惣領家、庶子家共に鎌倉府によって所領を没収され、あるいは没収の恐れを身近に感じることができる立場に追い込まれたことに注意したい。真壁氏において惣領家と庶子家の利害が一致しうる条件は、小山氏の乱前後の政治状況で整ったのである。

## 第二章　京都・鎌倉と真壁一族

一般に、当時の関東諸豪族は、鎌倉府に従いつつ、京都との関係も絶っていなかった。鎌倉府は所領の宛行、裁許などの広範な権限を行使していたが、少なくとも応永三〇年の小栗氏の乱までは、奥羽を除く東国豪族への本領安堵は京都の専権であった[12]（補注2）。実際、顕幹は、応永八（一四〇一）年十二月三〇日付の足利義満袖判御教書（『真』一一）で「真壁刑部大夫入道聖賢当知行之地事、領掌不可有相違之状如件」と本領安堵を受けている。

ただ、真壁氏の場合、安堵状の残存状況に特色がある。「真壁文書」中の室町幕府将軍の安堵状は、康永三（一三四四）年七月二日足利尊氏袖判下文（『真』九）、応永三十年二月十六日足利義持袖判御教書（『真』二四）と応永八年の義満御教書の三通であり、継目安堵の文書は残されていない。

これらの安堵状の内、義持安堵状は小栗氏の乱に真壁氏が参加するにあたって発給されたものである。また、安堵された所領も「真壁郡内御庄郷々」であり、顕幹から秀幹が譲られた九か郷とは一致していない。安堵状発給の時期も、秀幹が顕幹から所領を譲られた応永十一年（『真』二〇）から十九年の懸隔がある。この安堵状には小栗氏の乱参加にあたっての政治的な背景が存在したとみるべきである。[13] 顕幹に下された義満の安堵状も時期的にみて、譲与安堵とはいえず、何らかの伏在する事情を考慮すべきであろう。

ここで、注意したいのは義満の聖賢への安堵状発給の時期である。周知の通り、応永の乱にあたって、関東公方足利満兼は、大内義弘と気脈を通じていた。応永七年六月には満兼は義満と和睦したが、義満と満兼の間が円滑だったのは表面上のことであり、応永八年七月には義満が満兼調伏の祈祷を行った形跡がある。[14]

また、室町幕府が組織した東国の反鎌倉府勢力である「京都御扶持衆」は、奥羽においては応永の乱前後にはその存在が確認されることが遠藤巖氏によって明らかにされている。[15] 遠藤氏は、奥羽国人を「京都御扶持衆」と判断する根拠として幕府による直接の所領安堵を挙げておられる。明徳三（一三九二）年、奥羽が鎌倉府の管轄に入って以降、鎌倉府が本領安堵を行うケースが見出されるようになるので、[16] 奥羽国人の場合、明徳三年以降の幕府の安堵状の存在は、「京都御扶持衆」であることを示す証拠となる。常陸の場合、応永八年段階でも依然として本領安堵権は京都にあったから、奥羽のケースとは同一視できない。だが、真壁氏が応永の乱後間もない緊迫した情勢の中も京都との関係を保とうとしたことは指摘できる。

また、応永の乱直後、幕府は山内上杉憲定に京都管国内の丹波国八田本郷を宛行い、守護使不入権を付与している。[17]

応永の乱前後における上杉氏への所職給与は、幕府が、東国での親幕府勢力の形成を志向した証左と評価されている(18)。このような幕府の志向を考え併せ、顕幹の子秀幹が「京都御扶持衆」化する前提として、顕幹の安堵申請を理解したい。

この後、真壁氏は、応永二十三（一四一六）年の上杉禅秀の乱、応永三十（一四二三）年の小栗満重の乱に参加する。特に小栗氏の乱では「京都御扶持衆」として、明確に反鎌倉府勢力として小栗氏に与同し、鎌倉府の追討を受け、没落するに至った。この二つの内乱を経験した真壁惣領家の当主は真壁秀幹（顕幹嫡子）であった。

秀幹は、小栗氏の乱への参加にあたって、応永三十年二月十六日付で「常陸国真壁郡内御庄郷々【本木、安部田、大曾祢、伊々田、北小幡、南小幡、大国玉、竹来】（＊括弧内は割注を示す。以下同じ）」の安堵を得た（『真』二四）。

ここで注目したいのは、秀幹が、真壁荘を安堵申請するにあたって、没収された安部田郷や、庶子本木氏の所領本木郷を含めて単独で安堵申請していることである。真壁荘の一括安堵申請とはいえ、安堵申請の主体が庶子家を含む「真壁安芸守秀幹等申」ではなく「真壁安芸守秀幹申」と秀幹個人の名で行われた事実に注目したい。庶子家所領であれ、不知行の所領であれ、自己の名で所領安堵を受けようとする秀幹の志向を見出すことができるのではないか。

また、真壁郡白井郷は、真壁秀幹が小栗満重の乱に与同し、鎌倉府の追討を受けて没落した後、応永三十一（一四二四）年十月十日に「真壁安芸守《（秀幹）》跡」として、持氏によって鹿島神宮に寄進されている(19)。この所領は、後に述べる通り、真壁庶子家白井氏の所領であった。

この白井郷は、鹿島神宮に寄進される以前、ごく短い期間であるが鎌倉府奉公衆宍戸一木氏(20)の所領であった。応永三十一（一四二四）年八月三日付で、宍戸一木満里は、子息熊王丸に譲状を作成している(21)。この譲状によると「ひたちの国完戸庄一木村内大こ内ねんく十貫文・山のおの郷内下てこいねんく十貫文五百文、同国まかへこをりの内、くほの郷并いひつかの村同白井此内三分一ハ舎兄朝祐知行たり、三分二ハ満里か知行たり、」と記載されているように、持氏による寄進の直前、真壁郡の内、窪・白井・飯塚が宍戸一木朝祐、満里兄弟に分与されていた。

白井郷は、同年十月に鹿島社に寄進されており、宍戸氏はこの処置を承伏したと思われる[22]。宍戸氏に惣領家所領の窪、庶子家所領の白井・飯塚が一旦与えられ、ついで鹿島社に白井が「真壁安芸守跡」として寄進されるという小栗氏の乱の戦後処理から考えると、惣領家所領とともに庶子家の所領も「真壁安芸守跡」として一括して把握され、寺社、鎌倉府奉公衆に分与されていた可能性が高い。

第一章でみたように、小山氏の乱前後、真壁庶子家の所領は個別に没収されているが、小栗氏の乱の戦後処理では一括して惣領秀幹の跡所領として処理されている。これは、小山氏の乱の時と異なり、惣領秀幹の主導下で真壁一族が小栗氏の乱に参加したためであろう。「真壁安芸守跡」という鎌倉府の認識が、秀幹の庶子家所領に対する何らかの統制権（例えば「惣領職」）の有無を表しているとは一概にいえないが、この事例から真壁惣領家の一族掌握の度合いが南北朝期に比べ進んでいたことは指摘できる[23]。

では、真壁惣領家が組織し得た庶子家の範囲はどの程度のものだっただろうか。小栗氏の乱当時、真壁朝幹の伯父秀幹が真壁の惣領であり、朝幹の従兄弟の慶幹が次代の惣領を約束されていた。しかし、秀幹・慶幹・朝幹は反鎌倉府勢力「京都御扶持衆」として小栗氏の乱に参加し、鎌倉府の追討を受け没落した。

慶幹が行方不明となった後、朝幹は「真壁文書」を家人河田氏、竹来氏から入手し、この文書を根拠として持氏に許され、真壁郡を回復する。だが、永享の乱直後の永享十一（一四三九）年、慶幹の異母兄と称する氏幹が真壁の家督を主張し、幕府に訴訟を起こした。この間の事情は、①永享十一年四月日真壁朝幹代皆河綱宗目安写、②（永享十一年）六月十四日真壁氏親類家人等連署言上状写、③永享十一年六月日真壁朝幹代皆河綱宗目安写（『真』一一七・一一八・一一九。読み、文書名は一部清水が補訂）によって明らかになる。

これら一連の文書は後世に何らかの手が入った可能性があるが、使用に耐えうる史料と考える[24]。

この内、真壁庶子家の動向が明らかになるのは、②の六月十四日真壁氏親類家人等連署言上状写である。これによると氏幹側には被官の皆河法観と河田法栄、庶子家の長岡但馬守広幹、白井前越前守貞幹、飯塚前近江守重幹、本木前駿河守家幹、白井右馬助師幹が属し、彼等が氏幹の家督を支持して②文書を作成した。彼ら永享の相論に関与した庶子家の所領は、朝幹の伯父秀幹が応永十一（一四〇四）年十二月に父顕幹から継承した亀熊（隈）・山宇・田村・小幡・大曾祢・飯田・伊佐々・竹来・窪の諸郷（『真』二〇）の中に含まれておらず、彼らは独立した所領を持っていた。

さきにふれたように、②文書にも後世の手が入った可能性が考えられる。煩瑣となるが彼らの存在を傍証したい。

本木郷は、文永六（一二六九）年二月十六日の真壁敬念（時幹）から嫡子盛時への所領譲与（『真』三）の段階で、惣領家の所領を離れている。康永三（一三四四）年七月二日足利尊氏袖判下文（『真』九）によると、南朝方から北朝方に転じた真壁高幹が山宇・田村・窪・亀隈・大曾祢・小幡・飯田・伊佐々・竹来の諸郷を「参御方、依軍忠抜群」という理由で宛行（実質は安堵）われている。この内、田村、竹来は鎌倉末期に北条氏所領となっている[25]。これらの所領を高幹が安堵申請しているのは自然であるが、この安堵申請に安部田、本木が含まれていないことは、康永三年当時、庶子家が既に分立していたためと解される。白井氏、長岡氏については鎌倉期の分立が明らかである[26]。飯塚氏の分立過程は明らかにし得ないが、後述するとおり、享徳五（一四五六）年には存在が確認される。彼らが小栗氏の

図2　小栗氏の乱前後の真壁郡略図

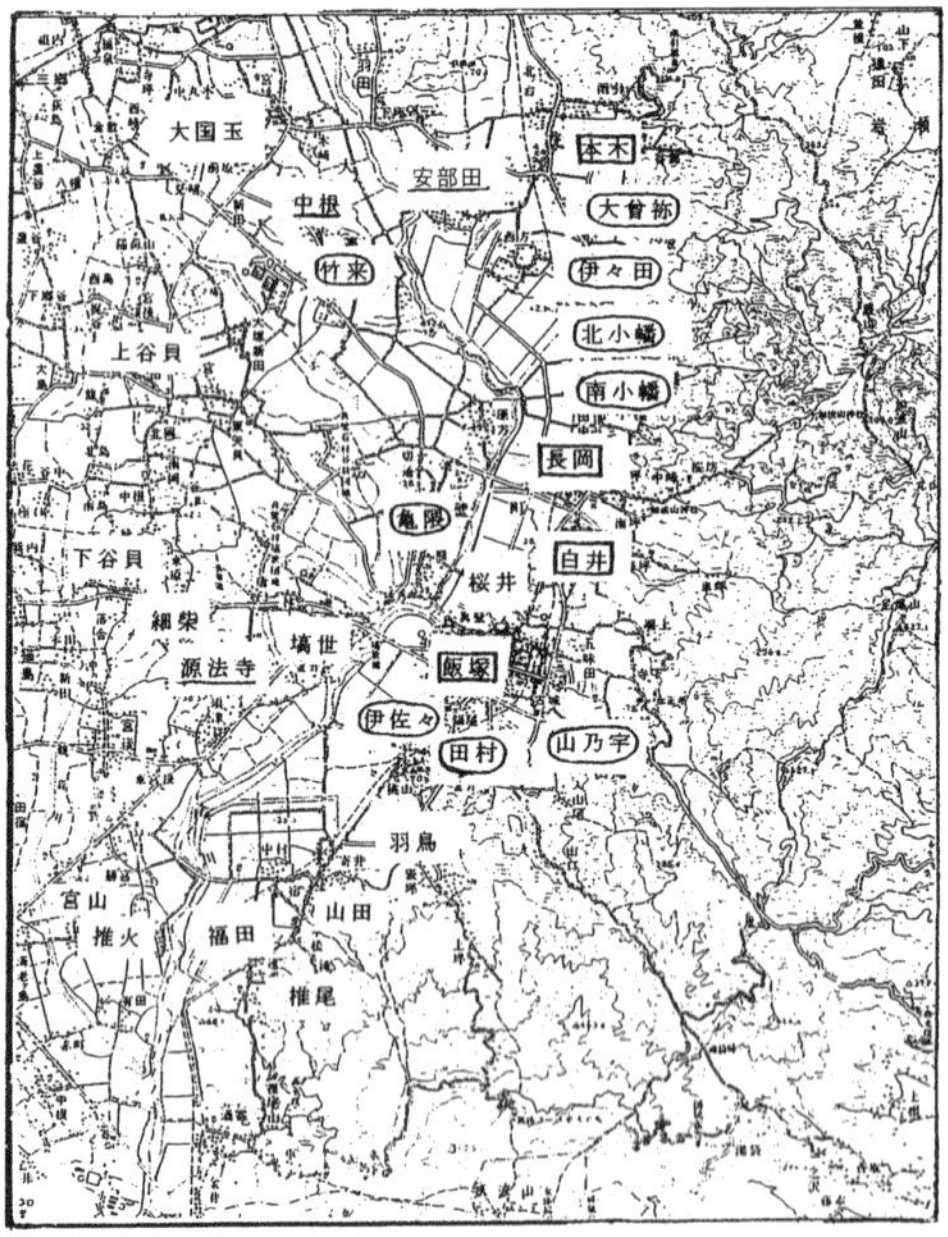


＊楕円で囲んだ所領は真壁惣領家所領、四角で囲んだ所領は「真壁親類」家所領、下線を施した所領は鎌倉府奉公衆・鎌倉寺社所領。なお、本図は国土地理院五万分の一の地形図「真壁」をベースマップとして加筆したものである。

乱までに没落した証拠もないので、永享の相論に関わった一族は室町期存続していたと考えたい。

また、家督相論に勝利した真壁朝幹が寛正七（一四六六）年三月二十六日に認めた置文（『真』三六）の宛所に現れる「宿老」光明寺・小幡・坂本・飯田・小倉・皆河の諸氏は真壁氏とは異姓の被官を中心としており、鎌倉期以来の庶子家の姿は見出せない。このことから、山田邦明氏は、永享年間には長岡・白井・本木・飯塚の四氏のみが真壁庶子家として残ったとされている。この指摘は妥当であり、朝幹は家督相論では庶子家を組織できなかったのだろう。

小森正明氏は、永享の家督相論において真壁庶子家が物領家の被官と共に物領家の家督相論に関与していることから、真壁庶子家が物領家に取り込まれつつあったことを指摘されたが、彼ら「真壁親類」は小栗氏の乱の時点で既に物領家の影響を強く受ける存在となっていたのである。

その背景には、まず前章で指摘した真壁惣領家・庶子家双方が持ち得た鎌倉府への圧迫感が指摘できる。そして、惣領家の在地掌握の進展が考えられる。小森正明氏は、小栗氏の乱前後、真壁郡内に二、三町程度の田地を保有する上層農民が現れることに注目し、彼らは新興の村落土豪クラスの人物であるとされている。また、山田邦明氏は、真壁氏被官の出自をこのような階層の人々に想定されており、両氏の見解を援用すると、真壁惣領家による郡内新興土豪の被官化は秀幹期には進行していたと考えられる。

無論、このような新興土豪の把握は庶子家も行っていたと考えるべきだが、一郷規模の所領を基本とする庶子家に比べて惣領家のそれは隔絶していたであろう。

(図2)をみると、「真壁親類」の所領が惣領家所領と全て近接し、挟まれていることがわかる。真壁惣領家の影響力を日常的に受けやすい位置に彼らは所領を構えていた。鎌倉期の惣領制と一見似た形ながら、分割相続を前提とせず、領域的にもまとまった一族結合が形成されたのである。

## 第三章　鎌倉府・古河公方府体制と真壁氏の家督相論

前章で明らかにしたとおり、庶子家が自身の所領を保持し、一定の独立性を保ちつつ惣領家への傾斜を強めていくという真壁氏の一族結合のあり方は、地域的な一括性を持ち、惣領の庶子統制が強力になっている点、上野新田岩松氏の事例に共通した室町期的な一族結合といえる。この点小森氏の見通しは妥当であろう。しかし、この一族結合は永享以降の家督相論で崩壊する。そのこと自体は山田邦明氏が既に指摘されているが、この家督相論が起こった背景については、小栗氏の乱で既に見出せる真壁氏の一族結合のあり方と鎌倉府の政策を考慮する必要がある。

この家督相論で、氏幹側は、朝幹が本領回復請求の際に鎌倉府奉公衆筑波氏に頼り、その権力に任せて文書を奪い取ったと非難する。（永享十一年）六月十四日真壁氏親類家人等連署言上状写において、氏幹側は「彼右京亮（朝幹）事者、没落刻、属筑波越後守、関東江致訴訟間、蒙御免為奉公一分、永享八年五月為当郡御料所宛預、結句名代罷立時、小次郎相続之手継文書并両御代御判等普（譜）代家人仁預置処、以筑波越後守権奪取間、右京亮方仁有文書勿論也」と主張する。

ここで注意したいのは、引用史料の傍線部に「御料所」となっていた真壁郡を預かる形で朝幹が所領を回復（獲得といった方が的確か）したと記していることである。小栗氏の乱以降、真壁郡が鎌倉府の「御料所」となったことを明確に示しているのは、この真壁親類の言上状のみである。だが、さきにみたとおり、宍戸一木氏に一度与えた白井郷を持氏は鹿島社への寄進に振り替えており、白井郷の最終的な支配権は鎌倉府にあったといえる。小栗氏の乱以降の真壁郡が鎌倉府御料所となったのは確かであろう(27)。

朝幹の所領獲得の形は鎌倉府奉公衆のそれと共通している。持氏期、鎌倉府は奉公衆を増員する政策をとっており(28)、真壁郡を預けられた朝幹は鎌倉府の奉公衆となることで真壁氏の家督を獲得した可能性が考えられよう。

このような朝幹の立場は、一族との関係にどのような影響をもたらしたのであろうか。さきにふれたように、家督相論にあたって、朝幹は庶子家を自陣に取り込むことができなかった。よって、永享の真壁氏家督相論においては、氏幹―鎌倉期以来の庶子家・惣領家被官、朝幹―惣領家被官という勢力関係が想定される。このような二極構造が形成される背景にはどのような事情があったのであろうか。

小栗氏の乱の戦後処理から振り返ってこの問題に説明を加えてみよう。小栗氏の乱の戦後処理では、真壁惣領家の所領は勿論、庶子家所領も没官の対象とされ、鎌倉府奉公衆宍戸氏や鹿島神宮に分与・寄進された。朝幹が持氏の政権下で所領を獲得した以上、彼が真壁郡を回復した後も白井・飯塚など鎌倉府奉公衆・鹿島社など他氏族に与えられた所領は返還されなかっただろう。

実際、鹿島社に寄進された白井郷は、文安六（一四四九）年八月十二日の鹿島社大祢宜中臣氏親の譲状にみえ、[29]宍戸一木満里に宛行われた窪・飯塚の三分の二（これらの三分の一は満里舎兄朝祐の所領）は、満里の子息持周によって「永享以来不知行地」として申請されている。[30]彼らは、朝幹の台頭後も、真壁郡内の所領を保持する権利を持っていると意識していたのであり、彼らの意識の背景には鎌倉府による知行の承認があったと思われる。

以上の証左から、朝幹が真壁郡を回復した後も、庶子家の多くは旧領を返還されず、不満を蓄積させていたと思われる。この点、永享十一年四月日真壁朝幹代皆河綱宗目安写の「然而修理亮氏幹、号真壁致強入部、及度々合戦、剰至于他人旧領、郡内一円支配段何事哉【取詮】」という記述が注目される。氏幹の行動の背景には、彼を支持する庶子家の思惑があったのではないか。朝幹の親鎌倉府勢力化は、真壁氏の復権をもたらしたが、在地では矛盾を内包する結果となり、秀幹の庶子氏幹の台頭を招いたのである。

この永享の家督相論は、結局、朝幹の勝利に終わった。「当家大系図」（『真壁町史料　中世編Ⅳ』）では、永享十一年に氏幹一派の討伐が行われたとするが、「当家大系図」の記述は、永享の相論関係文書を素材としているので、真壁氏幹及びその与党の討伐が永享十一年になされたとは一概にはいえない。この点については後述するとして、持氏の遺児で鎌倉公方となった成氏の政権下で朝幹がどのように動いたか考えてみよう。

「真壁文書」年未詳三月二十三日足利成氏安堵状（『真』三三）によると、成氏は「本領所々事、知行不可有相違候、謹言」と「真壁安芸守」則ち朝幹に本領安堵を行っている。成氏の花押形は年代によって若干の特徴があり、三月二十三日の安堵状でのそれは、成氏が鎌倉公方に就任してから享徳の乱が勃発する享徳三年十二月までの花押形である(31)。また、朝幹の官途「安芸守」は曾祖父広幹、伯父秀幹が名乗っていた真壁惣領の官途名である(32)。朝幹は真壁惣領を自認し、成氏によってその地位を認定されていたのである。彼が成氏政権下で真壁惣領の地位を保証されたのは、持氏期からの彼の立場によるものであろう。

しかし享徳の乱が勃発すると、真壁一族の分裂が再度表面化する。成氏は、享徳五（康正二）（一四五六）年四月四日付で京都の三条実雅に東国での戦況を報告する書状を送っている(33)。この書状で下総北部・常陸の戦況について成氏は「一、山川兵部少（輔脱カ）・真壁兵部大輔構要害成敵讐間、可加討戮処、各退城内帰降候了」と記している。齋藤慎一氏が指摘される通り、この「真壁兵部大輔」は朝幹と敵対する可能性を持った人物であり、氏幹自身であったとも考えられる。そして、次の史料の背景にも真壁兵部大輔の存在を看取することが可能である。

常陸国真壁郡亀熊郷【堀内南方・宿南方・細柴村・新堀村・西荒野村】・桜井郷・田村郷・山宇郷・山田郷・下小幡郷・押樋郷・上谷貝郷内金敷村半分并庶子白井修理亮・飯塚近江守等事、任被仰付之旨、為折中之分所沙汰付真壁安芸守朝幹之状如件、

享徳五年六月三日　　左衛門尉康定（花押）

前下野守義行（花押）

（「真壁文書」享徳五年六月三日古河公方奉行人連署打渡状〈『真』二六〉、文書名は清水が補訂）

この史料は、「為折中之分」という表現から、朝幹とその対立者との利害を調整する裁許を前提とし、朝幹に真壁

郡内の諸郷及び庶子分の配分を行った打渡状である。

齋藤氏は、享徳五年当時、この文書の出される背景に朝幹、真壁兵部大輔、小栗氏の乱で与えられた窪・飯塚の不知行を成氏に訴えていた宍戸一木氏(34)の対立を想定され、この文書の作成された背景に朝幹の本領回復運動を見出されている。しかし、朝幹は既に本領安堵を受けており、むしろ朝幹の対立者の所領獲得への志向を重視すべきである。そして、折中された所領の総体の大きさを考えると、真壁郡の内、窪・飯塚のみを所領とする宍戸一木氏よりも真壁兵部大輔が、この文書の背景にあった相論の当事者としてはふさわしい。宍戸氏も含めた三者の相論の結果、所領の沙汰付がなされたともいえるが、兵部大輔が関わっていたことは確かであろう。彼が成氏に帰降した結果、朝幹との所領分有状況を調整するために成氏が下した裁許の結果がこの中分であったとみることはできないだろうか。

ここで「庶子白井修理亮・飯塚近江守等」の存在に注目したい。朝幹と彼ら庶子家は対立しており、享徳五年の時点で彼ら庶子家が存在していたのであれば、彼らは朝幹より、むしろ真壁兵部大輔を支える存在だったと考えられる。また、氏幹分については明らかにできないものの、朝幹分所領の立地には注目すべき点がある。亀熊は「堀内南方・宿南方」とされており、その南部は朝幹分となったと思われる。亀熊と庶子分白井・飯塚氏所領は山宇・田村・桜井、下小幡（南小幡か）に隣接しており、これらの地域は一括性を持っている。朝幹の本拠はこの地域にあり、彼の主張が成氏の裁許に反映されたのではないか(35)。

享徳五年の所領折中で真壁朝幹、同兵部大輔の所領分有は定まったが、朝幹の真壁郡支配が安定化したとはいえない。真壁安芸守（朝幹）宛の享徳六年六月二十一日足利成氏御判御教書（『真』三二）では、「鹿嶋社来七月十一日大使役郡銭事、及数ヶ度被仰付之処、依有難渋之在所等、不事行云々」という朝幹の訴えを取り上げ「猶以於難渋之所々者、任社例可被成修造料所之旨、不日相触之、厳密可令遂其節之状如件」と厳しく郡銭の徴収を命じている。朝幹が郡銭の徴収に苦慮していた背景には、宍戸一木氏、真壁兵部大輔の存在が考えられる。

このように朝幹と一族の対立は享徳の乱までもつれこんだのであるが、このような真壁氏の二極構造を止揚する事件が起こる。真壁入道（朝幹）に宛てられた（寛正元（一四六〇）年）四月二十八日足利義政御内書案(36)で「去年十一月於常州信太庄合戦之時、兵部大輔入道父子三人、令討死之由、実定（佐竹）注進到来、尤神妙、弥可抽軍功、仍太刀一腰【助次】遣之候也」と真壁一族の軍功を賞している。長禄三（一四五九）年常陸信太荘の合戦の時点で朝幹、兵部大輔共に幕府方に転じていたことが判明する。この時、朝幹が兵部大輔を庶子として従えて従軍したのか、それぞれ別々に幕府方として従軍したのか明らかでないが、朝幹に対抗しうる真壁一族の有力者が父子ともに死亡したことで、朝幹の真壁氏家督は安定しただろう。あるいは、朝幹による庶子家の討伐はこの後行われたのかも知れない。

朝幹の嫡子尚幹は、古河公方に属した形跡も、京都方に属した形跡も残している(37)。彼の動向は父朝幹の若い頃とは異なり、鎌倉府―古河公方の存在を必ずしも後ろ盾とする必要がなくなったことを示している。

## むすびにかえて

本稿では、南北朝期以降の、真壁氏の惣領家、庶子家の関係を跡づけることによって、東国の在地領主の族的結合の変遷及びその背景の一例を明らかにした。南北朝期、真壁氏では個々の庶子家独自の行動が目立ち、鎌倉期の惣領制が解体しつつあったことを示している。だが、真壁惣領家が直面していた在地における一族再編成の必要、惣領家の志向に応える庶子家、鎌倉府の真壁一族に対する圧迫といった要因が作用して、真壁惣領家は、領域的なまとまりを持ち、強力に庶子家を統制する一族結合体制を形成した。

このような一族結合体制は、永享・享徳の乱を通じて解体していく。氏幹及び彼を支持する庶子家は、小栗氏の乱前後に形成された惣領の強力な庶子統制に基づく一族結合を志向する勢力であった。彼らは、鎌倉府に不満を持って小栗氏の乱に参加し、その後も復権の道を閉ざされていたのであり、小栗氏の乱以前の真壁氏のあり方を引きずっていた。それに対して、小栗氏の乱後鎌倉府によって惣領に取り立てられた朝幹は、その家督継承の経緯から、従来の庶子家を組織し得ず、自身の被官を中心とした新しい支持勢力を基盤とせざるを得なかったといえよう。

この家督相論に勝利して惣領制的な要素を残す一族結合を解体させ、被官を中心とした家臣団を形成した朝幹は、真壁氏の戦国領主化の始まりを開いた人物といえる(38)。

また、永享・享徳の乱頃の真壁氏の内部構造は、小栗氏の乱以前からの反鎌倉府姿勢を持つ氏幹―庶子家・被官と、鎌倉公方持氏に接近することで領主制を展開しようとする朝幹―被官という二極構造をとっており、真壁一族は、氏幹及び彼を支持する庶子家、朝幹共に、鎌倉府との関係にその政治動向を規定されていた。真壁郡を預けられて以後、鎌倉府方であった朝幹が、享徳の乱の過程で京都方にも与するようになる現象は、鎌倉府体制下での領主制展開が必然でなくなったことを意味しており、この点からも、朝幹は真壁氏の戦国領主への第一歩を踏み出した人物といえる。

真壁氏にとって、十五世紀内乱は、鎌倉府体制下での、東国武士団の惣領制的な要素を残した一族結合を根幹とした領主制から、古河公方も含めて地域的な権力をそれぞれの豪族が掌握し、割拠する戦国期的な領主制への橋渡しの役割を果たしたのである。

## 註

（1）「東国における物領制の解体過程」（『日本封建制成立過程の研究』岩波書店、一九六一、初出一九五二）、峰岸純夫「室町時代東国における領主の存在形態」（『中世の東国―地域と権力―』東京大学出版会、一九八九、初出一九六二）、江田郁夫「十五世紀の下野長沼氏について」（『栃木県立文書館研究紀要』創刊号、一九九七）、同氏「応永・永享期の宇都宮氏」（『歴史』七二、一九八九）など。

（2）小森正明「中世後期東国における国人領主の一考察―常陸国真壁氏を中心として―」（『茨城県史研究』六二、一九八九）。以下、小森氏の指摘を明記する時、この論文をさすものとする。

（3）山田邦明「真壁氏の家臣団について」（『茨城県史料』付録三三、一九九四）。以下、山田氏の指摘を本文中に引用する際、この論文を指すものとする。

（4）齋藤慎一「本拠の景観―十四・十五世紀の常陸国真壁氏と亀熊郷」（『中世の風景を読む２』新人物往来社、一九九四）。以下、本文中に齋藤氏の所説を引用する際、この論文を指すものとする。

（5）以上、鎌倉期における真壁氏の物領制についての見解は小山靖憲「鎌倉時代の東国農村と在地領主制」（同氏著『中世村落と荘園絵図』東京大学出版会、一九八七、初出一九六八）及び『茨城県史　中世編』一五七頁（一九八六）の記述に従う。なお、物領制の概念については、鎌倉時代の分割相続を前提とした一族結合と定義し、南北朝・室町前期をその衰退期とする羽下徳彦『物領制』（至文堂、一九六六）の所説に従う。

（6）山田邦明「常陸真壁氏の系図に関する一考察」（『中世東国史の研究』東京大学出版会、一九八八）。

（7）小山氏註（５）所引論文。

（8）『常陸志料』所収文書」応永廿七年十月日宍戸朝雄目安写（『真壁町史料　中世編Ⅲ』）。

（9）『常陸志料』所収文書」永徳三年五月十二日海老名季茂請文写、同年八月廿八日海老名季茂代左衛門尉清安打渡状写（『真壁町史料　中世編Ⅲ』）。

（10）「円覚寺文書」至徳元年十二月廿日足利氏満寄進状（『真壁町史料　中世編Ⅲ』）、山田邦明「鎌倉府の直轄領」（同氏著『鎌倉府と関東』校倉書房、一九九五）。
(11)『茨城県史　中世編』二三六頁。
(12) 伊藤喜良「鎌倉府覚書」（『歴史』四二、一九七二）。
(13) 小森正明氏は、応永三十年の時点で真壁荘が室町殿御料所となったのではないかと推定されている。
(14) 以上、応永の乱に関する記述は、渡辺世祐『関東中心足利時代之研究』（新人物往来社、一九九五、初出一九二六）一九八〜二〇六頁参照。
(15)「京都御扶持衆小野寺氏」（『日本歴史』四八五、一九八八）。
(16) 伊藤氏註（12）所引論文。
(17)「上杉家文書」応永七年五月三日足利義満袖判下文、応永九年四月三日足利義満袖判下文（『新潟県史資料編3　中世一』六三四・六三二）。
(18) 伊藤氏註（12）所引論文。
(19)「鹿島神宮文書」応永卅一年十月十日足利持氏寄進状案、上杉憲実施行状案（『真壁町史料　中世編Ⅲ』）。
(20) 山田邦明「鎌倉府の奉公衆」（同氏註（10）所引著、初出一九八七）。
(21)『続常陸遺文二』所収「一木文書」応永卅一年八月三日宍戸一木満里譲状写。
(22) 宍戸一木満里の子息持周が足利成氏に提出した「永享以来不知行地」の申状（「一木文書」享徳四年十月日足利成氏加判宍戸一木持周申状写『真壁町史料　中世編Ⅲ』）には真壁郡内窪・飯塚のそれぞれ三分の二のみしか記されず、白井郷はない。白井郷は、永享以前、平和的に宍戸一木氏の手を離れていたのだろう。
(23) 真壁郡には鎌倉府奉公衆宍戸氏の所領や円覚寺所領が存在し、鎌倉府は真壁郡の状況を知っていたと思われる。「真壁安芸守跡」という鎌倉府の認識は、真壁氏の一族の状況を反映したものと考えたい。
(24) これらの文書は、中世用語としては耳慣れない文言や近世的な用法が目に付き、また、②の氏幹側の言上状には、年号や進上書がない。これらの証左から、後世に書写の段階で書き落とされた部分、もしくはその時期に見合った表現に文言が改変されている可能性がある。しかし、これらの文書は朝幹が庶子出身であり、「真壁文書」を取得した経緯を疑われていることを示している。このような文書をわざわざ偽作するとも考えにくい。また、内容は相論の細部に渡っており、全くの創作は不可能であると考える。②文書では、朝幹が「御料所」真壁郡を預けられた時期が永享八年五月としている。「税所文書」（永享七年）七月廿五日真壁朝幹書状（『真壁町史料　中世編Ⅲ』）が朝幹の活動を表す初見史料である（小森氏註（２）所引論文）。この史料は②文書で「御料所」真壁郡を預けられたとする記述とは一年の懸隔がある。この点、後世の誤認が入った可能性が考えられる。もう一つ考えられるのは永享七年以前に朝幹は郡内本領部分を回復し、鹿島社七月大使役が真壁郡に巡る永享八年に至って「当郡」すなわち真壁郡全体に関する大使役郡銭徴収権等を回復した可能性である。この点判断を保留せざるを得ないが、永享以前に朝幹が所領を回復したことは認められよう。また、真壁郡が小栗氏の乱後鎌倉府の「御料所」となったとする記述についても傍証が可能であり、本稿でも後に述べているので、これらの文書は事実を反映しているとみなす。仮に後世の偽作であったとしたら、それはこのような文書を作成することに意義があった時期に限られる。とすれば氏幹に味方した庶子家・被官の文書を残していることからみて、彼らを滅ぼすことの正当性を示す証拠として用いられた可能性が考えられ（山田邦明氏の御教示による）、その時期は彼等を滅ぼした朝幹の晩年か尚幹の活動期の可能性を想定できる。その場合でも上記の理由で使用に耐える史料と考えるし、逆に氏幹・庶子家と朝幹の抗争が事実であったことを意味する。

(25)　石井進「鎌倉時代の常陸国における北条氏所領の研究」（『茨城県史研究』一五、一九六九）。

(26)　臼井氏については「安得虎子」所収「鹿島大使記写」（『石岡市史　中巻Ⅰ』）、長岡氏については、小山氏註（５）所引論文を参照。

(27)　小森氏は、小栗氏の乱後、真壁郡内の所領を給与されたのが鎌倉府の奉行人や奉公衆であったことから真壁郡が鎌倉府の御料所となったと推定されている（補注３）。

(28)　山田氏註（20）所引論文。

(29)　「塙文書」文安六年八月十二日鹿島社大祢宜中臣氏親譲状（写）（『真壁町史料　中世編Ⅲ』）。

(30)　「一木文書」享徳四年十月日足利成氏加判宍戸持周申状写（『真壁町史料　中世編Ⅲ』）。

(31) 千田孝明「足利成氏花押研究ノート」(『栃木県立博物館研究紀要』八、一九九一)。
(32) 「当家大系図」広幹、秀幹の項。秀幹については『真』二四で明らかである。
(33) 「『武家事紀』所収文書」(康正二年)四月四日足利成氏書状写(『真壁町史料　中世編Ⅲ』)。
(34) 齋藤氏註(4)所引論文及び註(30)所引文書。
(35) 齋藤氏は、十四・十五世紀の真壁城が亀熊の堀内にあたるとされている。氏の復元された亀熊の堀内は物理的には分割可能な縄張である。だが、分割された本拠が本拠として機能しうるのか疑問が残る。享徳五年時点での亀熊の「堀内」呼称は遺称であったか、当時亀熊以外にも真壁氏の拠点が存在した可能性がある。実際、兵部大輔が構えた「要害」が朝幹の拠点と同じとは考えられない。この点、茨城県中世史研究会での本稿要旨報告(一九九八年五月二十二日於常磐大学)での討論から示唆を得たが、現段階では問題提起にとどめたい。
(36) 「御内書案」(『真壁町史料　中世編Ⅲ』)。
(37) 「阿保文書」年未詳三月廿二日足利成氏書状(『真壁町史料　中世編Ⅲ』)によると、尚幹は成氏方であったことがわかるが、「那須文書」年未詳九月五日足利成氏書状(『真壁町史料　中世編Ⅲ』)では尚幹が京都方であったことが判明する。千田氏註(31)所引論文によると、「阿保文書」成氏書状は長禄三年以降の史料であり、「那須文書」成氏書状は応仁二年から文明二年の間とされている。
(38) 山田氏「真壁氏の系図」、市村氏「戦国期城下町論」(『真壁氏と真壁城』)で、既に朝幹についてこのような評価が提示されている。
(補注1) 本稿における鎌倉府直轄領の認定は、本文で言及した安部田郷の事例を含めて、山田氏の成果をふまえている。本稿発表後、鎌倉幕府直轄領に関わる山田氏の成果の引用が註(10)に限定されており、上記の意図を正確に示していないことに気づいた。山田氏には衷心より非礼をお詫びしたい。

(補注2) 初出時には「応永三〇年の小栗氏の乱」と述べたが、「応永二三年の上杉禅秀の乱」とするのが正しい。伊藤氏には衷心より非礼をお詫びしたい。また、当該論文における伊藤氏の所説の要点をふまえると、「奥羽を除く東国豪族への本領安堵は京都の専権」とした本稿での記述は勇み足であったかもしれない。伊藤氏をはじめ、各位の評価を仰ぎたいと思う。

（補注3）小森氏は、鎌倉府奉行人や奉公衆が真壁郡内に所領を給与されたことをふまえつつ、同郡が鎌倉府御料所化したことを指摘している。したがって本註の記述は不正確であり、小森氏には衷心より非礼をお詫びしたい。

【付記】再録にあたって、誤記の訂正、出典名称の整序等を施したが、論旨に変更はない。また、研究史理解にかかわる課題については、補注で現段階での認識を提示した。

# Ⅳ　戦国期真壁城と城下町の景観

宇留野主税

## 一、はじめに

平成六年に開催された国史跡指定記念シンポジウムでは、真壁氏と真壁城跡研究が集大成された。その成果は、長年蓄積されてきた中世文書研究を中心に、荘園・農村景観の復元、中世都市論、城郭縄張論、方形居館、中世武士拠点の解明など多岐に及んでいる[1]。

平成九年度以降、史跡整備事業にともなう国史跡真壁城跡の調査では、真壁城跡に関する新たな所見を蓄積するとともに、本丸調査の再検討、周辺遺跡の調査、中・近世文書との照合など、中世真壁氏の痕跡に対して様々な角度からの検証作業を進めてきた[2]。その過程で、中世真壁氏と真壁城の歴史的景観復元には、城郭・城下町研究とともに、真壁地方の大きな特徴でもある土器生産の実態解明が重要課題であると再認識した。

本稿では真壁城跡の曲輪構造と変遷について、発掘調査所見に基づく主軸方位という視点を加え、城と城下町の一体的考察を進める。土器生産では、近世文書に散見する「土器細工人」の職能と居住地を、新たに紹介する資料をまじえて論じたい。

## 二、真壁城周辺の歴史景観

ここでは、真壁城とその城下町成立に重要な意味を持ったと思われる周辺の地形、交通路、拠点地区の存在など、真壁城周辺の歴史的景観をまとめておく（第１図）。

真壁城跡の位置する桜川市真壁町は中央に桜川が南流し、桜川東岸には加波山、足尾山、筑波山の「常陸三山」が連なる。

これらの山並みから西方の桜川方面へと派生した台地・微高地・低地には古代以来肥沃な田畑と条里地割が形成され、西岸地域は小規模な谷田を望む台地上に集落が成立し、桜川東岸と西岸は土地利用景観が異なっていた(3)。

桜川は市内岩瀬地区を水源に、真壁城西方を南流して霞ヶ浦へと注ぐ。その水運について元禄九年（一六九六）の「飯塚村差出帳」は「船通無御座候」と記し、一七世紀末に船通はなかったという。しかし、平成十八年刊行の伝統的建造物群保存対策調査では中世の飯塚・窪郷、田中川、真壁城、城下町に水運があり、桜川と繋がっていた可能性を指摘している(4)。

真壁地域の主要陸路は、真壁城の西方台地、塙世城の西側を通る古道があり、古代には常陸国衙と新治郡衙を結ぶ官道であったと考えられる。長享元年（一四八七）に聖護院道興が記した「廻国雑記」に、塙世から伊佐々集落間の桜川にかかる「いさきのはし」が見え、この古代道は中世も利用されていた(5)。

この古道沿いは、古代寺院跡や中世居館跡などの拠点施設が点在し、永享七年（一四三五）の「常陸国富有仁注文

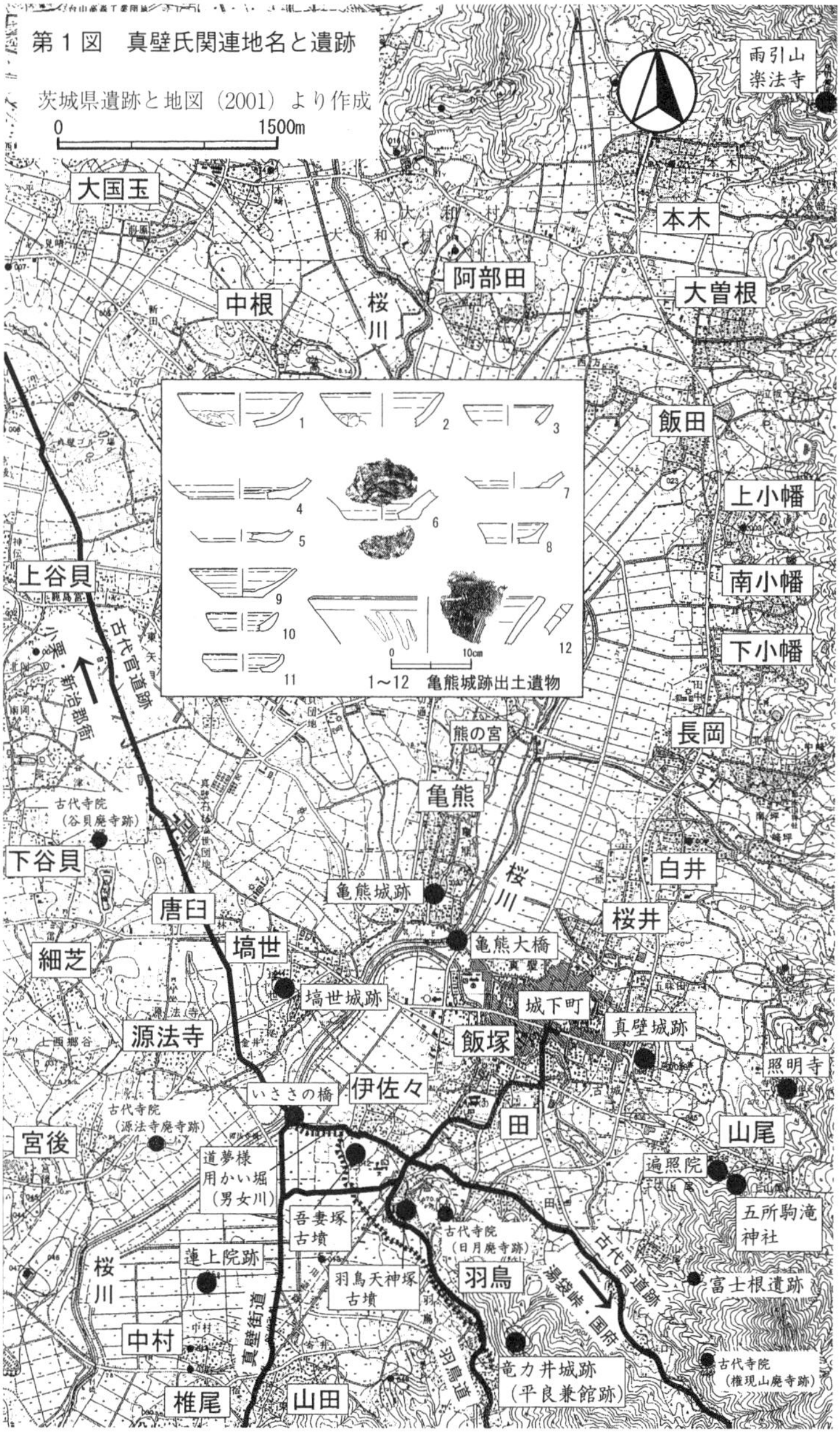

第１図　真壁氏関連地名と遺跡

茨城県遺跡と地図（2001）より作成

写」には谷萱（谷貝）の教祐入道、塙安世郷（塙世）の正員入道父子、同郷の唐臼妙全入道等の有力宗教家が記されている。(6)

中世真壁氏の居城真壁城跡は、桜川市真壁町古城に位置し、筑波山塊から北西に延びた尾根が平地へと至る微高地上に築かれた平城である。北を田中川、南に山口川、西に桜川の低地に挟まれた東西に長い微高地を利用し、城域は南北四〇〇m・東西八五〇mほどの範囲である。現況では、本丸を中心に二の丸、中城、外曲輪、本丸西側の外郭部を配置する求心的構造を示し、戦国期城郭の姿をよく残している。

真壁城跡の発掘調査では、出土遺構・遺物の年代が一五世紀後半～一六世紀代に限られ、一四・一五世紀の所領の中心が亀熊と考えられることから、古期の真壁氏居城を亀熊城跡に比定し(7)、本拠地移転の可能性が指摘されている。他の候補地として、①史跡真壁城跡下層、②史跡真壁城跡北方の中世真壁郡（概ね旧大和村、旧真壁町）北部内、③南方の山尾地区内の三か所があるが、未だ確定していない(8)。

このうち山尾地区の山中、富士根遺跡では一三世紀代の古瀬戸瓶子を利用した蔵骨器と五輪塔群が発見され、亀熊城跡内では一四世紀中葉から後葉の京都系手づくね成形かわらけが出土しており(9)、鎌倉期や南北朝期頃の有力者が山尾地区、亀熊城跡に存在したと考えられる。

## 三、発掘調査からみた真壁城跡の画期

平安末期、筑波山麓に拠点を置く常陸平氏一族として、真壁郡の郡司職を得た真壁長幹は郡名「真壁」を名字とし、

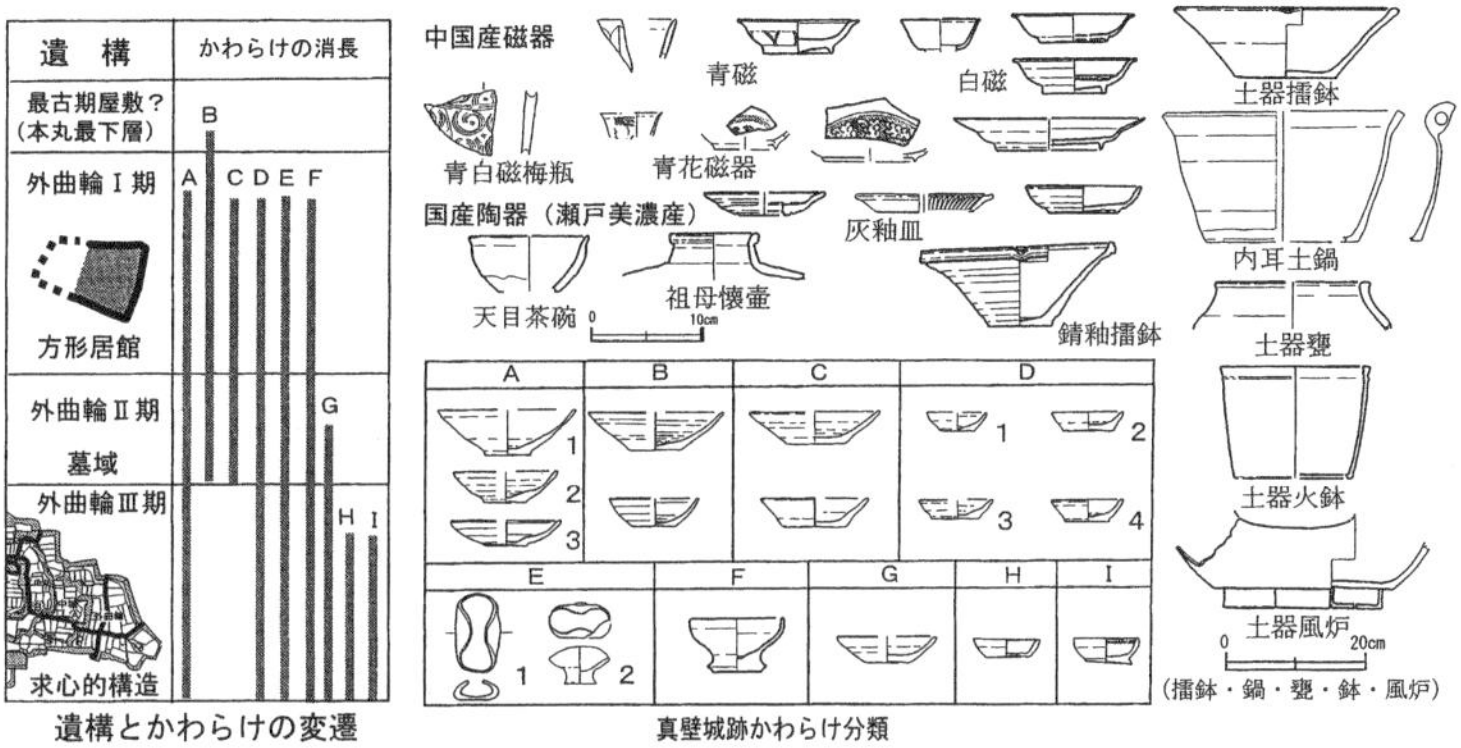


第２図　真壁城跡外曲輪出土遺物とかわらけ分類・変遷

後に鎌倉幕府の御家人として活動したと考えられている[10]。

『真壁文書』等にみる真壁氏は、寛喜元年（一二二九）の「藤原頼経袖判下文」以降、真壁郡内地頭職を得ている。しかし室町後期の惣領真壁秀幹が京都扶持衆となり、室町幕府と鎌倉府との対立のなかで鎌倉府に攻められて真壁城は落城、惣領家は没落した。後に庶子家である朝幹が家督争いを制して鎌倉府へ働きかけ、所領を回復したのが戦国期真壁氏の家系である。

外曲輪の発掘調査[11]では、一五世紀後半から一六世紀代の遺物と遺構が出土し、中国産磁器・国産陶器・在地産土器を主体とする出土総数は、破片数で五万点を超える。その八～九割を占めるかわらけ（土器盃）の消長を中心に遺物編年作業が進み、中世遺構面としてⅠ期～Ⅲ期の変遷を確認した（第２図）。外曲輪の中世遺構面より下層は九世紀前後の遺構面があり、本丸では一五世紀後半の真壁城内最古期の遺構面が出土したが、古代から鎌倉期、南北朝期へと続く遺構面は未だ出土せず、古代から中世前期の変遷は確認できない。

外曲輪Ⅰ期は、一五世紀後半から一六世紀前葉の遺構面であり、真壁朝幹が一族・家臣に要害構築を求める「置文」を記した寛正七年（一四六六）以後、新城郭が出現したと推測される。

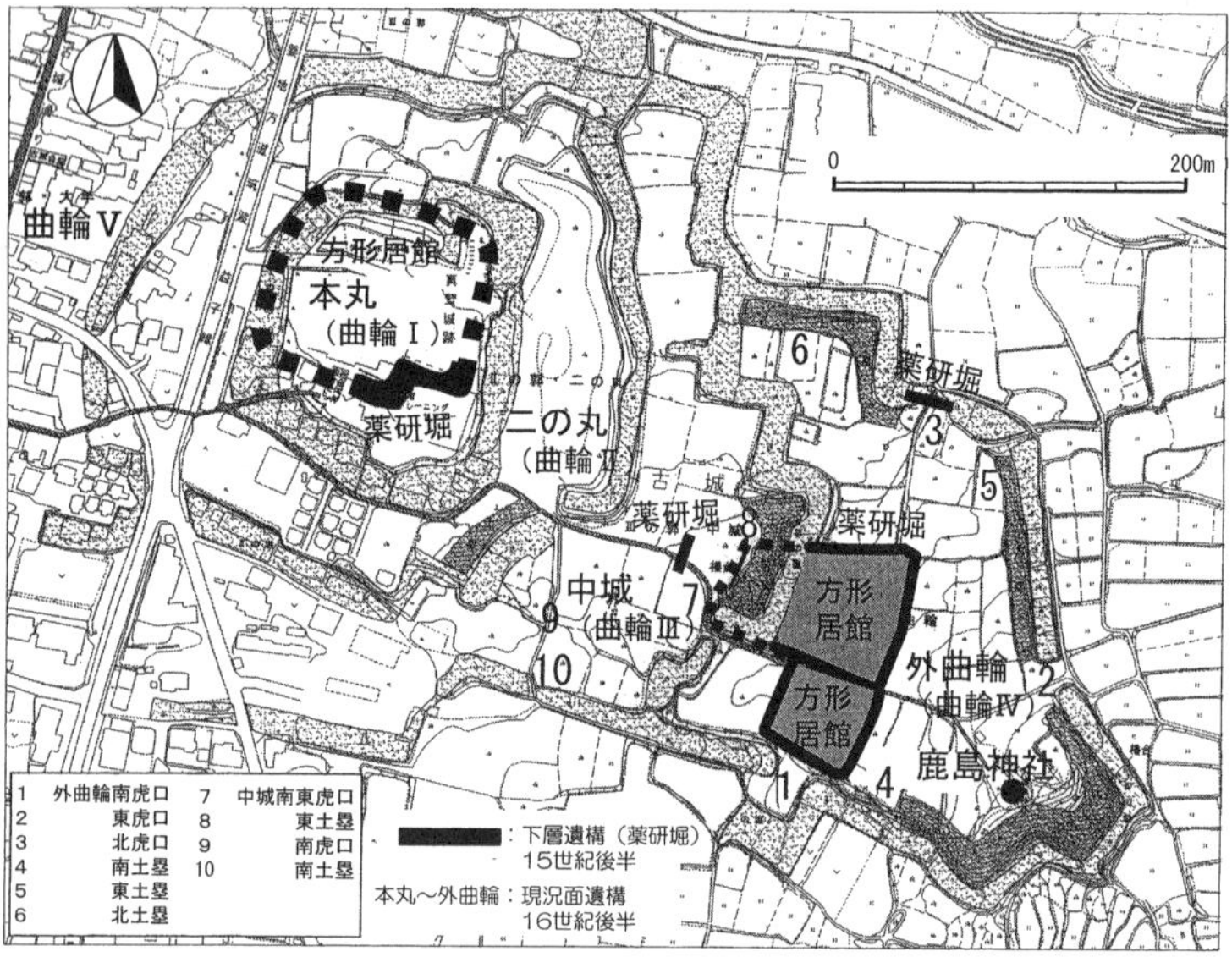


第３図　国指定史跡真壁城跡 遺構配置図

外曲輪Ｉ期の城郭は、幅四ｍ前後の薬研堀で囲われた方形居館が複数集合する構造である。この時期の、本丸下層から出土した方形居館のみは、幅一〇ｍを超える大規模な堀の南東に屈曲を持つ中心的規模であるが、他の方形居館には軍事的連携や求心的構造はみられず、本丸居館以外は階層が不明確な「群郭構造」である（第３図）。方形居館廃絶後、一六世紀中葉までの墓域形成（外曲輪Ⅱ期）、一六世紀後葉～末葉の本丸中心の求心的構造城郭（外曲輪Ⅲ期）と変遷している。

外曲輪Ⅲ期の求心的構造へと設計変更した時期は、出土遺物から一六世紀後葉の永禄年間前後と考えられる。この時期の当主久幹は常陸北部の佐竹義昭から子息九郎に「義」字を与えられ、永禄十二年（一五六九）の小田氏との北之郡における戦闘では佐竹義重と共同作戦をとるなど、佐竹氏に接近した。

それ以後も、天正末年前後には佐竹義宣から真壁城の普請が指示され[12]、佐竹氏の影響下での普請も行われた。

真壁城の廃城は、城内に一七世紀代の遺構面が確認できないことから、関ヶ原合戦後、佐竹氏に臣従して出羽移封となる慶長七年（一六〇二）後まもなくと考えられる。慶長十一年、浅野長政が真壁・筑波両郡の桜川東岸「川内領」と桜川西岸「川外領」をあわせ五万石を隠居領としたが、浅野氏による城郭遺構は確認されず、外曲輪では大規模な破壊痕跡が出土した。破壊痕跡からは、瀬戸・美濃産の志野・織部や唐津産の製品が出土したが、初期伊万里は見られない。

相模・小田原城の遺物編年[13]を参考にすれば、織部は元和年間（一六一五―二四）に盛行し、小田原城での初期伊万里の出現は寛永年間（一六二四―四四）末頃とされる。

この年代から推測すると、真壁城跡外曲輪の破壊は元和から寛永年間頃に絞られる。それは慶長十六年に浅野長政が死去して長重が当主となり、川内領（桜川東側）を領したまま笠間藩を運営した正保二年（一六四五）までの間である。これは真壁城の東にある真壁氏菩提寺の照明寺を浅野氏の菩提寺伝正寺として整備した時期とも重なり、真壁城の破壊は伝正寺整備と関連して行われた可能性を示している。

## 四、一六世紀後半の真壁城の構造

一六世紀後半（後葉～末葉）の真壁城の構造は、大塚初重・星龍象氏による測量調査、数量的分析から本丸中心に規則的比率の掘割に着目した阿久津久氏、縄張論によって基本構造を説明し、横矢掛の多様に注目した藤井尚夫氏のほか、地籍図、絵図の分析による筆者の復元案が基礎的な分析事例である[14]。

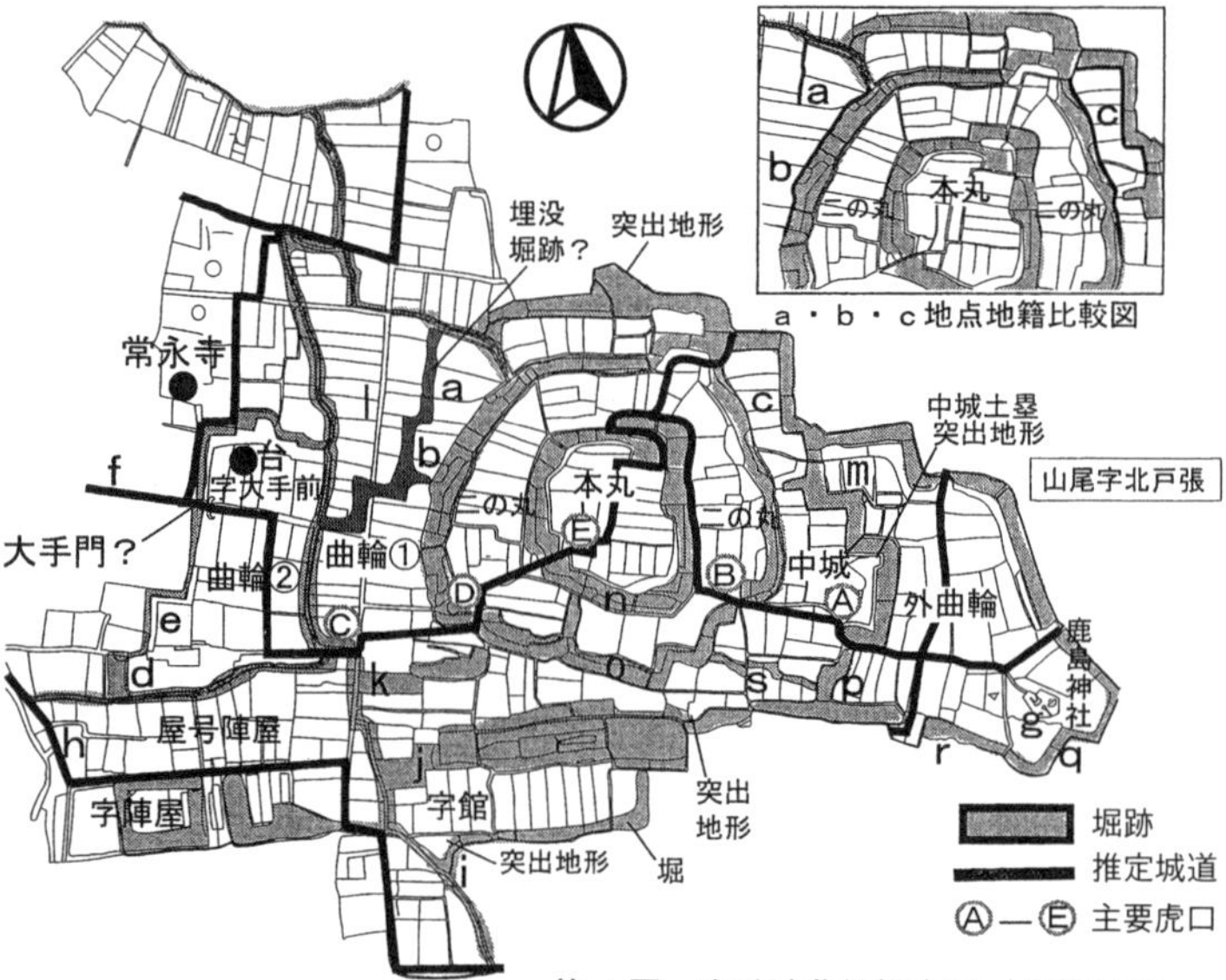


第４図　真壁城曲輪推定図（宇留野案）
明治７年　古城村地籍図を基に作成

本稿では、新たに出土遺構の主軸方位に基づく分析視点を加え、あらためて曲輪構造と年代を検討してみたい。

真壁城跡地内の字名は本丸、二の丸、中城、瀬戸が東西に展開し、南に館、西に大手前と陣屋が残る。史跡整備事業の曲輪名称はこの字名を用い、瀬戸のみ外曲輪と仮称している。

市村高男氏が示したように天正〜慶長年間の高野山清浄心院過去帳中「常陸日月碑過去帳」には天正六年（一五七八）の「真壁館之中」、天正八年「真壁実城」、天正十五年「真壁陣屋」、天正十九年「真壁東館」の城郭地名を記し[15]、東館は不明だが、本丸が「実城」、他は現在の字地名と対応する可能性がある。

ここで真壁城の全体構造を述べる前に、字大手前付近の曲輪構造をみておきたい。字大手前付近は、市街地化が進み不明な点が多いが、「明治七年古城村地籍図」、近世「真壁町屋敷絵図」、現況水路を参考にすると、曲輪①と曲輪②（仮称）の堀が復元できる（第4図）。曲輪①北側の二箇所の地割a・bは中城北側の堀付近cと類似し、これが埋没堀の痕跡ならばc付近の堀形態を反転させたものと推測する。その場合曲輪①の北西側と南東側は分割され、曲輪は南東側のみか、北西側に別の曲輪が出現する。

次に曲輪②は、城下町の東西主要道と思われる街路fの南側では、街路fに対して横矢掛構造となる二箇所の屈曲がみられる（d・e）。曲輪②の北側は通称地名「台」と呼ばれ、北側に突出地形を備えた横矢掛構造で、近年の調査で一六世紀後半のかわらけが出土している。[16] その北西には時宗寺院の常永寺が街路fを南に置いて構築され、横矢掛のd・eと相対して、軍事的役割を果たす位置にある。

つまり、北に寺院、南に横矢掛の堀があり、東も堀で囲まれた街路fは大手道の可能性が高く、東の堀と接するあたりが大手門の可能性が考えられる。

真壁城の東側との比較では、堀形態と曲輪配置は本丸を中心に東西対称的構造と捉えられる。まず、中城から二の丸への虎口Ⓐ・Ⓑは、北側から延びる堀を西側に屈曲させ、南に城道を配置する。一方、西側の曲輪①から二の丸西側への虎口Ⓒ・Ⓓは北側から延びる堀を東側に屈曲させ、南に城道を配置していた。つまり一六世紀後半は、本丸を軸に屈曲構造の堀を東西対称的（反転形態）に配置したことになる。

これは、阿久津久氏によって示された「本丸中心に規則的比率で堀を配置する」という指摘とともに「対称的な同形態の堀配置」であることもわかった。

さらに外郭部へ目を向けると、外曲輪南東端の鹿島神社付近gと曲輪②の南西端dは東・西の端部を突出させ、土塁規模を大きく確保して櫓台を配置可能な形状とする点で共通し、やはり東西対称性（反転形態）を指摘できる。

曲輪②南の陣屋付近は水田地帯の「字陣屋」と陣屋の屋号を持つ家屋があり、この家屋付近が主な屋敷地で、その南から西側には城へと続く街路ｈと堀を配置している。陣屋は曲輪②の南面を守り、城下町および大手前に向かう街路ｈを監視する役割を持つ曲輪である。曲輪①、曲輪②に南から侵入するためには、陣屋内部を通過するか街路ｈを通らなければ不可能だったと考えられる。この街路ｈから屋号・陣屋の導入路付近には、永禄十一年（一五六八）の鈴木加賀守銘のある供養碑が残り、この時期には城郭か城下町の一部として機能していたらしい。

二の丸、曲輪①の南側に位置する字館付近も真壁城と関連する曲輪（群）と思われる。曲輪①の南側は、最も南側に山尾方面からの水路ｉと堀を接続して突出地形を設け、この水路は曲輪①と②の間を縫うように屈曲構造を持ち、明らかに城郭の「堀」として人工的に取り込まれた水路である。さらに幅の広い東西方向の堀ｊや曲輪①南辺の堀ｋもこの水路に接続しながら屈曲構造（横矢掛）を有し、二の丸と曲輪①を防御する三重の堀構造と考えられる。

このように、一六世紀後半の真壁城は中心部に東西対称的な堀配置をなし、周辺部は軍事性を意識した様々な堀形態の配置を行うことで防御構造を強化したと考えられる。

次に、外曲輪の発掘調査で出土した城内施設と堀の東西・南北方向の主軸方位に着目し、その変遷を考えてみたい。外曲輪Ⅰ期の方形居館の堀（第３図）は、東へ二二度前後傾く南北主軸とそれに直交する東西軸である。これは東西に長い微高地の自然地形に沿って形成された東西軸と、それに直交する南北軸と考えられる。外曲輪Ⅲ期（一六世紀後半）の求心構造の曲輪造成に伴う整地層は、現況の堀幅一五～三〇ｍの大規模な掘削時の発生土（粘質土）を利用し、外曲輪Ⅰ期の方形居館、Ⅱ期の墓域を完全に埋め、新規城郭の構築を強力に推進したように見える。

しかし本丸・二の丸・中城・曲輪①・曲輪②の堀の主軸方位は、東・西・北辺が方形居館（薬研堀）の主軸に近似

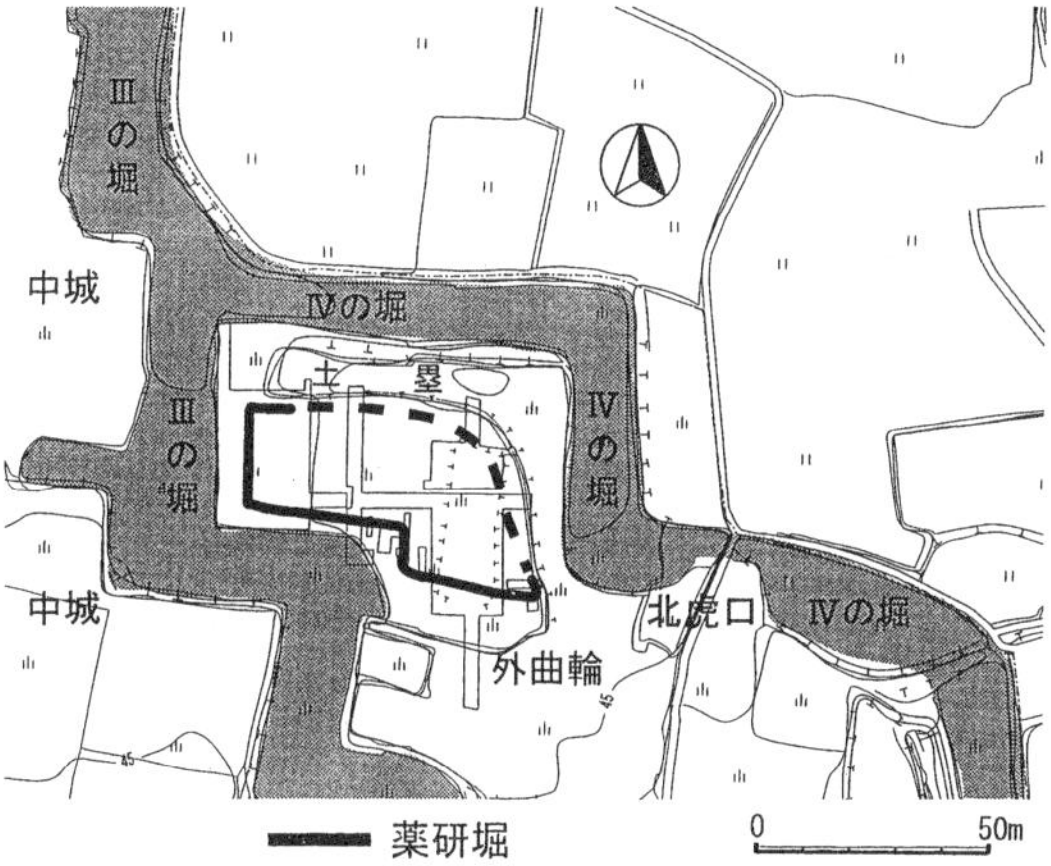


第５図　外曲輪北西部　遺構平面図
註（9）より改変

する部分が多く、前時期の主軸方位を踏襲していた（第4図）。

　この第一の軸は、城内及び城外の中世道路や寺院、地形といったなんらかの伝統的ランドマークが存在し、一六世紀後半当初の曲輪は、この主軸を基準にした可能性を示している。この主軸は後述する城下町街路にも確認でき、城下町成立にもかかわる重要な主軸方位と考えられる。

　第二の軸は、外曲輪で確認された、東西・南北の正方位に近い主軸である。これは外曲輪北西部、鍵の手状を呈する曲輪mの調査で、付近のⅢの堀とⅣの堀の主軸は正方位を示し、曲輪形態に沿って小規模な薬研堀で囲う施設と一六世紀後葉～末葉の遺物が出土した（第5図）。

　第三の軸は、東へ二六度前後傾く南北主軸とそれに直交する東西軸である。本丸南辺の堀n、二の丸虎口Ⓑ南側の堀o、中城虎口Ⓐ南側の堀p、外曲輪南東辺q、南虎口東側の堀rである。これらは中城南部の発掘調査[17]出土の天正末年以降に構築した堀sと同じ主軸方位で、真壁城内でも最新期遺構の可能性が高い。

## 五、真壁城と城下町の主軸方位

真壁城の城下町については、阿久津久氏、市村高男氏、寺崎大貴氏によってその構造と年代が検討されてきた(18)。阿久津氏は真壁城の曲輪構造とともに城と城下町の地割が同時形成である可能性を指摘し、自然地形や条里地割と真壁郡衙に関わる歴史的方位軸が、城と城下町の設計に反映したと推測している。真壁城跡には九世紀代の遺構面が出土し、短期間ながら郡衙遺構の存在を予想するが、平安末期～室町前期の遺構は出土せず、古代から中世への連続性はみられない。しかし、遺跡立地と歴史的背景の主軸方位に注目した点は重要である。

市村氏は本丸西側の城下町との接点に触れ、二の丸西側にある南北方向の通り1沿いに展開した家臣団居住区「内宿」とその西側を囲む外郭堀の存在を推定した。さらに「常陸日月碑過去帳」から「舘ノ中」「実城」「陣屋」「東舘」「内宿」「大宿」等、城郭と城下町地名を抽出し、城下町の基本構造は真壁氏の時代に成立していることを指摘した。

寺崎氏は古文書調査と現地踏査から、戦国期前後の城下町の街路と水路、宗教施設の配置等を年代順に整理し、城下町の成立過程を詳細に論じている。ここでは、寺崎氏の成果を真壁城曲輪復元案と合成して論を進めたい（第6図）。

前述のように真壁城跡の発掘調査所見では、大きく分けて三方向の主軸方位を確認した。それは自然地形の影響とともに、年代的特徴を示す可能性があり、真壁城は当初の形態に部分的改修を加え、複合的な主軸遺構の集合体と考

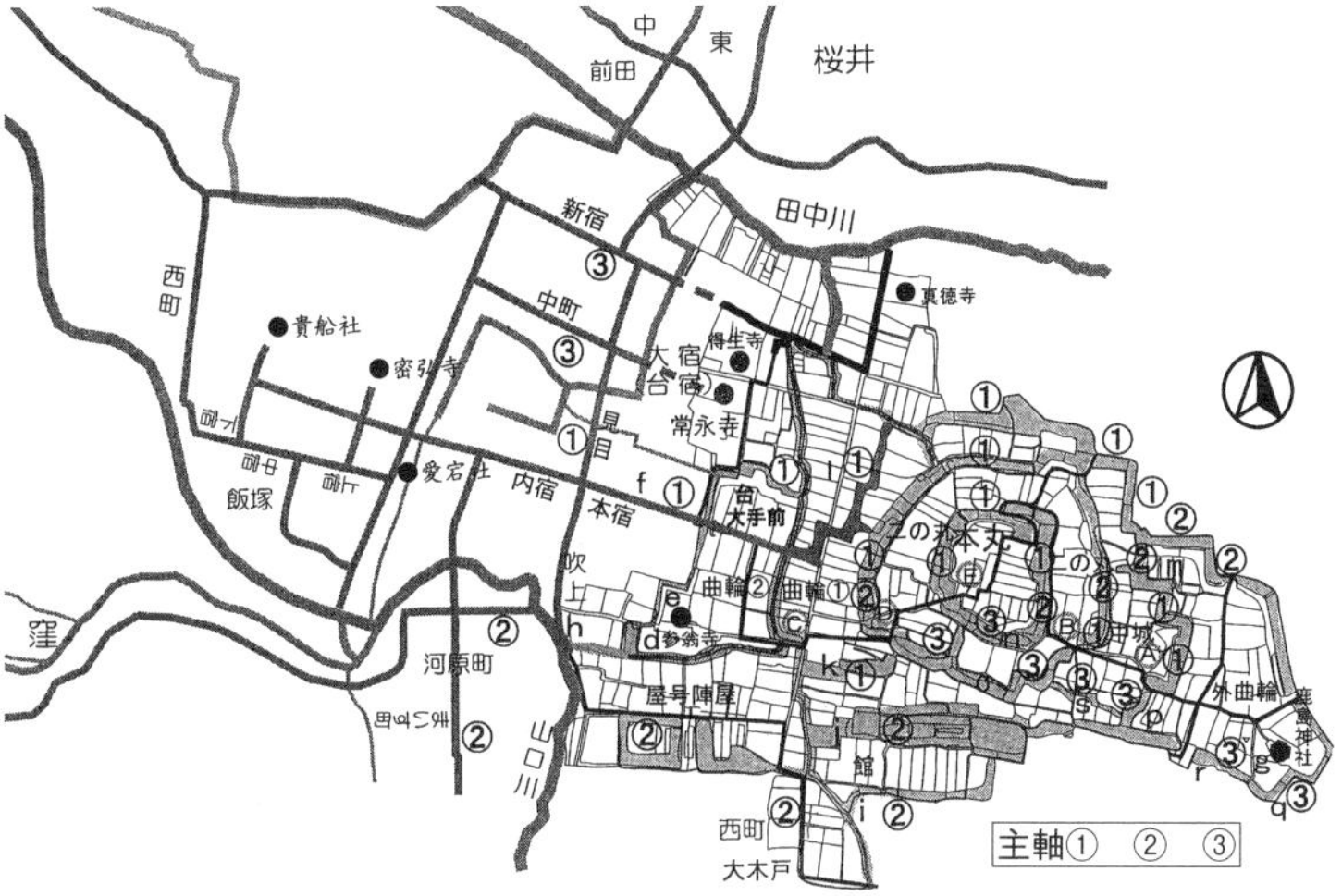


**第６図　慶長初年頃の真壁城と城下町の主軸方位**
（城下町部分は寺崎 2006 図版を一部改変、真壁城復元案と合成）

えられる。つまり、求心的構造が成立した際の曲輪主軸方位と、その前後の遺構主軸方位を発掘調査で見極め、城下町の遺構や街路と照合すれば、城と城下町の成立過程を復元できる可能性がある。

主軸①は本丸、二の丸、中城と曲輪②の主要部で、一五世紀後半から一六世紀前葉の方形居館と類似した主軸方位と考えられる。城下町では、大手道と評価した東西方向の街路fと、それに直交する軸の曲輪①内部の城道と思われる城道l、陣屋西側から城下町内を北へ抜ける街路hの延長（見目通り）があり、これらは大宿、内宿等の城下町中心部の街路と考えられる。よって城下町街路の成立は、早ければ方形居館と同時期に成立したと思われる。この時期は久幹の祖父、治幹の弟国幹が西舘蔵人とされ、東、南、北などを名字とする一族も出現する[19]。これより遅い場合、久幹の求心的構造城郭が成立した一六世紀後半頃に城下町の街路も成立した可能性がある。

主軸②は東西・南北の正方位に沿った主軸で、真壁城外曲輪北西部に一六世紀後葉～末葉の遺構が検出され、中城中心部の調査でもほぼ同時期・同軸の建物群が庭園遺構を囲むように出土した[20]。陣屋、館の大部分も、この主軸に近似するほか、「大木戸」の通称地名が残る山尾地区からの道路や、城下町南側の拡張と思われる「河原町」の街路が同様の軸を示し、同時期に城と城下町の南側を大きく拡張したと考えられる。

この時期は、佐竹氏とのつながりを強めた頃と思われ、城の大規模な拡張や改修、庭園の構築、城下町の拡張等に、佐竹氏の影響を受けた可能性がある。

主軸③は本丸・二の丸・中城・外曲輪の南辺に集中し、先述のように発掘調査では天正末年（一五九〇）前後から慶長七年（一六〇二）の間に位置すると思われる最新期の堀として確認され、真壁城南辺の堀を集中的に改修した痕跡とも考えられる。

城下町でこの主軸と近似するのは「常陸日月碑過去帳」に慶長四年と記される「中町」とそれより前に成立したと思われる「新宿」の街路である。

以上、真壁城跡出土遺構、主要な堀の主軸方位とそれに近似する城下町街路は概ね近い年代に成立したと考えられる。それは、少なくとも三時期の変遷を経た城の構築・改修と連動して城下町整備も進んだ可能性を示しているが、城下町部分については、これまでに発掘調査はほとんど実施されておらず、今後の調査によって検証してゆきたい。

## 六、真壁城周辺の土器生産

真壁城跡から出土した土器は、かわらけ、内耳土鍋、擂鉢、甕、壺、火鉢、瓦灯等、多種多量である。これは土器生産がさかんな真壁地方の特色として、近世後期以降の源法寺焼の創業背景をうかがわせると評価されてきた[21]。出土遺物の胎土は金雲母鉱物を多量に含む点で共通しながら、各形態と他の胎土含有物の組み合わせば必ず一致して、規格性が強く、明らかに管理された生産体制を示し、年代の基準となっている。消費動向についても、真壁城や市内遺跡では他地域の製品をほとんど含まない閉鎖性がみられ、他地域の生産品・生産者集団を排除した状況がうかがえる一方、つくば市小田城跡等の市外遺跡にも出土するなど、広域分布の様相も見て取れる[22]。

真壁地方の土器生産を示す史料は、元禄十年（一六九七）の「塙世村指出帳」に「一　土器運上金七両弐分　上納人数三拾人」との記載がある[23]。その内容は、塙世村一五人、源法寺村一五人の土器細工人が合わせて運上金七両二分を役所へ上納するというもので、「御知行所山田村ニ而古来より土取来リ土器細工仕候」として桜川対岸の山田村（現東山田）での原料土採取がわかる。また「他領源法寺村金子も取集、当村より御役所へ御上納仕来申候、細工人共見分次第ニ山田村之内望ニ被仰付候、土掘見申悪敷御座候得ハ又申上、掘替被仰付候、此場所土取申内ハ御年貢并役銭共ニ細工人賄申候」として、原料土の採取は土器細工人の見立てで選び、その土地の年貢・役銭は、細工人が賄っていたという。その後も天明六年（一七八六）「塙世村指出張」に七人、享和二年（一八〇二）「塙世村差出帳下書之写」も七人の土器細工人の人数を記し、元禄十年より減じているが、一七世紀末から一九世紀代に及ぶ土器生産者の数が確認できる。

しかし、真壁城の発掘調査ではこれら一七世紀末〜一九世紀代の出土資料はほとんどなく、文献史料と考古資料の整合性は検証されていない。

結局のところ、元禄十年に「古来より」と記した期間が中世まで遡るか否か、土器細工人が居住した経緯、生産実態はこの文書だけでは不明であり、さらに周辺に目を転じてみたい。

ところで、元禄十年の「塙世村指出帳」には名主の「太郎左衛門」と「平左衛門」、老百姓の「吉兵衛」と「五右衛門」が記されている。近世中期の村絵図（第７図）との照合や、古文書の存在から、これらの人物は旧真壁氏家臣江木戸（榎戸）氏一族と推測され、その子孫は現在も同所に居住されている。

江木戸氏は、永禄三年（一五六〇）の足利義氏感状をはじめ、永禄十二年の北之郡の合戦、天正十二年（一五八四）の野州沼尻での後北条氏との合戦等に、真壁氏、佐竹氏から官途状を得ており、一六世紀後半に活躍した有力な一族であった。塙世城に江木戸氏が居城した時期や経緯は必ずしも明らかではないが、家伝書（位牌）では、塙世来住を天文元年（一五三二）としている。[24] 近年、真壁城跡出土資料に類する一六世紀中葉以降のかわらけ、内耳土鍋が出土し、[25] 一六世紀後半には現況小字で「中坪」「中南」「金砂」「赤岩」「鳴内」「三反田」を中心とする城域が成立したと思われる（第８図）。

また、現在の「八柱神社」の場所にあった「金剛院」は、弘安年間の創建と伝えられる真言宗の古刹である。天正年間に金剛院主宥仁が、真壁氏と関わりを強めていた雨引山楽法寺に転住し、京都醍醐光台院亮淳より実勝方を授法して真壁領での中心寺院化するなど、真壁氏に関わる有力寺院であった。

塙世村の中世の概況を確認したところで慶安四年（一六五一）「常陸国真壁郡塙世村検地帳」（榎戸家文書）に注目したい。この検地帳には、塙世村の土器生産に関連すると思われる名請人と屋敷地が記載され、一七世紀中葉の土器生産の実態をうかがうことができる。慶安四年の検地帳は全文が公開されているわけではないが、真壁町史編さん委員会によって活字化され、一部が紹介されている。[26]

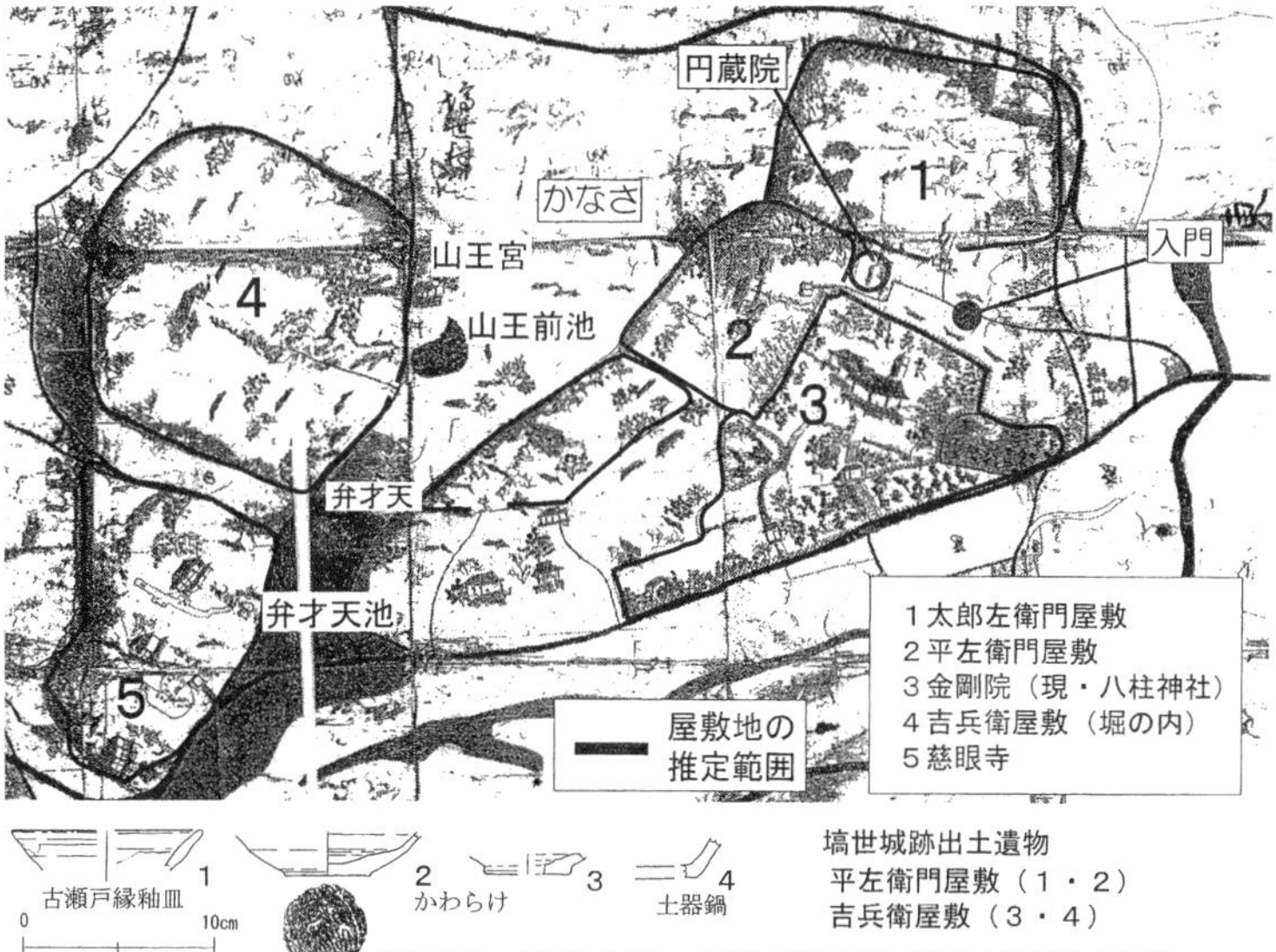


第７図　近世中期・塙世村絵図と塙世城跡出土遺物

第８図　塙世城跡付近小字図

慶安四年の塙世村検地は、正保二年（一六四五）の笠間藩主浅野氏が赤穂へ移封後、井上正利の笠間藩入部にともなって実施している。「塙世村検地帳」には地字名と思われる項目ごとの田畠・屋敷地と等級・面積・名請人を記載している。

地字名称には、現在の小字と同じものと現在は確認できないものとがあり、必ずしもすべての地字名を特定できない。名請人には「柴山」「仁平」などの名字や「ほり内」「かなさ」などの地名、「うすかみ」などの通称名らしき名称が付されている。ほかに「大工」「かわらけ」「なべ」が、職能を示す名称と思われ、検地帳ではこれらの名請人の田畠、屋敷地の分布を知ることができる。「かわらけ」「なべ」は、土器細工人内部での職能区分を示すと思われ、「かわらけ」に類して「かわらけ内」もみられる。「かわらけ」「かわらけ内」両方の記載がみられる名請人もいて両者を分けた理由は不明だが、いずれにしてもかわらけや土なべ生産に関わった名請人で、塙世村指出帳の「土器細工人」を示している可能性が高い。

表１では検地帳の地字名を抽出し、「かわらけ」「かわらけ内」「なべ」の名請人の田畠と屋敷地の所在を記している。なお、本稿では関連する名請人の分布状況に注目し、紙面の都合から、田畠の等級や面積は省略する。

ここにみられるのは「かわらけ」が六名、「かわらけ内」が二名、「なべ」は九名の合計一七名である。この数字は「かわらけ」「なべ」のみでは元禄十年の土器細工人の一五名と一致する。これら土器細工人の組織的な姿はこの資料からうかがうことはできないが、田畠では「かわらけ」の長三郎と庄兵衛、「かわらけ内」の四郎兵衛、「なべ」の弥兵衛、孫左衛門、庄五郎に名請地が多い。

次に田畠と屋敷地の名請人を照合してみると、前述の田畠の名請人が塙世村内に屋敷地を所有していることがわか

表１　慶安四年　塙世村検地帳の名請人の分布（かわらけ・かわらけ内・なべ）

| | 新屋前 | 寺下 | 三反田 | かなさ | 北原 | 新堀 | 中宮 | ちこかわり | 風呂前 | ししか内 | かない | 西かない | 子玉・こたま | とうけい | いささはし | ふとうまえ | さくら畠 | 五郎内 | 国神 | ひしゃもん | からうすまえ | 東林 | しおなし | 中丸 | 新宮 | 北林 | 東からうす | とうかの宮 | おなし | 屋敷地の所在地 |
|---|---|---|---|---|---|---|---|---|---|---|---|---|---|---|---|---|---|---|---|---|---|---|---|---|---|---|---|---|---|---|
| かわらけ | | | | | | | | | | | | | | | | | | | | | | | | | | | | | | |
| 惣右衛門 | ○ | | | | | | | | ○ | | | | | | ○ | | ○ | | ○ | | | | ○ | | | | | | | 入門数馬分 |
| 長三郎 | ○ | ○ | ○ | ○ | | | | | | ○ | | | ○ | | | | | | ○ | | ○ | | | ○ | | ○ | | | | 西かない・入門 |
| 庄兵衛 | | | ○ | ○ | | | ○ | | | ○ | ○ | | ○ | | | ○ | | | | | | | | ○ | | | | | | 入門 |
| 清　蔵 | | | | | | | ○ | | | | | | | | ○ | | | | | | | | | ○ | | | | | | 入門 |
| 作助（介） | | | | | | | | | | | ○ | | ○ | | ○ | | | | ○ | | | | | ○ | | | | | | 入門 |
| 権　七 | | ○ | | | | | | | ○ | | | | | | | | | | | | | ○ | | | | | ○ | | | 入門数馬分 |
| かわらけ内 | | | | | | | | | | | | | | | | | | | | | | | | | | | | | | |
| 四郎兵衛 | | ○ | | | | | | | ○ | | ○ | | ○ | | ○ | | ○ | | ○ | ○ | | | ○ | ○ | | ○ | | | | 入門 |
| 源六郎 | | ○ | | | ○ | | | | | | | | | | ○ | ○ | | ○ | ○ | | | | | | ○ | | | | | 入門 |
| 権　七 | | | | | | | | | | ○ | | | ○ | | | | | | | | | ○ | | | | | | | | 入門数馬分 |
| 清　蔵 | | | | | | | | | | | ○ | | | | | | | | | | | | | | | | | | | 入門 |
| なべ | | | | | | | | | | | | | | | | | | | | | | | | | | | | | | |
| 弥兵衛 | | ○ | | ○ | | | ○ | | | | ○ | | | | ○ | | | | ○ | ○ | ○ | | | ○ | | | ○ | ○ | | かなさ |
| 金三郎 | | | | ○ | | | | | | | | | | ○ | | | | | | ○ | | | | ○ | | | | | | 記載なし |
| 吉左衛門 | | ○ | | ○ | | | | | | | | | | | | | | | | | | | | | | | | | | 記載なし |
| 半十郎 | | | | ○ | | | ○ | | | | | | | | | | | | | | | | | | | | | | | かなさ |
| 孫左衛門 | | | | ○ | ○ | | ○ | | | | | | | | | | ○ | | | ○ | | ○ | | | | ○ | | ○ | | 西かない・かなさ |
| 庄五郎 | | ○ | | | | ○ | | | | | ○ | | | | | ○ | | | ○ | | ○ | | ○ | ○ | | | | | ○ | かなさ |
| 久　蔵 | | | | | | | ○ | | | | | ○ | | | | ○ | | | | | | | | | | | | | | かなさ |
| 吉十郎 | | | | | | | ○ | | | | | | | | | | | | ○ | | ○ | | | | | | | | | かなさ |
| 源十郎 | | | | | | | | ○ | | | ○ | | ○ | | ○ | | | | ○ | | | | | ○ | ○ | | | | | 記載なし |
| 東福坊 | ○ | ○ | ○ | ○ | | | | | | | | | | | | | | | | | | | | | | | | | | 入門 |

る。

「かわらけ」「かわらけ内」の名請人は「入門」地内に屋敷地が集中し、「なべ」の名請人は「かなさ」地内に屋敷地が集中するという興味深い状況である。つまり、生産器種毎に居住地を違え、かつ集住しているものと思われる。入門は「いりかど」と読むと思われるが、現在は失われた地名である。しかしながら、屋敷地の「入門」には「東福坊」という宗教施設が記されており、この「東福坊」を手がかりに「入門」のおおよその位置が判明した。

元禄十年の「塙世村指出帳」には金剛院門徒として「円蔵院」が記されている。延享四年（一七四七）の「塙世村円蔵院下書」によると、円蔵院開基の檀那は榎戸掃部左衛門で「当村郷士のうちに御座候」とあり、この掃部左衛門とは名主の「太郎左衛門」もしくは「平左衛門」の家系と考えられる。さらに、円蔵院創建について「往古は東福房、東林房と申す二ヶ房をあわせて七、八〇年以前円蔵院と寺号唱え申し」と記されており、「東林房」は不明だが、「東福房」は「東福坊」と思われ、近世中期の村絵図に記された円蔵院は、太郎左衛門屋敷と平左衛門屋敷の間、道路が屈曲している場所にあり、門前に延びる東西方向の道路沿いには複数の屋敷地が描かれている（第７図）。

この付近が「入門」とすれば、いわゆる「門田」に類する武士居館直営地としての「門」を示す地区ということになる。

「塙世村円蔵院下書」では「伊奈備前守様御除地」の証文は「真壁ノ御城主御退転ノ以後暫く当村伊奈備前守様御代官所ニ罷り越候砌、慶長九年辰ノ御免状ノ表ニ寺社免引と申す御文言ニ御座候」、御免状は「当村名主太郎左衛門方にて従前ハ全所持仕候」とあり、真壁氏退転の慶長七年から二年後には関東郡代伊奈備前守の御免状を太郎左衛門が所持し、太郎左衛門の管理下にあったことがわかる。円蔵院は阿弥陀堂領高三石三斗余が伊奈備前守様御除地、寺地一畝一八歩が年貢地となっているが、これは慶安四年の「塙世村検地帳」に記された「東福坊」の屋敷地一畝一八歩と一致し、それは「入門」に位置していた。

以上の点から、かわらけ細工人の屋敷地が集中する入門とは円蔵院付近から東に延びた道路沿いが有力で、それは太郎左衛門、平左衛門という村内部でも権力中枢の屋敷地に近く、真壁氏にとって重要な「金剛院」とその門徒「東福坊（円蔵院）」と近距離であるなど宗教的にも重要な位置にあった。

一方、「なべ」とかかれた「土器鍋」細工人と思われる人名は、「かなさ」地区に集中している。現況の「字金砂」

は通称「堀の内」と呼ばれる一帯を含め東に広がる範囲を指すが、検地帳には「堀の内」が別記されており、これ以外の区域、つまり堀の内の屋敷地（村絵図の吉兵衛屋敷）東側周辺が「かなさ」と考えられる（第7図）。堀の内に居住する榎戸氏も中世文書を伝え、中世榎戸氏につらなる家系と考えられることから、土器鍋細工人も武士居住地前に居住していた可能性が高い。

「堀の内」の東側には「山王前池」と「山王宮」があり、周辺に複数の屋敷地が描かれ、その南方には「弁才天池」と「弁才天宮」が存在し、周囲は水田であるなど、宗教的施設や水辺に近接する点等で「かわらけ」の入門とは環境が異なっている。

さらに、「かなさ」周辺の宮社と「堀の内」地内の「稲荷宮」は、いずれも源法寺村玉泉院門徒光照院支配となっており、屋敷地周辺の宗教施設は源法寺村との関係がうかがえる。

真壁城跡出土品のなかで、中世のかわらけは大量に出土しており、「なべ」は内耳土鍋（焙烙）と思われる。塙世城跡では「堀の内吉兵衛屋敷」と「平左衛門屋敷」に一六世紀中葉～後葉のかわらけ・内耳土鍋片が出土しており、塙世城における中世土器の消費は確実である。かわらけと内耳土鍋は、基本的な胎土を同じくするが、かわらけよりも内耳土鍋の胎土はやや荒く砂粒を多く含んでいる点も見受けられ、中世においても製作技法や生産集団が異なっていた可能性を示している。

これまでの真壁城跡発掘調査では、外曲輪第24地点の土坑ＳＫ356において一七世紀中葉の土器・陶磁器が僅かに出土しており、中世と近世の土器をつなぐ唯一の資料である。かわらけには、中世真壁城跡出土品の系譜を引くＡ類も含まれ、一六～一七世紀中葉は土器生産の連続性が認められる。

群馬県安中市の『清水Ⅱ遺跡』では、一五世紀末～一六世紀初頭の土器焼成窯内から内耳土鍋、擂鉢、火鉢などが出土し、『清水Ⅴ遺跡』では一五世紀中頃のかわらけ焼成窯と思われる遺構が出土しており(27)、かわらけと他の土器の焼成窯が異なる事例と思われる。その位置はともに榎下城に近く、何らかの関連性がうかがえ、他地域の事例では、在地領主との結びつきや城郭内部における土器生産が確認できる(28)。

以上の点から、慶安四年（一六五一）の時点で器種別に集住した土器細工人と思われる「かわらけ」と「なべ」の名請人は、田畠を持つ半農半工の職人として、それぞれに異なる権力的・宗教的背景のもとで活動したと考えられる。そうした体制は一七世紀中葉までには確立しており、真壁城の出土品、他地域の中世土器生産遺跡との類似点があることから、慶安四年の状況は、中世土器生産体制の継続状況を示すと推測しておきたい。

## 七、まとめ

本稿では、真壁氏と真壁城研究の主柱である城郭構造、城下町の成立過程、中・近世土器生産の実態について、戦国期真壁城跡の発掘調査成果をもとに検討した。

発掘調査では、一五世紀後半の方形居館群から一六世紀後半の求心構造へと、大規模な設計変更の様子が明らかとなった。一六世紀後半の曲輪成立時には、ハレの器であるかわらけの類型と組成も大きく変更され（第２図）、真壁氏内部での政治的体制や職人統制の改変も予想される。

真壁城の遺構年代と構造、主軸方位からは、一六世紀後半の曲輪成立時と二度の改修の遺構主軸が明らかとなり、城下町の街路主軸方位との近似から、城と城下町の設計・改修が一体的に行われた可能性を見出した。

つまり、真壁城と城下町の設計、土器（かわらけ）の類型と組成は連動するかのように変遷し、それは真壁氏の開発・軍事・生活に関る様々な規格と構想を解明する手がかりであり、真壁氏の政治的・軍事的特質を示すと思われる。このことは、中世真壁氏の家臣団・職人集団の統制が、曲輪構造やかわらけ等の規格性の確立をもとに、組織的に行われただけでなく、真壁領の開発と防衛構想が存在し、真壁城、城下町、土器の生産・消費動向に反映されたと考えられる。

塙世城付近での中・近世の土器生産は、そうした真壁氏の構想下に確立したと思われ、家臣江木戸氏の配置は城下町西側の防衛を目的とし、土器生産体制は真壁城とその城下町という大消費地と原料土採掘地を見据えた位置にある。さらに、塙世城付近は中世の主要陸路と桜川の接点にあたる交通の要衝で、前述の「常陸国富有仁注文」に記されるような、経済・物流活動の盛んな土地であった点にも注意したい。

本稿では、真壁城跡調査成果をもとに周辺資料を検討し、中世真壁氏の開発・防衛構想の一端を明らかにした。今後も検証を続けながらその特質を明らかにしたい。

本稿を作成するにあたり、本誌への掲載を勧めてくださった齋藤弘道先生をはじめ、日頃より御指導を賜っている木下正史先生、糸賀茂男先生、峰岸純夫先生、関連文献を御教示いただいた桜川市歴史民俗資料館の寺﨑大貴氏、土浦市教育委員会の比毛君男氏に感謝申し上げます。

また、本稿は茨城中世考古学研究会と茨城県考古学協会・中世考古学シンポジウム準備会等で得た構想を整理したものであり、御指導、御教示をいただいた次の方々に御礼申し上げます。

赤井博之、浅野晴樹、阿久津久、飯村均、市村高男、岩松和光、稲田義弘、大関武、川崎純徳、川村満博、瓦吹堅、越田真太郎、小松崎和治、小杉山大輔、齋藤慎一、関口慶久、田口睦子、田中幸夫、千葉隆司、服部英雄、広瀬季一郎、星龍象、八巻孝夫（敬称略・五十音順）

## 註

（１）石井進監修・真壁町編『真壁氏と真壁城―中世武家の拠点』（河出書房新社、一九九六年）。
関連の史料・論考として、真壁町史編さん委員会『真壁町史料中世編Ⅲ』（一九九四年）、同『真壁町史料中世編Ⅳ』（二〇〇三年）、石井進「鎌倉時代の常陸国における北条氏領の研究」（『茨城県史研究』一五号、茨城県立歴史館、一九六九年）、網野善彦「常陸国における荘園・公領と諸勢力の消長（上）（下）」（『日本中世土地制度史の研究』塙書房、一九九一年）、小山靖憲『中世村落と荘園絵図』（東京大学出版会、一九八七年）、服部英雄・榎原雅治・藤原良章・山田邦明「消えゆく中世の常陸―真壁郡（庄）長岡郷の故地を歩く―」（『茨城県史研究』四一号、茨城県立歴史館、一九七九年）、服部英雄「続消えゆく常陸の中世」（『茨城県史研究』四八号、茨城県立歴史館、一九八二年）等がある。
（２）宇留野主税「真壁城跡本丸出土資料の再検討」（『Archaeo-Clio』第六号、東京学芸大学考古学研究室、二〇〇五年）、同「国史跡真壁城跡と関連遺跡の調査成果」（『中世城郭研究』二一号、中世城郭研究会、二〇〇七年）。
（３）豊崎卓「常陸国真壁郡家の探究」（『茨城大学文理学部紀要（人文科学）』一七号、一九六六年）、原田信男「中世の村落景観」（『村落景観の史的研究』八木書店、一九八八年）。
（４）寺崎大貴「中世真壁城下町の復元」（『真壁の町並み―伝統的建造物群保存対策調査報告書―』桜川市教育委員会、二〇〇六年）。
寺崎氏は近世初期の『真壁町屋敷絵図』の「舟道」の記載から城、城下町、田中川、桜川をつなぐ船運を想定している。

（5）糸賀茂男「聖護院道興筆天神名号と史的背景」（『茨城県史研究』七〇号、茨城県立歴史館、一九九三年）、『筑波山陰　真壁周辺の古道—往願の今と昔—』（真壁町歴史民俗資料館、一九九七年）。
（6）小森正明「常陸国富有人注文の基礎的考察」（『茨城県史研究』七一号、茨城県立歴史館、一九九三年）。
（7）齋藤慎一「本拠の景観—十四・十五世紀の常陸国真壁氏と亀熊郷—」（『中世の風景を読む』2、新人物往来社、一九九四年）、市村高男「戦国期城下町論」（『真壁氏と真壁城　中世武家の拠点』河出書房新社、一九九六年）。
（8）その根拠は、①郡衙推定地、②中世文書記載郷名、③氏神の五所駒滝神社、古代道・古代寺院跡の存在、城郭移転伝承等である。
（9）宇留野主税『史跡真壁城跡Ⅳ』（桜川市教育委員会、二〇〇七年）。
（10）『真壁家の歴代当主』（真壁町歴史民俗資料館、一九九八年）。
（11）星龍象・岩松和光『真壁城への誘い』（真壁町教育委員会、一九九八年）、星龍象・岩松和光・宇留野主税『史跡真壁城跡Ⅰ』（真壁町教育委員会、二〇〇四年）、宇留野主税『史跡真壁城跡Ⅱ』（真壁町教育委員会、二〇〇五年）、宇留野主税・越田真太郎『史跡真壁城跡Ⅲ』（桜川市教育委員会、二〇〇六年）、宇留野主税『史跡真壁城跡Ⅳ』（桜川市教育委員会、二〇〇七年）。
（12）「（年欠）九月二十四日佐竹義宣書状」（『真壁町史料』中世編Ⅰ（改訂版）九六号）。
（13）『小田原市史通史編　原始・古代・中世』（小田原市教育委員会、一九九八年）。
（14）大塚初重・星龍象「真壁城跡測量調査報告」（『茨城県史研究』四八号、茨城県立歴史館、一九八二年）、阿久津久「真壁城の地割り」（『日本城郭大系』第四巻、新人物往来社、一九七九年）、藤井尚夫「現遺構からみた城のすがた」（『真壁氏と真壁城—中世武家の拠点—』真壁町歴史民俗資料館、一九九四年）、宇留野主税「国史跡真壁城跡と関連遺跡の調査成果」（『中世城郭研究』第二一号、中世城郭研究会、二〇〇七年）。
（15）前掲註（7）市村論文。
（16）前掲註（9）文献。
（17）越田真太郎「発掘調査の成果」（『平成十八年度　史跡真壁城跡発掘調査現地説明会資料』桜川市教育委員会、二〇〇六年）。
（18）前掲註（4）、註（7）論文。

(19)　小森正明「中世後期東国における国人領主の一考察―常陸国真壁氏を中心として―」(『茨城県史研究』六二号、茨城県立歴史館、一九八九年)。
(20)　宇留野主税「発掘調査の成果」(『平成十七年度　史跡真壁城跡発掘調査現地説明会資料』桜川市教育委員会、二〇〇五年)。
(21)　桃崎祐輔「常総地域の中世陶器と土器」(『焼き物にみる中世の世界』、上高津貝塚ふるさと歴史の広場、一九九九年)。
(22)　宇留野主税「戦国期における真壁城と周辺の景観」(『中世東国の内海世界』高志書院、二〇〇七年)。
(23)　『真壁町史料近世編Ⅰ』(真壁町史編さん委員会、一九八五年)、『真壁の窯業―山田焼・源法寺焼―』(真壁町歴史民俗資料館、一九九〇年)。
(24)　『真壁町史料中世編Ⅱ』(真壁町史編さん委員会、一九八六年)。
(25)　前掲註(9)文献。
(26)　『江戸時代の真壁』(真壁町教育委員会、二〇〇二年)。
(27)　『清水Ⅱ遺跡・清水Ⅴ遺跡』(安中市教育委員会、二〇〇七年)。
(28)　中山雅弘「Ⅳ―1―2瓦器・かわらけの生産」(『図解・日本の中世遺跡』東京大学出版会、二〇〇一年)。

図版は、第6図を註(4)から一部転載・改変。他は筆者作成。

第4部

# 常陸真壁氏関係資料

清水　亮編

# 常陸真壁氏関係史料

○「沙石集」巻第十（本）「妄執ニヨリテ魔道ニ落タル事」（『日本古典文學大系85』岩波書店）

（前略）

常州ニ真壁《マカベ》ノ敬仏房トテ明遍僧都ノ弟子ニテ、道心者ト聞シ高野ヒジリハ、人ノ「臨終ヲヨシ」ト云ヲモ、「ワロシ」ト云フモ、「イサ心ノ中ヲシラヌゾ」ト云ハレケル。実ニテ覚ユ。（後略）

○「一言芳談」巻之下（『日本古典文學大系83』岩波書店）

（前略）

或人云、「後世者は、したき事をとゞむるなり。心にしたき事はみな悪事なるが故なり」。

「敬仏房奥州の方に、修行のとき、寄宿しける在家の、四壁、大堺、みなやぶれて、すみあらせる体なり。その故をとふに、亭主こたへて云、「名取郡にうつりすむべき故なり、云々」。敬仏房これをきゝて落涙し、同行に示云、「欣求の心あらば、自然に穢土を執すべからず」。才覚にいはれけるなり」。

「同上人のもとにて、人々後世門の事につきて、あらまほしき事ども、ねがひあひたりけるに、或云、椎尾四郎太郎

「法門なき、後世物語、云々」。上人感云、「いみじくねがへり。その髄を得たる事、これにしくへからず」。」

（後略）

○「沙石集」巻第十（末）「法心房ノ上人事」（『日本古典文學大系85』岩波書店）

奥州松嶋《アウシユウマツシマ》ノ長老、法心房ハ、晩出家《シユツケ》ノ人ニテ、一文不通《イチモンフツウ》ナリケレ共、渡宋《トソウ》シテ径山《キンザン》ノ無準《ブジユン》ノ下ニテ、仏法ノ心地アル上人ト聞ヘキ。公案《コウアン》ヲ得《エ》テ、坐禅《ザゼン》スル事多年《コトタネン》、イシキニ瘡出《カサイデ》テウミクサリ、蟲イデクルホド也ケレドモ、退セザリケリ。（後略）

○「法心伝」（『元亨釈書』巻第六、『新訂増補國史大系31』吉川弘文館）

釈法心、過二壮歳一出家、不レ知二文墨一、聞三衲子之称二宋地禅行一、駕二商船一入二臨安一、径《タ、チニ》登二径山《キム》一、見二仏鑑禅師一、鑑於二円相中一書二丁字一示之、心止二席下一単提研究、性堅硬《カウニメ》耐二禅坐一、骨臋《トム》腫爛而、不レ撓《タワマ》者九年、初持二丁相一、於二万物中一、現二丁字一、心不レ屑、漸経二歳序一、始得二平穏一、帰朝居二奥州松島一、臨終先七日、謂レ徒曰、某日当レ取レ滅、然心無レ恙、侍僧不レ信、到レ期齋罷坐二禅床一、侍僧乞二遺偈一、心元不レ克レ書、即唱曰、来時明明、去時明明、是箇何物、止而不レ言二後句一、侍僧曰、猶欠二一句一、望足《タセ》之、心応レ聲喝一喝、泊然而化、

○「奥州円福寺沙門法心伝」（『大日本仏教全書　第102冊　本朝高僧伝第一』名著普及会）

奥州円福寺沙門法心伝扶桑五山記第二　沙石集第十
元亨釈書第六　延宝伝燈録第二

釈法心、字性才、年過㆓壮歯㆒、厭㆑世出家、不㆑知㆓文字㆒、単要㆑明㆓個事㆒、聞㆓宋地禅宗之盛㆒、即附㆓商舶㆒抵㆓臨安府㆒、直登㆓径山㆒、謁㆓仏鑑禅師㆒求㆓開示㆒、（中略）辞帰㆓本國㆒、就㆓奥州松島㆒、開㆓円福寺㆒、唱㆓仏鑑禅㆒、（中略）世言、法心俗名平四郎、嘗仕㆓真壁郡守（真壁時幹）㆒、郡守有㆑事、以㆑履蹴㆑之、心憤然厭㆑世、踰㆑海、入㆑宋、参㆓径山無準和尚㆒、遂悟㆓大事㆒、而帰㆓-謁郡守㆒、郡守大喜、乃建㆓円福寺㆒、請㆑心、為㆓開山始祖㆒、恭敬日渥、東関禅客靡㆑風集会、心説㆑偈示㆑衆㆑曰、遠上㆓径山㆒分㆓風月㆒、帰来開㆓円福道場㆒、透㆓得法心㆒無㆓一物㆒、元是真壁平四郎、是復一説也、載以垂㆑世矣、（後略）

## ○『満済准后日記』応永三十年（一四二三）七月五日条（『続群書類従　補遺一』）

五日天晴、今朝依仰又参御所、就関東事、畠山修理大夫（満慶）入道令同道罷向管領亭（畠山満家）、於彼亭諸大名等悉召集、仰趣申聞、面々意見通可参申入由被仰出之、雖為不相応随仰罷向、細川右京大夫（満元）・武衛（斯波義淳）・山名（時熙）・赤松（満祐）・一色（義貫）・今河（範政）駿河守護等参、大内入道（盛見）雖被召、依所労不参、仰趣、今度関東振舞以外事共也、去年佐竹上総入道（山入与義）不事問被誅罰、雖然于今御堪忍処、結句上総入道息共并京都様御扶持大丞（満幹）・真壁（秀幹）以下者共悉為令退治、五月廿八日鎌倉殿（足利持氏）已進発武州、就之、猶自京都様（足利義持）ハ御中違之儀無左右不被仰出、猶今日長老蘭室和尚ヲ被下関東、事子細可被尋究由雖治定、能々御思案処ニ、於今ハ可為無益歟、其故ハ同篇御返事可被申歟、已ニ及進発嗷々沙汰上ハ不可及被尋子細候歟由被思食、次ニハ京都御扶持者共事、於今ハ更不可有御捨、可被加御扶持者也、此条々可為何様哉、宜被申意見云々、管領以下諸大名御返事、上意趣畏被仰下、蘭室和尚可被下事、如上意於今ハ更不可有其詮、無益事也、次関東ニ京方申入者共、方々へ被成御教書、堅可被加御扶持条、殊可然由一同申之間、則大夫（畠山満慶）相共帰参、此由申入処、被思召処サテハ無子細事歟、先御本意也、但蘭室和尚下向事ハ面々ニ兼御尋事也、然ハ其時無益由何と不被申哉、只今ノ意見モ若猶相残事もやと御不審千万也、重猶可相尋由被仰、立帰申又罷向申処、只以前ト同篇儀也、仍不及申入退出、宇都宮(持綱)・結城上野介(光秀)等方へ御内書今日被出間、則使者僧ニ渡遣、及晩陰間、今日門出計也、来八日可下向由申付、

〈参考〉

○『喜連川判鑑』足利持氏応永二十九年（一四二二）八月条（『続群書類従　第五輯上』）

壬寅(応永)二十九、八月、小栗満重所領ノ事ニ付テ鎌倉殿(足利持氏)ニ恨ヲ含ミ、逆心ヲ起ス、宇都宮持綱・桃井下野守(宣義)・佐々木隠岐入道与力シ結城ノ城ニ籠ル、岩松治部大輔(満純)ガ残党モ与力ス、因茲退治トシテ管領(上杉)憲実ガ舎弟三郎重方ヲ指向ラル、然レトモ勝劣ナシ、重方向城ヲ取テ数月ヲ送ル、

○『喜連川判鑑』足利持氏応永三十年（一四二三）条（『続群書類従　第五輯上』）

癸卯(応永)三十、五月二十八日、小栗満重御退治トシテ御発向、小栗敗北シテ自害ス、是ヨリ直ニ宇都宮(持綱)退治トシテ御発向、持綱逐電ス、塩谷駿河守甲州ニテ持綱ヲ討テ首級ヲ捧グ、桃井(宣義)・佐々木ハ生捕レテ被誅、八月十六日、鎌倉ニ御帰陣、

○『満済准后日記』応永三十年（一四二三）六月五日条（『続群書類従　補遺一』）

五日天晴、今日於相国寺雲頂院、太清和尚卅三年遠忌云々、御所様(足利義持)為御丁聞渡御、還御時分可被仰子細在之、可参申

入旨、以赤松越後守(持貞)奉書申送之間、則出京、参申入、御所御対面、仰云、関東之儀毎時物忩歟、剰武蔵国へ可有進発由其聞有也、随而去年以来関東使者正続院院主学海和尚及当年未無御対面、今日已被帰国了、次宇都宮(持綱)不可随関東成敗由、可被下御内書、相副予状、忩可下遣之由被仰之、其後畠山修理大夫(満慶)自足利庄代官神保(慶久)方注進トテ持参、予同一見之、五月廿五日八日間必為常陸小栗(満重)以下悪党退治、武蔵辺マテ可有御発向、此由内々可被注進申旨、長尾尾張守(忠政)書状於神保《シンホウ》方へ遣之、其状案文ヲ相副注進之了、今日常陸国守護職佐竹(山入)刑部大輔佐義ニ被充行、御判被出之、甲斐国竹田(武田信重)守護職拝領、御判同前、此両国先々関東進止也、依鎌倉殿(足利持氏)去年佐竹(山入与義)上総入道京都異他御扶持処、不事向遣大勢被切腹了、其後重畳関東御振舞不儀之間、如此御計云々、

○『満済准后日記』応永三十年（一四二三）七月十二日条（『続群書類従　補遺一』）

十二日晴、常陸大丞(大掾満幹)注進、今月一日々付到来云云、案文加一見了、去月廿五日小栗城へ結城(基光)・小山(満泰)以下大勢寄懸、終日相戦、寄手八十余人於当座被打、手負不知其員、城衆八只一人被打云々、珍重々々、

○『看聞日記』応永三十年（一四二三）七月二十三日条（『続群書類従　補遺二』）

廿三日、晴、（中略）聞、関東事已有合戦云々、

○『兼宣公記』応永三十年（一四二三）八月十七日条（『史料纂集　兼宣公記　第二』）

十七日、乙丑、

晴、参　北野社如昨日、在方卿《（賀茂）》入来、　御幸日次事可相尋之由、自　院《（後小松上皇）》依被仰下也、来月十日可然云々、仍在方卿申詞申入　院之処、明旦可申入室町殿《（足利義持）》云々、在方卿御雑談云、関東事、自京都御扶持之輩大略滅亡之由有其聴云々、為之如何、

○『看聞日記』応永三十年（一四二三）八月二十日条（『続群書類従　補遺二』）

廿日、晴、夜大雨降、聞、関東事今月二日夜討有合戦、佐竹《（祐義）》・小栗《（満重）》・桃井《（宣義）》京方打負、小栗・桃井討死、佐竹ハ腹切云々、但没落両説未定也、京方軍勢若干被討、此由注進到来、以外御驚云云、遠江国武衛《（斯波義淳）》勘解由小路守護之間、先甲斐《（将久カ）》・小田《（織田）》等急馳下、美作《（三河カ）》へハ守護《一色》代三方入道馳下云云、天下惣別驚入者也、

＊〈参考〉は、応永三十年八月に行われた鎌倉府軍の真壁城攻撃にかけて収録した。

○『続常陸遺文二』所収「一木文書」応永三十一年（一四二四）八月三日宍戸一木満里譲状写（静嘉堂文庫所蔵『続常陸遺文二』）

ゆつりあたふ《（譲与）》
ひたち《（常陸）》の国完戸庄一木村内大こ内《（古）》ねんく《（年貢）》十貫文、山のお《（山尾）》の郷内下てこい《（手越）》ねんく十貫文五百文、同国まかへこをり《（真壁郡）》の内、くほ《（窪）》の郷并いひつか《（飯塚）》の村、同白井此内三分一ハ舎兄朝祐《（一木）》知行たり、三分二ハ満里《（一木）》か知行たり、又満里か継母・後家分市原郷内かちかまへ十貫文、くわから《（鍬柄）》内十貫文一円後家一期之後ハ亡父道朝《（一木基里）》のをき《（置）》文のことく朝祐と満里半分ツ、可

知行也、上てこいの内平戸の女子分、これも一期之後ハ満里ニゆつりをかる《(置)》、所也、しかるを熊王丸ニゆつりあとふ《(譲与)》
る所也、仍ゆつり状如件、
　　応永卅一年八月三日　満里（花押影）

## ○『廻国雑記』（『群書類従　第十八輯』）

廻国雑記　　　　道興准后

文明《後土御門》十八年六月上旬の頃、北征東行のあらましにて、公武にいとまのこと申入侍りき、をのをの御対面あり、東山殿《義政》ならびに室町殿《義尚》において数献これあり、祝着満足これに過べからず、（中略）
常陸国にいたりぬ、小栗といへる所に熊野御社おはしましけり、法施の序によみて奉る、

　たちそひてまもる心の道なれやいつくにきてもみくまのの神

さくら《(桜)》川をわたり侍ければもみぢうつろひて波に映じけるを見てよめる、

　秋の色にうつろひきても櫻川紅葉に波の花をそへつゝ

おなじ国山田慶城《(真壁郡山田郷)》といへる山伏の坊にやどりてよめる、

　めくり来てけふは吾妻のひたち帯結そへてや草枕せん

この坊に逗留の間、歌あまたよみける中に夕時雨といへる題にて、

　もみち葉を染るのみかは夕時雨我さひしさも色まさりけり

又夜時雨といへる心を、

色みえぬ時雨のいとや山姫のよるの錦ををり乱すらん

九月廿三日、欲レ詣二築波山一、疾風迅雨太矣、仍亀二居草廬一而口二号一絶一、

蕭条竟日鎖二柴門一　風雨似レ憐二吾脚跟一

還恨楓林断二秋色一　明朝山上祭二吟魂一

翌日築波山に参詣し侍りけるに、初雪ふりて、もみぢはうすくれなゐに見えければ、

いつれをか深し浅しとなかめましもみちの山のかさの初雪

神前にして詠じて奉りける、

さはりなくけふこそこゝにつくはねや神の恵のは山しけ山

まことにこのもかのもと詠ぜしもことはりにて、山々のもみぢたとへんかたも侍らず、道すがらくちずさびける歌、

築波山このもかのものみち葉に時雨も繁き程そしらるゝ

みなの川はこの山のかげにながれ侍り、こひそつもりてと詠ぜし歌をおもひいでて、

築波ねのもみちうつろふみなの川淵より深き秋の色かな

又山に八重かさねといへる霊石侍り、いひすての発句、

きてそ見るもみちのにしき八重かさね

旅宿にて夕鹿といへることを人々によませ侍りける次に、

山陰や木のは時雨て暮る日に忍びかねたるさをしかの聲

雁のわたりけるを聞てよめる、

萩の葉に有としらてや玉つさを翅にかけて渡る雁かね

暁虫といへることを、

きり〳〵すよはるねさめの有明に枕さひしき床の上かな

旅の宿さびしさのあまり、かれこれ題をさぐりて歌よみけるに、鹿、

なるこには驚く鹿も妻恋のきつなになとかはなれさるらん

つくはね《（筑波根）》のふもと《（麓）》をたちて、他国へうつりける道にて、きくもみぢおもしろき所にいたりて、

旅の空うつろひかはり行道に紅葉も菊もおりをしれとや

つくば川をわたりけるに、いさゝ《（真壁郡伊佐々）》のはし《（橋）》を過とて、

わたりきてすゑたと〳〵し築波川いさゝの橋にかゝる夕暮

爰を過てうがひ川といへる所に紅葉盛にみえければ立よりて、

篝をはもみちそてらす鵜かひ川水すさましきせゝの秋風

（後略）

○『大和田重清日記』（『高根沢町史　史料編１　原始古代・中世』）

五《（文禄二年）》　十七　梶原殿《（政景）》夢想之連歌アリ、元齋責仙《（元・齋・責・仙カ）》・御北《（北義憲）》・真壁殿《（氏幹）》・川又《久》已上八人、七次過テ又振舞アリ、讃諧《（俳カ）》アリ、近日御帰陣有へきと方々より注進アリ、

（中略）

六　廿七　梅庵（大村由己）より米之儀ニ使アリ、岩衆（岩城）何も乗船使こす、志勝へ大同書こす、入舟ナシト返事アリ、出船遅々、為催促、左吉右大山殿（義則）・岩衆へ書中こす、左吉右ナコヤ（名護屋）へ被上付、無出船ト各ヨリ返札アリ、又七さま（北義憲）へ豊（真崎秀俊）・宇（宇留野義長ヵ）源同心ニ参、茂木殿（治良）出合、湯付有、真壁殿（氏幹）煩付参、ほしいアリ、直ニ平山（平塚山城）へ参、さし物仕立ラル、大森左へ立寄、人主（人見主膳藤道）へ云分アリ、無透まゝ不宜、芳（芳賀高武）十八小屋へ御見廻、御きやうすい被成間、人主ニしゆいアル、瓜・酒アリ、御小屋ニも御酒アリ、はさミ箱張出来ル、御前ニて瓜被下、梅庵より大同書アリ、片便ニて返事セス、菅隠（菅谷憲景）より使アリ、唐ガンナ奈民（奈良民部）へカス、

六　廿八　大森左より文アリ、返事セス、主（人見藤道）へ理テ彼（被ヵ）挨拶、追而文こす、又七さま（北義憲）御小屋へ御出、御振舞アリ、御けいこアリ、岩（山形右馬助ヵ）にてけし餅アリ、川又（川井大膳ヵ）ハ碁被打、ちやうちんのした入ル、太島より後安（後藤安芸）・齋右馬来着、湯付アリ、齋右ハ島陣へ被越、平山（平塚山城）より桃（平塚桃源ヵ）之便状之文をそへて被届、田甚（田中甚七郎）家主越度と被尋之、大杉原上意へ上ル、はさミ箱のかな物、御大工たのミ仕付ル、山石（山形右馬助ヵ）双六ニ勝タルトテ香得ル、後安為訴詔平山へ木太所へ文こす、何も無返事、安（後藤安芸）　真壁（氏幹）陣へ人二人添テこす、夜中被帰、御小屋ニて御けいこはやし十番計アリ、宗源も不出、夜中大舟出ス、志勝より入舟ナシト返事アリ、

六　廿九　齋右入来、後安（後藤安芸）同心ニ山　石（山形右馬助ヵ）・小　刑（小田野義定ヵ）へ被越、木太昨日之返事こす、三郎様「南義種」参、三上殿ニての振舞之御物語アリ、御茶アリ、直ニ盛重（蘆名）さまへ参、官人帰唐之舟御見物アリ、三・豊（真崎秀俊）同心シテ宮（宇都宮）陣へ参、祖左（祖母井左京亮）ニてほしいゝアリ、やかたへハ、豊不被出、一人罷出ル、玉美（玉生高宗）にて振舞アリ、碁不果まゝ先ニ帰ル、川玄（川井玄蕃允）ニ而宗那源ニ振舞、山石（右）相伴中ニ参、酒アリ、夜更テ帰、後安ハ真壁（氏幹）陣へ留ニ被越、川　大（川井大膳ヵ）長太（長瀬大蔵）へ御

使ニ夜中被参と物語アリ、刀脇さしのねかた吉泉《（吉田和泉通直）》たのミて合ル、二百文大豆四斗、

（中略）

七二　夜中より少しツ、村雨ふる、舟渡ス、十艘《四六五四》真壁、弐艘平塚、壱そう柿岡《七》、壱そう茂木《（治良）》、弐そう小田《四五》、壱そう菅谷《六》、合十七也、真右《（真壁氏幹）》・柴将《（柴山将監）》・茂か《（茂木治良カ）》大蔵御舟ハリ違付、小屋へ入来、理済、山右《（山形右馬助カ）》へやかた《（佐竹義宣）》御出、御振舞被申、食過テ、三郎様《（南義種）》御供仕、三上殿見物ニ参、能七番アリ、得心さま・千右・お千・伊藤弥太、真板権助殿一番ツ、被成、くれ松弐番仕、観又《（観世又右衛門）》・樋甚百万はやす、宗叱源ハかち、帰ハ馬にて三さま《（南義種）》右御供スル、

（中略）

七四　真壁《（氏幹）》・柿岡・小田・宍戸《（義利）》島出船、茂《（茂木治良カ）》も、廿八人渡ル、田越《（田中越中守隆定）》・好雪《（岡本江雪斎）》より之便状、町兵《（町田兵部）》へ届ル、舟ニ付て豊両《（真崎秀俊）》度入来、川又《大》ニハ舟ワリ被仰付テ、一人ナコヤ《（名護屋）》へ可参と御使付、被出テ、河大《（川井大膳）》同心ニ参、先ニ宮陣《（宇都宮）》へ参、靭負《（塙靭負）》と舟之事談合スル、大《（川井大膳カ）》より使アリ、同心スル、真豊《（真崎秀俊）》ハかち也、馬をハ返テむかいニよふ、馬ニくつ打、つぢ切仕者アリテ多衆ニて寺沢殿《（広高）》之表之小屋取まく、時を移ス、内ニ其人ナクテ皆もとる、作介殿へ奉行衆被集、ホシイ、ノ後、すい物アリテ酒出ル、舟合卅六そう請取、二指たらすシテノホリヲ立ル、下ツミハ日暮ニテ不請取、八百石之請取皆済テ、一紙ニ究テ取、宮《（宇都宮）》へも御舟渡ル、大同心ニ御前へ参テ、舟之究申上ル、御使ニ書付上ル、大森左より文有、留守ニて返事セス、東呼いんこ見物アリ度ト使付、半右門殿案内者申請テこす、舟卅六そう、内五そう不請取ト書立テ渡テ帰ル、盛重《（蘆名）》さま懸御目、両人下馬スル、人主《（人見藤道）》・同弥五・羽彦中途ニて相、夜中人主より舟之儀付使有、壱貫四百四十五文渡海の仕度ノ

雑用、此内米七斗七升、味曾桶三ツトル、

（以下略）

＊校訂にあたっては、東京大学史料編纂所ホームページ「所蔵史料目録データベース」を活用し、同所所蔵謄写本「大和田重清日記」を参照して補訂を加えた。人名比定については、小葉田淳「大和田近江重清日記（六）」付「人名索引」（『日本史研究』五二、一九六一年）、安達和人「「大和田近江重清日記」人名考」（『常総の歴史』四五、二〇一二年）などに多くを学んだ。

〈常陸真壁氏略系図〉

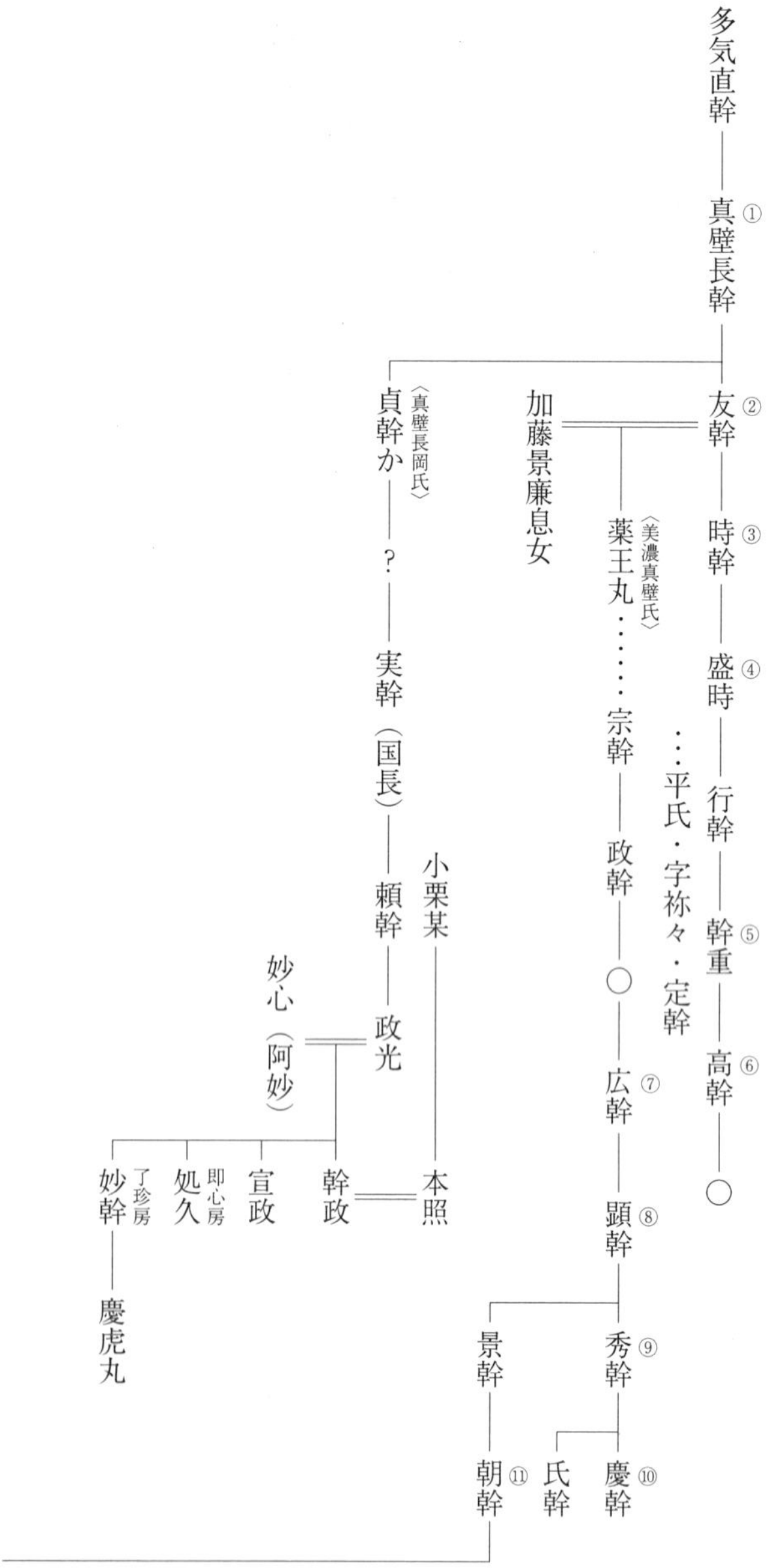
多気直幹
①真壁長幹
②友幹
加藤景廉息女
貞幹か〈真壁長岡氏〉
③時幹
薬王丸〈美濃真壁氏〉
？
④盛時
宗幹
…平氏・字祢々・定幹
実幹（国長）
行幹
政幹
⑤幹重
頼幹
小栗某
〇
妙心（阿妙）
政光
⑥高幹
⑦広幹
〇
妙幹 了珍房
処久 即心房
宣政
幹政
本照
⑧顕幹
慶虎丸
景幹
⑨秀幹
⑪朝幹
氏幹
⑩慶幹

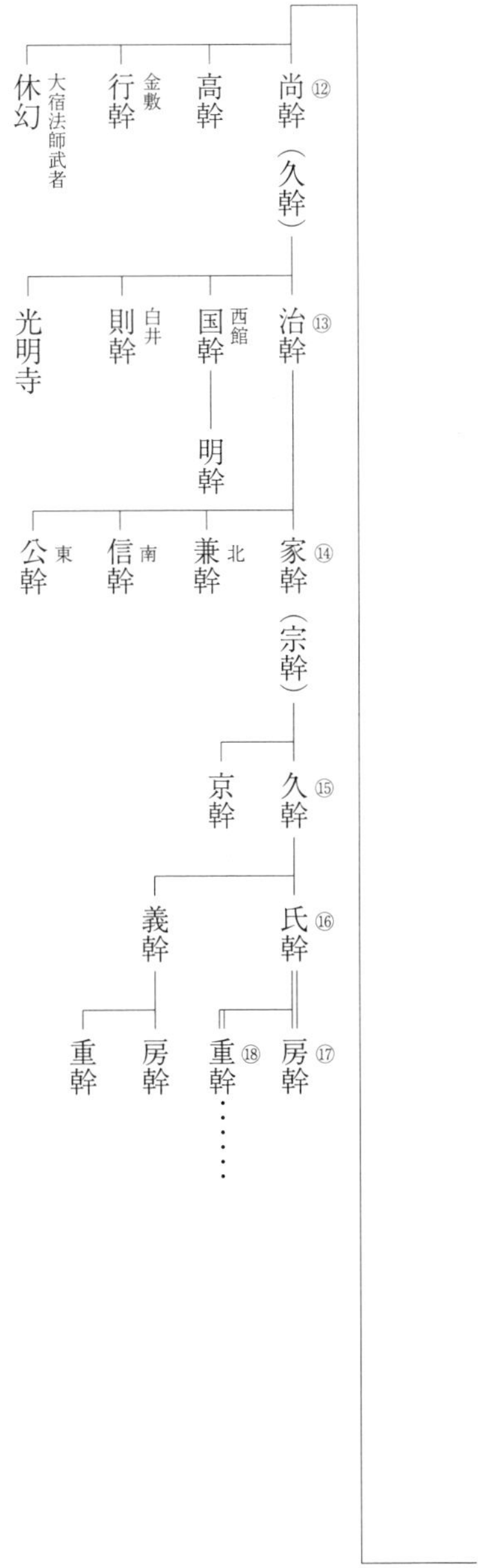


＊「真壁文書」・「真壁長岡古宇田文書」・「冷泉家文書」・「当家大系図」・長岡ゆう氏蔵本「真壁長岡氏系図」・「加藤遠山氏系図」より作成。なお、丸数字は惣領継承順を指す。

# 常陸真壁氏関係年表

| 年 | 月日 | 事項 | 出典 |
|---|---|---|---|
| 12世紀後半 | | 真壁長幹、真壁郡司として同郡に入部するか。 | |
| 12世紀後半 | | 真壁長幹（もしくはその父多気直幹）、真壁郡を半不輸の平家一門領とする。 | |
| 元暦元年（1184） | 11月12日 | 常陸国の武士、鎌倉幕府の御家人に認定される。 | 『吾妻鏡』 |
| 文治2年（1186） | | 真壁郡の北半が「庄領」（関東御領真壁荘）、南半が「公領」（国衙領）とされる。地頭は（おそらく）真壁長幹、預所は三善康清。康清は預所名得永名を大和田村とし、開発対象とする。 | 「鹿島神宮文書」（『真Ⅲ』一五六〜一六〇頁） |
| 文治5年（1189） | 8月12日 | 真壁長幹、「海道大将軍」千葉常胤・八田知家の指揮下に属し、多気義幹・鹿島頼幹らとともに奥州合戦に従軍する。 | 『吾妻鏡』（『真Ⅳ』一九頁） |
| 建久元年（1190） | 11月7日 | 真壁長幹、諸御家人とともに源頼朝の上洛に随行する。 | 『吾妻鏡』（『真Ⅳ』二〇〜二五頁） |
| 建久6年（1195） | 3月10日 | 真壁小六（友幹か）、諸御家人とともに源頼朝の上洛に随行する。 | 『吾妻鏡』（『真Ⅳ』二五〜三一頁） |
| 正治2年（1200） | 2月6日 | 真壁紀内（秀幹か）、梶原景時追討にあたって、景時方の勝木則宗捕縛の賞が波多野盛通ではなく畠山重忠にあると証言し、重忠に叱責される。 | 『吾妻鏡』（『真Ⅳ』三二〜三三頁） |
| 建保4年（1216） | | 真壁荘で検注が実施され、同荘内竹来郷について四町七段小の定田（公田）数が確定される。 | 「鹿島神宮文書」（『真Ⅲ』一五六〜一六〇頁） |
| 寛喜元年（1229） | 7月14日 | 真壁友幹、妻藤原氏（加藤景廉息女）・嫡子時幹に充てて譲状を作成する。 | 『真Ⅰ』一・二 |
| 寛喜元年（1229） | 7月19日 | 鎌倉幕府、真壁友幹妻藤原氏（加藤景廉息女）に真壁郡山田郷地頭職を一期分として安堵し、薬王丸（美濃真壁氏祖）を未来領主とするとともに、丹後国五箇保の知行を認める。 | 『真Ⅰ』一 |
| 寛喜元年（1229） | 7月19日 | 鎌倉幕府、真壁時幹に真壁郡内「庄領」八ヶ郷・「公領」六ヶ郷地頭職の知行を安堵する。 | 『真Ⅰ』二 |
| 仁治3年（1242） | 12月14日 | 鎌倉幕府、真壁実幹（真壁長幹孫か、真壁長岡氏の祖）に長岡郷地頭職を安堵する。 | 『古』二一 |
| 建長2年（1250） | 3月1日 | 鎌倉幕府、造閑院内裏を朝廷から請け負い、諸御家人にその負担を課す。「真壁太郎（長幹か）跡」に、押小路面の裏築地二本が賦課される。 | 『吾妻鏡』（『真Ⅳ』三四〜四三頁） |
| 建長6年（1254） | 6月16日 | 真壁平六（時幹か）、「鎌倉中物忩」につき、御所中の警固に従事する。 | 『吾妻鏡』（『真Ⅳ』四四・四五頁） |

| | | | |
|---|---|---|---|
| 建長6年（1254） | | 真壁氏、鹿島社七月大祭の大使に指定される。 | 「鹿島大使役記」（『真Ⅳ』五〇～六五頁） |
| 正嘉2年（1258） | 3月1日 | 真壁孫四郎、鎌倉幕府将軍宗尊親王の二所詣に供奉する。 | 『吾妻鏡』（『真Ⅳ』四六～四九頁） |
| 弘長元年（1261） | | 真壁白井氏、鹿島社七月大祭の大使に指定される。 | 「鹿島大使役記」（『真Ⅳ』五〇～六五頁） |
| 文永5年（1268） | | 真壁福田氏、鹿島社七月大祭の大使に指定される。 | 「鹿島大使役記」（『真Ⅳ』五〇～六五頁） |
| 文永6年（1269） | 2月16日 | 敬念（真壁時幹）、嫡子盛時に、真壁郡内「庄内郷々」四ヶ郷・「公領郷々」六ヶ郷の地頭職を譲与する。 | 『真Ⅰ』三 |
| 文永7年（1270） | 12月8日 | 鎌倉幕府、敬念（真壁時幹）の譲状にしたがって、真壁盛時に所領を安堵する。 | 『真Ⅰ』四 |
| 建治元年（1275） | | 真壁氏、鹿島社七月大祭の大使に指定される。 | 「鹿島大使役記」（『真Ⅳ』五〇～六五頁） |
| 弘安5年（1282） | | 真壁氏、鹿島社七月大祭の大使に指定される。 | 「鹿島大使役記」（『真Ⅳ』五〇～六五頁） |
| 弘安8年（1285） | 11月以降 | 鎌倉幕府、霜月騒動の勲功所領として佐々木頼綱に常陸国本木郷を給与する。 | 「朽木文書」（『真Ⅲ』一八七頁） |
| 正応2年（1289） | | 真壁氏、鹿島社七月大祭の大使に指定される。 | 「鹿島大使役記」（『真Ⅳ』五〇～六五頁） |
| 正応3年（1290）頃 | | 鎌倉幕府、中臣実則と尼妙心の相論にあたって、真壁入道（盛時）、那珂三郎左衛門尉を両使に命じ、常陸国大窪郷を実則に打ち渡す。 | 「羽生氏所蔵鹿島大禰宜家文書」（『茨城県立歴史館史料叢書12 鹿島神宮文書Ⅱ』六二～六五頁） |
| 永仁4年（1296） | | 真壁氏、鹿島社七月大祭の大使に指定される。 | 「鹿島大使役記」（『真Ⅳ』五〇～六五頁） |
| 正安元年（1299） | 11月23日 | 浄敬（真壁盛時）、孫の真壁幹重に真壁郡内「庄内郷々」四ヶ郷、「公領郷々」四ヶ郷の地頭職を譲与する。 | 『真Ⅰ』五 |
| 正安元年（1299） | 11月 | 鎌倉幕府、年貢対捍の咎によって、真壁小次郎入道浄敬（盛時）から真壁荘内竹来郷地頭職を没収する。 | 「鹿島神宮文書」（『真Ⅲ』一五六～一六〇頁） |
| 正安2年（1300） | 8月 | 鎌倉幕府、北条氏一門の江馬光政に真壁荘内竹来郷地頭職を給与する。 | 「鹿島神宮文書」（『真Ⅲ』一五六～一六〇頁） |

| | | | |
|---|---|---|---|
| 乾元二年（1303） | 2月5日 | 鎌倉幕府、平氏・字祢々・定幹と真壁幹重の相論を裁許し、両者の和与と真壁盛時の譲状にもとづいて、真壁幹重に盛時遺領の知行を認める。 | 『真Ⅰ』六 |
| 嘉元元年（1303） | | 真壁惣領幹重、鹿島社七月大祭の大使に指定される。 | 「鹿島大使役記」（『真Ⅳ』五〇～六五頁） |
| 延慶3年（1310） | | 真壁椎尾・山田氏、鹿島社七月大祭の大使に指定される。 | 「鹿島大使役記」（『真Ⅳ』五〇～六五頁） |
| 正和元年（1312） | 7月23日 | 鎌倉幕府、真壁荘竹来郷地頭江馬光政代貞致と同荘預所二階堂（懐島）行定の相論四ヶ条を裁許し、預所名に定田を編入したとする貞致の提訴を退ける。 | 「鹿島神宮文書」（『真Ⅲ』一五六～一六〇頁） |
| 文保元年（1317） | | 真壁椎尾氏、鹿島社七月大祭の大使に指定される。 | 「鹿島大使役記」（『真Ⅳ』五〇～六五頁） |
| 元応3年（1321） | 正月12日か | 「真壁御庄本木郷」の聖光寺（祥光寺）で大般若経が書写される。 | 「鴨大神御子神主玉神社文書」（『真Ⅲ』一八五頁） |
| 元亨2年（1322） | 2月2日 | 熊野山検校（覚誉法親王か）、真壁一門を「譜代之檀那」とする「正和下知」と真壁幹重らの願文を根拠として、善寂房済賢に真壁氏の師職を安堵する。 | 「米良文書」（『真Ⅲ』一八八～一九一頁） |
| 元亨3年（1323） | 11月3日 | 得宗被官工藤貞行、真壁郡内「田むらの村」（田村）の地頭代官職などを、息女「かいすこせん」に譲与する。 | 「南部光徹氏所蔵遠野南部家文書」（『青森県史　資料編　中世1　南部氏関係資料』一六頁） |
| 正中元年（1324） | | 真壁氏、鹿島社七月大祭の大使に指定される。 | 「鹿島大使役記」（『真Ⅳ』五〇～六五頁） |
| 正中2年（1325） | 12月25日 | 鎌倉幕府、真壁女子平氏の寄進状を根拠として、真壁郡推樋郷内宮山村の田地・在家を建長寺正続院に寄進する。 | 「円覚寺文書」（『真Ⅲ』一三五・一四一頁） |
| 元徳元年（1329） | 9月29日～10月5日 | 道法（真壁長岡政光）、子息幹政を嫡子、宣政をそれにつぐ地位とする旨、置文を作成し、その正文を惣領真壁幹重に預け、一〇月五日に死去する。 | 『古』一八・二一 |
| 元徳元年（1329） | 11月26日 | 美濃国小木曽荘雑掌定祐と地頭真壁政幹代顕性、同荘の検注方式について和与する。 | 「冷泉家文書」（『真Ⅲ』三六二～三六三頁） |
| 元徳3年（1331） | 5月頃 | 元徳二年閏六月、真壁長岡幹政が死去したため、幹政母の妙心（妙阿）と幹政後家本照の間で遺領相論が始まる。 | 『古』七～九・一一・一八 |
| 元弘元年（1331） | | 真壁氏、鹿島社七月大祭の大使に指定される。 | 「鹿島大使役記」（『真Ⅳ』五〇～六五頁） |

| | | | |
|---|---|---|---|
| 建武元年（1334） | 1月5<br>同2年（1335） | 建長寺正続院、宮山幹氏による常陸国推樋郷内宮山村の田地・屋敷の押領に対して、同地の沙汰付を鎌倉将軍府に提訴する。 | 「円覚寺文書」（『真Ⅲ』一三六～一三八頁） |
| 建武2年（1335） | 9月27日 | 足利尊氏、中先代の乱の恩賞として、佐々木導誉に「真壁彦次郎（幹重）跡」などを給与する。 | 「佐々木文書」（『真Ⅳ』三二三頁）・『古』一六 |
| 延元元年（1336） | 5月3日 | 真壁長岡宣政、南朝方に属して下野国内で軍事行動を行い、大将に報告する。 | 『古』一七 |
| 延元2年（1337）～同3年 | | 真壁長岡政光の後家妙心、子息宣政を廃嫡し、庶子了珍房妙幹を嫡子とする。 | 『古』一八～二一 |
| 暦応元年（1338） | | 真壁氏、鹿島社七月大祭の大使に指定される。 | 「鹿島大使役記」（『真Ⅳ』五〇～六五頁） |
| （興国4年〈1343〉） | 4月5日 | 南朝方の法超（真壁幹重）、白河結城親朝に常陸南朝方の窮状を伝え、後詰を要請する。 | 「白河集古苑所蔵白河結城文書」（『真Ⅲ』二三九・二四〇頁） |
| 康永3年（1344） | 7月2日 | 足利尊氏、真壁高幹の北朝方参陣と軍忠を賞し、真壁郡内山宇・田村・窪・亀隈・大曽祢・小幡・飯田・伊佐々・竹来の地頭職を給与（安堵）する。 | 『真』九・一〇 |
| 貞和元年（1345） | | 真壁氏、鹿島社七月大祭の大使に指定される。 | 「鹿島大使役記」（『真Ⅳ』五〇～六五頁） |
| 貞和3年（1347） | 8月 | 陸奥国蜷河荘勝方村地頭真壁政幹の代官薄国幹、陸奥国での軍忠を北朝方大将石塔義房に報告する。 | 『真Ⅰ』一二 |
| 観応2年（1351） | 5月 | 陸奥国蜷河荘勝方村地頭真壁政幹の代官薄国幹、陸奥国での軍忠を北朝方大将に報告する。 | 『真Ⅰ』一三 |
| 観応2年（1351） | 11月 | 真壁政幹の代官森国本（国幹）、出羽国での軍忠を北朝方大将に報告する。 | 『真Ⅰ』一四 |
| 観応3年（1352） | 5月21日 | 真壁政幹の代官薄景教、陸奥国での軍忠を北朝方大将に報告する。 | 『真Ⅰ』一五 |
| 観応3年（1352） | 9月 | 真壁広幹、大掾浄永と惣領真壁高幹の催促にしたがって、下野国西明寺城の合戦に従軍し、浄永の証判を受ける。 | 『真Ⅰ』一七 |
| 観応3年（1352） | 12月13日 | 真壁政幹、孫の真壁広幹に真壁郡山田郷を譲与する。 | 『真Ⅰ』一七 |
| 観応3年（1352） | 12年23日 | 真壁光幹、「遠所」であるため、真壁郡山田郷内の在家・田と美濃国小木曽荘内の在家・田とを、（おそらく真壁広幹と）相博する。 | 『真Ⅰ』一六 |
| 文和元年（1352） | | 真壁氏、鹿島社七月大祭の大使に指定される。 | 「鹿島大使役記」（『真Ⅳ』五〇～六五頁） |

| | | | |
|---|---|---|---|
| 文和2年（1353） | 7月 | 真壁高幹父子および真壁広幹、足利尊氏の上洛に供奉する。 | 『真Ⅰ』一七・『古』二五 |
| 文和4年（1355） | 3月晦日 | 税所幹治、大掾浄永の権威を背景に、真壁郡山田郷に打ち入り、現地支配をもくろむ。 | 『真Ⅰ』一七・一八 |
| 文和4年（1355） | | 真壁広幹、南朝方との京都攻防戦に参加し、室町幕府から「御感御教書」を受ける。 | 『真Ⅰ』一七 |
| 延文4年（1359） | | 真壁氏、鹿島社七月大祭の大使に指定される。 | 「鹿島大使役記」（『真Ⅳ』五〇～六五頁） |
| 貞治4年（1365） | 2月2日 | 鎌倉公方足利基氏、常陸大掾入道（浄永）と真壁広幹に命じて、鹿島社大禰宜中臣高親への常陸国行方郡内小牧村の打ち渡しを命じる。 | 「羽生氏所蔵鹿島大禰宜家文書」（『南北朝遺文　関東編』三二四〇） |
| 貞治5年（1366） | | 真壁氏、鹿島社七月大祭の大使に指定される。 | 「鹿島大使役記」（『真Ⅳ』五〇～六五頁） |
| 応安6年（1373） | | 真壁氏、鹿島社七月大祭の大使に指定される。 | 「鹿島大使役記」（『真Ⅳ』五〇～六五頁） |
| 永和3年（1377） | 2月5日 | 法高（真壁広幹）、真壁郡内亀隈・山宇・田村・小幡・大曽祢・飯田・伊佐々・竹来・窪の九ヶ郷を嫡子聖賢（真壁顕幹）に譲与する。 | 『真Ⅰ』一九 |
| 康暦2年（1380） | | 真壁氏、鹿島社七月大祭の大使に指定される。 | 「鹿島大使役記」（『真Ⅳ』五〇～六五頁） |
| 永徳2年（1382） | | 真壁刑部大輔入道（顕幹）、烟田遠江入道（時幹）と梶原修理亮の所領相論に際して、東条能登入道・常陸大掾入道とともに梶原氏側の証人となる。 | 「烟田文書」（『真Ⅲ』一八一頁） |
| 永徳3年（1383） | 8月28日 | 海老名季茂代官・古尾谷朝景代官、小山氏追討の賞として宍戸家里に与えられた真壁郡内源法寺郷を、本主真壁近江次郎（源法寺氏か）の抵抗を排して打ち渡す。 | 『常陸誌料』所収文書（『真Ⅲ』三〇二～三〇七頁） |
| 至徳元年（1384） | | 真壁氏、鹿島立原氏とともに鹿島社七月大祭の大使に指定される。 | 「鹿島大使役記」（『真Ⅳ』五〇～六五頁） |
| 至徳元年（1384） | 12月20日 | 鎌倉公方足利氏満、上杉憲英の申請に任せて、真壁郡竹来郷内中根村を円覚寺に寄進する。 | 「円覚寺文書」（『真Ⅲ』一四二～一四四頁） |

| | | | |
|---|---|---|---|
| 至徳4年（1387） | 4月29日〜明徳2年（1391）春 | 鎌倉公方足利氏満の命によって古尾谷肥後守が真壁郡安部田郷を与えられるが、本主安部田千代松丸は使節の入部拒否を継続する。それにより、安部田郷は鎌倉府御料所にされる。 | 『古』二八・二九 |
| 嘉慶元年（1387） | | 真壁氏、鹿島社七月大祭の大使に指定される。 | 「鹿島大使役記」（『真Ⅳ』五〇〜六五頁） |
| 応永元年（1394） | | 真壁氏、鹿島社七月大祭の大使に指定されるか。 | 「鹿島大使役記」（『真Ⅳ』五〇〜六五頁） |
| 応永8年（1401） | | 真壁氏、鹿島社七月大祭の大使に指定される。 | 「鹿島大使役記」（『真Ⅳ』五〇〜六五頁） |
| 応永8年（1401） | 12月30日 | 足利義満、真壁刑部大輔入道聖賢（顕幹）に当知行地を安堵する。 | 『真Ⅰ』一一 |
| 応永11年（1404） | 12月15日 | 聖賢（真壁顕幹）、真壁郡内亀熊・山宇・田村・小幡・大曽祢・飯田・伊佐々・竹来・窪の九ヶ郷を嫡子秀幹に譲与するとともに、秀幹とその弟右京亮泰幹が協力するように命じる。 | 『真Ⅰ』二〇（参考・『真Ⅰ』二一） |
| 応永16年（1409） | 4月28日 | 聖賢（真壁顕幹）、代々の手継証文を嫡子真壁秀幹に譲与するとともに、秀幹死去後の後継者を孫の永寿丸に定める。 | 『真Ⅰ』二二 |
| 応永16年（1409） | 10月4日 | 聖賢（真壁顕幹）、真壁郡内亀熊郷・白井郷・竹来郷内の田畠・屋敷（在家か）を「いたゐけ二郎」に譲与する。 | 『真Ⅰ』二三 |
| 応永23年（1416） | 12月〜同24年正月 | 真壁秀幹、上杉禅秀の乱にあたり、鎌倉公方足利持氏に属して真壁長岡古宇田幹秀らを率いて常陸国内各所を転戦する。 | 『古』三二・三三 |
| 応永30年（1423） | 2月16日 | 足利義持、真壁秀幹の申請によって「真壁郡内御庄郷々」（本木・安部田・大曽祢・伊々田・北小幡・南小幡・大国玉・竹来）を安堵する。 | 『真Ⅰ』二四 |
| 応永30年（1423） | 7月5日 | 室町幕府、鎌倉府による常陸大掾満幹・真壁秀幹ら京都御扶持衆追討に際して、彼らの救援を決定する。 | 「満済准后日記」・「市河文書」（『真Ⅲ』九九頁） |
| 応永30年（1423） | 8月2日 | 鹿島氏・行方氏・東条氏を中心とする鎌倉府軍、大将上杉憲実の意を受けて真壁城を攻撃し、真壁秀幹を没落させる。 | 「烟田文書」（『真Ⅲ』一八三頁）、「一木文書」（『真Ⅲ』三〇九頁） |
| 応永30年（1423） | 8月頃〜同32年（1425） | 真壁慶幹と真壁朝幹、佐竹山入氏を頼り、連携して行動する。 | 『真Ⅰ』一一七 |

| | | | |
|---|---|---|---|
| 応永31年（１４２４） | 8月30日 | 真壁郡内飯塚・窪郷の年貢取帳が、おそらく新領主の宍戸一木氏によって作成され、八三貫九二六文の年貢が把握される。 | 「一木文書」（『真Ⅲ』三一〇〜三一三頁・三一五頁） |
| 応永31年（１４２４） | 10月10日 | 鎌倉公方足利持氏、常陸国真壁郡内白井郷を「真壁安芸守（秀幹）跡」として鹿島神宮に寄進する。 | 「鹿島神宮文書」（『真Ⅲ』一六五〜一六七頁）、「塙不二丸氏所蔵文書」（『茨城県立歴史館史料叢書12　鹿島神宮文書Ⅱ』二五三頁） |
| 応永31年（１４２４） | | 真壁秀幹、死去するか。 | 『真Ⅰ』一一九 |
| 応永32年（１４２５） | | 真壁朝幹、鎌倉府の佐竹山入祐義討伐にともない、縁者金敷雅楽助の在所に身を寄せる。真壁慶幹は失踪する。 | 『真Ⅰ』一一七〜一一九 |
| （永享7年〈１４３５〉か） | 7月25日 | 真壁朝幹、鎌倉府から鹿島社修理奉行に任命されたため、翌年の鹿島社大使役勤仕を常陸平氏他氏に振り当てるよう、税所氏に要請する。 | 「山戸本税所文書」（『真Ⅲ』二〇八頁） |
| 永享7年（１４３５） | 8月9日 | 鎌倉府に任命された国奉行が常陸国内の富有人注文を作成する。真壁郡については、町野満康・宍戸兵庫助・宍戸備前守などの知行地の富有人が記載される。 | 『続常陸遺文』所収文書（『真』Ⅲ二七二〜二七六頁） |
| 永享8年（１４３６） | 5月 | 真壁朝幹、鎌倉府御料所となった真壁郡を預けられる。 | 『真Ⅰ』一一八 |
| 永享8年（１４３６） | 閏5月3日 | 真壁朝幹、鹿島社修理奉行として、常陸国で一国平均に賦課された棟別銭の納入を、関郡地頭結城氏朝に催促する。 | 「健田須賀神社文書」（『真Ⅲ』二七九頁） |
| 永享8年（１４３６） | 7月11日 | 隼人佐某、鹿島神役として賦課された真壁郡々銭のうち、二十貫文の請取状を河田入道（真壁朝幹の家人であろう）に交付する。 | 『真Ⅰ』一三八 |
| 永享10年（１４３８） | 8月22日〜10月頃 | 室町幕府、永享の乱にともない、真壁氏（朝幹か）を経由して、小田一族に対して、幕府方としての軍事行動を命じる。朝幹は、室町幕府による鎌倉公方足利持氏追討方針を知り、幕府方に転じる。 | 『真Ⅰ』二五・一一七・一一九 |
| 永享11年（１４３９） | 4月 | 真壁朝幹代皆河綱宗、真壁左京亮氏幹の真壁郡への強入部停止と朝幹への所領安堵を室町幕府に提訴する。氏幹を支持する親類・家人らは起請文によって氏幹の真壁氏家督継承の正当性を主張する。 | 『真Ⅰ』一一七〜一一九 |
| （宝徳2年〈１４５０〉〜享徳3年〈１４５４〉） | 3月23日 | 鎌倉公方足利成氏、真壁朝幹に本領を安堵する。 | 『真Ⅰ』三三 |
| 康正2年（享徳5年、１４５６） | 4月4日以前 | 享徳の乱の初段階で、幕府方の真壁兵部大輔（氏幹か）、古河公方足利成氏に降伏する。 | 『武家事紀』所収文書（『真Ⅲ』三一九〜三二二頁） |

| | | | |
|---|---|---|---|
| 享徳5年（1456） | 6月3日 | 古河公方奉行人、足利成氏の命令にしたがって、真壁郡内亀熊郷の半分か・桜井郷・田村郷・山宇郷・山田郷・下小幡郷・押樋郷・上谷貝郷内金敷村半分および庶子白井修理亮・飯塚近江守（の所領か）を、「折中の分」として真壁朝幹に打ち渡す。 | 『真Ⅰ』二六 |
| 享徳6年（1457） | 6月21日 | 古河公方足利成氏、真壁朝幹に対して鹿島社大使役郡銭の納入遅延を譴責するとともに、納入を難渋する在所を同社の修造料所に指定する旨を周知し、納入を実行するよう命じる。 | 『真Ⅰ』三一 |
| （寛正元年〈1460〉） | 4月28日 | 室町殿足利義政、前年の十一月の常陸国信太荘合戦で真壁兵部大輔入道父子三人が戦死した旨、佐竹実定の報告を受け、「真壁入道（朝幹か）」を賞する。 | 「御内書案」（『真Ⅲ』一九四頁） |
| 長禄5年（1461） | 5月15日 | 真壁朝幹、真壁城を取り立てるにあたり、尾子崎屋敷（亀熊城内か）を正宗寺に改めるとともに、真光寺を朝幹の菩提所とするよう、置文によって次郎（真壁尚幹）に命じる。 | 『真Ⅰ』三四 |
| 寛正7年（1466） | 3月26日 | 真壁朝幹、尾子崎屋敷（亀熊城内か）を正宗寺に改めること、真光寺を朝幹の菩提所とすること、要害（真壁城）を構築し油断無く維持すること、兄弟の関係維持に努めることなどを、置文によって真壁尚幹・小三郎（高幹か）・宿老中に命じる。 | 『真Ⅰ』三五 |
| 寛正7年（1466） | 3月26日 | 真壁朝幹、光明寺以下の宿老中に対して、尚幹や後家に充てた文書を預けるとともに、その内容を遵守することを、置文によって命じる。 | 『真Ⅰ』三六 |
| 文正2年（1467） | 3月10日 | 永真（真壁朝幹）、嫡子尚幹に当知行地および相伝の証文を譲与するとともに、所領の内、押樋郷および桜井の（在家か）二間を真壁高幹に譲る。 | 『真Ⅰ』三七 |
| 文正2年（1467） | 3月10日 | 永真（真壁朝幹）、真光寺を菩提所とすること、「世上物忩」であるため要害（真壁城）が重要であること、尾子崎屋敷を正宗寺とすること、兄弟の和合を、置文によって真壁尚幹に命じる。 | 『真Ⅰ』三八 |
| （年未詳） | 3月22日 | 足利成氏、真壁尚幹の忠節を宇都宮右馬頭に伝える。 | 「阿保文書」（『真Ⅲ』九〇頁） |
| （年未詳） | 9月5日 | 足利成氏、那須資持の年来の忠節に報いるため、真壁郡内の真壁尚幹跡を充行う。<br>＊前項との前後関係は不明。 | 「那須文書」（『真Ⅲ』二九五頁） |
| 文明6年（1474） | 12月13日 | 真壁久幹（尚幹）、家臣団・本願聖快吽らとともに、文明四年に兵乱で焼失した雨引山観音堂を再興した旨の棟札を奉納する。 | 「楽法寺文書」（『真Ⅲ』三五四～三五七頁） |
| 文明18年（1486） | 9月 | 聖護院道興、常陸国真壁郡に至り、山田慶城坊のもとに逗留する。 | 「廻国雑記」 |

| | | | |
|---|---|---|---|
| 長享2年（1488）もしくは同元年 | | 真壁久幹（尚幹）、家臣団・山田慶城坊亮尊らとともに真壁郡下小幡郷法円寺の薬師堂を建立する。 | 「法円寺薬師如来厨子銘文」（『真Ⅳ』二五〇～二五五頁） |
| （永正4年〈1507〉） | 8月25日 | 宇都宮成綱、おそらく真壁治幹に充てて、真壁尚幹の死去に弔意を示し、馬一疋を送る。 | 『真Ⅰ』五九 |
| （大永3年〈1523〉） | 閏3月9日 | 足利基頼、小田政治が援軍にでた屋代要害の合戦について真壁家幹に伝えるとともに、北郡での軍事行動を要請する。 | 『真Ⅰ』六三 |
| 天文10年（1541）～同15年（1546） | | 真壁家幹、雨引山に大般若経を寄進する。 | 「楽法寺文書」（『真Ⅲ』三五二・三五三頁） |
| 天文15年（1546） | 8月 | 真壁家幹、加波山三枝祇神社の扁額を書く。 | 「加波山三枝祇神社扁額」（『真Ⅳ』六六頁） |
| 弘治3年（1557）以前 | | 遊行二十九世体光、真壁家幹が興行した連歌会に参加する。 | 「石苔」（『真Ⅳ』八八～一〇一頁） |
| 永禄4年（1561） | 2月16日 | 真壁久幹の子息九郎、佐竹義昭から一字を受け、「義幹」と名乗る。 | 『真Ⅰ』三九・四〇・八一 |
| 永禄4年（1561） | | 上杉政虎（謙信）、北条氏攻撃に参陣した関東国衆および家紋を書き上げる。そのなかに真壁安芸守（久幹）と家風の白井修理亮が記載される。 | 「上杉家文書」（『真Ⅲ』一一一～一一九頁） |
| 永禄7年（1564） | | 佐竹義重、上杉謙信の小田城攻めに呼応するとともに、真壁氏（久幹）・笠間氏・行方氏らの各城の普請を行わせる。 | 「烟田旧記」（『真Ⅳ』六七頁） |
| 永禄12年（1569） | 11月 | 真壁久幹、大掾氏とともに佐竹方として、常陸国北郡などで小田氏治と合戦し、氏治を土浦に退去させる。 | 『真Ⅰ』一二一・一二二、「榎戸淳一家文書」（『真Ⅱ』一五一頁）、「桜井啓司家文書」（『真Ⅲ』二一八頁）、「烟田旧記」（『真Ⅳ』六八頁）・「佐竹氏旧記」所収「戸部一閑覚書」・「手這合戦日記」（『真Ⅳ』七七～八七頁）、『安得虎子』所収文書（『真Ⅳ』三一七頁） |
| 永禄13年（1570）か | | 真壁久幹、佐竹方として小田氏治らと合戦する。 | 「佐竹氏旧記」所収「戸部一閑覚書」（『真Ⅳ』七七～七九頁） |
| （元亀3年〈1572〉か） | 2月晦日 | 古河公方足利義氏、父晴氏の十三回忌追善にあたって、香典の進上を真壁氏幹に求める。 | 『真Ⅰ』七八 |

| | | | |
|---|---|---|---|
| 元亀4年（1573） | 12月1日 | 小田氏治、談合内容の秘密保持、佐竹方との和睦が成立した際への通達、談合内容の遵守を真壁久幹に誓約する。 | 『真Ⅰ』八四 |
| 天正6年（1578） | 4月晦日 | 真壁氏幹、下野国壬生の陣での奉公を賞し、稲川氏に大炊助の官途を許す。 | 『安得虎子』所収文書（『真Ⅲ』九一頁） |
| （天正9年（1581）） | 12月26日 | 真壁氏幹、佐竹義重の上野国方面での軍事行動に応じて、自身も参陣したことを報じる。 | 「秋田県立公文書館所蔵文書」（『真Ⅲ』五一頁） |
| （天正10年（1582）） | 4月3日 | 真壁氏幹、織田氏の甲斐・信濃両国での勝利（武田氏滅亡）を賀し、栗毛の馬を進上する旨、織田信長の側近菅屋長頼らに宛てた書状案を作成する。 | 『真Ⅰ』八六（参考・『真Ⅰ』八七） |
| （天正12年（1584）） | 8月9日 | 真壁氏幹、佐竹義重に対して小田城攻撃の状況を報告するとともに、北条氏直の上野国出張に対しても義重の命令に従うことを伝える。 | 「千秋文庫所蔵文書」（『真Ⅲ』二六三・二六四頁） |
| 天正14年（1586） | 3月12日 | 佐竹北義斯、道無（真壁久幹）に対して、久幹・氏幹父子をないがしろにしないことなどを誓約する。 | 『真Ⅰ』八九 |
| 天正14・15年頃（1586・7） | | 真壁久幹、「南方ノ御敵里見・多気等」との連合を疑われ、佐竹義重に太田城下に呼ばれるとともに、奥州方面の敵への対応を要請される。 | 「佐竹氏旧記」所収「戸部一閑覚書」（『真Ⅳ』七七～七九頁） |
| 天正20年（1592） | 10月29日以前 | 真壁氏幹、佐竹氏に従って「唐入り」（文禄の役）に従軍し、肥前国名護屋に在陣する。 | 「榎戸淳一家文書」（『真Ⅱ』一五二頁） |
| （文禄2年（1593）） | 6月29日 | 真壁氏幹、愛宕山教学院に対して、名護屋在陣の見舞いを謝す。 | 『古文状』所収文書（『真Ⅲ』一九五頁） |
| 文禄2年（1593） | 7月4日 | 真壁氏幹、宍戸義利らとともに朝鮮に渡海する。 | 「大和田重清日記」、『安得虎子』所収文書（『真Ⅳ』三二一頁） |
| 文禄4年（1595） | 7月16日 | 真壁義幹、佐竹義宣から筑波郡内二〇一七石七斗三升を給与される。 | 『真Ⅰ』一一七 |
| 慶長2年（1597） | 4月27日 | 佐竹義宣、真壁郡内九ヶ村の麦田検地を実施する。 | 「秋田県立公文書館所蔵文書」（『真Ⅲ』八〇～八九頁） |
| （慶長6年（1601）） | 11月2日 | 佐竹義宣、関ヶ原合戦後、江戸城に待機して徳川家康への謁見を求めるにあたり、真壁重幹に対して見舞いの飛脚派遣を謝す。 | 『真Ⅰ』一〇四 |
| （慶長7年（1602）） | 3月24日 | 佐竹義宣、三月七日に伏見に到着して豊臣秀頼・徳川家康に謁見し、自身の処遇に変わりがないことを真壁重幹に報ずるとともに使者の派遣を謝す。 | 『真Ⅰ』一〇五 |
| （慶長7年（1602）） | 6月4日 | 佐竹義宣、常陸から出羽国秋田への国替えに際して、見廻りの使者を派遣したことを真壁重幹に謝す。 | 『真Ⅰ』一〇六 |

| | | | |
|---|---|---|---|
| 慶長13年（1608） | 正月6日 | 常陸国に残った真壁氏幹、配下の藤田氏に又左衛門尉の官途を許す。 | 「榎戸淳一家文書」（『真Ⅱ』一五四頁） |
| 慶長20年（1615） | 9月22日 | 常陸国に残った真壁氏幹、配下の勝田氏に惣兵衛の官途を許す。 | 「勝田貞家文書」（『真Ⅲ』一七九頁） |

＊出典表記方法は以下のとおり。「真壁文書」（『真壁町史料　中世編Ⅰ（改訂版）』）は、『真Ⅰ』＋番号で記す。「真壁長岡古宇田文書」（『真壁町史料　中世編Ⅱ』）は『古』＋番号で記す。「真壁長岡古宇田文書」とともに『真壁町史料　中世編Ⅱ』に収められた史料は、『真Ⅱ』＋頁数で記す。『真壁町史料　中世編Ⅲ』・『真壁町史料　中世編Ⅳ』所収史料は、『真Ⅲ』＋頁数・『真Ⅳ』＋頁数で記す。文書群名については、編者の判断によって適宜変更を加えている。状況から推測される事項については、出典は示していない。

# 常陸真壁氏関連論文・著作等目録

【論文・著書等】

杉山三右衛門『杉山私記』（一八九四年）

小山靖憲「鎌倉時代の東国農村と在地領主制―常陸国真壁郡を中心に―」（同『中世村落と荘園絵図』東京大学出版会、一九八七年、原形初出一九六八年）

小山靖憲「ワタリ歩ク庄園（12）常陸国真壁郡の巻」（『月刊歴史』一二号、一九六八年）

石井　進「鎌倉時代の常陸国における北条氏所領の研究」（同『石井進著作集第四巻　鎌倉幕府と北条氏』岩波書店、二〇〇四年、初出一九六九年）

鈴木常光『法身覚了無一物』（新読書社、一九六九年）

高田　実「在地領主制の成立過程と歴史的条件」（古島敏雄・和歌森太郎・木村礎編『古代郷土史研究法　郷土史研究講座2』朝倉書店、一九七〇年）

山崎　勇「常陸国真壁郡竹来郷における領主制について」（『歴史學ノート』四号、一九七一年）

吉澤秀子「常陸国竹来郷調査記」（『歴史學ノート』四号、一九七一年／『月刊歴史』三三号、一九七一年）

網野善彦「荘園・公領と諸勢力の消長」（同『日本中世土地制度史の研究』第二部第四章「常陸国」第二節、塙書房、一九九一年、原形初出一九七二年）
石井　進『中世武士団』（講談社学術文庫、二〇一一年、初出一九七四年）
山崎　勇「鎌倉時代の東国における公田」（『慶應義塾志木高等学校研究紀要』四輯、一九七四年）
近藤成一「真壁調査記」（『遙かなる中世』創刊号、一九七七年）
湯澤（久留島）典子「常陸国竹来郷に関する一史料について」（『遙かなる中世』創刊号、一九七七年）
鈴木常光『真壁平四郎　民衆と生きた孤高の禅僧』（筑波書林、一九七九年）
阿久津久「真壁城の地割り」（『日本城郭大系　第四巻』新人物往来社、一九七九年）
阿久津久・一色史彦・今瀬文也・江原忠昭「茨城県」（『日本城郭大系　第四巻』新人物往来社、一九七九年）
榎原雅治・服部英雄・藤原良章・山田邦明「消えゆく中世の常陸―真壁郡（庄）長岡郷故地を歩く―」（『茨城県史研究』四一号、一九七九年）
石井　進「関東御領研究ノート」（同『石井進著作集第四巻　鎌倉幕府と北条氏』岩波書店、二〇〇四年、初出一九八一年）
大塚初重・星龍象「真壁城址測量調査報告」（『茨城県史研究』四八号、一九八二年）
服部英雄「続消えゆく常陸の中世―真壁郡（庄）長岡郷故地を歩く―」（『茨城県史研究』四八号、一九八二年）
阿久津久「真壁城とその町割り」（『歴史手帳』一〇巻三号、一九八三年）
岡村安久『雨引観音　坂東二十四番の霊場』（筑波書林、一九八四年）

筧　雅博「関東御領考」（『史学雑誌』九三編四号、一九八四年）
渡　政和「『京都様』の『御扶持』について―いわゆる『京都扶持衆』に関する考察―」（『武蔵大学日本文化研究』五号、一九八六年）
糸賀茂男「常陸中世武士団の在地基盤」（『茨城県史研究』六一号、一九八八年）
原田信男「中世の村落景観」（木村礎編『村落景観の史的研究』八木書店、一九八八年）
武者詩久美「中世における真壁氏の村落支配」（木村礎編『村落景観の史的研究』八木書店、一九八八年）
山田邦明「常陸真壁氏の系図に関する一考察」（同『鎌倉府と地域社会』同成社、二〇一四年、初出一九八八年）
小森正明「中世後期東国における国人領主の一考察―常陸国真壁氏を中心として―」（『茨城県史研究』六二号、一九八九年）
海津一朗「南北朝内乱と美濃真壁氏の本宗家放逐―『観応三年真壁光幹相博状（置文）』の再検討―」（『生活と文化』四号、一九九〇年）
網野善彦「加藤遠山系図」（同『日本中世史料学の課題』弘文堂、一九九六年、初出一九九一年）
齋藤慎一「本拠の展開―居館と『城墎』・『要害』―」（同『中世東国の領域と城館』吉川弘文館、二〇〇二年、初出一九九一年）
糸賀茂男「聖護院道興筆天神名号と史的背景」（『茨城県史研究』七〇号、一九九三年）
小森正明「常陸国富有人注文の基礎的考察」（『茨城県史研究』七一号、一九九三年。後、同『室町期東国社会と寺社造営』〈思文閣出版、二〇〇八年〉に改編の上、収録）

市村高男「中世東国における宿の風景」（網野善彦・石井進編『中世の風景を読む　２　都市鎌倉と坂東の海に暮らす』新人物往来社、一九九四年）
市村高男『戦国期東国の都市と権力』（思文閣出版、一九九四年）
齋藤慎一「常陸国真壁氏と亀熊郷―」（同『中世東国の領域と城館』吉川弘文館、二〇〇二年、初出一九九四年）
山田邦明「真壁氏の家臣団について」（同『鎌倉府と地域社会』同成社、二〇一四年、初出一九九四年）
糸賀茂男「伝来史料の背景」（『年報三田中世史研究』二号、一九九五年）
大月（寺﨑）理香「関東御領真壁庄に関する一考察―鎌倉幕府の常陸支配をめぐって―」（『茨城史学』三〇号、一九九五年）
清水　亮「関東御領における地頭領主制の展開―鎌倉期常陸国真壁荘を中心に―」（『年報三田中世史研究』二号、一九九五年）
服部英雄『景観にさぐる中世』（新人物往来社、一九九五年）
網野善彦・佐久間好雄・佐々木銀弥・所理喜夫編『図説　茨城県の歴史』（河出書房新社、一九九五年）
石井進監修『真壁氏と真壁城　中世武家の拠点』（河出書房新社、一九九六年）
齋藤慎一「戦国期城下町成立の前提」（同『中世東国の領域と城館』吉川弘文館、二〇〇二年、初出一九九七年）
糸賀茂男「『真壁文書』の周縁」（『関東地域史研究』第一輯、一九九八年）
伊藤寿和「中世東国の『堀の内』群に関する歴史地理学的研究―北関東を事例として―」（『歴史地理学』一八七号、一九九八年）

清水　亮「南北朝・室町期常陸国真壁氏の物領と一族」（『地方史研究』二七七号、一九九九年）
原田信男『中世村落の景観と生活』思文閣出版、一九九九年）
大石直正「治承・寿永内乱期南奥の政治的情勢」（同『奥州藤原氏の時代』吉川弘文館、二〇〇一年）
糸賀茂男「茨城県史と歴史古文書」（『茨城県史研究』八六号、二〇〇二年）
網野善彦『里の国の中世―常陸・北下総の歴史世界―』（平凡社、二〇〇四年、原形初出一九八六年）
佐久間好雄監修『図説　結城・真壁・下館・下妻の歴史』（郷土出版社、二〇〇四年）
宇留野主税「真壁城跡本丸出土資料の再検討」（『Archaeo-Clio』六号、二〇〇五年）
清水　亮「了珍房妙幹と鎌倉末・南北朝期の常陸国長岡氏」（『茨城県史研究』八九号、二〇〇五年）
齋藤慎一『歴史文化ライブラリー218　中世武士の城』（吉川弘文館、二〇〇六年）
寺﨑大貴「中世真壁城下町の復元」（『真壁の町並み―伝統的建造物保存対策調査報告書―』桜川市教育委員会、二〇〇六年）
宇留野主税「戦国期における真壁城と周辺の景観」（市村高男監修・茨城県立歴史館編『霞ヶ浦・筑波山・利根川　中世東国の内海世界』高志書院、二〇〇七年）
清水　亮「常陸国真壁氏と得宗政権に関する研究の現状」（『南北朝遺文　関東編第一巻』付録月報1、二〇〇七年）
宇留野主税「戦国期真壁城と城下町の景観」（『茨城県史研究』九二号、二〇〇八年）
宇留野主税「問題提起　中世の常陸・下総における城館と拠点形成」（『地方史研究』三三四、二〇〇八年）
宇留野主税「史跡真壁城跡の中城庭園遺構について」（『日本庭園学会誌』一九号、二〇〇八年）

清水　亮「問題提起　中世真壁郡域研究の進展にむけて」（『地方史研究』三三四、二〇〇八年）
清水　亮「院政期・鎌倉期の常陸国真壁氏とその拠点」（『茨城大学中世史研究』六号、二〇〇九年）
宇留野主税「中世城館研究の課題」（『婆良岐考古』三二号、二〇一〇年）
宇留野主税「真壁城」（峰岸純夫・齋藤慎一編『関東の名城を歩く　北関東編』吉川弘文館、二〇一一年）
糸賀茂男『茨城県の歴史』第1章3節、第2章（山川出版社、二〇一一年）
今井雅晴『茨城県の歴史』第3章（山川出版社、二〇一一年）
宇留野主税「中世在地土器生産と城館・都市研究―関東地方における研究課題と視点―」（『中近世土器の基礎研究』二四、二〇一二年）
中根正人「室町中期の常陸大掾氏」（『千葉史学』六二、二〇一三年）
宇留野主税「中世都市の開発と塚」（『Archaeo-Clio』一一号、二〇一四年）
宇留野主税「古代道と中世城館と都市―常陸国亀熊城とその周辺―」（『婆良岐考古』三六号、二〇一四年）
杉山一弥「室町幕府と常陸『京都扶持衆』」（同『室町幕府の東国政策』思文閣出版、二〇一四年）
寺崎理香「関東足利氏発給文書にみる戦国期常陸の動向―基頼・晴氏文書を中心に―」（『茨城県立歴史館報』四一、二〇一四年）
宇留野主税「『廻国雑記』の道―小栗道―」（『茨城県歴史の道調査事業報告書中世編　「鎌倉街道と中世の道」』茨城県教育委員会、二〇一五年）

【調査報告書等】

真壁城跡発掘調査会編『真壁城跡—中世真壁の生活を探る—』（真壁町教育委員会、一九八三年）

真壁町石仏石塔調査会編『真壁町の石仏・石塔—野の仏—』（真壁町歴史民俗資料館、一九九〇年）

大和村石仏等調査の会編『やまとの石仏・石塔』（大和村教育委員会、一九九三年）

真壁町歴史民俗資料館編『真壁町の石造物—寺社編—』（真壁町歴史民俗資料館、一九九三年）

真壁町歴史民俗資料館編（星龍象・岩松和光執筆）『真壁城への誘い』（真壁町教育委員会、一九九八年）

真壁町教育委員会・歴史環境研究所編『史跡真壁城跡整備基本設計』（真壁町、二〇〇二年）

星龍象・岩松和光・宇留野主税『史跡真壁城跡発掘調査報告第1集　史跡真壁城跡Ⅰ—外曲輪南部の調査概要—』（真壁町教育委員会、二〇〇四年）

星龍象・岩松和光・宇留野主税『史跡真壁城跡発掘調査報告第2集　史跡真壁城跡Ⅱ—外曲輪中央部の調査概要—』（真壁町教育委員会、二〇〇五年）

河東義之・藤川昌樹編集『真壁の町並み—伝統的建造物保存対策調査報告書—』（桜川市教育委員会、二〇〇六年）

宇留野主税・越田真太郎『史跡真壁城跡発掘調査報告第3集　史跡真壁城跡Ⅲ—外曲輪中央部・東部・北部の調査概要—』（桜川市教育委員会、二〇〇六年）

『雨引山の絵画　楽法寺絵画資料調査報告書』（雨引山楽法寺、二〇〇七年）

宇留野主税『史跡真壁城跡発掘調査報告第4集　史跡真壁城跡Ⅳ—外曲輪北部の調査概要—』（桜川市教育委員会、二〇〇七年）

宇留野主税『史跡真壁城跡発掘調査報告第５集　史跡真壁城跡Ⅴ―中城南部の調査概要―』（桜川市教育委員会、二〇〇八年）
宇留野主税『史跡真壁城跡発掘調査報告第６集　史跡真壁城跡Ⅵ―中城中央部の調査概要―』（桜川市教育委員会、二〇〇九年）
（株）東京航業研究所編『真壁城跡―老人ホーム建設事業に伴う埋蔵文化財発掘調査報告書―』（桜川市教育委員会、二〇一三年）
越田真太郎『史跡真壁城跡発掘調査報告第７集　史跡真壁城跡Ⅶ―中城南西部の調査概要―』（桜川市教育委員会、二〇一四年）
越田真太郎『史跡真壁城跡発掘調査報告第８集　史跡真壁城跡Ⅷ―中城北部の調査概要―』（桜川市教育委員会、二〇一五年）

【展示図録等】

真壁町歴史民俗資料館・真壁町史編さん委員会編『開館十周年記念特別展図録　中世の真壁地方―伝来文書を中心に―』（真壁町歴史民俗資料館・真壁町史編さん委員会、一九八八年）
真壁町歴史民俗資料館編『開館十五周年記念特別展　筑波山麓の仏教―その中世的世界―』（真壁町歴史民俗資料館、一九九二年）
真壁町歴史民俗資料館編『真壁城跡国指定記念特別展　真壁氏と真壁城―中世武家の拠点―』（真壁町教育委員会、一

九九四年）

真壁町歴史民俗資料館編『第65回企画展　秋季特別展　筑波山陰　真壁周辺の古道―往還の今と昔―』（真壁町歴史民俗資料館、一九九七年）

真壁町歴史民俗資料館編『真壁城跡国指定五周年記念特別展　真壁家の歴代当主―史実と伝説―』（真壁城跡国指定五周年記念実行委員会、一九九八年）

真壁町歴史民俗資料館編『中世の真壁氏　ふるさと真壁文庫№1』（真壁町歴史民俗資料館、一九九八年）

真壁町歴史民俗資料館編『第六十九回企画展　浅野氏と真壁』（真壁町歴史民俗資料館、一九九九年）

真壁町歴史民俗資料館編『真壁町の文化財』（真壁町歴史民俗資料館、二〇〇〇年）

真壁町歴史民俗資料館編『真壁町の城館　ふるさと真壁文庫№5』（真壁町歴史民俗資料館、二〇〇二年）

桜川市教育委員会文化財課編『真壁伝承館歴史資料館　第3回企画展　歴史の道　鎌倉街道と小栗道』（桜川市教育委員会文化財課、二〇一二年）

茨城県立歴史館編『平成24年度特別展　筑波山―神と仏の御座《おわ》す山』（茨城県立歴史館、二〇一三年）

【自治体史（通史編）等】

飯島光弘編『大和村史』（大和村、一九七四年）

『明野町史』（明野町、一九八五年）

『茨城県史　中世編』（茨城県、一九八六年）

『筑波町史　上巻』（つくば市、一九八九年）
真壁町史編さん委員会編『真壁町史略年表』（真壁町、一九九二年）
飯島光弘編『大和村史余稿』（大和村、一九九六年）

【自治体史（史料集）等】
『真壁町史料　中世編Ⅰ』（真壁町、一九八三年）
『真壁町史料　中世編Ⅱ』（真壁町、一九八六年）
芥川龍男編著『お茶の水図書館蔵　成簣堂文庫　武家文書の研究と目録（上）』（（財）石川文化事業財団　お茶の水図書館、一九八八年）
『真壁町史料　中世編Ⅲ』（真壁町、一九九四年）
『真壁町史料　史料編Ⅳ』（真壁町、二〇〇三年）
『真壁町史料　中世編Ⅰ（改訂版）』（真壁町、二〇〇五年）

＊一九九五年以前の研究成果については、石井進監修『真壁氏と真壁城　中世武家の拠点』（河出書房新社、一九九六年）巻末の文献目録に多くを学んだ。

【初出一覧】

**総　論Ⅰ**

清水　亮「常陸真壁氏研究の軌跡と課題」（新稿）

**総　論Ⅱ**

清水　亮「鎌倉期における常陸真壁氏の動向」（新稿）

**第1部　真壁氏の成立と展開**

Ⅰ　高田　実「在地領主制の成立過程と歴史的条件」（古島敏雄・和歌森太郎・木村礎編『古代郷土史研究法　郷土史研究講座2』朝倉書店、一九七〇年）

Ⅱ　山崎　勇「常陸国真壁郡竹来郷における領主制について」（『歴史學ノート』四号、一九七一年）

Ⅲ　清水　亮「関東御領における地頭領主制の展開─鎌倉期常陸国真壁荘を中心に─」（『年報三田中世史研究』二号、一九九五年）

**第2部　真壁氏と在地社会**

Ⅰ　吉澤秀子「常陸国竹来郷調査記」（『歴史學ノート』四号、一九七一年／『月刊歴史』三三号、一九七一年）

Ⅱ　山崎　勇「鎌倉時代の東国における公田」（『慶應義塾志木高等学校研究紀要』四輯、一九七四年）

Ⅲ　榎原雅治・服部英雄・藤原良章・山田邦明「消えゆく中世の常陸─真壁郡（庄）長岡郷故地を歩く─」（『茨城県史研究』四一号、一九七九年）

Ⅳ　清水　亮「院政期・鎌倉期の常陸国真壁氏とその拠点」（『茨城大学中世史研究』六号、二〇〇九年）

## 第３部　中世後期の真壁氏

Ⅰ　清水　亮「了珍房妙幹と鎌倉末・南北朝期の常陸国長岡氏」（『茨城県史研究』八九号、二〇〇五年）

Ⅱ　海津一朗「南北朝内乱と美濃真壁氏の本宗家放逐—「観応三年真壁光幹相博状（置文）」の再検討—」（『生活と文化』四号、一九九〇年）

Ⅲ　清水　亮「南北朝・室町期常陸国真壁氏の惣領と一族」（『地方史研究』二七七号、一九九九年）

Ⅳ　宇留野主税「戦国期真壁城と城下町の景観」（『茨城県史研究』九二号、二〇〇八年）

## 第４部　常陸真壁氏関係資料

清水　亮「常陸真壁氏関係史料」・「常陸真壁氏関係年表」・「常陸真壁氏関連論文・著作等目録」（全て新稿）

## 【執筆者一覧】

### 総論

清水　亮　別掲

### 第1部

高田（内田）実

山崎　勇　一九四五年生。元慶應義塾志木高等学校教諭。

### 第2部

徳田（吉澤）秀子　一九四八年生。元実践女子学園中学校高等学校教諭。

榎原雅治　一九五七年生。現在、東京大学史料編纂所教授。

服部英雄　一九四九年生。九州大学名誉教授。

藤原良章　一九五四年生。現在、青山学院大学文学部教授。

山田邦明　一九五七年生。現在、愛知大学文学部教授。

### 第3部

海津一朗　一九五九年生。現在、和歌山大学教育学部教授。

宇留野主税　一九七三年生。現在、桜川市教育委員会。

【編著者紹介】

清水　亮（しみず・りょう）

1974年生まれ。慶應義塾大学文学部卒。

早稲田大学大学院文学研究科博士後期課程日本史学専攻修了。博士（文学、早稲田大学）。

現在、埼玉大学准教授。

著書に、『鎌倉幕府御家人制の政治史的研究』（校倉書房）、『南北朝遺文　関東編』第2〜6巻（共編、東京堂出版）、『畠山重忠』（編著、戎光祥出版）、『荘園史研究ハンドブック』（共著、東京堂出版）、『日本中世史入門』（共著、勉誠出版）、『東北の中世史2　鎌倉幕府と東北』（共著、吉川弘文館）など。

シリーズ装丁：辻　聡

シリーズ・中世関東武士の研究　第一九巻
常陸真壁氏《ひたちまかべし》

二〇一六年三月一〇日　初版初刷発行

編著者　清水　亮
発行者　伊藤光祥
発行所　戎光祥出版株式会社
東京都千代田区麹町一―七
相互半蔵門ビル八階
電　話　〇三―五二七五―三三六一㈹
FAX　〇三―五二七五―三三六五
制作　株式会社イズシエ・コーポレーション
印刷・製本　モリモト印刷株式会社


ISBN978-4-86403-195-0